Droemer
Knaur®

John Hersey

Antonietta

Roman

Aus dem Amerikanischen übersetzt
von Peter Hahlbrock

Droemer Knaur

Originaltitel: Antonietta
Originalverlag: Alfred Knopf, New York

Der Abdruck von Notenbeispielen erfolgt mit der freundlichen Genehmigung der Verlage: B. Schott's Söhne, Mainz, für Hindemiths *Violinsonate in D-Dur*, opus 11 Nr. 2, 1. Satz, Takt 1–4, Copyright 1920. J. + W. Chester/Edition Wilhelm Hansen, London, für die Takte aus der Coda des Tangos in Strawinskys *Geschichte vom Soldaten*, Copyright 1924 (Renewed)

Die Deutsche Bibliothek – CIP-Einheitsaufnahme

Hersey, John:
Antonietta: ein Roman / von John Hersey. –
München: Droemer Knaur, 1992
ISBN 3-426-19297-7

Die Folie des Schutzumschlags sowie die Einschweißfolie sind PE-Folien und biologisch abbaubar.
Dieses Buch wurde auf chlor- und säurefreiem Papier gedruckt.

Umschlaggestaltung: Agentur Zero, München
Satzarbeiten: Compusatz GmbH, München
Druck und Bindearbeiten: Ueberreuter, Korneuburg
Printed in Austria
ISBN 3-426-19297-7

2 3 5 4 1

Für Barbara

»Heiterkeit bringt so etwas wie Tageslicht
in unser Inneres und erfüllt uns
mit steter Gelassenheit.«

Joseph Addison
in The Spectator, 17. Mai 1712

Musiker und Musikwissenschaftler, die dieses Buch lesen, werden wissen, daß es ein Roman ist, weil sie so viele »Unwahrheiten« darin finden werden – die Pfefferkörner der Erfindung, die, wie der Erzähler hofft, den Leser Möglichkeiten schmecken lassen werden, die in der Hausmannskost der Tatsachen nicht zu finden sind. Ich habe dieses Buch zu meinem Vergnügen geschrieben und hoffe, daß diejenigen, die wissen und zu schätzen wissen, was an verbürgten Tatsachen überliefert ist, imstande sein möchten, es mit der erforderlichen Nachsicht auch zu ihrem Vergnügen zu lesen. Auf die Quellen, von denen ich dafür Gebrauch gemacht habe (und die ich hier und da mißbraucht haben mag), weist eine Anmerkung am Ende des Buches hin.

Erster Akt

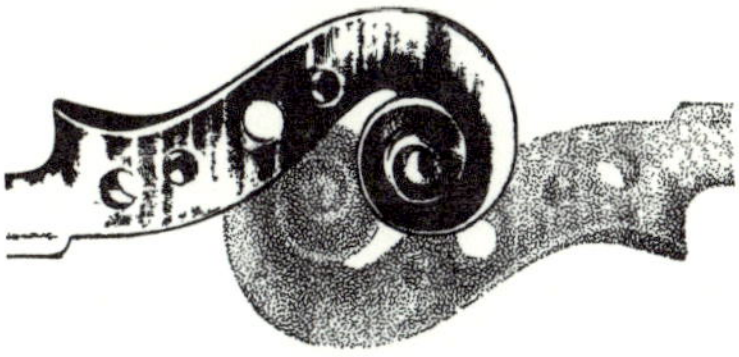

1699

Ein leuchtender Aprilmorgen in der Lombardei. Antonio Stradivari, fünfundfünfzig Jahre alt, steht in der lichterfüllten Loggia auf dem Dach seines Hauses und mustert Ahornholzkeile auf der Suche nach einem geeigneten Stück für den Boden einer neuen Violine. Unten geht eine Frau, schwarzgekleidet und mit einem großen schwarzen Umschlagtuch um die Schultern, allein über die kopfsteingepflasterte Piazza San Domenico. Stradivaris Söhne Francesco, achtundzwanzig, und Omobono, neunzehn Jahre alt, sind bei ihm. Der eine reicht ihm die Holzstücke, die der Vater zu sehen verlangt, während der andere die für untauglich befundenen sehr sorgfältig wieder in den Gestellen unter dem Dach verwahrt. Alle drei blicken nach unten, als sie die Holzschuhe der Frau auf dem Pflaster hören.

Die Sonne scheint der ausschreitenden Frau voll ins Gesicht und bringt es zum Leuchten wie einen fast schon zur Reife gediehenen Pfirsich. Es ist das Gesicht einer Witwe – nach der Trauerkleidung zu urteilen –, aber ein keineswegs von den Jahren gefurchtes oder von Trauer verwüstetes Gesicht. Es ist ein frühmorgendliches, erwartungsvolles Gesicht. Die Holzschuhe klappern energisch. Die Quasten des Umschlagtuchs wedeln mit den Hüften der Frau hin und her und her und hin. Omobono, der seinen Vater nicht ansprechen darf, hält den Atem an und flüstert seinem Bruder zu: »*Ai!*«

Der Vater, der diesen Laut hört, schießt einen Blick wie eine Bleikugel gegen Omobonos Kopf. Während unten das

Klappern und der Tanz der Quasten die Piazza überqueren, bilden die drei Männer auf dem Dach ein lebendiges Dreieck der Lüsternheit, dessen kurze Basis die Söhne darstellen, während der Vater die hochragende Spitze bildet. Die Loggia ist eine offene Galerie, deren Ziegeldach von sechs gemauerten Pfeilern getragen wird, *seccadour* ist der Name, den der cremonesische Dialekt solchen Galerien gibt, denn gewöhnlich dienen sie als Trockenplätze für Früchte und Wäsche – und als Trockenplatz benutzt ja auch Antonio Stradivari den *seccadour* seines Hauses. Auf hohen Ständern wird dort kostbares Holz trocken gelagert, und dort läßt er auch die Lackschichten auf seinen Geigen, eine nach der anderen, langsam hart werden. Eben jetzt hängen dort an ihren Schnecken drei Geigen unter dem schrägen Dach. Das Klappern der Holzschuhe erzeugt einen flatternden Widerhall von den trocknenden Instrumenten. Die Frau verläßt den Platz. Während das Geplapper der Holzschuhe verklingt, nimmt die geometrische Spannung des Dreiecks zu. Die Basis verschiebt sich beunruhigt und verzerrt die Winkel.

Der Vater ist plötzlich unnahbar. Schon seit mehreren Monaten ist er übellaunig, seitdem im Mai vergangenen Jahres seine Frau, Signora Francesca Feraboscha Capra Stradivari, vor der selbst ihre Söhne in Schrecken lebten, wie eine heruntergebrannte Kerze erlosch, nach vielen Agonien, die sie eingebildeter ebenso wie realer Leiden wegen ausgestanden hatte. Er hat in den letzten beiden Monaten nur die drei trocknenden Geigen gebaut. Seine Söhne hatten gesehen, wie es ihm in der Seele weh tat, aufgrund seiner Stellung als einer der wohlhabenderen Männer von Cremona zweihundertundzweiundachtzig Lire ausgeben zu müssen, um eine Frau, die er verabscheut hatte, mit schicklichem Aufwand unter die Erde zu bringen, zu welchem Ende für die Totenmesse in der Kirche San Domenico vierzehn

Priester und ein Chorknabe zu bezahlen waren und für den Leichenzug sechsundzwanzig Dominikanermönche, sechs Franziskaner, einunddreißig Väter von San Angelo, siebenundzwanzig von San Luca, einundzwanzig von San Salvatore, neunzehn von San Franceso, Waisen mit Hüten, Bettler mit Hüten, zwölf Fackelträger, sechs Totengräber mit schwarzen Umhängen, eine Totenbahre und ein goldbesticktes samtenes Bahrtuch, Glockenläuten in vier Pfarrkirchen, schwarze Gehänge in der Kirche und im Hause und Bestechungsgelder für zwei Amtspersonen. Wenn er bei der Beerdigung weinte, so waren seine Tränen gewiß diejenigen eines geizigen Mannes, der sich schwer betrogen fühlte durch die Notwendigkeit so großer Verschwendung.

Dennoch kümmert er seitdem dahin, scheint um seine erste Frau zu trauern oder ihr doch jedenfalls übelzunehmen, daß sie ihn im Stich gelassen hat – wie die Söhne, unter seiner Fuchtel in der Werkstatt seiner scharfen Zunge ausgesetzt, nur allzu schmerzlich haben erfahren müssen. Omobono hat neulich Franceso gegenüber die Vermutung geäußert, die nun schon seit elf Monaten andauernde schlechte Laune des Vaters könne möglicherweise daher rühren, daß ihm nun nicht länger ein weiblicher Körper zur Verfügung stehe, auf dem er *i diritti del marito* ausüben könne – denn trotz dem offen zur Schau getragenen Widerwillen gegen seine Frau hatten doch von seiner Wahrnehmung dieser Rechte während all dieser Jahre in den Nächten – und das keineswegs seltener nach seiner Vollendung des fünfzigsten Lebensjahrs – die fünf Kinder des Hauses gewisse vielsagende Geräusche informiert, die aus dem Zimmer der Mutter im dritten Stockwerk drangen: lauthals, energisch und häufig. Dem sanften Francesco war die Vermutung des Bruders äußerst peinlich, wie ihm auch die Geräusche immer peinlich gewesen waren.

Jetzt, da das appetitliche Schwenken der Quasten des

Umschlagtuches da unten noch das dreieckige Gedächtnis neckt, ist der Vater noch strenger und penibler als gewöhnlich. Er will sich zwei Keile, die er schon gemustert hat, noch einmal ansehen – nein, nicht diese! Vorher! Drei und vier vor dem. Er erinnert sich der Maserung dieser beiden Stücke. Die Söhne müssen es immer mit diesem beängstigenden Gedächtnis aushalten. Er hat jedes einzelne der Dutzende von Ahorn- und Tannenholzstücken im Gedächtnis, die seit Jahren in der Loggia trocknen, weiß, wo und wann er jedes einzelne gekauft hat und zu welchem Preis, und wie lange es schon trocknet. Er hat die Gestalt jeder Geige im Gedächtnis, die er je gebaut hat – in den nun schon bald vierzig Jahren, seitdem er das Handwerk lernte bei Nicola Amati –, die Wölbungen und Stimmungen ihrer Decken und Böden und die daraus folgenden Besonderheiten ihres Klangs, die Maserung der Hölzer, den genauen Farbton des Lacks. Insbesondere erinnert er sich des Klangs jeder Geige.

Er betrachtet stirnrunzelnd die beiden Keile, die ihm Francesco nun hinhält. Beide sind von türkischem Ahorn, den er vor zwölf Jahren auf einer Reise nach Venedig von einem schurkischen Betrüger dort gekauft hat – von Stämmen gespalten, welche die Venezianer aus der Türkei importieren, weil türkisches Ahorn das härteste und dauerhafteste Holz für die Steuer, die Innenausstattung und besonders für die Ruder der Gondeln liefert. Diese Stämme wurden geviertelt, durch das Herz des Stammes gespalten, senkrecht zu den Jahresringen. Die Keile verheißen sogar in diesem groben, mit der Axt abgespaltenen Zustand schon die köstlichen Farbspiele, die, wogenden Rauchwolken gleich, das beste geviertelte Ahornholz als Boden einer lackierten Geige zeigen kann. Prüfend betrachtet er lange die beiden Keile. Einmal blickt er von der Loggia auf den Platz hinunter, wo sein Blick den Weg wiederholt, den dort soeben die Frau genommen hat. Dann deutet er abrupt auf den Keil in Francescos linker Hand.

Francesco fragt, ob Omobono ein Stück von der erforderlichen Länge absägen und spalten soll.

Zur Überraschung der beiden Söhne sagt der Vater, daß er diese Arbeit selber machen wird. Aber vorher will er noch ein Stück Tannenholz für die neue Decke aussuchen.

Auch dabei läßt er sich Zeit und sieht sich viele Platten an. Endlich wählt er für die Decke ein viereinhalb Zoll breites Stück Rotfichtenholz – von einer Art, die man in Cremona *azarole* nennt –, das von der Südseite eines Baums geschnitten ist, der in Tirol am Südabhang eines Berges wuchs, wo nahe gelegene Salinen die Luft sehr salzhaltig machen. Dieses Holz hat er billig bekommen, aus einer Lieferung von einem Mailänder Geizkragen, der nicht wußte, wie gut es war. Die Maserung ist gerade, gleichmäßig und fein, aber nicht eng. Das Stück ist als Scheibe vom Stamm gesägt und zeigt dessen Jahresringe.

Später fragt Omobono Francesco: »Hast du gemerkt, wie lange sich heute der Alte beim Aussuchen Zeit gelassen hat? So penibel ist er schon seit Monaten nicht mehr gewesen, was?«

Francesco sagt: »Gott sei Dank.«

Omobono: »Dank der Frau in Schwarz.«

»Was meinst du?«

»Wie sie ging. Hast du sein Gesicht gesehen?«

»Du hast ein unsauberes Mundwerk.«

»Dein Gesicht habe ich auch gesehen, Francesco.«

Nun steigen sie ins Erdgeschoß hinab, in die Werkstatt. Als sie eintreten, hört Carlo Bergonzi, des Meisters einziger Lehrling außer seinen Söhnen, damit auf, die Werkbank des Meisters mit einem Federbesen abzustauben. Diese Bank ist, wie diejenigen Francescos und Omobonos und auch die schmalere des Lehrlings, blitzsauber. Der Meister besteht tyrannisch darauf. Kein Hobelspan liegt am Boden.

Die Werkzeuge sind alle geputzt und stehen oder hängen in Paradeordnung auf ihren Regalen oder an ihren Haken über den Werkbänken. Der Vater betrachtet sie als seine kostbarsten Schätze, seine geliebten Schmuckstücke, die Juwelen eines *liutaio*. Nein, sie sind viel mehr als das, denn er kann sie als Verlängerung seiner beiden Hände zum Leben erwecken; wenn er sie in der Hand hält, vibrieren sie in vollkommener Übereinstimmung, im Gleichklang mit den Schwingungen seiner Persönlichkeit. Seine Gabe ist das genaue Zusammenwirken von Geist und Hand; die Werkzeuge sind die treuen Boten seiner Präzision an das Holz, das er gestaltet. Er ist ein ziemlich lauer Christ, aber er scheut nicht die Mühe, allmorgendlich für diese Gegenstände zu beten. So hat er denn auch Francesco und Omobono und Carlo gelehrt, ihre Werkzeuge zu ehren, als wären sie geheiligt, so geheiligt wie Reliquien der Märtyrer der Kirche.

Sie sind alle da: Stechbeitel, Lochbeitel, Hobel, Meißel, um Flödel zu schneiden; Hohleisen und Zollstöcke; rasiermesserscharfe, stählerne Halbmonde zum Schaben; Greifzirkel, um die Holzstärke zu messen; Schleifsteine, Messer mit Holzgriffen, die dazu dienen, die Schallöcher zu schneiden; Zwingen in verschiedener Größe; Biegeeisen; zarte, winzige Doppelhiebfeilen – flache, halbrunde, runde, dreieckige. Am schönsten sind die Reihen der kleinen elliptischen, in verschiedenen Größen hintereinandergelegten Hobeleisen – das kleinste ist nicht länger als das erste Glied eines Zeigefingers, und die hungrigen kleinen Klingen sind mit hölzernen Keilen in konvexe Füße geklemmt. Auf der Werkbank des Meisters liegt überdies in einer Porzellantasse ein kleines Stück Hämatit in der Form eines menschlichen Eckzahns, das der Vater gern zum Polieren benutzt.

Ehe die drei von der Loggia herabstiegen, schnitt der Vater die beiden Holzstücke, die er ausgewählt hatte, auf eine Länge von fünfzehneinhalb Zoll und spaltete dann jedes genau in der Mitte mit einer Axt, die so scharf ist wie die Zunge einer Wahrsagerin. Er hat noch oben auf dem Dach erklärt, daß er diese Geige vollkommen eigenhändig machen wird, Schritt für Schritt, ohne Hilfe von seinen Söhnen, und damit diese unterdessen etwas zu tun haben, hat er weniger wählerisch Holz für zwei weitere Decken und Böden ausgesucht, die sie im groben ausarbeiten sollen.

Francesco und Omobono sehen jetzt, daß es ihrem Vater ernst war mit seiner Erklärung, denn nun zündet er sogar das Feuer unter dem Leimtopf selbst an – was gewöhnlich der Lehrling besorgt – und bringt etwas Haut- und Knochenleim zum Schmelzen. Mit einem flachen Hobel glättet er die Keile für den Boden und die Scheiben für die Decke, und sobald der Leim flüssig ist, spannt er mit einer Zwinge die Stücke zusammen, so daß, wenn sie die für die Geige erforderliche Form angenommen haben, sowohl Decke als auch Boden aus zwei mehr oder weniger gleichartigen Hälften zusammengesetzt sein werden.

Ungewöhnlich ist noch etwas anderes: Er summt bei der Arbeit, bei Stakkatonoten mit den Lippen knallend. Das ist seltsam; gewöhnlich arbeitet er in brütendem Schweigen. Aber da er ihn nun summen hört, nickt Omobono, als hätte er genau das erwartet. Francesco mit seinem feinen Ohr erkennt das muntere Thema eines Geigentrios, das sie kürzlich gehört haben*. Der Komponist ist ein junger, rothaariger venezianischer Priester, weshalb er den Bewunderern seines Geigenspiels – denn ein vielversprechender Geiger ist er auch – als *il prete rosso* bekannt ist. Der Vater dieses roten Priesters, ein Freund Stradivaris, der in Brescia wohnt, hat dem Geigenbauer stolz eine Handschrift der Partitur dieses Werks geschickt.

* Gavotta, aus Opus 1, Nr. 1, von Antonio Vivaldi

Zwei ganze Tage vergehen, ehe der Vater, mit seinen Söhnen und Carlo Bergonzi *a pranzo* zu Tisch sitzend, von seinem Teller aufsieht – wo er eben eine köstliche Kalbsroulade mit gewürfeltem Schinken in Angriff genommen hat, die, wie die Köchin Feliciana wohl weiß, sein Leibgericht ist – und, ohne sich an irgend jemanden im besonderen zu wenden, sagt: »Wißt ihr, wer diese Frau war?«

Francesco sagt: »Die Frau?«

Der Vater sagt: »Neulich, morgens, diese Witwe.«

Omobono, der nicht mit seinem Vater sprechen darf, sagt zu Francesco: »Sag ihm, daß es die Witwe Zambelli war.«

Francesco sagt seinem Vater pflichtschuldig, daß die Frau die Witwe Zambelli war, als hätte der Vater Omobono nicht hören können.

Der Vater sagt sehr scharf zu Francesco: »Frag ihn, woher er das weiß.«

Francesco fragt.

Omobono wischt, ohne sich zu beeilen, mit einem Stück von Felicianas Landbrot, das aus Mais, Roggen, Hirse gemischt mit Bohnenmehl gebacken wird, die Sauce von seinem Teller, beißt hinein und sagt dann mit vollem Mund, so daß ihm die Sauce übers Kinn tropft: »Sag ihm, daß ich mich erkundigt habe.«

Nachdem er diese Antwort erhalten hat, rutscht der Vater auf seinem Stuhl herum und würde offensichtlich gern noch eine Frage stellen, aber nun kommt Feliciana mit Früchten und Käse, und er wartet, bis sie den Teller knallend auf den Tisch gestellt hat und in die Küche zurückgegangen ist. Dann sagt er zu Francesco: »Wie das? Was für Erkundigungen hat er angestellt? Frag ihn.«

Francesco zu Omobono: »Was für Erkundigungen?«

Omobono: »Nach der Arbeit gestern abend, kurz vor Sonnenuntergang, habe ich einen Spaziergang gemacht.«

Des Vaters Gesicht ist rot. Er nimmt einen Schluck Wein,

den er zur Hälfte mit Wasser gemischt hat. Dann sagt er zornig zu Francesco. »Was ging ihn das an?«

Ohne auf Francescos Wiederholung der Frage zu warten, sieht Omobono dem Vater gerade in die Augen, tut, was ihm streng verboten ist, redet nämlich seinen Vater direkt an und sagt in schmelzendem Ton: »Ich habe es für dich getan, Babbo.«

Das Gesicht des Vaters sieht aus wie ein Himmel, auf dem sonderbare Wirbelwinde Wolken bald hier, bald dorthin treiben. Was wird folgen: Hagel und von Windstößen gebeugte Bäume oder Stücke klaren Blaus und dann scharfgezeichnete Schatten auf dem Gras? Plötzlich werden die Augen weich, die gerunzelten Brauen glätten sich, und Antonio Stradivari wendet sich zum erstenmal nach mehr als zwei Jahren direkt an Omobono und sagt: »Ich verzeihe dir, Sohn. Ich verzeihe dir. Es hat lange genug gedauert. Nun erzähle mir, was du erfahren hast.«

Und Omobono, dem ob seiner Entlassung aus der langwährenden Ungnade seines Vaters weder Freude noch Aufregung anzumerken ist, sagt, daß sie Antonia Maria Zambelli heißt. Er hat das von einem Lehrling der Guarneris erfahren, den er am Abend zuvor in Lepoldos Billardsaal getroffen hat. Er sagt, es seien dort sieben oder acht Männer um die Tische versammelt gewesen, und er habe beiläufig von der Frau gesprochen, die über die Piazza gegangen sei, und habe, so genau er's konnte, ihr Gesicht beschrieben, doch habe keiner der Anwesenden gewußt, von wem er redete. Dann – wieder wischt er mit seinem Stück Brot über den Teller – habe er den Billardspielern ihren Gang beschrieben, ja ihnen diesen Gang imitiert. Keine drei Schritte habe er gemacht, als schon dieser Lehrling der Guarneris gesagt habe: Zambelli. Dem hätten dann auch gleich die übrigen zugestimmt.

Omobono: »Alle sagten sie, *si, si,* Zambelli! Zambelli! Und dann habe ich ein paar Fragen gestellt.«

Der Vater wartet, aber Omobono sagt weiter nichts. So ist der Vater genötigt, zu fragen: »Was hast du erfahren?«

Omobono sagt, daß ihr Mann vor zehn Monaten an Pellagra, dem mailändischen Aussatz, kompliziert durch eine schwache Lunge, gestorben ist.

Der Vater: »Wie alt ist sie?

Omobono sagt, daß diejenigen, die sie kennen, ihr Alter auf Mitte der Dreißig schätzen.

Der Vater: »Ihr Ruf?«

Omobono (wischt Sauce auf. Dann, die Augen auf dem Teller mit dem Anflug eines Lächelns auf den Lippen): »Freundlich.«

»Kinder?«

»Keine Kinder«, sagt Omobono. »Wer weiß, ob daran ihr Mann schuld war oder sie selbst?«

Der Vater in plötzlicher Wut: »Was hast du dich bei Lepoldo herumgetrieben? Du weißt genau, daß dir das Lokal verboten ist. Hoffentlich kannst du mir schwören, daß du nicht Billard gespielt hast.«

Omobono: »*Babbo!* Was denkst du von mir?... Ich gehe nur manchmal zum Zusehen hin.«

Der Vater: »Du hast in einem solchen Lokal nichts zu suchen. Schlägereien gibt es da. Du könntest dir eine Hand verletzen. Du solltest dich von diesen Leuten fernhalten.«

Omobono: »Ja, *Babbo*.«

Der Vater: »Hast du vergessen, weshalb ich nicht mit dir sprechen wollte?«

Omobono: »Nein, *Babbo*. Ich bin vor Einbruch der Dunkelheit wieder zu Hause gewesen. Du selbst hast mich kommen sehen.«

Nun hellt sich das Wetter in des Vaters Gesicht wieder etwas auf, und er sagt fragend: »Wenn du sagst, ›freundlich‹?«

Omobono: »Ich habe sehr genau hingehört. Da war nicht der leiseste Unterton...«

Omobono spezifiziert den unhörbaren Unterton nicht. Der Vater sagt nichts.

Er ist an seiner Werkbank, auf der vor ihm ein großer Bogen dicken weißen Papiers ausgebreitet liegt. Omobono stößt Francesco an und nickt mit dem Kopf in Richtung des Vaters, um die Aufmerksamkeit des Bruders auf die Stille, die Steifheit des Rückens, zu lenken. Kein Summen an diesem Morgen. Der Vater ist groß und schlank. Die Kraft seiner Schultern, Arme und Hände hat die schmächtigeren Söhne immer eingeschüchtert. Er trägt über einem groben Leinenhemd und wollenen Pantalons eine weiße Lederschürze, die bis über seine Knie hinabfällt. Auch trägt er eine gestrickte, weiße wollene Zipfelmütze, die am Tag der Sommersonnenwende gegen eine vollkommen ähnliche aus Baumwolle ausgewechselt werden wird. Die Söhne und Carlo gehen auf Zehenspitzen umher.

Er schickt sich an, den Plan für die neue Geige zu zeichnen.

Dem Mann an der Werkbank kommt es auf die Stimme des vollendeten und gereiften Instruments an. Das Wesentliche im Leben ist es, sich nicht zu wiederholen. Wiederholung trocknet die Quellen der Energie aus, führt zu Gleichartigkeit, Langweiligkeit, und Langweiligkeit führt zum Tod. Deshalb muß jede Geige eine neue Erfindung sein. Es muß ein jedes Mal etwas verändert werden, und sei es auch nur scheinbar geringfügig – in der Wölbung unter dem Steg und des Bodens, im Schwung der Schallöcher, in Brettstärken, in der Form der Mittelbügel und der Seiten und der Ecken und in der endlichen Verbindung der achtundfünfzig verschiedenen Teile. Alle Teile wirken zusammen, um jeder Geige den unverwechselbaren eigenen Ton zu geben, den keine andere nachahmen kann, ebensowenig wie der herrliche Gesang einer Diva je aus einer anderen Kehle zu hören sein wird.

Überdies muß auch die äußere Schönheit der Geige unverwechselbar sein, dank der unwiederholbaren Maserung des Holzes, dank winzigen Variationen der Flödel, dank einem besonderen Schwung der Schnecke, dank dem ganz eigenen Glanz ihres Lacks, dank der sich dauernd wandelnden Mischung der männlichen und weiblichen Eigenschaften in ihrer ganzen Erscheinung. Denn dem Mann an der Werkbank ist schon vor Jahren klargeworden, daß der Klang einer Geige nicht spontan ist, daß der Geiger ihn hervorlocken muß und daß eine Geige, die von dem, der sie spielt, geliebt wird – um ihrer Schönheit willen ebenso wie um ihrer freien Rede und reichen Stimme –, süßer klingen wird als bei einem, der sie nicht so liebt. Er weiß das aus Erfahrung. Oft genug hat er das gleiche Instrument in den Händen verschiedener virtuoser Geiger ganz unterschiedlich klingen hören. Eine edle Geige ist, das weiß er, ein empfindsames, beseeltes Geschöpf.

Er nimmt die Feder, taucht sie ins Tintenfaß, zieht mit Hilfe eines Lineals eine Linie, die das Blatt in der Mitte teilt, unterteilt diese Linie durch kurze Querstriche und trägt beiderseits derselben mehrere symmetrische Maße ein. Dann beginnt er die Oberbügel zu zeichnen, die Kurven des Oberkörpers der Geige. Wie gewöhnlich sehen ihm die Söhne staunend zu – und bestürzt –, denn sie wissen, daß sie niemals fähig sein werden, ihm nachzutun, was er da macht. Er zeichnet freihändig, und doch sind die Kurven beiderseits der senkrechten Achse einer der anderen genaue Spiegelbilder. Nun umreißt er die Schallöcher.

Er sieht lange an, was er gezeichnet hat. Dann geht er auf die Latrine und pißt.

Kaum daß er den Raum verlassen hat, stürzen Francesco und Omobono und Carlo an seine Werkbank. Sie sehen den Umriß der runden Schultern, schmalen Taille und breiten Hüften einer Frau.

Francesco flüstert: »Omobono, osservalo!«

Omobono flüstert: »*Dio.*«

Carlo fragt flüsternd, weshalb sie so aufgeregt sind. Francesco erklärt ihm, daß sich dieser Entwurf von dem letzten, den der Meister ausgeführt hat, nicht bloß in ein paar Kleinigkeiten unterscheidet. Diese Zeichnung zeigt etwas ganz Neues. Was der Meister da entworfen hat, unterscheidet sich radikal von allen Geigen, die er seit fast einem Jahrzehnt gebaut hat. Nein! Nein! Nein! Noch länger.

»Das ist etwas ganz Neues, Omobono.«

Omobono flüstert: »Er ist verrückt.«

Omobono ist es, der dann, als dieser zurückkommt, den Vater nach dem neuen Entwurf zu fragen wagt. Omobono hat zwar so getan, als sei es ihm egal, ob sein Vater mit ihm spricht oder nicht, aber seit Omobonos Entlassung aus dem väterlichen Bann hat sich, was Francesco nicht entgangen ist, die Haltung unerschütterlicher Gleichgültigkeit, die sein jüngerer Bruder so lange zur Schau getragen hat, schon merklich gelockert. Diese »Mannhaftigkeit«, für die Omobono sein trotziges Gebaren sicherlich hielt, hatte es nur noch ungemütlicher im Hause gemacht. Denn sie brachte den Vater in Wut, und dann brüllte er Francesco an, der das Gebrüll dann in sehr lautem Ton an Omobono weiterzuleiten hatte.

Was Omobono aber vor mehr als zwei Jahren den Zorn seines Vaters zugezogen hatte, war folgendes:

Omobono hatte jüngst seinen siebzehnten Geburtstag gefeiert. Er haßte die Arbeit in der Werkstatt, denn damals war Carlo noch nicht da, und so diente er als Faktotum, mußte die Bänke fegen, den Leimtopf säubern, die Hobelspäne zum Verbrennen in die Küche schaffen, und während der übrigen Zeit mußte er neben seinem Vater stehen und jeder Bewegung seiner Hände zusehen, stundenlang. Auf diese Weise sollte er das Handwerk lernen. Je kränker die Mutter wurde, desto hochfahrender wurde der Vater.

Und die Lehre war eine Art Haftstrafe. In frühester Jugend hatte der Vater seinen Söhnen streng verboten, jemals nach Einbruch der Dunkelheit allein in die Stadt zu gehen, ehe sie erwachsen wären – das einundzwanzigste Lebensjahr vollendet hätten. So sei es auch bei seinem eigenen Meister, Amati, gehalten worden, sagte der Vater. Die Lehrlinge durften am Tage ausgehen – Botengänge erledigen oder sogar spielen, wenn sie wollten, während der Mittagspause –, obwohl der Vater zu sagen pflegte, das ganze Leben eines *liutaio* sei Arbeit, und deshalb meinte, die Mittagspause sei eigentlich besser angewandt, wenn man dabei der Ruhe pflege und neue Kräfte für die Arbeit sammle. Was Caterina anging, die einzige Tochter des Meisters, so würde sie nie das Glück haben, das Geigenhandwerk zu erlernen, weshalb sie sich eigentlich für nichts Besonderes im Leben aufzusparen brauchte; dennoch war ihr der Ausgang sogar untertags verboten, es sei denn, Feliciana, die Köchin, oder Marisa, die Zofe der Mutter, oder Gianna, das Kammermädchen, begleiteten sie.

In der Dämmerung eines Juniabends sagte Omobono zu Francesco, er jedenfalls werde sich diesmal aus dem Haus schleichen, um – sagte er – mal ein bißchen frische Luft zu schöpfen, die nicht stinke; Francesco versuchte ihm diesen Vorsatz auszureden – er hatte ja gut reden, war er doch schon über einundzwanzig. Nachdem der Vater auf sein Zimmer und zur Ruhe gegangen war, entwich Omobono durch die Hintertür über den Hof.

Das Zwielicht der Sommerabende war lang und sanft. Männer und Frauen gingen durch die engen Straßen. Das Leben war hart. Die Lombardei war der launischen Willkür der spanischen Vizekönige unterworfen. Seit Jahrzehnten verwüsteten Hunger, Seuchen und Krieg das Land. Omobonos junge Freunde waren zynisch. Was hatte die Zukunft außer Lug und Trug zu bieten? Wenn man den Namen irgendeines Richters nannte, gleich rieb derjenige, der ihn hörte, verständnisinnig Daumen und Zeigefinger aneinander, denn geschmiert werden mußte jeder, der Recht sprach. Cremonas Stolz auf dem Gebiet der Künste: Käse, Würste, Mostrich! Priester wie Krähenschwärme. »Beichtet, Sünder, beichtet!«

Und dennoch wurde abends auf den Straßen gelacht. Man hörte Mandolinen.

An jenem Abend schlenderte Omobono allein über die Piazza und sah den Mädchen nach. Er spazierte durch Seitenstraßen, ging an der Kathedrale und ihrem Campanile vorbei. Ihm schwindelte, als er an dem Turm in die Höhe sah. Da stand der größte Phallus ganz Italiens vor violettem Himmel. Seine Brust war wie ein raucherfüllter Ofen, die Flammen von den oben hineingestopften Holzspänen erstickt. Der Rauch war der Schmerz seines Grolls. Er hatte an jenem Morgen vergessen, die Schaber zu schärfen, und während des ganzen Tages hatte ihn deshalb der Vater schlecht behandelt. Ein Mädchen, das ihm entgegenkam, sah ihm gerade in die Augen – glänzende, dunkle Pupillen mit violetten Lichtern aus der Höhe, die seine Augen das einzige fragten, worauf es im Leben ankam. Aber natürlich war sie unter Aufsicht – ihrer fetten Mutter. Sie rauschten vorbei.

Einer plötzlichen Regung folgend, ging Omobono in eine Taverne an der Ecke gegenüber dem Palazzo del Comune. Das Lokal nannte sich spaßhaft *Il Ridotto*, als sei es das Foyer eines großen Theaters oder Opernhauses, wo zwischen den Akten die vornehme Welt plaudert und flirtet. Hier gab es nur Handwerker und Arbeiter in ihrer verschwitzten Arbeitskleidung, die tranken, lachten und ihre letzten Soldi verspielten und dann angeheitert nach Hause zu ihren wütenden Frauen gingen.

Omobono hörte sich beim Namen rufen. Paolo Mandelli, ein Lehrling bei den Ruggieris, etwa neunzehn, ein ruhmrediger, reizbarer Kerl, sehr klein und deshalb stets bemüht, mit der ruhigen Stimme eines hochgewachsenen Mannes zu sprechen. Er spielte mit mehreren anderen jungen Männern *Zara* an einem Tisch mit einem hochgekanteten Brett an einem Ende, gegen das man die Würfel warf. Er lud Omobono ein, in das Spiel einzusteigen. Omobono schüttelte verneinend den Kopf. Mandelli sagte, ein Stradivari sollte doch imstande sein, ein paar Kröten zu riskieren. »Los, spiel mit.«

Omobono: »Mein Vater würde mich umbringen.«

Paolo Mandelli: »Trinkt dein Vater im *Ridotto?*«

Omobono lehnte noch einmal ab und sah den anderen zu. Sie hatten so viel Spaß. Es machte niemanden etwas aus, wenn er zwei Soldi verlor. Gleich würde er sie zurückgewinnen. Das Gelächter schallte wie Fanfaren. Der Verlierer knallte das Geld auf den Tisch, als sei sein Verlust eine Herausforderung. Der Gewinner grinste. Die Würfel sprangen, schimmerten. Omobono empfand etwas, das sexuellem Verlangen glich. Seine Brust schmerzte noch immer, aber jetzt von diesem Verlangen. Und schließlich sagte er, *ein* Spiel würde er mitmachen.

Er gewann von einem Fremden.

Er dankte Mandellis Freunden und trat wieder zurück, um weiter zuzusehen. Mandelli sagte, als Gewinner könne er nicht aus dem Spiel aussteigen. Omobono sagte, o doch, er hätte überhaupt nicht spielen sollen. Die anderen fingen an, ihn zu bestürmen. Weil er wußte, daß er nicht spielen sollte, wollte er's nur um so mehr, und endlich nahm er die punktierten Würfel von Mandelli auf die Fläche seiner rechten Hand. Er schloß die Finger und schüttelte die

Würfel in der hohlen Hand. Als er sie eben werfen wollte, hatte er ein prickelndes Gefühl im Nacken.

Er drehte den Kopf.

Sein Vater stand in der Tür und sah aus wie ein Geist, denn er trug noch immer diese seltsame weiße, wollene Zipfelmütze und die weiße Schürze, die er in der Werkstatt trug. Was konnte er im *Ridotto* zu suchen haben? Omobono hätte sich die Frage sparen können, denn es war offenbar, daß der Vater seine Unruhe bei Tisch bemerkt und Verdacht geschöpft hatte und schließlich, nachdem er ihn im Hause nirgends gefunden, draußen auf die Suche nach ihm gegangen war. Aber wer anders als sein Vater hätte so instinktiv gewußt, hinter welcher Tür er ihn finden würde?

Die zornigen Augen streiften nur einmal Omobonos Gestalt, die – vorgebeugt, im Begriff, die Würfel zu werfen – erstarrt war. Dann wandte der Vater sich um und ging – und wegen dieses Verstoßes seines Sohnes gegen seine Hausordnung weigerte er sich fortan, denselben anzureden und sich von ihm anreden zu lassen, über zwei Jahre lang.

Aber nun ist Omobonos Zunge in die Freiheit entlassen, und das freut ihn mehr, als er zugeben mag – er versucht, sich weniger trotzig zu gebärden, wie Francesco bemerkt hat, weniger flegelhaft, obwohl er noch immer frech ist. Unbefangen sagt er, daß er und Francesco eine einschneidende Veränderung bei diesem neuen Entwurf bemerkt haben. Was das bedeute?

»Es ist eine Frage des Tons«, sagt der Vater.

»Wie das?«

Der Vater sitzt an seiner Werkbank. Er nimmt ein Tannenholzbrett zur Hand, dreiviertel Zoll dick, zwanzig Zoll lang, zehn breit ungefähr, und zeichnet den neuen Entwurf darauf. Mit einer Laubsäge beginnt er die Form auszuschneiden, auf welche die Seiten der Geige gebaut werden sollen. Während der Arbeit beginnt er zu den Söhnen zu sprechen, denen er den Rücken zukehrt. Sie haben ihn an seiner Werkbank so noch niemals reden hören.

»Ihr wart noch nicht geboren. Lange vor eurer Geburt, als ich anfing. Natürlich machte ich die Geigen, die zu machen ich als Lehrling gelernt hatte. Sei meinem zwölften Lebensjahr. Ihr glaubt, daß ich hart mit euch umgehe. Nicola Amati hat nie geflucht, ihr müßt wissen, daß er mich nie geschlagen hat. Aber er brachte mich zum Schwitzen. Ich sage euch, er machte, daß ich meine Spucke runterschluckte. Er hatte Augen wie zwei von diesen« (er ergreift eine Ahle). »Oh, wie dankbar bin ich ihm! Ich konnte schon mit siebzehn selbständig eine Geige bauen. Ihr habt nie eine von meinen ersten Geigen gesehen, sie sind alle verkauft, *grazie a Dio*. Ich arbeitete noch in Maestro Nicolas Werkstatt, als ich eure Mutter heiratete. Ich war Teilhaber, versteht ihr. Es war nicht leicht. Eure Mutter wollte Reifröcke nach der spanischen Mode aus Mailand. Ein teures Bett für ihr Zimmer – wir wohnten damals in der Casa del Pescatore im Kirchsprengel von Santa Agata. In diesem Bett wurdet ihr geboren, ihr unglücklichen kleinen Frösche. Damals baute ich mit Vorliebe Geigen nach dem ›kleinen Muster‹ der Familie Amati. Diese Geigen waren leicht zum Reden zu bringen, wißt ihr, leicht zu spielen, denn sie paßten unters Kinn und waren handlich. Bauch und Rücken hochgewölbt. Sie hatten einen seidenweichen, hellen, kleinen Ton, zum Teil Sopranstimme, zum Teil Oboe – entzükkend. Ich war stolz auf diesen süßen Ton. Dann kamt ihr und die Mädchen. Eure Mutter wollte ein größeres Haus, also sind wir hierher umgezogen. Und dann, vier Jahre später, starb Maestro Nicola, vierundachtzig Jahre alt und eine sichere Hand bis zuletzt, das brach mir schier das Herz. Danach war ich ganz auf mich allein gestellt. Und gerade zu dieser Zeit veränderte sich eure Mutter. Ich will nicht darüber reden. Ich brannte vor Ungeduld. Ich wollte schreien – Geigen bauen, die schreien würden. Einen größeren Ton. Deshalb arbeitete ich dann ungefähr sechs Jahre lang nach dem ›großen Muster‹ der Amatis. Der Schallkörper ist größer, aber der Ton war mir nicht groß genug. Ich änderte Einzelheiten bei jeder Geige, wißt ihr, aber die starke Stimme, die ich wollte, kam dabei nie so ganz heraus. Also fing ich an – ja, wann war das? Vor neun Jahren, im Jahr der Schande eurer Mutter –, meine langen und schmalen Geigen zu bauen, nach meinem *stretto-lungo*-Muster. Ihr kennt sie. Ihr beide habt jeden Tag an ihnen gearbeitet. Ich erinnerte mich an die Geigen der Magginis in Brescia. Aber ich baute sie flacher, das war das Geheimnis. Und, ja! Ihr Ton trug weiter, du hast sie gespielt, Francesco, ihr Ton trägt bis zu den Dachsparren am anderen Ende der Kathedrale, selbst wenn man sie *pianissimo* spielt. Ihr Ton ist tiefer, ein Contralto-Brustton. Schwieriger zu spielen, ich weiß, spricht nicht so leicht auf den Bogen an. Aber ein voller Klang... *Ohimè!* Ich war so unruhig. Eure Mutter ist nicht mehr. Neulich habe ich die ganze Nacht wach gelegen. Ich wälzte mich von einer Seite auf die andere und war so angespannt, daß ich meinte, die Spinnen ihre Netze weben hören zu können. Aber wißt ihr was? Ich war glücklich. Ich war den alten Trott leid geworden. Mitten in der Nacht stellte ich mir eine vollkommen neue Geige vor, begriff ich, wie ich alles verwirklichen könnte. Die Reinheit des Tons der kleinen Amatis, aber auch die besten Eigenheiten der großen, wißt ihr, im Verein mit dem Glanz und der Fülle meiner eigenen langen Geigen, aber weniger weittragend und leicht zu spielen, neue Stimmung von Decke und Boden, vollkommen neu, ist mir so ganz plötzlich eingefallen, ihr werdet sehen, Silber in den hohen Tönen, ein Holzbläserton für die D- und G-Saiten, aber alle Saiten gleich klangvoll. Alles: Süße, Kraft, Rundung, Holzigkeit – ohne daß man wie ein Schlächter mit dem Bogen zuhauen muß. Alles. Hiermit! Wartet nur ab, ihr werdet's sehen.« (Er schüttelt die nun schon fast fertig ausgeschnittene Form über seiner Schulter.)

In Omobonos Kopf regt sich mit einem Seufzer etwas von seiner üblichen Altklugheit. Er sagt: »Du hast im Bett gelegen und dir von unten, von der Piazza in der Frühe neulich die Fransen an diesem schwarzen Umschlagtuch zuwedeln sehen, nicht wahr, Babbo? Und jede kleine Franse rief: Antonio! Antonio! War es nicht so, Babbo?«

Der Vater knallt die Form auf die Werkbank, dreht sich auf dem Hocker um, sieht Omobono mit durchbohrenden Ahlenblicken an, und dann, während ihm das Blut in die Wangen steigt, grinst er verlegen und sagt: »Warum habe ich dir bloß die Zunge freigelassen? Wenn man eine Ziege ins Haus läßt, meckert sie, bis man taub ist.«

Ziege. Der Name, den ihr verstorbener erster Mann seiner Frau hinterlassen hatte, bedeutete ebendieses Tier: Capra. Er begegnete Francesca Feraboscha Capra nur ein einziges Mal, ehe er sie heiratete. Nur allzu deutlich steht ihm diese Szene vor Augen. Ein Sonntagnachmittag im April vor zweiunddreißig Jahren. Sein Vater und seine Mutter, Alessandro und Anna, saßen so steif wie glasierte Tonfiguren auf geraden Eichenholzstühlen in dem kleinen »Salon« ihres Hauses im Kirchensprengel Santa Cecilia. Er erinnert sich, daß er an der Südseite des Zimmers auf und ab ging, hin und her durch leuchtende Quadern des hellen Sonnenscheins, der durch die beiden hohen Fenster hineinfiel; er sieht vor seinem geistigen Auge sogar die Stäubchen noch, die in diesen Schachteln von Licht tanzten. Seine drei sehr viel älteren Brüder, Giuseppe Giulio Cesare, Carlo Felice und Giovanni Battista, lehnten bequem an der gegenüberstehenden Wand, ihrer unerträglichen Neugier hinsichtlich der Frau, die ihrem kleinen Bruder zugeführt werden soll, frönend. Seine ältere Schwester Angelina Teresa war so freundlich gewesen, diesem schrecklichen Tribunal fernzubleiben.

Der Sonntagnachmittag war für Meister Amatis Lehrlinge die einzige Freizeit. Man begann bereits, auf Antonios Arbeit aufmerksam zu werden. Im vergangenen Jahr hatte er zum erstenmal sein eigenes Markenzeichen – zu dem ein kleines in Holz geschnittenes Monogramm gehörte, das er seitdem stets verwendete, ein doppelter Kreis, der ein Kreuz und die Buchstaben A und S enthielt – in eine von ihm gebaute Violine unter das linke Schalloch geklebt.

Antonius Stradiuarius Cremonensis
Faciebat Anno 1667

Mit seinen dreiundzwanzig Jahren verdiente er für die Begriffe seiner Familie schon ein schönes Geld, das ihm Maestro Nicola in Anteilen zahlte, gemäß dem Vertrag, der ihn verpflichtete. Sein Vater war der Meinung, daß es, da nun Antonio schon selbständig Geigen baute und sich bereits einen Namen gemacht hatte, höchste Zeit sei, daß der Junge heiratete, und so hatte er den Notar Tomasino Androtti beauftragt, für seinen Jüngsten eine geeignete Braut auszusuchen.

Während seiner Suche hatte Androtti hin und wieder berichtet. Am ehesten in Frage kamen schließlich nach seinem Dafürhalten zwei Damen. Erste Wahl war unter dem Gesichtspunkt ihrer Herkunft und der zu erwartenden Mitgift zweifellos die Jungfer Rosalba Greppi, Tochter eines Wursthändlers, zwanzig Jahre alt, unglücklicherweise allerdings *äußerst* unscheinbar. Zweite Wahl Francesca Feraboscha Capra, Tochter des Signor Dottore Francesco

Feraboscho, des hervorragenden Mathematikers. Diese Kandidatin war verwitwet und hatte eine recht akzeptable Mitgift aus dem Nachlaß ihres verstorbenen Mannes, der zwei Jahre zuvor im April an den Folgen eines Arkebusenschusses gestorben war, der ihn eines Nachts auf der Piazza Santa Agata getroffen hatte. Zwei Umstände, die vielleicht gegen diese Kandidatin geltend gemacht werden konnten, waren einerseits die Tatsache, daß sie drei Jahre älter war als der junge Freier, andererseits das nicht verstummen wollende Gerücht, daß ihr verstorbener Mann aus zweifelhaften Gründen entweder von Francescas Bruder erschossen worden oder gar von eigener Hand gestorben sei, womit entweder der Bruder oder der verstorbene Ehemann selbst sich einer Todsünde schuldig gemacht hätten. Andererseits war diese Kandidatin weniger unscheinbar als die andere. Antonios Vater hatte gesagt, er wolle seinen Sohn nicht mit einer abscheulich häßlichen Frau verheiraten. Androtti solle also bei der zweiten Wahl als Brautwerber vorstellig werden.

Das hatte er getan, erfolgreich, und jetzt kam die einzige Dienerin der Stradivaris, Luigia, eine gebeugte alte Frau, an die Tür des Salons und meldete die Ankunft der Gäste. Da waren sie. Der Notar schob eine junge Frau vor sich durch die Türöffnung. Hinter ihnen kamen die Eltern, der Mathematiker mit Spitzbart, die Mutter so dünn wie ein Besenstiel. Sie strahlten vor Freude, mutmaßlich in Anbetracht der Aussicht auf eine Verbindung mit der geachteten Familie Stradivari.

Im Salon waren aller Augen auf die Kandidatin gerichtet, die keineswegs so euphorisch wie ihre Eltern gestimmt zu sein schien.

Antonios erster Eindruck war der einer Nase. Ihre Gestalt war nicht gottbegnadet, und sie war entzündet. Die Frau sah sich mit den Blicken eines gehetzten Kaninchens im Zimmer um, offenbar bemüht, herauszufinden, welchen jungen Mannes Schlinge sie beim Bein packen sollte, und sie nieste dreimal. Sie war erkältet. Antonio hörte seinen Bruder Carlo kichern. Signor Androtti schwenkte Vertragspapiere, Antonios Vater rief nach Feder und Tinte. Und ein paar Minuten später war, nach einem kurzen, aber hitzigen Streit über Androttis Maklergebühr, ohne daß irgend jemand ihn, Antonio, nach seiner Meinung darüber gefragt hätte, der Ehevertrag unterschrieben.

Er leimt die getigerten Ahornbügel der Zargen und die dunkelbraunroten Weidenklötze und Futter. Er hat die vier Eckklötze und die beiden Endklötze geschnitten, so leicht wie nur irgend möglich, damit die Zargen der vollendeten Violine so frei wie irgend möglich schwingen können und so jeder süßen Note zusätzliche Obertöne mitgeben. Die Ahornleisten für die Zargen hat er zu einer überall gleichen Stärke von einem vierundzwanzigstel Zoll abgehobelt. Er biegt sie mit heißen Biegeeisen, so daß sie sich der Form des Bodens anpassen, und leimt sie an die Klötze an. Er hat Fugen in die Eckklötze für die kurzen Abschnitte der Zargen der Mittelbügel geschnitten, und er leimt die Leisten darin fest, den überflüssigen Leim (der wie Sperma ist) sorgfältig abwischend. Sobald die Zargen mit allen Klötzen verbunden sind, weicht er die schmalen Futterleisten in heißem Wasser ein und biegt und leimt den oberen Satz derselben an seinen Platz.

All das ist eine Arbeit, die sehr viel Konzentration und Genauigkeit verlangt, und die Hände, die sie leisten, sind sowohl zart als auch kräftig. Sehen wir uns eine von ihnen an: die rechte.

Die Hand insgesamt ist groß. Die Finger sind schlank, zugespitzt, aber der Ballen am letzten Glied des Daumens ist breit und ein Stück nach außen gebogen wie der anmutige

Schnabel eines Kruges. Die schmalen Fingernägel, blaß wie Kerzenwachs, mit kleinen weißen Halbmonden an der Basis, sind kurz geschnitten. Die Haut des Handrückens ist wie die eines zwanzigjährigen Mädchens. Eine lange, unmädchenhafte Ader, voll und warm aussehend, läuft in Windungen die Mitte des Handrückens entlang und vollführt einen türkischen Tanz auf den darunterliegenden Sehnen, wenn diese die Finger öffnen oder dieselben durch die Muskeln der Handfläche sich schließen lassen. Dunkler Flaum wächst auf dem Handgelenk, doch nicht auf der Hand. Ist die Hand zur Faust geballt, sind die Knöchel so groß wie Kastanien. Die Knorrigkeit des Alters zeigt sich an diesen jedoch ebensowenig wie an den Fingerknöcheln.

Da nun Stradivari die Handfläche nach oben wendet, können wir die starke Schwellung des Daumenbeugemuskels sehen und die ebenso mächtige des *palmaris brevis* und Beugemuskels des kleinen Fingers. So ist diese Handfläche ein Krater von Kraft. Ihre schicksalhaften Runzeln sind flach und sauber. Die Lebenslinie ist lang und bestimmt. Die Liebeslinie ist gebrochen.

Kein Anzeichen von Schweiß, weder auf dem Handrükken noch auf der Handfläche. Diese ist so trocken wie ein Blatt des alten Einwohnerregisters von Cremona im Palazzo del Comune.

Das Wichtigste an dieser Hand können wir nicht sehen, müssen wir aber glauben angesichts der Genauigkeit der Arbeit, die sie leistet. Das Maß der Sensibilität jeder Fingerspitze kann nur vorgestellt werden im Vergleich mit einem übernatürlich scharfen Gehör, das imstande wäre, ein Flüstern an der anderen Seite der Piazza San Domenico auszumachen, an einem Abend, an dem hundert Leute plaudernd auf dem Platz spazierengehen. Der zweite Knöchel des Zeigefingers ist das kostbare Werkzeug, mit dem der Maestro die Stimmung der Decken und Böden seiner Geigen so lange prüft, bis sie stimmt.

Es ist diese Hand, die nun mit zärtlicher Sorgfalt eine gepolsterte Klammer anbringt, so daß sie ein Stück des Futters der neuen Geige an seinem Platz festhält.

Einige Tage später. Er hat die geformten Zargen aus der Form gleiten lassen, den zweiten Satz Futter eingezogen, er hat den Umriß der Zargen auf die Ahorn- und Tannenholzplatten für Decke und Boden gezeichnet, hat diese ausgeschnitten – wobei er den überstehenden Rand in Rechnung gestellt hat – und nun begonnen, die Wölbungen auszuhöhlen, die es ihnen ermöglichen werden, ihr himmlisches Werk zu tun. Während all dieser Arbeitsgänge ist den Söhnen die rastlose Erregung des Vaters aufgefallen. An diesem Morgen sind die Schläge seines Hammers auf das Hohleisen wie das eifrige, synkopierte Hacken eines Spechtschnabels. Als die Söhne nach der Mittagspause in die Werkstatt zurückkehren, finden sie zu ihrer Überraschung den Schemel des Vaters unbesetzt. Gewöhnlich ist er nachmittags immer vor ihnen am Arbeitsplatz.

Eben jetzt eilt Antonio Stradivari über die Piazza San Domenico. In seiner Besessenheit hat er nicht daran gedacht, Schürze und Mütze abzulegen. Die Schürze flattert um seine Knie. Er ist eine wandelnde Vogelscheuche. Passanten sehen sich nach ihm um. Auffällig ist nicht nur der Aufzug, sondern auch die zielstrebige Energie des vorübereilenden Mannes mit dem zerklüfteten, brennenden Gesicht. Mit langen Schritten, an deren Ende er sich jedesmal hoch auf die Ballen des einen wie des anderen Fußes erhebt, erreicht er ein Haus gegenüber der Kirche San Sigismondo, steigt in den zweiten Stock hinauf und betritt dort ein Büro, ohne anzuklopfen.

Signore Apostolo Agnesi, Bankier und Buchhalter, hat Besuch. Stradivari ist genötigt, im Vorzimmer Platz zu nehmen. Er schlägt ein Bein übers andere und dann das andere über das eine. Endlich verläßt der Mann das Büro, der offensichtlich gerade eine Enttäuschung erlitten hat. Nun wird Stradivari vorgelassen.

Agnesi besorgt Stradivaris Finanzangelegenheiten. Stradivari deponiert seine Einnahmen bei ihm, und er investiert das Geld für den *liutaio*, ohne es leichtfertig aufs Spiel zu setzen, denn er kennt seinen Kunden als einen, der sein Geld gern zusammenhält. Der Bankier ist ein dicker, jovialer Mann, trägt einen gestickten Anzug nach der neuesten Pariser Mode und dazu eine goldene Kette um den Hals. In Geschäften besucht gewöhnlich er diesen Kunden in seinem Haus – abends nach der Arbeit. Das Erscheinen Stradivaris, der während des Arbeitstages sein Haus so gut wie niemals verläßt, ist so ungewöhnlich, daß Agnesi sich deswegen Sorgen macht.

Stradivari räuspert sich. Er sieht auf den Boden. Er räuspert sich noch einmal.

Agnesi: »Gibt es irgendwelchen Ärger?«

Stradivari schüttelt den Kopf, nein.

Agnesi ist noch nicht beruhigt. Zwei weitere Fragen. Zweimal wird der Kopf geschüttelt. Agnesi wartet. Langes Schweigen.

Stradivari, endlich, mit einer Art Stöhnen: »Ich brauche Ihre Hilfe.«

Agnesi, auf der Hut: »Was immer Sie wünschen. Bitte.«

Mühevoll bringt schließlich Stradivari heraus, daß er Hilfe bei einer diskreten Untersuchung braucht. In aller Stille. Vertraulich. Er braucht einen ausführlichen Bericht über eine gewisse Person.

Agnesis Augen verraten, daß ihm das Ansinnen nicht ganz geheuer ist. Geht es vielleicht um rechtliche Schwierigkeiten? Einen Prozeß? Erpressung? Er fragt: »Welche Person?«

Stradivari preßt einige Worte heraus. Der Bankier beugt

sich vor. Er hat nicht verstanden. »Bitte wiederholen Sie das.«

Diesmal fährt der Bankier zusammen, denn Stradivari wiederholt mit einem erstickten Schrei: »Signora Antonia Maria Zambelli!«

Agnesi ist von Erleichterung und Lüsternheit hingerissen. »*Eccomi qua!*« sagt er. »Ganz zu Diensten!« Signora Zambelli wohnt, wie das Leben so spielt, in diesem Kirchspiel, San Sigismondo. Er kennt sie nicht, außer *»che gioia!«* – vom Sehen! Und sein Gesicht leuchtet von boshafter Neugier auf das Anliegen des alten Freundes und hochgeschätzten Kunden, als er hinzufügt: »Ich werde sehen, was sich machen läßt.«

Er bearbeitet den Boden im groben, zunächst von außen. Die Wölbung ist verhältnismäßig flach.

Seine Erregung steigert sich jetzt zum Höhepunkt. Er wird die Vision der neuen Geige, die ihm in der Nacht zuteil wurde, mit der Realität des Holzes vermählen, das er in der Hand hält. Bei der nun bevorstehenden Arbeit der Ausformung von Boden und Decke wird sich während der nächsten Tage entscheiden, mit welcher Stimme die Geige sprechen wird, denn der Klang und die Kraft dieser Stimme resultieren aus dem Zusammenwirken der Schwingungen der Decke und des Bodens des Instruments. Und der Boden, aus härterem Holz, muß auf die über den Stimmstock von der Decke übertragenen Schwingungen die richtige Antwort wissen. Sobald er das Holz von beiden Seiten im groben bearbeitet hat, beginnt er mit der Feinarbeit, für die er, einen nach dem anderen, verschiedene seiner kleinen elliptischen, konvexfüßigen Hobel benutzt. Diese Arbeit beschäftigt ihn tagelang. Er fühlt sich wie im siebten Himmel. Jedes zarte Schaben des Eisens eines Hobels macht ihm Freude. Jetzt erweist sich, wie wertvoll die übergroße Empfindlichkeit seiner Fingerspitzen ist. Er hat metallene Greifzirkel, mit denen er die abnehmende Stärke des Holzes messen kann, aber zum Staunen seiner Söhne kann er den Rand des Holzes zwischen Daumen und Zeigefinger abtasten und spürt dabei sogar Stärkeunterschiede von nicht mehr als einem vierundsechzigstel Zoll. Und dabei vor allem – als er nun nach dreitägiger Arbeit die Hobel beiseite legt und beide Seiten des Holzes mit halbmondförmigen Schabern weiterbearbeitet – wird die radikale Neuerung der Vision jener schlaflosen Nacht verwirklicht.

Die Neuerung ist diese: Bei allen Geigen, die er bisher gebaut hat, sei es nach den Mustern der Amatis oder nach dem von ihm selbst ausgebildeten langen und schmalen, war der Boden in der Längsachse etwas dicker, verdünnte sich ein wenig zu den Seiten hin. Bog man das Holz, so hatte es gewissermaßen zwei Flügel an beiden Seiten. Diesmal teilt er die Platte in der Horizontalen. Am Mittelbügel (der die Taille der Geige ist) gibt er dem Boden eine Stärke von zwölf vierundsechzigstel Zoll, mit einer leichten Verdikkung an der Stelle, wo der Stimmstock stehen wird. Aber sowohl zum Oberbügel wie zum Unterbügel hin läßt er die Stärke des Holzes abnehmen, so daß diese endlich oben und unten nur acht vierundsechzigstel Zoll beträgt. Wenn er also schließlich die Platte am Oberbügel und am Unterbügel faßt und biegt, bilden sich neue Flügel, diesmal am Oberbügel und am Unterbügel. Und er ist überzeugt, daß sie die Flügel eines ganz neuartigen Klangs sein werden.

Während er so höhlte, hobelte und schabte, hat er ab und zu die Platte ans Ohr gehalten und mit dem Knöchel des Zeigefingers der rechten Hand daran geklopft. So erkennt er kraft seines scharfen und absoluten Gehörs die Note, die jede Stelle der Platte mit ihren Schwingungen freisetzt. Durch winzige Änderungen der Plattenstärke stimmt er die Platte so, daß er diagonal vom Unterbügel zum Oberbügel klopfend, eine ansteigende chromatische Tonleiter durch eine Oktave von A-Dur bis A-Dur erklingen läßt. Als er nach einer Woche die Arbeit vollendet hat, klingt der ganze Boden genau in der Grundstimmung, die er hören will: F-Dur.

Überdies kann er nun sehen, daß dieser Boden hinreißend schön sein wird. Unter dem Lack wird er ein nie zuvor gesehenes und so nie wieder herzustellendes prachtvoll spiegelndes Muster wellenförmiger Ahornmaserung zeigen – jede Welle gleich einer farbigen Liebkosung.

Am Tage der Hochzeit sah er, daß Francesca außer ihrer Nase noch andere Züge hatte. Die Lippen, die er durch den Schleier nur undeutlich sah, schienen ihm dünn und unfreigebig zu sein. Sie hatte tiefe Ringe unter den Augen. Zur Hochzeit brachte sie einen trockenen Husten mit in die Kirche, mit dem sie immer wieder ihren Schleier vor dem Mund blähte, wie plötzliche Windstöße das Segel einer Feluke füllen. Am Abend entdeckte er, daß sie einen gesunden, starken Körper hatte, der so heftig mit ihm rang, daß er fast die ganze Kraft seiner Schultern und Arme aufbieten mußte, sie gefügig zu machen. Daß sie ihm dabei ins Gesicht hustete, stellte seine Brunst auf eine harte Probe. Als die Uhr neun schlug, hatte er sie endlich besprungen.

Da man ihr von Kindesbeinen an eingebleut hatte, wozu der Ehevertrag die Frau verpflichtet, führte sie seinen Haushalt, sorgte für ihn, wachte darüber, daß die Mahlzeiten pünktlich auf den Tisch kamen, und unterwarf sich – wenn auch nicht, ohne sich jedesmal so energisch zu verteidigen, daß er meinen konnte, es mit einem sich der Verhaftung widersetzenden Delinquenten zu tun zu haben – nächtens den im engeren Sinne ehelichen Pflichten. Aber nirgendwo in dem Ehevertrag noch in der Mythologie, die ihn umgab, fand sie eine Bedingung, die von ihr verlangt hätte, zärtliche

Gefühle für ihren Gatten zu hegen. Sechs Kinder gebar sie ihm – der erste der beiden Francescos starb im Alter von sechs Tagen –, doch ließ sie ihn nicht im Zweifel darüber, daß sie willens war, auf seinen wachsenden Ruhm stolz zu sein, es aber herzlich bedauerte, mit einem Scheusal leben zu müssen, das den lieben langen Tag an seiner Werkbank verbrachte und ihr nie ein Wort zu sagen hatte, das nicht irgendwie von Geigen handelte.

Ja, ihr Körper war jung und stämmig und stark, doch ihr Geist wurde bald eine florierende Fabrik imaginärer Krankheiten. Sie sollte Anspruch erheben auf Kopfschmerzen, Rheumatismus, Wassersucht, Pocken, Skrofeln, Typhus, Malaria, Ausschlag, Pellagra, Leberschäden, Schwindsucht und viele andere Leiden, darunter unsägliche Geschlechtskrankheiten, die sie, wie sie sagte, nur von ihm haben konnte – aber, erwiderte er, warum nicht von dem Ziegenbock, mit dem sie vorher verheiratet gewesen war? Vielleicht hatte der haarige Bock sich ja aus Scham über die Schande, sich beim Herumhuren krank gemacht zu haben, eine Kugel durch den Schädel gejagt. Derart waren die Sticheleien, die Francescas Beschwerden erregten, von denen die allermeisten ganz grundlos waren. Einmal glaubte sie sogar eine Pestbeule in der Achselhöhle zu haben, obwohl Antonio sie anschrie, daß die Pest sich in Cremona nicht mehr gezeigt habe seit der großen Epidemie, die vierzehn Jahre vor seiner Geburt das Land entvölkert hatte; und obwohl sie tatsächlich keine Schwellung unter der Achselhöhle hatte.

Von Anfang an bestand sie in der Casa del Pescatore, ihrem Haus, auf dem Recht, in einem eigenen Zimmer zu schlafen. Auf dessen Möbeln standen Dutzende von Schachteln und Fläschchen mit Pillen, Säften, Gewürzen, Ölen, Pudern, Salben, Pflastern und Latwergen. Sie konnte nicht schlafen, ohne ein aus Opium, getrocknetem Knoblauch, Bilsenkraut und Papaverin gemischtes Pulver zu nehmen. Ein Apotheker ihres Vertrauens versorgte sie mit prophylaktischen Arzneien für jeden Monat des Jahres.

Januar: eine Salbe aus Schweineschmalz mit Rosensirup, auf die Haut zu reiben; gekochtes Knochenmark zur inneren Anwendung.

Februar: ein Gebräu von Lakritze.

März: ein Pulver aus der getrockneten Rinde von schwarzen Ulmen, Eschen, Maulbeerbäumen, Pappeln, Weiden, Holunder und Tamarinden, befeuchtet mit Tränen, die aus den abgeschnittenen Stengeln von Veilchen und Borretsch quellen.

April, der grausamste Monat: Froschfleisch in Öl gesotten, gebratene Schwalben, gesottene Sperlingshirne. Am frühen Morgen gesammelter Tau.

Und so fort. Der Juli war schrecklich mit, unter anderem, einer öligen Brühe aus Ameisen, Skorpionen und Vipern.

Antonio mußte sich eingestehen, daß sie trotz all diesen Überlebensritualen während der Jahre, in denen ihre vier überlebenden Söhne und ihre Tochter kleine Kinder waren, eine robuste, energische und treue Mutter blieb, die jedem Kind das volle Maß der Wärme ihrer Brust und ihres Herzens zuteil werden ließ. Und obwohl er Francesca längst nicht mehr ausstehen konnte, wurde er eifersüchtig auf seine eigenen Kinder, wenn er sie die rückhaltlose Liebe der Mutter genießen sah.

Am achten Tag beginnt er die Decke zu formen. Dabei kommt es darauf an, eine derjenigen des Bodens genau entsprechende Wölbung zu erzielen. Anders als der Boden hat die Decke durchweg die gleiche Stärke, sechs vierundsechzigstel Zoll.

Nach drei weiteren Tagen ist er soweit, den Baßbalken an die Innenseite der Decke zu leimen. Dieser ist ein sich nach den Enden zu verjüngender und der Wölbung der Deckenplatte angepaßter Stab von Fichtenholz. Er ist neuneinhalb Zoll lang, an seiner dicksten Stelle ein viertel Zoll stark und drei sechzehntel Zoll breit. Über diesem Baßbalken wird der rechte Fuß des Stegs stehen, und so wird er die Schwingungen der tiefen Töne der G-Saite und der D-Saite verstärken.

Nun erscheint Marisa, das Dienstmädchen, in der Tür der Werkstatt. Der Maestro sitzt über seine Arbeit gebeugt, den ganzen Körper packt die Faust der Konzentration. Er stimmt die Decke auf eine chromatische Tonleiter, nimmt federleichte Späne von dem neuen Baßbalken und schabt Holzstaub von der Decke, immer wieder mit dem Knöchel pochend die Töne prüfend. Marisa ist in Todesängsten, denn wohl tausendmal hat sie den Meister im Brustton der Überzeugung schreien hören, daß er jede Frau, die es wagt, einen Fuß über die Schwelle seiner Werkstatt zu setzen, eigenhändig erwürgen wird. Mit einer sich kaum über den Flüsterton erhebenden Stimme meldet sie, daß ein Mann an der Haustür ist, der den Maestro zu sprechen wünscht.

Stradivari, aus seiner Konzentration gerissen, sagt: »Er soll weggehen und nach Einbruch der Dunkelheit wiederkommen.«

Marisa: »Er hat gesagt, daß Sie das sagen würden. Er sagte, ich sollte Ihnen sagen, er sei der Signore Dottore Agnesi.«

Ohne ein weiteres Wort legt Stradivari die Decke hin, läßt den Schaber auf die Werkbank fallen, dreht sich erbleichend von seinem Schemel und eilt an Marisa vorbei zur Haustür. Francesco und Omobono hören seine herzliche Begrüßung, und dann hören sie, wie er den Bankier treppauf führt, zur Loggia auf dem Dach, wo nur die Holzplatten sie hören können.

Agnesi sagt: »Was für ein schöner Tag. *Ecco! Guarda!* Die Berge sehen aus, als könnte man sie berühren, wenn man nur die Hand nach ihnen ausstreckte.«

Stradivari, der etwas außer Atem zu sein scheint, sagt: »Ja, ja.«

Agnesi streckt eine Hand nach einer der drei dort oben langsam trocknenden Geigen aus und bemerkt: »Großartig!«

Stradivari: »*Amor del Gesù!* Finger weg davon!«

Agnesi: »Antonio, beruhigen Sie sich.«

Stradivari: »Also, was haben Sie mir zu erzählen?«

Agnesi, sich abwendend: »Wie hoch Ihr Haus ist. Ich wußte gar nicht, daß man von hier oben den Fluß sehen kann.« (Jetzt dreht er sich wieder um und sieht Stradivari gerade an und sagt mit einem Zucken seines rechten Augenlids, das ein absichtliches Zwinkern sein könnte:) »Sie ist zwanzig Jahre jünger als Sie.«

Da Agnesi dem offenbar nichts hinzuzufügen hat, fragt Stradivari fast schreiend: »Was noch?«

Der Bericht ist ausführlich:

Antonia Maria Zambelli wurde im September 1664 geboren, so daß sie gegenwärtig im fünfunddreißigsten Lebensjahr steht. Da ihr Vater, der ein kleines Geschäft mit Senf machte, den er herstellte und auf Flaschen füllte, starb, als sie neun Jahre alt war, hatte ihre Mutter, die noch fünf jüngere Kinder zu versorgen hatte, Antonia in den Convento delle Vergini Spagnole gesteckt, ein schmutziges Institut mit notorisch grausamen Nonnen. Dort lehrte man sie auf gewisse Weise, wie man einen Haushalt führt. Wie man Lampen anzündet, im Frühstückszimmer den Tisch deckt, Brot backt, Rindfleisch und *Minestra* kocht, Wäsche wäscht, Fliesenböden fegt, Kleider flickt und Blumen arrangiert. Außerdem erhielt sie genaue und gründliche Anweisungen, wie sie den Zunder ihres Fleisches vor der Brennbarkeit bewahren könne.

Einem Informanten zufolge verließ sie das Kloster als Sechzehnjährige, *una candida oca*, ein naives Gänschen. Was man sie hinsichtlich des Zunders gelehrt hatte, schien sie sich nicht lange gemerkt haben zu können. Angeblich hatte sie hintereinanderweg eine ganze Reihe älterer Männer leidenschaftlich angeschwärmt. Ein Priester, bei dem sie damals gewöhnlich zur Beichte ging, hatte sich für einen ihm von Agnesi angebotenen Dukaten dazu verstanden, das Beichtgeheimnis zu verletzen und berichtet, daß sie schluchzend in den Beichtstuhl zu kommen pflegte wegen ihrer Einbildungen dessen, was ihr in den Armen dieses oder jenes Mannes passieren könnte. Soweit der Priester wußte, hatten sich die in diese Einbildungen verwickelten Männer tatsächlich aber gar nicht für sie interessiert. Doch verschafften deren eingebildete Liebkosungen ihr das Gefühl, unerhörte Sünden zu begehen, von denen der Priester sie stets mit Vergnügen lossprach, ihr als Buße ein paar *Ave Maria* auferlegend. Sie beichtete nie wirkliche Sünden – freilich, sagte der Priester, sei es sehr schwer zu wissen, inwieweit ein gewitztes sechzehnjähriges oder siebzehnjähriges Mädchen im Beichtstuhl die Wahrheit sagt.

Als sie dann achtzehn war, sagte Agnesi, der diese Auskunft, wie er sagte, einer Alten verdankte, einer Kusine von Antonias Mutter, die damals mit in dem überfüllten Haus wohnte und der Mutter einen Teil ihrer Arbeit abnahm – die Zunge dieser Alten aber war, wenn man Agnesi glauben wollte, am Wetzstein des Klatsches und Tratsches geschliffen wie ein Rasiermesser –; dieser Alten zufolge also war, als sie dann achtzehn war, Antonias Körper so geschmeidig wie derjenige einer jungen Ricke oder Hirschkuh. Ihre Brüste, sagte die Alte, glichen köstlichen, in Murano aus Glas geblasenen Pokalen, und ihre Schenkel waren so fest, daß es, wenn sie rannte, aussah, als könnte sie mühelos sechs Fuß hoch in die Luft springen. Mit neunzehn lief sie von zu Hause fort. Diese Eskapade ist noch immer ein Geheimnis für alle, die sie kennen. Es ist nicht klar, ob sie damals einem Mann nachlief auf diesen kräftigen Beinen in der Absicht, dieselben breit zu machen. Jedenfalls war sie drei Wochen später wieder zu Hause.

Als sie zwanzig oder einundzwanzig war, stand sie in dem Ruf, nichts erzählen zu können, ohne es irgendwie auszuschmücken. Manche hielten sie für eine pathologische Lügnerin, hielten sie für geradezu unfähig, die Wahrheit zu sagen. Ein Gewährsmann hatte gesagt, er habe sie einmal dabei ertappt, wie sie mitten im Satz die Lüge, mit der sie denselben angefangen, gegen eine andere austauschte. Ihr Geist schien so sprunghaft zu sein wie eine Heuschrecke.

Vielleicht ihrer spärlichen Mitgift wegen gelang es erst, sie zu verheiraten, als sie schon vierundzwanzig war, in einem Alter, in dem die meisten Frauen aufgeben, den Schleier nehmen, um auf Nimmerwiedersehen hinter Klostermauern zu verschwinden. Ihr Mann, Vittorio Zambelli, zehn Jahre älter als sie, war ein farbloser Sekretär im Haushalt eines Marchese. Sie hatte ihn fest in der Hand, indem sie ihm sklavisch zu Diensten war, und bekam derart ganz unauffällig von ihm, was immer *sie* wollte. Eine glückliche Ehe, wie die Leute meinten, doch sagt eine alte Tante, daß sie jedem Mann, der ins Haus kam, schöne Augen machte. Zambelli starb im Juni, an einer Pellagra, die die Schwindsucht nach sich gezogen hatte.

Alle Leute sagen, daß Maria Zambelli nichts im Kopf hat. Daß sie geht wie eine Hure. Daß sie's immer allen recht machen will. Daß sie weint, wenn man sie kritisiert. Daß sie, wenn man ihr eine Frage stellt, offenbar in tiefes Nachdenken fällt und dann sehr häufig nichts sagt.

Agnesi schließt seinen Bericht, neugierig darauf, zu hören, was hinter alledem steckt: »Sie sehen also, Antonio, sie ist eine flachköpfige, unbedeutende, schwache Frau. Wenn es Ärger mit ihr gibt, sollte es nicht allzuschwer sein, damit fertig zu werden. Es sollte mich freuen, Ihnen dabei behilflich zu sein. Sie brauchen's mir nur zu sagen.«

Stradivari: »Was schulde ich Ihnen?«

Agnesi: »Bitte! Beleidigen Sie nicht Ihren alten Freund. Es war mir ein Vergnügen.«

Stradivari: »Sie haben diesem Priester einen Dukaten gezahlt.«

Agnesi: »Versuchen Sie, Freundschaft auf Taler und Scudo zu berechnen?« (Ein letzter Versuch:) »Sagen Sie mir doch, wie ich Ihnen behilflich sein kann!«

Aber Stradivari ist schon treppab unterwegs.

Mit leuchtenden Augen kehrt er in die Werkstatt zurück. Er nimmt die Decke von seiner Werkbank, setzt sich daran und arbeitet weiter.

Er beginnt die gleiche Melodie zu summen wie vorhin, mit dem gleichen Knallen der Lippen bei Stakkatonoten. Omobono wirft Francesco einen vielsagenden Blick zu, und dieser zuckt die Achseln. Dann prüft der Vater von neuem die Stimmung der Deckenplatte, er hört auf zu summen, und die Söhne hören ihn die Noten der chromatischen Tonleiter intonieren, die er dem Holz zu entlocken sucht, diesmal aber nicht wie gewöhnlich durch die Nase, sondern mit Zungenschlag: ta-ta-ta! ta-ta-ta! Die Tonleiter steigt hier von Fis bis Gis, und die Platte ist, als er am Abend mit ihr fertig ist, insgesamt auf E gestimmt, genau einen Ton tiefer als diejenige des Bodens.

Die unterschiedliche Stimmung resultiert keineswegs aus einem Irrtum des Geigenbauers. Schon vor mehr als einem Jahrhundert haben die Geigenbauer irgendwie gespürt – und das ist eine der vielen wunderbaren Leistungen ihrer Intuition –, daß unterschiedliche Stimmung der Decke und des Bodens ein üppiges Bündel harmonischer Obertöne erzeugen hilft: jenes echogleiche Bouquet von Sympathieschwingungen, das der wahre Reichtum jedes musikalischen Tons ist. Die Amatis hatten sich dafür entschieden, daß ein Intervall von genau einem Ton den reichsten Ertrag an solchen Obertönen brächte, und Stradivari folgt ihrer Einsicht, wenn auch, dank seiner nächtlichen Vision, die Zonen, welche die Töne der Tonleitern hergeben, auf seinen Platten nun zum erstenmal etwas anders liegen als bei den Geigen, die er bisher nach ihren Mustern gebaut hat. Diese neuen Zonen, dessen ist er gewiß, werden neue Töne erklingen lassen.

Bei dem leichten Abendessen – Fisch und Brot – ist er so gut aufgelegt, daß seine Söhne staunen. Nie im Leben haben sie ihn betrunken gesehen, aber an diesem Abend fragt sich Omobono, ob der Alte nicht vielleicht insgeheim einen über den Durst getrunken hat.

Er war Anfang Dreißig, als sein Name bekannt wurde, wo immer man musizierte, nicht nur in den Fürstentümern Italiens, auch im Ausland. Während einiger Jahre schmückte er von den Instrumenten, die er baute, manche mit Einlegearbeit, Mustern, so verschlungen wie Weinreben, und musikliebende Edelleute waren stolz, ihren Gästen mit diesen zu imponieren, während die Hofmusikanten auf den also dekorierten Geigen herumfiedelten. Ernsthafte Virtuosen priesen den Ton seiner ungeschmückten Geigen. An Aufträgen für seine Werkstatt war kein Mangel.

Damals begann er Geld zu horten – und zu lieben. Und so kam es zur allerersten Vereinigung des Geigenbauers mit seiner Angetrauten in einer Art Liebe, denn Francesca liebte das Geld sogar noch mehr als er und heftiger. Das heißt, ihm reichte es, das Geld irgendwo im verborgenen wachsen zu wissen, wie Pilze in einer dunklen Kiste im Keller; sie aber wollte Gebrauch von dem Geld machen, die köstlichen Pilze genießen!

Als Omobono, das fünfte ihrer überlebenden Kinder, geboren wurde, begann sie ein größeres Haus zu verlangen. Neun Menschen – denn die Stradivaris hatten zwei Dienstboten – traten sich dauernd gegenseitig auf die Füße in der engen kleinen Casa del Pescatore, dem Fischerhaus, das ihr übrigens schon deshalb immer zuwider gewesen war, weil der fischige Geruch, den dessen einstige Bewohner in dem Haus zurückgelassen hatten, ihr überall dort (wie sie immer sagte) so widerwärtig in die Nase stieg wie »kalter Bauer«.

Im folgenden Jahr hörte Francesca von der Frau eines der Guarneris (die ebenfalls Geigen bauten) von einem Haus, das genau ihren Wünschen entsprach. Es gehörte der Familie Picenardi und stand an der Piazza San Domenico Nr. 2. Es war etwas engbrüstig, hatte aber drei Etagen und einen Dachboden, genügend Raum für die Werkstatt des Meisters im Erdgeschoß und einen *seccadour* auf dem Dach, war also genau das richtige! Bald darauf leistete Stradivari, bleich wie ein Schwerverletzter, der eimerweise Blut verliert, eine Anzahlung von zweitausend *Lire imperiali* und versprach mit zusammengebissenen Zähnen, innerhalb von vier Jahren weitere fünftausend zu zahlen, abzüglich der zehn Lire, die ihm Picenardi erließ, weil Stradivari eingewilligt hatte, dem Kapitel der Kathedrale die jährlichen Abgaben von der geschuldeten Summe zu zahlen: sechs kaiserliche Soldi.

Zwei Jahre später, als der venezianische Bankier Michele Monzi ein Quartett mit Einlegearbeit ornamentierter Geigen zum Preis von einhundert Dukaten für König Jakob II. von England bestellte, bestellte daraufhin Francesca, ohne ihrem Gatten etwas davon zu sagen, ein riesiges spanisches Bett für ihr eigenes Schlafzimmer, mit Seidenvorhängen, die demselben das Aussehen des Thronzelts eines orientalischen Potentaten gaben.

Zwei Jahre später, als der Großherzog von Florenz ein Concerto von Instrumenten bestellte, mußte sie unbedingt einen Reifrock aus Barcelona haben, von Silberbrokat natürlich, und sie stellte auch ein zweites Dienstmädchen ein, das nur ihr allein, als Zofe, zu dienen hatte.

Im folgenden Jahr, als der Kardinal Orsini, Erzbischof von Benevent, drei Instrumente bestellte, begeisterte sie sich für zwei unerhört kostspielige Fächer, die Triestiner Künstler aus Elfenbein und Seide höchst kunstvoll und anmutig gestaltet hatten. Auf den seidenen Faltschirm des einen waren nackte Maiden und bekleidete junge Herren beim Picknick in einer Waldlichtung gemalt, der des anderen zeigte vier entzückend sündige Rendezvous.

Als später, im gleichen Jahr, Victor Amadeus II., Herzog von Savoyen und König von Sardinien, dreißig Goldpistolen für ein Instrument zahlte, kaufte sie sich ein Kleid mit ovalem Halsausschnitt *alla francese* und kurzgeschnittenen Ärmelschonern, die an den Handgelenken Raum für elegante Puffs ließen.

Im Jahr darauf, als der Marchese Michele Rodeschini und der Marchese Nicola Rota beide Instrumente kauften, leistete sie sich ein Kleid, dessen Ausschnitt mit Mailänder Spitze geschmückt war und zu dem eine *marsina* gehörte, ein geschlitzter Überrock, der prächtige Spitzenunterröcke sehen ließ.

Als aber, in dem auf *dieses* folgenden Jahr, der König von Spanien ein Quartett von Instrumenten bestellte, ging sie zu weit; denn sie kaufte sich ein Kleid nach der neuesten französischen Mode, dessen steifes Leibchen bis zum Gürtel mit Goldfäden bestickt war, was den Preis desselben so in die Höhe trieb, daß es die Hälfte der Summe kostete, die der Auftrag des spanischen Königs einbrachte.

Jedesmal, wenn Stradivari die Rechnung für eine dieser ihn stets überraschenden Extravaganzen seiner Frau erhielt, drohte er, sie umzubringen, und dann war sie immer eine Woche lang bettlägerig.

Er schneidet die Schallöcher in die Decke mit einem kleinen Messer, das einen Holzgriff hat. Diese Arbeit macht ihm das größte Vergnügen. Die wunderschön in Gestalt des Buchstabens *f* geschwungenen Schlitze, aus denen eines Tages die Stimme der Geige ertönen wird, werden ihm zum Kennzeichen seiner Persönlichkeit, er liest sie als seine Signatur. Heute indessen ist er ratlos. Plötzlich legt er Messer und Deckenplatte ab, steht von der Werkbank auf und rennt aus dem Haus, mit einem Gesichtsausdruck, der Omobono Schrecken auszudrücken scheint, als fühlte sich der Vater von einem Werwolf verfolgt.

Er rennt quer durch die Stadt, bis in die Nachbarschaft des Palazzo Fodri, wo er nach etwas konfusem Herumsuchen das Haus findet, wo Signore l'Avvocato Benedetto Zucchi seine Kanzlei hat. Alsbald zu dem Herrn Advokaten vorgelassen, platzt die wildäugige Gestalt in der weißen Arbeitsschürze mit dem Auftrag heraus, die sie für den Anwalt hat: Er soll sich an die Familie der Witwe Antonia Maria Zambelli, wohnhaft im Kirchsprengel San Sigismondo, wenden und die Aushandlung eines Ehevertrages in Angriff nehmen.

Danach ist er mehrere Tage lang ruhig. Feliciana und Marisa finden ihren Herrn während dieser Tage ganz ungewöhnlich freundlich. Bei der Arbeit ist er geduldig und stetig. Er ist freundlich zu seinen Söhnen und Bergonzi. Er schneidet den anmutigen Hals der Geige aus der gleichen Ahornscheibe, aus der er den Boden geschnitten hat. Es scheint fast, als sollte die Geige in Gestalt eines Schwans zum Leben erweckt werden. Dann formt er den Keil des Griffbretts und belegt ihn mit dünnen Ebenholzplättchen, die an den Ecken vollkommen auf Gehrung geschnitten sind.

Und nun kommt der einzige Teil der Geige, der nicht zu

ihrem Klang beitragen, sondern allein dem Auge gefällig sein wird: Die Schnecke, in die der am Hals ansetzende Wirbelkasten ausläuft. Wenn eine Geige ein Kunstwerk sein soll, muß sie sinnliche Bügel haben, einen blendenden Boden, vollkommene Flödel und, vor allem, eine Schnecke, deren genaue Symmetrie das Monopol des Herrgotts auf den Entwurf vollkommen gewundener Dinge in Frage zu stellen wagt: der Spiralen des Schneckenhauses und der Fingerspitzen, der schwebenden Lippen brechender Wellen, der schimmernden Wirbel um die Schultern sommerlicher Gewitterwolken und – was den Vergleich insbesondere herausfordert – der zarten Windungen all der menschlichen Ohren, die eines Tages dem Gesang der vollendeten Geige lauschen werden.

Er schnitzt die Form der Schnecke im groben, und dann nimmt er eine nadelspitze Ahle zur Hand, um mit Hilfe einer neu gezeichneten Schablone von beiden Seiten die Spiralen in das Holz zu stechen, die er ausschnitzen will. Während der nächsten beiden Arbeitstage summt er ständig vor sich hin, und es scheint, als versuche er den Klang der Noten seiner Kehle in das Holz zu schneiden. Und so ist endlich die vollendete Schnecke eine Melodie des jungen Vivaldi.

In Cremona begann man zu sagen: »So reich wie Stradivari«. Francesca stieg das zu Kopf. Eines Nachts, nachdem sie sich dessen Ausübung seiner ehelichen Rechte mit ungewöhnlicher Duldsamkeit unterworfen hatte, sagte sie, als der Gatte sich erhob, um in sein Schlafzimmer zurückzukehren: »Ich will einen *cicisbeo*. Ich möchte einen Diener anstellen.«

Sie erwartete einen schrecklichen Streit. Indessen sagte Antonio nur einfach: »Der dich bedienen soll?«

Sie sagte: »Ich brauche einen ausgebildeten *cavalier ser-*

vente, der mich bei der Auswahl meiner Garderobe beraten kann. Ich bin mir meines Geschmacks nicht sicher. Du gehst niemals abends aus. Ich muß ab und zu in Konzerte gehen, ins Theater. Ich brauche einen Begleiter. Wir bekommen Dutzende von Einladungen. Und du kennst nur deine Arbeit – Arbeit, Arbeit, nichts als Arbeit! Wir gehen niemals aus! Ich ersticke hier! Alle Frauen haben Kammerherren.«

»Alle Frauen? Was soll denn das heißen?«

Sie brach in Tränen aus, fing an zu husten, zu betteln und zu schniefen, und angeekelt sagte er: Was immer sie wolle und tue, sei ihm letztendlich schnuppe. Damit kehrte er in sein eigenes Zimmer zurück.

Sie faßte das als Erlaubnis auf, und zwei Tage später nahm sie die Kutsche nach Mailand. Dort besuchte sie verschiedene reiche Freundinnen und bat um Empfehlungen, die ihr bei der Suche nach einem geeigneten Gesellschafter behilflich sein könnten. Beim dritten Besuch wurde sie fündig. Ja! Man wußte dort von einem glänzenden Mann, der bis vor kurzem bei der vor nur drei Tagen im Alter von einunddreißig Jahren ganz plötzlich an der Cholera verstorbenen Marchesa Maria Caetana Pannini im Dienst gewesen war. Der Mann hatte hervorragende Fähigkeiten sowie einen ausgezeichneten Ruf, war allerdings ziemlich teuer.

Signora Stradivari: »Geld ist kein Problem, mein Mann verdient genug.«

Und am nächsten Tag folgte der Mann einer Aufforderung, sich in dem Wirtshaus, wo sie abgestiegen war, bei ihr vorzustellen, und am darauffolgenden Tage begleitete er sie in der Postkutsche zurück nach Cremona.

Als sie ihrem Mann sagte, was ihr neuer Kammerdiener als Gehalt beanspruchte, schien er nicht gehört zu haben, was sie sagte. Er zuckte nur die Achseln.

Der Name ihres *cicisbeo* war Giovannini. Er war fünf

Jahre jünger als sie. Mit seiner Hakennase und der hohen Stirn (die man übelwollend auch als Stirnglatze hätte bezeichnen können), mit seinen gekräuselten Koteletten und dem hinten bis zum Gürtel herabhängenden Zopf, den Hals in einem Turiner Spitzenkragen, einem Rock mit gestickten Säumen am Leibe, den er offen hängen ließ, den rechten Arm angewinkelt und mit dem Handrücken auf die Hüfte gestützt, die linke Hand erhoben, wobei Daumen und Zeigefinger einen Kreis bildeten, die langen muskulösen Waden in Seidenstrümpfen mit eingewebten Verzierungen an den Knöcheln, die Füße in spitzen Schuhen mit auswärtsgestellten Zehen, war er elegant vom Scheitel bis zur Sohle.

Und was er alles wußte! Er war den ganzen Tag über bei ihr, vom Augenblick des Erwachens bis zu ihrem letzten Gähnen, ehe sie sich zur Ruhe begab. Er war ein Schatten – taktvoll, diskret –, immer auf dem Sprung, ihre Wünsche zu erfüllen.

Allmorgendlich in ihrem Schlafzimmer beriet er sie bei der Auswahl ihrer Garderobe und der Haartracht für den Tag, nach den Richtlinien des tadellosesten und neuesten französischen Geschmacks (denn der spanische war nun überholt). Auf dem Weg zur Kirche und bei der Rückkehr aus der Messe erklärte er ihr theologische Doktrinen, die sie nie verstanden hatte. Einer ihrer Spaziergänge durch die Stadt führte sie in die Kirche Santa Margherita, und dort öffnete er ihr die Augen für die Schönheit der Fresken von Giulio Campi. Er lehrte sie Pikett, Basset und Pharao spielen mit den eleganten Karten, die er besaß und die Bilder von Gnomen und Einhörnern zeigten und, taktvollen Anweisungen ihres Besitzers gehorchend, jedes Spiel zu ihren Gunsten entschieden. Er tanzte das Menuett so schwerelos, wie ein geflügelter Löwenzahnsamen in der Juniluft schwebt. Er las ihr die Fabeln La Fontaines vor und rezitierte ihr aus dem Gedächtnis lustige Verse von Francesco Redi und patriotische Sonette von Vincenzo da Filicaja. Bei der *commedia dell'arte* flüsterte er ihr ins Ohr, was Harlekin als nächstes improvisieren würde, ehe der Schauspieler auch nur den Mund aufgemacht hatte. Er summte in angenehmem Falsett die Themen Corellis.

Es gab nichts, das er nicht wußte oder konnte. In seiner Gesellschaft langweilte sie sich keinen Augenblick.

Stradivari war entzückt. Seine Frau jammerte ihm nicht länger die Ohren voll und schien mit einem Schlag von all ihren Leiden kuriert zu sein.

Nun – und das ist sehr befriedigend – kann er den Corpus des Instruments zusammenleimen. Endlich beginnt die Geige Form anzunehmen. Zunächst befestigt er den Boden an den Zargen, dann leimt er die Decke auf, sehr leicht nur, denn er wird sie wieder abnehmen müssen, wenn er den Hals anleimt. Er befestigt beide Platten an den Zargen zusätzlich durch winzige Holzpflöcke, die er durch Boden und Decke genau in die Mitte der Endklötze treibt.

Wenn der Leim fest ist, gilt es eine Arbeit zu leisten, die größeres Geschick fordert als alle bisherigen: Er muß nun die Flödel einlegen, jene in die Ränder von Boden und Decke eingelegten schmalen Holzstreifen, die diese Ränder für das Auge so exquisit betonen – und überdies, indem sie die Maserung rund um die Ränder stärken, die dünnen äußeren Kanten der Geige vor dem Splittern schützen werden. Zunächst muß er mit einem Meßgerät eine genau sieben zweiunddreißigstel Zoll von den Kanten entfernte Linie auf das Holz zeichnen. Sodann eine weitere, die diese fünf zweiunddreißigstel Zoll von der Kante nach innen gemessen begleitet. An den Ecken, über und unter den Mittelbügeln, legt er die Lehre beiseite und arbeitet freihändig, so daß die Spitzen nicht genau in die Mitte der Ecken weisen, sondern sich nach innen wenden, in liebender Umarmung der Kurve des Mittelbügels.

Mit der kraftvollen Rechten ein dünngeschliffenes Messer führend, macht er dann flache Einschnitte entlang der vorgezeichneten Linien. Die Sicherheit seiner Hand ist die Freude seines Herzens. Er arbeitet stetig, lautlos jetzt, gespannt vorgebeugt. Als die Linienpaare auf beiden Platten vollendet sind, beginnt er das Holz zwischen ihnen mit einem Bortenstecheisen auszuheben und gräbt so Kanäle in das Holz, deren Breite genau ein sechzehntel Zoll beträgt, ihre Tiefe aber ein zwölftel. Seine Konzentration ist so heiß und verdichtet wie ein durch eine Lupe verdichtetes Bündel Sonnenstrahlen.

Man hört es an die Haustür klopfen und das Dienstmädchen Marisa die Haustür öffnen. Stradivari hält das Stecheisen mitten in der Bewegung still und wartet auf Stille. Doch erscheint statt dessen Marisa auf der Schwelle der Werkstatt und sagt: »Ein Brief für den Maestro.«

Stradivari, der sich über die Störung ärgert, fährt in der Arbeit des Ausschachtens des Kanals für die Flödel fort und sagt: »Lies ihn mir vor, Francesco.«

Francesco nimmt den Brief von Marisa, öffnet ihn und hält inne. Dann, zum Vater gewendet, sagt er: »Der Brief ist sehr kurz. Er ist von deinem Anwalt. Er sagt: Ich habe schlechte Neuigkeiten für Sie. Soll ich Sie aufsuchen, oder wollen Sie zu mir kommen? Unterzeichnet ist er von dem Advokaten Zucchi.«

Als er den ersten Satz hörte, fuhr der Vater zusammen, als hätte man ihn von hinten geschlagen, und nun kommt ein Stöhnen aus seiner Brust wie aus einem Grab.

Er legt den Corpus der Violine ab und erhebt die Hände in einer tragischen Gebärde, die bedeutet, Gott im Himmel, sieh Dir an, was Du mir angetan hast! Er eilt aus der Werkstatt und aus dem Haus.

Die Söhne gehen an seine Werkbank, um nachzusehen, was passiert ist. Offensichtlich ist das Stecheisen abgeglitten. Eine häßliche Kerbe verunziert eine Seite der Rinne für die Flödel. Diese Geige wird also mit einem Makel zur Welt kommen, zu dessen Erklärung man einst Legenden haben wird.

Der Avvocato Zucchi ist mitteilsam, fast jovial. Er sagt: »Es gibt andere Freier. Vier an der Zahl. Die Zambellis sehen nicht ein, warum ihre Antonia Maria einen alten Mann heiraten soll. Sie müssen verstehen, sie ist schon Witwe und hat ihren eigenen Kopf. Sie ist nicht mehr Jungfrau. Die Freier haben sich persönlich beworben. Sie kennt sie. Sie bevorzugt den Notar, das ist ein Riese, der Sie am steifen Arm verhungern lassen könnte, Stradivari. Die Eltern bevorzugen den Philosophiedozenten, der ehedem Priester gewesen ist. Ich habe ihn mir angesehen, er ist so häßlich wie das Hinterbein eines Ziegenbocks. Nichtsdestoweniger wird er favorisiert. Die Leute kennen Sie nicht, Stradivari, sagten mir rundheraus, daß meine Werbung ihnen komme wie ein Blitz aus heiterem Himmel, unerwartet und unwillkommen. Sie erwähnten jenen Skandal um Ihre verstorbene Frau und schienen Ihnen die Schuld daran zu geben. Weshalb sollten sie ihre Tochter einem Mann ausliefern, der schließlich nicht ganz unschuldig daran gewesen sein kann, daß es seiner ersten Frau zu heiß wurde zwischen den Beinen? Ich sang Ihr Lob in den höchsten Tönen. Sie schüttelten die Köpfe. Und sie sagten: ›Antonias Trauerjahr ist noch nicht vorüber. Weshalb hat er's also so eilig?‹« (Lehnt sich vor und flüstert:) »*Senta*, wenn ich sage, daß sie ihre anderen Freier kennt, ist das möglicherweise noch untertrieben.« (Wieder laut:) »Verstehen Sie, was ich sagen will? Alle vier! So habe ich's jedenfalls gehört. Ich weiß natürlich, daß man eine arme Witwe nicht verleumden soll. Nichtsdestoweniger, Sie sollten es sich reiflich überlegen, Maestro. Ist diese Frau Ihrer wert?«

Stradivari: »Was schulde ich Ihnen?«

Zucchi: »Vier Dukaten.«

Stradivari, zur Tür hinausgehend, über die Schulter: »Sie Beutelabschneider, Ihren Lohn sollen Sie kriegen.«

Als er wieder in der Werkstatt erscheint, sieht er aus, als wäre er hundert Jahre alt. Er sitzt an seiner Werkbank und betrachtet lange die Kerbe an dem weißen Corpus der neuen Violine; dann setzt er mit einem Seufzer die Arbeit an der Rinne für die Flödel fort. Als er damit fertig ist, beginnt er feine, schmale Leisten von Ahornholz, zwei schwarzgebeizte und eine weißgelassene, zu unglaublich zarten, aber vollkommen rechteckigen Spänen zu verdünnen, jede genau ein achtundvierzigstel Zoll dick und ein zwölftel Zoll breit, die dann – schwarz-weiß-schwarz – in die vorbereitete Rinne eingepaßt werden sollen. Seine Hand zittert. Er stößt einen Schrei aus, ergreift den Corpus der Geige und erhebt sie über sein Knie, und für einen schrecklichen Augenblick denkt Francesco, der das von seiner Werkbank aus mit ansieht, daß der Vater den werdenden Schallkörper auf seinem Oberschenkel in tausend Stücke schlagen wird. Francesco wagt kein Wort zu sagen.

Aber Omobono sagt: »Kann ich dir nicht helfen?«

Darauf legt der Vater abrupt den Corpus auf die Werkbank und rennt abermals Hals über Kopf aus dem Haus. Die Brüder sehen einander an wie Männer, die sich im Wald verirrt haben.

Er ist im Kontor seines Bankiers Agnesi. Da er niemals richtig schreiben gelernt hat – seine Handschrift ist krakelig, und er steht mit der Orthographie auf Kriegsfuß –, erledigt schon seit Jahren sein alter Freund Apostolo Agnesi seine gesamte geschäftliche Korrespondenz für ihn. So ist er längst gewohnt, Agnesi zu sagen, was er geschrieben haben will, und ihm zuzusehen, während er schreibt, und auch diesmal formuliert er die Botschaft, die übermittelt werden soll, zwar von der Eile, mit der er hergerannt ist, etwas außer Atem, doch im übrigen so ruhig und geschäftsmäßig wie immer. Agnesi jedoch wird durch die Botschaft, die zu schreiben der Freund und Geschäftsfreund ihn bittet, in einen Strudel lüsterner Mutmaßungen gestürzt. Er schreibt:

Antonia Maria Zambelli,
kommen Sie in meine Werkstatt an der Piazza San Domenico Nr. 2. Ich möchte Ihnen etwas zeigen.

Hochachtungsvoll verbleibe ich
Ihr ergebener Diener.
Antonio Stradivari

In die Werkstatt zurückgekehrt, leimt er dort während des ganzen Nachmittags mit sicherer Hand die Fäden der Flödel dort fest, wo sie hingehören.

Omobono fragt Francesco später, ob ihm aufgefallen ist, daß der Alte versäumt hat, die versehentlich gemachte Kerbe mit einem winzigen Splitter Fichtenholz zu flicken.

Omobono: »Er lächelte, als er sich heute nachmittag seinen Schnitzer ansah.«

Während der nächsten vier Tage sehen die Söhne, daß der Vater eine Weile bei der Arbeit sitzt, dann aufsteht, auf und ab geht, dann zu seiner Werkbank zurückkehrt. Manchmal geht er bis zur Haustür und zurück. Dabei arbeitet er nicht weniger sorgfältig als gewöhnlich. Mit einem hauchdünnen Messer trennt er die Decke vom Corpus und setzt den Hals an diesen, haargenau in dessen Mitte, indem er durch die Kehlen der Schnecke die beiden Dübellöcher in der Mitte der oberen und unteren Klötze anpeilt. Er verankert den Hals mit drei Nägeln, die er durch den oberen Klotz in ihn einschlägt, und leimt die Decke wieder auf, diesmal endgültig.

Aus einem Rest der Ahornkeile, aus denen er die Platten für den Boden geschnitten hat, schneidet er nun den Steg. Das beschäftigt ihn einen ganzen Tag lang. Das zierlich geschnitzte Stückchen Hartholz wird ja sehr großen Einfluß auf den Klang des Instruments nehmen, denn es wird die beiden schlanken bloßen Füße auf die glatte Haut der Decke setzen, den linken gerade auf den Baßbalken, den rechten auf den Stimmstock; und so wird über diesen Steg die Botschaft der bebenden Saiten in den großen Schallkörper zu dessen Füßen geleitet. Nachdem er Arme und Beine mit ihren anmutigen Schnörkeln ausgeschnitten hat, schneidet er in den Körper des Stegs – und zwar tief in dessen Mitte und umgekehrt – ein hohles Herz.

Sodann führt er durch das rechte Schalloch mit Hilfe eines gespitzten Setzwerkzeuges den Stimmstock in den Corpus ein und probiert ihn aus. Er muß an einem Ende noch eine Kleinigkeit verkürzt werden.

Stradivari arbeitet überaus sorgfältig, wird doch dieses winzige Stöckchen die Seele der Geige sein. Es wird die Pflicht haben, dem Resonanzboden die ganze Wahrheit weiterzusagen, die der empfindlichen Decke über dem Steg anvertraut worden ist. Er klemmt es an seinen Platz.

Am dritten Tag ist er aufgeregter denn je. Von einem Stück Ebenholz schneidet er die Wirbel, um die später, wenn sie im Wirbelkasten am Ende des Halses stecken, die Saiten gewickelt werden sollen; und dann schnitzt er den sich nach oben verjüngenden Saitenhalter, an dem sie dann unten (diesseits des Stegs) befestigt sein werden. Um die Mitte des Vormittags, während einer der Arbeitspausen, in denen er unruhig auf und ab geht, tritt er plötzlich an eine Truhe in einer Ecke der Werkstatt und wühlt, am Boden kniend, lange in dem Durcheinander alter Entwürfe und Zeichnungen, die dort aufbewahrt sind. Er singt leise vor sich hin, die trällernde Adagiomelodie eines langsamen Tanzes, die keiner der beiden Söhne wiedererkennt.

Schließlich ruft er: »*Ecco!*« Er entnimmt der Truhe ein Skizzenblatt, das er vor neun Jahren gezeichnet hat, als er die Griffbretter eines Satzes Instrumente, den der Großherzog von Toskana bestellt hatte, mit dem Wappen Cosimo de Medicis in Einlegearbeit schmücken wollte. Auf diesem Blatt sieht man, neben den Umrissen des Wappenschildes und der heraldischen Figuren, drei nackte Liebesgötter gezeichnet, die Flügel ausgebreitet, die speckigen Kinderbeinchen erhoben und mit Pfeil und Bogen auf wer weiß wessen Herz zielend. Den kleinsten von diesen überträgt er auf den neuen Saitenhalter, und am vierten Tag erweckt er dort den kleinen Flieger mit in das Holz eingelegtem Perlmutt zu funkelndem Leben. Der nackte Cupido scheint auf dem Zephir jener gemessenen Tanzmusik zu schweben, die Stradivari in letzter Zeit so oft gesummt hat.

Francesco sagt zu Omobono, sobald die beiden allein sind: »*Dio mio*! Diese Melodie! Ich erinnere mich nun! Erinnerst du dich der Noten, die uns letzte Woche aus Rom geschickt wurden? Dieser Variationen von Arcangelo Corelli? Ich habe sie noch nicht gespielt, aber überflogen, und gelesen hat offenbar auch er sie. Die Melodie ist der Anfang einer *follia*. Die *follia*, Narrheit, ist ein spanischer Tanz.«

Omobono sagt: »Ich hab's dir ja gesagt. Er ist verrückt geworden.«

Giovannini ging zur Hand, wenn morgens Marisa die Dame des Hauses ankleidete, schloß freilich taktvoll die Augen in dem Augenblick, da die Zofe dieser den Morgenmantel abnahm. Manchmal allerdings zog die Zofe Signor Stradivaris Gattin schneller aus, als Giovannini die Lider senken konnte; manchmal hob er sie irrtümlich auch schon wieder, ehe die Blöße der Dame wieder bedeckt war. Die Dame schlug dann schamhaft die Augen nieder.

Ein Samtrock schien zu schwer zu sein für Marisa. Er hob

ihn über den Kopf der Dame und ließ ihn sanft um sie herum hinabgleiten.

Eines Morgens sagte er: »Die Bernsteinbrosche da an Ihrer Brust sitzt schief. Gestatten Sie, daß ich sie Ihnen zurechtrücke.«

Ein andermal: »Dieses Band macht Ihr Dekolleté zu abweisend. Lassen Sie mich das in Ordnung bringen.«

Dann wieder: »Ihre Brüste sollte etwas höher sitzen. Marisa, lockern Sie doch einmal die Bänder am Rücken, ich werde sie ein wenig anheben.«

Dann gab ihm einmal die Dame des Hauses von sich aus Gelegenheit, sagte, der rechte Fuß tue ihr weh. Giovannini kniete nieder, nahm den Fuß auf das aufgestellte andere Knie, zog den Schuh ab, massierte Sohle, Spann und Knöchel und zog dann den Schuh wieder über den Fuß. Ah! Viel besser!

Dann: »Marisa! Du zwickst mir den Schenkel, wenn du das Strumpfband festmachst. Laß es Giovannini machen!«

Und einmal, als sie schon ganz angekleidet war: »Meine Unterkleidung sitzt nicht richtig, irgendwie verknäult. Marisa, heb doch mal meinen Rock hoch! Nein, die Unterröcke auch, du Dummchen: An den Seiten, Giovannini... Und jetzt vorn! Noch ein bißchen. Danke, danke, jetzt ist's recht.«

Im August fiel Stradivari auf, daß ihm neuerdings seine Gattin sehr viel weniger Widerstand als gewohnt leistete, wenn er auf seinen ehelichen Rechten bei ihr bestand. Eines Nachts fragt er sich, ob das nicht vielleicht nur gespielt ist. Vergnügen wird's doch wohl nicht sein! Undenkbar! Im September begann er sie häufiger zu besuchen. Er konnte es kaum erwarten, das nächstemal zu ihr zu kriechen, in das orientalische Prunkzelt. Er wußte nicht, was er von diesem Wandel im Verhalten seiner Gemahlin halten sollte, grübelte viel darüber nach, und seine Söhne fanden ihn sehr reizbar in jenen Tagen. Und er baute eine Geige von so beschämender Qualität, daß ihm nichts anderes übrigblieb, als sie zu zerstören.

Unterdessen war Giovannini in der Öffentlichkeit ein Muster tadelloser Diskretion – kühl, zurückhaltend, ehrerbietig und höflich. Doch wenn die Hausherrin und er allein waren, gab es Händedrücke, durstige Blicke, Seufzer, feuchte Handflächen, geleckte Lippen, weitere Seufzer, und schließlich, eines Nachmittags, einen Kuß. Diese Berührung der Lippen war Francesca Feraboscha Stradivaris Ruin. Die Flamme hatte das Stroh erreicht.

Sie wurde unersättlich. Morgens, mittags und abends zog sie ihren *cicisbeo* ins Bett. Marisa, die Zofe, erzählte flüsternd Feliciana, der Köchin, vom Treiben der Hausfrau. Es dauerte nicht lange, und der Markt summte von Gerüchten. Schsch... Haben Sie schon gehört? Maestro Stradivari ist ein *cornuto*. Innerhalb eines Monats war der arme Giovannini völlig ausgelaugt; er sah aus wie die Überreste einer Schlächterei. Er kündigte, um sein Leben zu retten. Francesca ging auf die Straße. Zweimal hatte sie berauschende Erfolge. Der dritte Mann, den sie in ihr Schlafzimmer einlud, war ein junger, erst jüngst ernannter Richter, ein strahlender blonder Jüngling, aber, leider, ein Ehrenmann. So brach der Skandal los. Francesca war von diesem Tage an bis zu ihrem Tode bettlägerig.

Fünf Tage nachdem er den Brief diktiert hat, zieht Stradivari Saiten auf die fertige, wenn auch noch nicht lackierte Violine. Wieder einmal schütteln seine Söhne die Köpfe. Was soll das? Will er die Geige spielen, noch ehe sie lackiert ist? Nie zuvor hat er Saiten auf ein unlackiertes Instrument gezogen. Er legt die Geige neben sich auf die Werkbank und bittet Francesco, ihm die Deckenplatte zu bringen, an der der Sohn gearbeitet hat. Er klopft die Decke ab und beginnt daran zu schaben. Francesco nimmt sich eine andere Arbeit vor.

Zwei Stunden später gibt es Geräusche im Hausflur, und gleich darauf erscheint Marisa in der Tür der Werkstatt und sagt, da sei eine Frau, die den Maestro zu sprechen wünsche.

Und siehe da: Diese Frau drängt sich an Marisa vorbei und kommt frech geradewegs in die Werkstatt. Francesco und Omobono, die erwarten, im nächsten Moment den ihnen vom Vater so oft angekündigten Mord an einer Frau zu erleben, die es gewagt hat, in das Heiligtum einzudringen, keuchen entsetzt.

Die Frau muß glauben, daß der Anblick ihrer Schönheit dieses erschrockene Keuchen provoziert hat; denn sie wirft jedem von ihnen einen dankbaren Blick zu und errötet dann. Tatsächlich hätte ihr Gesicht sehr wohl der Grund des Keuchens der beiden jungen Männer gewesen sein können. Das einzige Mal, daß sie ihnen bisher unter die Augen gekommen ist, an dem Morgen, als sie den Platz vor dem Haus überquerte, haben sie diese Frau nur aus der Höhe gesehen, ein Standpunkt der ihre Schönheit stark verkürzte, wie sie nun sehen, da sie ihnen gegenübersteht. Nicht daß ihre Züge vollkommen ebenmäßig zu nennen wären. Ihre Wangen sind ungewöhnlich gewölbt, ihre Augenbrauen sind dick. Aber sie strahlt die Hitze einer entzükkenden Selbstgefälligkeit aus, die ihre Haut so warm und weich aussehen läßt wie die Blätter einer Rosenblüte zur Mittagszeit. Sie trägt noch immer das schwarze Kleid und das fransenbesetzte Umschlagtuch. Doch die ganze schwarze Kleidung verstärkt nur das Strahlen ihres Gesichts.

Die Söhne sehen, daß der Vater aufgestanden ist und schluckt. Er scheint die Schönheit der Frau zu trinken. Und wie gut mit einmal auch er selber aussieht; Omobono merkt, daß er selber fuchsteufelswild ist. Francesco ist blaß.

»Ich bin Antonio.«

Er redet mit den kleinen Fransen an dem Schal, denkt Omobono, sagt ihnen, ja, sie haben seinen Namen richtig genannt, als sie ihm von der Piazza unten zuwinkten an jenem Morgen.

Quale follia!

»Sie wollten mir etwas zeigen.«

Er streckt die linke Hand aus und sagt: »Kommen Sie.« Omobono findet den Vater ekelhaft liebedienerisch. Sie legt ihre Hand in seine, und er zieht sie zu seiner Werkbank. Er legt die Geige auf die Seite vor sie hin und sagt: »Das da.«

Sie stößt einen kleinen, abwehrenden Schrei aus, als hätte man ihr auf einer Tomatenstaude eine Raupe gezeigt, und sagt: »Sie ist ganz weiß. Ihh, eine weiße Geige.«

Er sagt: »Keine Sorge, sie wird noch lackiert.«

Sie beginnt eine Frage: »Weshalb wollten Sie mich sehen...« Er sagt: »Ich nenne diese Geige nach Ihnen. Sie heißen doch Antonia?«

Sie nickt, einerseits als Antwort auf seine Frage, andererseits so, als hätte sie eigentlich schon längst gewußt, daß er sagen würde, was er gesagt hatte, daß er die weiße Geige nach ihr nennen wolle. Omobono sieht, daß sich in die Verwirrung, welche die Augen der Frau bekunden, schon der Ausdruck des Vergnügens mischt.

Der Vater sagt: »Der Name dieser Geige ist Antonietta. Ihnen zu Ehren.«

Sie schmollt, sagt: »Sie haben mich doch noch nie gesehen.«

»Habe ich wohl.«

Und er erzählt ihr von jenem Morgen: das Klappern der Holzschuhe, die Morgensonne, ihr von der Loggia aus wie aus der Loge eines Theaters gesehenes Gesicht. Er sagt, er habe mit dem Bau der Geige an jenem Morgen begonnen, habe, während er diese Geige baute, jeden Augenblick an sie, Antonia, gedacht. Die Fransen erwähnt er nicht. Omobono grunzt angeekelt.

Der Vater zeigt den Cupido auf dem Saitenhalter. Die Frau lacht, ein dünnes kleines Kichern.

Der Vater sagt: »*Guarda*, ich will Ihnen noch etwas zeigen.« Er dreht die Geige um und weist auf die Kerbe neben dem Flödel.

Er sagt: »Da ist mir die Hand ausgerutscht. Meine Hand rutscht nie aus. Wissen Sie, warum mir die Hand ausgerutscht ist?« Sie schüttelt den Kopf, sie weiß es nicht.

»Es geschah in dem Augenblick, da ich erfuhr, daß Ihre Familie mir keinen Ehevertrag geben wolle.«

Omobono beobachtet aufmerksam das Gesicht der Frau, das in schnellem Wechsel eine ganze Reihe von Empfindungen ausdrückt. Stehen bleibt schließlich der Ausdruck ungläubigen Staunens.

»Um *mich* zu heiraten?«

Darauf erwidert der Vater nur: »Meine Hand rutscht nie aus. Ich werde die kleine Kerbe da lassen. Ich werde sie nicht flicken. Auch sie ist Ihnen zu Ehren, Antonia.«

Sie sieht gründlich verärgert aus. Omobonos Herz springt vor Freude. Sie sagt gereizt, als hätte man sie beleidigt: »Ich muß gehen.«

Und das tut sie, ärgerlich und eilig. Doch die Fransen auf ihrem Rücken wedeln allen drei Männern einen süßen Abschiedsgruß zu.

Stradivari ist allein, oben auf der Loggia. Es ist ein strahlender, sonniger Junitag. Er hat die Saiten von der Geige genommen, Wirbel und Saitenhalter entfernt, wie auch den Knopf unten am Zargen, der den Saitenhalter hält. Er kann nun beginnen, Antonietta zu lackieren.

Er ist allein mit seinen Geheimnissen da oben. Er weiß seit langem, daß unter den Elementen, die im Verein den

Ton einer Geige bestimmen, der Lack zu den wichtigsten gehört. Man kann sich nicht vorstellen, daß der Ton der Stimme eines Koloratursoprans durch das Kostüm, das die Sängerin trägt, irgendwie beeinflußt werden sollte, aber bei Antonietta wird das mit Sicherheit der Fall sein. Wird die Lackschicht zu dick oder zu hart, wird der Ton einer Geige metallisch, kreischend oder, jenseits eines gewissen Punkts, vollkommen leblos. Bei zu weichem Lack wird dagegen der Ton gedämpft, fedrig und dünn. Irgendwie hat er mit den Jahren den Lack ausfindig gemacht, der den Stimmen seiner Geigen jenen einzigartig süßen Glanz verleiht, den bisher kein anderer Geigenbauer hat hervorbringen können. Sein Geheimnis liegt nicht bei den Materialien. Jeder *liutaio* in Cremona weiß, was er benutzen muß. Das Geheimnis betrifft vielmehr die Mischung der Bestandteile des Lacks und die besondere Art, wie er ihn aufträgt. Nur einmal hat er aufgeschrieben, was er weiß – auf das Vorsatzblatt einer Bibel, die er an einem Ort versteckt hat, von dem zu wissen sich nur Francesco das Vertrauen des Vaters verdient hat.

Er scheint ruhig. Es überraschte gestern seine Söhne, daß der plötzliche Aufbruch der Witwe Zambelli ihn nicht im mindesten betrübte. Er setzte sich wieder an seine Werkbank und fuhr fort, die von Francesco im groben ausgearbeitete Decke zu schleifen, und summte dabei Corellis Tanz der Narren mit neuem Schwung. Omobono war während des ganzen Nachmittags schlechter Laune.

Sorgfältig mißt er die Mengen der Ingredienzien eines dünnen Firnisses aus Terpentin, Lavendelöl und, damit derselbe eine gelbliche Tönung annehme, in Leinöl gelösten Gummigutts. (Wenn sie an Verstopfung litt, was häufig der Fall war, ließ Francesca sich von Francesco aus der Vorratskammer ihres Mannes kleine Quantitäten des Pulvers besorgen, das unfehlbar beseligende Stürme durch ihr Gedärm blasen ließ.) Er steckt einen runden Schaft in das Loch für den Knopf, der den Saitenhalter zu halten bestimmt ist, und trägt, die Geige bei diesem Handgriff haltend, mit einem eleganten halbzölligen Pinsel einen dünnen Anstrich der an diesem Morgen hergestellten Mischung auf. Jeder Pinselstrich geschieht sanft, zärtlich, liebevoll. Der Firnis dringt in das Holz ein.

Er läßt diesen Grundanstrich vierundzwanzig Stunden trocknen. Er kleidet die Geige noch in vier weitere Lagen solchen durchscheinenden Untergewandes. Am fünften Tag dieser Arbeit läßt er Zeichen von Ungeduld erkennen, wie ein Mann, dem man eine Summe Geldes schon zu lange schuldig ist und der sich nun zu fragen beginnt, ob er sie jemals bekommen wird.

An diesem Morgen mischt er einen neuen Lack, zu dem er die gleichen Öle nimmt, die er zuvor schon benutzte, dem er aber eine neue Farbe zusetzt, das harzige Rot des »Drachenbluts«, das aus der Frucht einer Schilfpalme gewonnen wird, die an den fernen Küsten der malaiischen Halbinsel wächst. Diesen Farbstoff soll zuerst Marco Polo von seinen Reisen mitgebracht haben, und da die Indienfahrer, die um das Kap der Guten Hoffnung die Schätze des Fernen Ostens importieren, selten genug davon geladen haben, um den Bedarf des europäischen Markts zu decken, kann Stradivari froh sein, vor Jahren in Venedig einen noch nicht erschöpften Vorrat davon erworben zu haben.

Er wärmt die Öle etwas an und mischt diesen Lack lauwarm. Als er fertig ist, trägt er einen hauchdünnen Anstrich davon auf. Als er dann die Geige dreht, scheinen zum erstenmal die Wellen der Maserung zu wogen.

Plötzlich erscheint die massige Gestalt des Avvocato Zucchi in der Loggia. Der Mann runzelt die Brauen wie ein von seiner Wichtigkeit durchdrungener Erzbischof.

Zucchi: »Sie haben mich einen Beutelabschneider geschimpft.«

Stradivari starrt ihn an. Was kann er sagen?

Zucchi hat Papiere in der Hand. Er reibt dieselben dem Maestro unter die Nase: »Hier ist Ihr verdammter Ehevertrag.«

Stradivari staunt einen Augenblick stocksteif, dann springt er auf Zucchi zu und wirft ihm die Arme um den Hals, ohne dabei die frischlackierte Violine außer acht zu lassen, die er, an dem in das Knopfloch gesteckten Schaft, aufrecht in der linken Hand hält.

Zucchi, den Kopf unangenehm berührt zurückwendend, stößt ihn weg.

Stradivari: »Wie das?«

Zucchi, noch immer ärgerlich: »Sie würden das Benehmen dieser jungen Frau nicht für möglich halten. Sie erklärte ihren Eltern, sie würde sich umbringen, wenn sie ihrer Heirat mit Ihnen nicht zustimmten. Sie sagt, daß sie aus Ihrer Werkstatt wie bezaubert weggegangen ist. Sie sagt, noch nie zuvor habe sie einen so stattlichen Mann gesehen wie Sie. Sie sagt, Sie hätten ihr das schönste Geschenk gemacht, das Sie je von einem Mann erhalten habe. Sagen Sie mir, Sie Verleumder, was haben Sie ihr gegeben?«

Stradivari ist plötzlich wieder Herr seiner selbst, und mit einem Achselzucken, das leicht prahlerisch wirkt, hält er die Geige hoch wie eine flammende Fackel und sagt: »Ich gab ihr meine Bewunderung.«

Zucchi hält sich die Nase zu und sagt: »*Che merda!*«

Stradivari, plötzlich mißtrauisch: »Ist der Vertrag anständig?«

Zucchi: »Keine Mitgift. Im Gegenteil fordern die Eltern von Ihnen eine Summe, die sie als Trostgebühr bezeichnen.«

Stradivari: »Wieviel?... Aber egal, ich werde bezahlen.«

Zucchi: »Überdies muß auch ich Ihnen eine zusätzliche Gebühr von vier Dukaten berechnen.«

Stradivari kann seinen Geiz nicht eilig genug abschütteln:

»Warten Sie. Lassen Sie mich diese Geige aufhängen. Ich gehe gleich mit Ihnen hinunter und bezahle Sie sofort.«

Zucchi ist sofort besänftigt: »Lassen Sie mich Ihnen gratulieren, lieber Maestro.«

Noch vier dünne Schichten des rötlichen Lacks, und die Geige ist fertig, obwohl diese Schichten langsam trocknen müssen, da oben auf dem *seccadour*, während mehrerer Wochen freundlichen Sommerwetters. Und wie köstlich ist sie nun, da sie an diesem letzten Tag da oben hängt!

Unter dem glänzenden Lack zeigt das Ahornholz des Bodens und der Zargen die kühnen, breiten Locken so flüssig, daß deren Wellen zu wogen scheinen, gemächlich, *adagio* im wechselnden Licht des Junihimmels. Am Boden streben von der Verbindung der Platten in der Mitte diese Wellen jubelnd aufwärts. Die Ränder sind sauber und werden durch die Flödel scharf betont. Die Maserung der Decke von Fichtenholz ist großzügig, und die Schallöcher sind von herrlicher Bestimmtheit, etwas aufrechter als diejenigen der »langen Geigen«. Nicht ganz gefällt ihm die Schnecke, die ihm ein wenig klobig ausgefallen zu sein scheint, er hatte sie sich irgendwie femininer gewünscht. Doch alles in allem fühlt er in seiner Freude, daß diese Geige eine Schönheit hat, die sich sehen lassen kann neben derjenigen ihrer Namenspatronin, die übrigens an ebendiesem Tag ihre schwarze Trauerkleidung ablegt und sich in einem Kleid auf der Straße zeigt, dessen viele Falten in fast dem gleichen gelblichen Rot schimmern, in das nun Antonietta gewandet ist, die sie bisher nur nackt gesehen hat. Was für ein gutes Omen!

Stradivari macht während der nächstfolgenden Tage einen rechteckigen hölzernen Kasten für die Geige, in dem für diese ein genau ihrer Gestalt angepaßtes Bett ausgespart ist, das er mit dem Samt eines der in deren einstigem Zimmer noch hängenden teuren französischen Röcke seiner verstorbenen Frau gefüttert hat. Er macht gepolsterte Spangen unter den Deckel, die zwei Bogen halten werden. Er schmückt das Äußere des Kastens mit ornamental angeordneten, rundköpfigen Messingnägeln.

Die Hochzeit soll Mitte Juli sein. Sonntag, den sechsundzwanzigsten Juni, heftet der Pfarrer von San Sigismondo das Aufgebot an die Kirchentür:

»Ich, Pater Bartolomeo Grassi, Pfarrer der Stiftskirche San Sigismondo von Cremona, gebe bekannt die Absicht des Antonio Stradivari, aus der Pfarrei von Santa Cecilia, die Ehe zu schließen mit Antonia Maria Zambelli, aus dieser Pfarrei.
Personen, denen irgendwelche Hinderungsgründe gegen die Verbindung bekannt sind, sollten dieselben unverzüglich melden.«

An zwei weiteren Festen, zu Peter und Paul, am neunundzwanzigsten Juni, und am Sonntag, dem dritten Juli, wird das Aufgebot wiederholt.

Niemand wendet etwas gegen die Verbindung ein, obwohl das Aufgebot den Klatsch über das skandalöse Treiben der verstorbenen ersten Frau des Maestro wachruft und viel über den Altersunterschied zwischen den Brautleuten getratscht wird. Was für Freuden wird der Juni-Braut dieser November-Bräutigam bereiten können? Omobono würde gerne Einspruch erheben, aber Gründe dafür fallen ihm nicht ein, außer seinem brennenden Neid.

Zehn Tage vor dem Hochzeitstag nimmt Stradivari die Geige ab, zieht Saiten auf und spielt sie. Er bittet auch Francesco, der ein besserer Geiger ist als er, sie für ihn zu spielen. Und nachdem er Antoniettas Stimme gehört hat, teilt er seiner Braut mit, daß die Hochzeit auf Mitte August verschoben werden muß. Er erklärt, daß dieses, ihr zu Ehren benannte Instrument bei der Hochzeit in der Kirche gespielt werden muß und bedauerlicherweise noch etwas Zeit braucht, um ganz auszureifen. Der Ton ist gegenwärtig noch zu jugendlich – halbwüchsig –, nämlich launisch und reizbar, ziemlich verschwommen und undeutlich, weil der Lack noch zu weich ist. Derselbe muß noch einige Zeit durchtrocknen. Er sagt, man kann eine Geige nicht hetzen, muß ihr Zeit geben, erwachsen zu werden. Man muß Geduld haben.

Antonia macht das Gesicht eines ebenfalls noch nicht ganz erwachsenen Mädchens, willigt aber ein, noch bis zum vierzehnten August zu warten, der ein Montag sein wird.

Am zehnten August spielt Stradivari Antonietta von neuem und läßt abermals auch Francesco sie spielen. Nachdem er den Ton der Geige in seiner Werkstatt gehört hat, wird er aufgeregt und sagt: »Jetzt müssen wir das Instrument in der Kathedrale probieren.« Dort stellt er seinen Sohn in die Mitte des Chors und geht dann bis ans Ende des Kirchenschiffs, wo er sich am Weihwasserbecken aufstellt.

Er ruft aus: »Spiele!«

Francesco beginnt die Vivaldi-Melodie zu spielen, die der Vater immer bei der Arbeit gesummt hat.

Was Stradivari nun hört, läßt seine Haut prickeln, zuerst an den Haarwurzeln, von wo sich das Prickeln den Rücken hinab und an den Armen entlang über die Handrücken bis in die Fingerspitzen fortsetzt. Ja! Ja! Dieser Ton ist *fast*, was er sich in jener, nun schon so weit zurückliegenden schlaflosen Nacht vorgestellt hat. Dieser Ton vereinigt alle Schönheiten, die die besten Töne der Vergangenheit versprachen. Er hat den Glanz der Geigen der Magginis aus Brescia, die süße, holzige Sopranqualität der Amati-Violinen, die gerundetere, kehligere Klangfülle seiner eigenen »langen« Geigen und etwas über all das Hinausgehendes, etwas Neues, Starkes, Glockentongleiches. Die pianissimo geflüsterten Töne sind trotz der großen Entfernung so deutlich zu hören wie die fortissimo gespielten. Aber diesen Lauten wohnt noch etwas Geheimnisvolles inne, das er nicht nennen kann. Die Schwingungen zerren an seinem Herz, erfüllen ihn mit Sehnsucht. Plötzlich ist ihm, als legte er eine muskulöse Handfläche auf Antonias heiße Wange. Er fühlt seine Mannheit sich regen. Tränen kommen ihm in die Augen. Diese Tränen, diese Anwandlungen von Lüsternheit machen ihn zornig. Er ruft Francesco zu: »Genug!«

Aufgeregt kommt ihm Francesco durch das Kirchenschiff entgegen. Schon von weitem ruft er: »Sie ist so leicht zu spielen! Hast du gehört, was mir gelungen ist? Indem ich den Bogen auf verschiedene Weise strich, näher am Steg und dann weiter weg, drückte und dann alles dem Gewicht überließ? Flöte und Horn und Oboe habe ich herausgezogen, und Klarinette – und eine Sopranstimme! Und ich habe auch etwas entdeckt, Vater. Man darf Antonietta mit dem Bogen nicht allzusehr zusetzen, man muß sie sanft streichen, sogar wenn man fortissimo spielt. Wenn man lieb zu ihr ist, schwingen die Saiten noch, nachdem man den Bogen weggenommen hat.«

Der Vater sagt grimmig: »Ich glaube, die Wölbung ist vielleicht ein bißchen zu hoch; klingt etwas zu sehr nach einer Amati, zu süß.«

Francesco: »Es ist eine Lust, sie zu spielen.«

So viele wollen zu der Hochzeit kommen, daß die Zeremonie aus der Kirche San Sigismondo in die Kathedrale verlegt wird. Der Klatsch hat lüsterne Neugier genährt. Der Bräutigam ist zwanzig Jahre älter als die Braut. Wird er mit den Hörnern, die seine erste Frau ihm aufsetzte, zur Hochzeit kommen? Wird es der Braut beschieden sein, in einem neuen Skandal die Hauptrolle zu spielen? Ist es wahr, was manche Leute erzählen, daß sie ihre Gunstbeweise, wie den Bettlern zugeworfene Soldi, freigebig unter viele Freier verstreut hat, die nicht den Anstand besaßen, zu warten, bis sie die Witwenkleider abgelegt hatte? Die Gäste kommen in munterer, schadenfroher Stimmung, die durch die weichen, lauen Lüfte des Nachmittags noch verstärkt wird.

Um vier Uhr ist die Kirche brechend voll. Viele Priester eilen geschäftig hin und her. Der Bräutigam steht wartend am Altar. Und da kommt nun die Braut durch das Kirchenschiff. Als sie neben ihm vor Pater Grassi niederkniet, erblickt Stradivari durch den Schleier Lippen, die sich von denen, die er bei der ersten derartigen Gelegenheit wahrgenommen, kaum mehr hätten unterscheiden können. Diese scheinen zarte, kleine Früchte vom Baum der Versuchung zu sein. Und der Schleier droht Feuer zu fangen vom Blick der von ihm bedeckten Augen!

Pater Grassi, ein dicker und lustiger Priester, der es genießt, in der Kathedrale die Stimme erschallen zu lassen, gibt den Worten, die das Paar zur heiligen Ehe verbinden werden, einen Unterton, der sie an die Grenze des Zweideutigen rückt, an die Grenze, wie manche später sagten, des Schlüpfrigen. Dies entrüstet einige Hochzeitsgäste, kitzelt aber die vielen anderen, die mit vom Stadtklatsch geschärften Sinnen zu der Hochzeit kamen, sehr angenehm.

Nun spielt Francesco im Chor hinter dem Altar auf Antonietta, dem der Braut zu Ehren benannten Instrument mit dem kleinen, taufrischen Cupido auf dem Saitenhalter, Corellis *Follia*-Variationen*. Einer der Söhne Guarneris begleitet ihn auf dem Kontrabaß.

Erst kommt das majestätische Thema, adagio, das der Maestro während der Arbeit so oft gesummt hat:

* Opus 5, Nr. 12

Darauf folgt die erste Variation, allegro. Allmählich macht die Musik ihren Zauber geltend. Alles Rascheln und Husten verstummt. Die Variationen werden süßer und süßer, komplizierter und komplizierter, schneller und schneller. Die Gäste meinen die stampfenden Füße und wirbelnden Röcke der Tänzerinnen einer *follia* zu sehen. Verliebt tändelnde Klänge überschwemmen die Hörer, die schon halb berauscht sind von hochzeitlichen Emotionen und der Schönheit der verschleierten Braut, die sie durch den Mittelgang zum Altar haben gehen sehen, wobei sie unter der von entzückenden Brautjungfern getragenen Schleppe die Hüften triumphierend schwang. Sie beginnen aus den Trillern der Geige herauszuhören, was sehr nach Verführung klingt. Und allen, außer den drei stocktauben Leuten, die sich bei dieser Gelegenheit unter der Menge befinden, scheint es, daß die Musik sich auf den Schwingen verliebter Raserei zum Himmel hebt. *Amor alla follia!* Skandal liegt in der Luft. Die Stimme der Geige ist so überwältigend sinnlich, als sänge sie einen Tanz des Begehrens. Ihre jagenden Töne scheinen Braut und Bräutigam zu fragen: Worauf wartet ihr noch? Marsch, marsch! Ab ins Bett! Dort eigentlich ist Hochzeit zu feiern!

Die Wirkung auf die Menge in der Kathedrale ist verblüffend. Antonietta hat hypnotische Fähigkeiten. Pfeile aus dem Köcher ihres Cupidos sausen so dicht wie Hagelschauer in die Menge, die sich im Kirchenschiff drängt. Die ganze Gemeinde – abzüglich der drei stocktauben – wird von der Botschaft der wollüstigen Klänge des glänzenden Instruments erregt. Nachdem die Braut, entschleiert nun in ihrer ganzen blendenden Reife, unverweilt, ihren Fang an der Hand, zurück durchs Kirchenschiff fast gerannt ist, gehen auch die Hochzeitsgäste eilig heim, die Männer steif, die Frauen feucht.

Es folgen Tumulte der Lust in den Betten Cremonas, die bis in die frühen Morgenstunden andauern. Beschädigte Ehen heilt das Vergnügen. Kinder werden empfangen. Jungfrauen bestechen ihre Anstandsdamen, ihnen Treffen mit ihren Liebsten in Sackgassen zu gestatten. Priester werfen Gewand und Gelübde ab und genießen miteinander die Ekstasen des Verbotenen. Doch um von unseren näheren Bekannten zu reden, sei gesagt, daß sich Omobono die gespielte Leidenschaft einer dunkeläugigen *puttana* kauft, während der schüchterne Francesco, allein und splitterfasernackt, in der Loggia auf seinem geliebten Instrument ein göttliches Solo spielt.

Maestro Antonio Stradivari aber reißt die Vorhänge über das große Bett und ergründet nun, da er endlich die errötende Braut auf demselben in den Armen hält, in sich selbst bisher ungeahnte Quellen von Geduld, Selbstlosigkeit und männlicher Zärtlichkeit. Seine sensiblen Fingerspitzen trinken von seines angetrauten Weibes schaudernder Haut Botschaften der Unersättlichkeit. Er begegnet jeder ihrer fleischlichen Herausforderungen, und zuletzt, da der Augenblick der wahren Vermählung näher und näher kommt, stößt Antonia Maria Stradivari, ehedem Zambelli, wiederholt Schreie aus, deren Töne fast so musikalisch sind, so süß und hingerissen wie die an jenem Nachmittag in der Kirche von ihrer erstaunlichen Namensschwester Antonietta hervorgebrachten.

Intermezzo 1

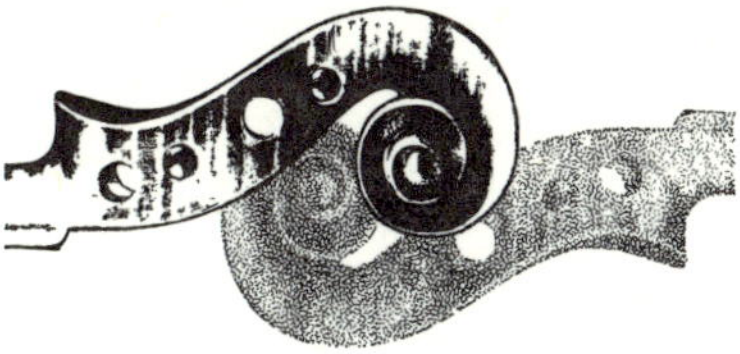

Nach seiner Heirat mit Antonia begann für Stradivari, was man seine »Goldene Periode« genannt hat. In den folgenden zwanzig Jahren baute er Geigen, die großartiger waren als Antonietta, Geigen, die nahezu die Vision des vollkommenen Instruments verwirklichten, die er in der schlaflosen Nacht, nachdem er Antonia zum erstenmal erblickt, aus der Höhe über dem Platz vor seinem Haus hatte gehen sehen, so wunderbar empfangen hatte. Während jener Jahre ehelicher Seligkeit baute er einige der großartigsten Geigen, die je gebaut wurden, darunter die unter den Namen »Betts«, »Alard« und »Messias« berühmt gewordenen. Diese Wunderwerke verkaufte er, Antonietta aber gab er nicht aus der Hand, solange er lebte.

Als Antonietta drei Jahre alt war, griff mit seinem langen Arm der Spanische Erbfolgekrieg zwischen Frankreich und Österreich auch nach Cremona; denn dort gelang es dem Prinzen Eugen, die französische Garnison im Handstreich zu überwältigen und den hochmütigen Oberbefehlshaber der Truppen Ludwigs XIV., den Herzog von Villeroi, gefangenzunehmen.

Antonietta, die unterdessen auf dem Speicher im zweiten Stock von Stradivaris Haus hing, wurde jedoch durch diese Ereignisse nicht beunruhigt. Im Laufe der Jahre nahm der Maestro das Instrument immer wieder einmal zur Hand und spielte es zu Antonias Vergnügen und seinem eigenen; und Antoniettas Musik verfehlte niemals ihre erregende Wirkung auf sie beide. Antonia gebar ihm fünf Kinder, die, wie wir wohl vermuten dürfen, eins wie das andere gezeugt wurden, während die süßen, verführerischen Töne und

Obertöne Antoniettas noch von den Schlafzimmerwänden wiederhallten. Vier dieser Kinder überlebten die erste Kindheit. Der erste der beiden Söhne, der den Namen Giuseppe erhielt, starb im Alter von acht Monaten.

Stradivari wurde dreiundneunzig Jahre alt und baute mit Hilfe Francescos und Omobonos Geigen bis zuletzt. Früh im letzten Jahr des reifen Alters ihres Gatten starb Antonia und, nach ihr sich verzehrend, folgte dieser der Gattin wenige Monate später nach. Stradivari und Antonia wurden nebeneinander begraben in einer Krypta in der Rosenkranzkapelle – in der dritten Nische rechts vom Eingang der Kirche San Domenico –, nur eben über die Straße von den Räumen, wo so oft Antoniettas Stimme erklungen war und gesungen hatte von dem Verlangen, dem nagenden Gelüst und den Fiebern des Herzens, die in ihre Gestaltung eingeflossen waren.

Stradivari hatte während seiner langen Lebenszeit insgesamt an die sechstausend Geigen gebaut, und bei seinem Tode hingen noch einundneunzig, unter diesen Antonietta, unverkauft auf dem Speicher.

Dreißig Jahre nach dem Tode des Maestro traf sich's, daß ein französischer Geiger namens Pierre-Nicolas La Houssaye, wie vor ihm schon so viele Geigenbauer, -händler und -virtuosen, zu des Verstorbenen einstiger Werkstatt pilgerte. La Houssaye hatte an die fünfzehn Jahre in Italien zugebracht, bei dem großen Tartini studiert und sich der Gunst des Grafen von Clermont, des Fürsten von Monaco und anderer großer Herren erfreut. Nun hatte er ein Engagement bei der Londoner Italienischen Oper angenommen und war im Begriff, das Land zu verlassen. In Stradivaris Haus aber wohnte zu dieser Zeit Stradivaris und Antonias jüngster Sohn Paolo, der Tuchhändler geworden war; er verkaufte nebenher aber auch die noch im Familienbesitz verbliebenen Geigen.

La Houssaye, dreiunddreißig Jahre alt, war noch unverheiratet und hatte den Ruf eines Schwerenöters. Bei seinen zahlreichen Liebesaffären machte er den Nachteil einer kleinen Statur reichlich wett durch elegante Manieren, stutzerhaften Aufzug und ein gewisses Maß an Prahlerei. Am Tage seines Besuches in Stradivaris Haus probierte er acht Geigen aus. Die neunte, die er zur Hand nahm, war Antonietta. Der Cupido auf dem Saitenhalter fiel ihm auf, aber er sagte das nicht.

Er hatte erst wenige Takte einer Tartini-Sonate auf der Geige gespielt, als er den Bogen absetzte und sich mit gespielter Beiläufigkeit bei Paolo nach dem Preis des Instruments erkundigte. Es verdroß ihn zu hören, daß diese Fiedel Paolos Vater ganz besonders teuer gewesen war, weshalb derjenige, der sie haben wollte, die Summe von sage und schreibe fünfundvierzig *gigliati* – toskanische Goldmünzen also – für sie zu zahlen hätte; andere Geigen seien aber schon zu Preisen zwischen zwanzig und dreißig dieser Münzen erhältlich. Doch La Houssaye, erregt von dem Klang, den er vernommen hatte, kaufte Antonietta zu dem geforderten Preis. Er kaufte auch den Kasten, den Stradivari für sie gemacht hatte. Einige Tage später reiste er ab nach England.

Sieben Jahre später erwarb ein fanatischer Sammler von Geigen, Violen und Violoncelli, namens Graf Cozio di Salabue aus Casale Monferato in Piemont, von Paolo und dessen Cousin Antonio alle noch zu dieser Zeit im Besitz der Familie befindlichen Stradivari-Geigen, dazu auch alle Werkzeuge des Meisters, seine Muster und Formen, ja selbst die Zeichnungen, die dieser in einer Truhe in der Ecke seiner Werkstatt aufbewahrte. So blieb denn in dem Haus an der Piazza San Domenico von des großen Mannes Handwerk nichts zurück außer etlichen Stücken Holz unter dem Dach der Loggia, wo das Echo des Klapperns der Holzpantinen der jungen Witwe auf den Pflastersteinen an jenem schicksalsträchtigen Morgen vielleicht noch immer flüsternd umging, wer weiß?

Zweiter Akt

1778

Salzburg, 22. März 1778

Mein lieber Wolfgang!

Wenn Du diesen Brief liest, wirst Du in Paris sein. Ich adressiere ihn an den Baron von Grimm, der wissen wird, wo Du dort logierst.

Sei vorsichtig, mein Sohn. Dir ist eine große Begabung verliehen, laß Dich von dieser Stadt der funkelnden Lichter nicht blenden! Ich traf gestern den Grafen Kühnburg, den Oberstallmeister, Du wirst Dich erinnern, daß er ein Mann von lockeren Sitten ist. Doch selbst er sagte, daß Paris ein Sündenpfuhl ist und daß Du auf der Hut sein solltest gegen gefällig französische junge Herren, und mehr noch die Frauen, die nur darauf aus sind, begabte junge Männer in ihren Netzen zu fangen, um ihnen die Taschen zu leeren oder sie gar ins Ehejoch zu zwingen. Nimm einen sauberen Faden mit in das Labyrinth dieser Stadt, mein Sohn, so daß Du wieder herausfindest. Du bist erst zweiundzwanzig Jahre alt. Du hast noch nicht die Lebenserfahrung, die Listen der Betrüger beiderlei Geschlechts zu durchschauen, die durch Schmeichelei und trügerische Vorspiegelungen Dich zu übervorteilen und auszuplündern wissen würden. Und sollte das geschehen, es wäre der Tod Deines liebenden Vaters!

Die Franzosen halten sich für Feinschmecker. Weißt Du, woran ihre Küche mich erinnert? Mir schmecken ihre Speisen wie Vogelkot. Sagt man das, erwidern die Franzosen, gerade deswegen sollten einem doch ihre Speisen schmekken, seien doch ihre Vögel elegante Vögel: Lerchen, Finken und so fort. Aber gleich wie. Scheiße ist Scheiße. Du mußt Dich an die gute, solide deutsche Küche halten. Bedenke, daß stark gewürzte Speisen Verdauungsbeschwerden verursachen; vergißt Du es, wirst Du Dich bald zur Ader lassen müssen.

Aber kommen wir zum Wesentlichen: Du gehst nach Paris, um Dein Glück zu machen. In Mannheim hat der Erzbischof Dich sehr schäbig behandelt. Ich stecke tief in Schulden. Bedenke, daß das Wort »Talent« in der Heiligen Schrift eine starke Summe Geldes bezeichnet. Suche sofort Verbindungen anzuknüpfen, die sich auszahlen. Zunächst natürlich suche den Baron Grimm für Dich einzunehmen. Ebenso wichtig ist Madame la Duchesse de Bourbon, geborene Orleans, die Dir, als Du im Kindesalter Paris begeistertest, eine läppische Komposition widmete. Du selbst hast zwei Deiner ersten Sonaten der Frau Gräfin de Tessé gewidmet, die Dir eine winzige Uhr und Deiner Schwester Anna einen niedlichen goldenen Zahnstocherhalter verehrte. Hofiere auch Madame d'Épinay, die (unter uns gesagt) des Barons Grimm Geliebte gewesen ist und Deiner Mama einen sehr hübschen Fächer geschenkt hat.

Sei kühn, mein Sohn. Belagere Mesdames la Duchesse d'Enville, la Duchesse d'Aiguillon, la Duchesse de Mazarin, la Comtesse de Lillebonne, la Comtesse de Wall, la Princesse de Robeck. Ich weiß, daß es Deiner bescheidenen Art widerstrebt, zu betteln, aber Du mußt diese Standespersonen um ihre Protektion bitten und Dich dabei eines recht höflichen Betragens befleißigen, darfst Handküsse und Verbeugungen nicht vergessen, noch versäumen, die Füße artig zu setzen, mit auswärtsgewendeten Zehen – auf *politesse* legen sie den größten Wert. Und Du mußt es *sofort* tun. (Vergiß jedoch nicht, mein Sohn, daß auch Damen, die bei Hof empfangen werden, Fallen stellen können! *Sois sage?*)

Empfehlungsschreiben an die Philosophen Denis Diderot und Jean d'Alembert schicke ich in separatem Umschlag.

Wie ich höre, ist gegenwärtig auch Monsieur de Voltaire in Paris. Du könntest ihm Deine Aufwartung machen und dabei die alte Bekanntschaft Deines Vaters mit ihm erwähnen. Wir sind einander vor zwölf Jahren auf sehr angenehme Weise begegnet. Es ist wichtig, daß Du im Kreise der großen Geister bekannt wirst. Der Adel betet diese an *und macht Bargeld für sie locker!*

Ich weiß, daß Du mich liebst und nicht durch mangelnde Achtsamkeit meinen frühen Tod verschulden willst. Ich brauche Trost für die Trennung von Dir, unfähig wie ich bin, aus dieser Entfernung Deine Stimme und Deine Musik zu hören, geschweige denn, Dich in die Arme zu schließen. Wenn du mich liebst, liebe Gott noch mehr. Sei ein guter Katholik. Bete und setze Deine Zuversicht in Gott, daß Er Dir hilft, Geld zu verdienen. Ich verbleibe, der ich bleiben werde bis zu meine Tode, gleichviel wann er mich hinwegnimmt, der treueste Freund, den Du auf Erden hast.

Leopold Mozart

Paris, le 26 mars, 1778

Mon très cher Père!

Wir sind, Gott sei's gedankt, vor drei Tagen, um vier Uhr nachmittags, in Paris eingetroffen. Sie können sich nicht vorstellen, wie langweilig die Reise war. Es war klar und kalt während der ersten acht Tage, doch an den letzten beiden regnete und stürmte es, wie Punto sein Waldhorn bläst: *Fummala-fumm-fumm!* Ich dachte schon, die Scheiben der Kutsche würden platzen von dieser Musik. Mutter und ich wurden patschnaß. Und kein Mensch, mit dem man hätte ein Wort reden können: Neuneinhalb Tage lang: Die Stunden lagen vor Anker. *Je m'ennuyais à en mourir.*

Fürs erste wohnen wir in einem einzigen Zimmer mit zwei Betten im Hause des Herrn Eisenwarenhändlers Mayer, in der Rue Bourg l'Abbé. Hier kann Mama wenigstens deutsch sprechen; obwohl das Zimmer so dunkel ist, daß sie kaum Licht genug zum Stricken hat. Für ein Klavier ist kein Platz, ich ersticke also in diesem Logis. Madame d'Épinay will uns freundlicherweise behilflich sein, ein besseres zu finden.

Geliebter Papa, ich muß Sie um etwas bitten. Bitte seien Sie ein wenig fröhlicher in Ihren Briefen. Sie dürfen sich *keine Sorgen mehr* um mich machen! Ich bin in Paris, wo jeder, der zwei Beine hat und einen Kopf, der einigermaßen fest auf den Schultern sitzt, sein Glück machen kann!

Baron von Grimm sagt mir, daß ich, wenn ich nur zwei oder drei Opern schreibe, mit einem gesicherten Einkommen rechnen kann. Ich kann Schüler nehmen, liebe kleine Mädchen, für zwölf Lektionen zahlt man drei Louis d'or. Eine Symphonie für das Concert spirituel (das mit des Königs Erlaubnis an Festtagen, an denen die Oper geschlossen ist, gegeben wird, wie Ihnen gewiß erinnerlich ist, Papa) – eine Symphonie für das Concert spirituel also, bringt dem Komponisten fünf Louis d'or ein.

Allerdings war leider die Reise hierher teuer. Die Kutsche, Essen, Unterkunft und Trinkgelder haben uns mehr als vier Louis d'or gekostet. So sind wir für den Augenblick ziemlich abgebrannt. Sagte ich Essen? Sie haben deswegen ganz recht, geliebter Papa! Gesottene Aale! Gespickte Kaninchen! Suppe, an der soviel Knoblauch ist, daß der Magen levitiert und einem gleich unter dem Kinn schwebt.

Mit Hilfe des Barons Grimm habe ich schon einen Auftrag für das Concert spirituel erhalten. Ich soll für ein *Miserere* zum nächsten Mittwoch einige Chöre komponieren. Mit dem Konzertmeister, La Houssaye, habe ich mich schnell angefreundet. Ob Sie's glauben oder nicht, er ist noch kleiner als ich, ein winzig kleiner Geiger, so munter wie ein kleiner Kampfhahn. Obwohl er Franzose ist, können er und ich dauernd miteinander lachen. Er lädt mich zum Essen in seine Wohnung ein und wird mir gestatten, auf seinem Klavier zu komponieren. Er hat zwei prächtige Geigen. Meistens spielt er auf einer, die er schon seit vielen Jahren besitzt, aus der Werkstatt Jacob Stainers, die zweite hat er erst kürzlich gekauft, aus dem Nachlaß eines italienischen Geigenbauers namens Stradivari. Sie hat einen betörenden Ton, sagt er, wenn ihm auch seine vertraute Stainer-Geige lieber ist.

Seien Sie glücklich, lieber Vater! Sie wissen, daß ich Sie liebe und über alles in der Welt wünsche, Ihnen zu gefallen. Schreiben Sie mir von der lieben Bimperl. Sagt sie Ihnen – »Wau-Wau-Wau« –, daß ich ihr fehle? Knurrt sie Schwester Nannerl an? Bitte sorgen Sie dafür, daß sie nicht die Tollwut kriegt. Anders werde ich knurren und Sie beißen!

Doch sende ich Ihnen 10 000 Küsse.

Ihr gehorsamer Sohn
Wolfgang Amadé Mozart

Salzburg, 15. April 1778

Mein sehr lieber Sohn!
Du bittest mich, in meinen Briefen fröhlich zu sein, doch alles, was Du mir schreibst, erfüllt mich mit neuen Sorgen.

Du sagst, daß Du und Deine Mutter »für den Augenblick ziemlich abgebrannt« seid. Ich dachte, der Zweck Deiner Reise nach Paris sollte sein, daß Du mir von dort Geld schickst, nicht umgekehrt. Meine Schulden belaufen sich inzwischen auf 700 Gulden. Wie soll ich die jemals zurückzahlen? Mein monatliches Gehalt vom Fürsten ist 20 Gulden, und ich muß herumrennen und Geigenstunden geben in einer Stadt, wo solcher Unterricht erbärmlich bezahlt wird! Nur Gottes Gnade hat mich durch all diese Jahre erhalten, in denen ich für Dich sorgte und Dich lehrte und Dich liebte, wie ich auch Mama und das Nannerl und zwei Dienstboten unterhielt und die Geburt von sieben Kindern bezahlte und dann fünf von diesen sieben auch noch die Beerdigung! Bedenke, lieber Wolfgang: *daß ich nicht einmal in meinem Leben auch nur einen einzigen Groschen zu meinem eigenen Vergnügen ausgegeben habe.* Bitte verstehe mich nicht falsch: Ich bete Dich an und setze meine ganze Zuversicht in Deine Sohnesliebe. Ich vertraue Dir und weiß, daß Du wissen wirst, Einkommensquellen aufzutun.

Eine andere Sache: Du schreibst mir von dem Concert spirituel. (Soweit ich weiß, lieben sie dabei vor allem geschickt in Kontrapunkt gesetzte Psalmen. Gewiß hast Du unser lateinisches Gebetbuch bei Dir. Du wirst alle Psalmen darin finden.) Indessen. Ich habe mich nach Deinem neuen Freund Monsieur de La Houssaye erkundigt. Man sagt mir, daß er ein lustiger Vogel ist, aber einen sehr schlechten Ruf hat. Er soll ein schamloser Schürzenjäger sein. Da ich selber Geiger bin, habe ich schon oft Gelegenheit zu der betrüblichen Wahrnehmung gehabt, daß viele Geiger Wüstlinge sind. Laß Dich nicht von diesem Mann in einen Rosengarten führen – Dornen, mein Sohn, Dornen!

Es gibt noch andere, denen Du aus dem Wege gehen mußt. Monsieur Hochbrucker, der Harfenist, ist äußerst ausschweifend. Meide Gluck und Piccinni. Ihre Rivalität hat sie giftig gemacht. Grétrys komische Opern mögen geistreich sein, aber er ist kein Mann, dessen Freundschaft Du suchen solltest.

Bei Leuten von hohem Stand kannst Du Dich geben, wie Du bist, aber allen anderen gegenüber, mein Sohn, stelle Dich, als seist Du ein Engländer. Halte Dich zurück. Deine Offenherzigkeit gegen alle Welt ist ein großer Fehler.

Wenn Du Dich auf Deinem Zimmer frisieren läßt, laß

kein Geld oder Deine Ringe oder die Uhr, die der Kurfürst Dir schenkte, herumliegen, wo der Haarkünstler sie sehen könnte – oder sonst irgendein Dienstbote. Wenn Du Geld einnimmst, erzähle Deinen Freunden nichts davon; bringe es sofort zu den Bankiers Turton & Baur. Es ist gefährlich, nachts mit Geld in der Tasche herumzulaufen.

Mir macht auch Sorgen, daß Du bei jedem Wetter in Paris herumläufst. Der Frühling in Paris ist trügerisch. Binde immer ein Halstuch um! Setze Dich keiner Zugluft aus! Laufe nicht bei Regen auf den Straßen herum, denn das Pariser Katzenkopfpflaster ist für seine Schlüpfrigkeit berüchtigt.

Bitte nimm mir diese Warnungen nicht übel, lieber Sohn! Sie auszusprechen ist die Pflicht eines Vaters, der seinen Sohn liebt und von ihm erwartet, vor Bedürftigkeit und Elend bewahrt zu werden in seinem Alter, wenn ihm Gott dies gewährt. Ich küsse Dich millionenmal, liebster Wolferl.

L MZT

Paris, den 15. April 1778

Mon très cher Père!

Heute hatte ich das erstaunlichste Erlebnis. Oh, mein liebster Papa, Sie sind Geiger, Sie hätten an meiner Stelle sein sollen! Ich arbeitete an La Houssayes Klavier und scherzte mit ihm, während ich was niederschrieb – eine *Sinfonia concertante*, die Wendling, Ramm, Punto und Ritter bei dem Concert spirituel spielen sollen* –, die Komposition hatte ich fertig im Kopf und kritzelte nur eben die Noten hin, also konnte ich mich dabei mit ihm unterhalten. Er verbreitete sich über die englischen Frauen. Er ist vor zwei

* Konzertante Symphonie in Es-Dur für Flöte, Oboe, Horn und Fagott, KV Anh. 9

Jahren aus London hierhergekommen, sagt, daß die Frauen auf jener Insel wie *pommes-de-terre-soufflées* sind – diese aufgeblähten Kartoffelscheiben, die nichts als Luft enthalten – und daß ihre Herzen wie zu lange gekochtes Hammelfleisch sind. Er sagt, daß er dennoch manche von ihnen ganz genießbar fand, allerdings!

Er fragte, ob ich Lust hätte, was mit ihm zu spielen, und holte die Noten der Sonate für Violine und Klavier von Joseph Schuster, dem Kapellmeister des Kurfürsten von Sachsen, die ich mit Bewunderung auf der Reise nach Mannheim in München gehört habe; im Verhältnis zu derjenigen des Klaviers hat die Geigenstimme da mehr zu sagen, als wir es gewohnt sind. Er spielte den ersten Satz auf seiner Stainer-Geige, den zweiten, das Andante, auf der Stradivari.

Oh, Papa! La Houssaye ist ein sehr solider Geiger. Er hat einen schönen, runden Ton, er hat ein schönes Stakkato, in einem Bogen, sowohl hinauf als herab, und er kann einen doppelten Triller sehr gut spielen. Wenn er aber Cantabile spielt, ist das kläglich, denn er unterbricht den kantablen Ton mit plötzlichen Spritzern und Allegro-Hüpfern, die meinen Ohren weh taten. Und was *seine* Ohren angeht, müssen die mit Kerzenwachs verstopft sein, wie Sie gleich sehen werden.

Nichtsdestoweniger! Zwei Dinge, Papa! Erstens der Bogen. Es gibt hier in Paris einen Bogenmacher, François Tourte ist sein Name, der einen neuartigen, ganz sensationellen Bogen erfunden hat. Er kann weder lesen noch schreiben, hat aber als Knabe das Uhrmacherhandwerk erlernt und macht nun seine Bögen mit der Genauigkeit eines Uhrmachers. Als Sie mich das Geigenspiel lehrten, sagten Sie immer, daß die rechte Hand, die Bogenhand, diejenige sei, die eigentlich musiziert. Sie sollten hören, was dieser Bogen La Houssayes vermag – so feine Nuancen, wie ich sie noch nirgends gehört habe! Der Schaft ist aus brasilianischem Holz gemacht – es kommt aus Pernambuco –, das zugleich sehr fest und sehr biegsam ist, geschmeidig wie ein guter Peitschenstiel. Das untere Drittel ist etwas dicker als das übrige, und so liegt er sehr gut in der Hand, wie ich später merkte, als ich selbst damit spielte. Er ist übrigens ganz flach, der Abstand zwischen Holz und Roßhaarbezug sehr klein. Der Frosch, aus Ebenholz mit Schildplatt und Perlmutt eingelegt – wunderschön! –, spannt das Haar wie ein Band, und zwar mittels einer scharfsinnig erdachten Schraube, die gestattet, es nach Wunsch zu straffen und zu lockern. Es heißt, daß M. Tourtes Tochter das Roßhaar aussucht – und von hundert Haaren neunundneunzig verwirft! Wenn ich nur das Geld verdienen könnte, mir einen solchen Bogen zu kaufen!

Nun zu La Houssayes tauben Ohren. Er sagte, daß er, während wir die Sonate spielten, das Instrument wechselte, um mir die Überlegenheit seiner Stainer über die italienische Geige zu demonstrieren. Aber, Gott im Himmel, wie irrte er sich da! Ich habe dann beide Geigen selbst gespielt. Die Stainer hat einen netten, sauberen, kleinen Ton, aber auf der anderen Geige kann man – *zumal mit diesem Bogen* – eine Cantilene spielen, die die beste italienische Sopranistin – oder meine liebe Aloysia Weber – nicht schöner singen könnte!

Papa, diese Stimme überwältigte mich, erfüllte mich mit Sehnsucht. Es ist Nacht jetzt. Ich bin allein auf meinem Zimmer. Ich höre noch immer diese Töne und weiß nicht, wie ich es nennen soll, wonach sie so brennendes Verlangen in mir erwecken!

Um La Houssayes Sympathie nicht zu verscherzen, heuchelte ich zunächst Interesse für die Stainer, dann aber fragte ich ihn nach der italienischen Geige. Er sagte, er habe sie vor zehn Jahren in Cremona gekauft, im Hause des

Geigenbauers, der sie gebaut, und zwar von dessen Sohn, der ihm erzählt habe, diese Geige sei von allen, die der Vater gebaut, ihm am teuersten gewesen. Wie alle großartigen Geigen hat sie einen Namen: Antonietta, und ihr hat diesen Namen jener Stradivari selbst gegeben. Wie La Houssaye von Stradivaris Sohn erfahren haben will, hat es mit diesem Namen die folgende Bewandtnis: Stradivari baute die Geige während der Wochen, da er jede Nacht unterwegs war und einer Frau namens Antonia den Hof machte, die dann seine zweite Gattin wurde. Der Sohn soll gesagt haben, in dieser Geige stecke also gewissermaßen die *potenza sessuale* des Vaters. Anscheinend war jener Stradivari ein ziemlicher Bock. Auf dem Saitenhalter der Geige erblickt man übrigens einen hübschen Cupido, in Perlmutt eingelegt. La Houssaye zeigte mir einen winzigen Schnitzer am Flödel in der Nähe des Griffbretts. Der Sohn habe ihm erzählt, der sei dem Vater eines Tages bald nach der Hochzeit passiert, da habe Antonia (seine Mutter) in der Tür der Werkstatt gestanden und geschrien, sie würde ihn nie wieder zu sich ins Bett lassen, und da sei ihm vor Zorn die Hand so ausgerutscht. La Houssaye hat gelacht und gesagt, die Existenz des Sohns beweise ja, daß sie ihre Drohung nicht wahr gemacht habe, übrigens glaube er, daß, wenn der Geigenbauer wirklich so tüchtig im Bett gewesen, wie sein Sohn ihn habe glauben machen wollen, sie sich's wahrscheinlich schon zehn Minuten später anders überlegt hatte. Jedenfalls bezeugen der unreparierte kleine Schnitzer und der rundliche kleine Cupido, daß Stradivari sie begehrte.

Es ist jetzt spätnachts. Ich bebe noch vor Freude – und der Unruhe –, die mir das Spiel auf jener Antonietta verursacht hat. Dem Himmel sei Dank, daß Sie mich das Geigenspiel lehrten! In diesem Augenblick wünsche ich, ich wäre ein richtiger Geiger geworden, wie Sie, und hätte nicht diese Vorliebe für das Klavier gefaßt.

Lieber Papa, ich liebe Sie und sende Ihnen zahllose Küsse. Mama hat eine Erkältung. Sie wird Ihnen jedoch demnächst selber schreiben. Kitzeln Sie bitte Bimperl den Bauch von mir.

Wolfgang

(An die fünfzehnjährige ALOYSIA WEBER in Mannheim)

Paris, den 15. April 1778

Meine liebe Aloysia!

Ich muß Ihnen was erzählen. Heute habe ich eine Geige gespielt, die einem Freund gehört, und deren Töne haben mich sehr lebhaft an Sie erinnert. Die Geige schien mir genau Ihre entzückende, reine Stimme zu haben, ich glaubte, Sie diese Arien singen zu hören, die ich für die Diva Anna di Amicis schrieb, mit all diesen schrecklichen Schwierigkeiten, die Ihre süße Stimme so leicht bewältigt hat. Ich spielte Stücke daraus auf der Geige, und ich meinte, wirklich zu hören, wie Sie sie sangen, als wir mit Ihrem Herrn Vater in Kirchheimbolanden, am Hofe der Prinzessin von Nassau-Weilburg, waren. Wie könnte eine Geige aber einem Klavier ähnlich klingen? Und doch, als ich diese spielte, konnte ich Sie meine Klaviersonaten spielen hören, mehr nach meinem Geschmack, als der große Vogler oder irgend sonst jemand sie hätte spielen können! Es war, als seien meine Griff- und meine Bogenhand nach Ihren lieben Händen auf den Tasten ausgestreckt!

Es ist zwei Uhr morgens. Die Stimme der Geige – die Ihrige Stimme – klingt noch immer in meinem Kopfe. Ich spüre Sie ganz in meiner Nähe.

Ach, Aloysia, die Fäustlinge, die Sie für mich strickten, haben mir Hände – und Herz! – warm gehalten, während der schrecklich kalten Reise in diese Stadt, und der

Gedanke an Sie wird heute nacht meinen ganzen Körper warm halten.

Ich schicke Ihnen 123, 456, 787, 654, 321 Küsse.

Wolfgang Gottlieb Mozart

(An die vierzehnjährige ROSA CANNABICH in Mannheim)

Paris, den 15. April 1778

Meine liebe Rosa!

Ich muß Ihnen was erzählen. Heute habe ich eine Geige gespielt, die einem Freund gehört, und deren Töne haben mich mächtig an Sie erinnert. Sie schien mir genau Ihre sanfte Stimme zu haben, die mir, wenn ich Ihnen Unterricht gab, die Antworten zumurmelte. Wie kann eine Geige einem Klavier ähnlich klingen? Und doch konnte ich, als ich diese spielte, Sie die Sonate spielen hören, die ich für Sie schrieb*, ganz vortrefflich, in genau dem richtigen Tempo, die Verzierungen glänzend. Es war, als seien meine Griff- und meine Bogenhand nach Ihren lieben Händen auf den Tasten ausgestreckt!

Es ist jetzt halb drei in der Frühe. Die Stimme der Geige – Ihre murmelnde Stimme – klingt noch immer in meinem Kopf. Ich glaube, daß eine Violine alle Musik, die sie je gemacht, in ihrem Corpus aufbewahrt, und nun sind gewissermaßen Sie so gefangen. Ich spüre Ihre Nähe.

Bitte richten Sie meine ergebensten Komplimente aus, allen Freunden, deren Namen mit M anfangen, den Herren Mannheimer, Mondschein und Miesmacher, O – den Grafen Oxenhorn, Herren Orgelpfeif und Ofenrohr, Z – Herrn Zonca, Herrn Zebra und dem Baron Zoff dazu, und soll dieser sich einzargen lassen, A – den Arglistgen, Armlö-

* Klaviersonate in C-Dur, KV 309

chern und Arschtrompetern, R – dem Maestro Rost, der Baronin Rollbraten und dem so geschwind beweglichen Herrn Rumor, und T – dem Herrn Tanzmeister Tipptopp, Herrn Tannenbaum, dem Holzkopf, und dem Pater Tunichtgut, den es nicht gibt. Und behalten Sie deren etliche für sich selbst!

Ihr hintererster Anbeter,
Trazom Suedama Gnagflow

(An die sechzehnjährige THERESE-PIERRON SERRARIUS in Mannheim)

Paris, den 15. April 1778

Meine liebe Therese!
Ich muß Ihnen was erzählen. Heute habe ich eine Geige gespielt, die einem Freund gehört, und deren Töne haben mich süß an Sie erinnert. Es schien mir, als hätte sie genau Ihre fröhliche Stimme, wie Sie bei Tisch zu plaudern pflegten, als Ihr Herr Vater mich und Mama so freundlich aufnahm. Wie kann eine Geige einem Klavier ähnlich klingen? Und doch war es mir, als ich etliche Passagen aus der Ihnen gewidmeten Sonate* auf dieser spielte, als hätte ich Sie gerade neben mir. Mein Freund, der Besitzer dieser Geige, erzählte mir, daß sie den Sonnenschein liebt, aber drinnen helles Licht verabscheut, scheußlich klingt, wenn man sie direkt unter einem Kronleuchter spielt; und als ich während des Spiels Ihrer glänzenden Augen gedachte, quietschte die Fiedel!

Die Stimme der Geige – *Ihre* Stimme – klingt mir noch immer in den Ohren. Die süße Fröhlichkeit, nicht das Quietschen.

Spät ist's geworden, Uhr drei – wenn's albern sei, was ich

* Sonate für Klavier und Violine in C-Dur, KV 296

schrei – bensies der Geige zuhu, die ein trostlos Mondkalb ohne Kuhu macht' aus mir. Ich enhes hcim hcan Ihnen muz Steinerweichen.

Hochachtung und eine Myrrhenkrone,
Kaiserin Serrarius,
von Julius Augustus Tiberius
Wolfgangus Claudius Mozartus

(An die neunzehnjährige Maria Anna Thekla Mozart – das »Bäsle« – in Augsburg)

Paris, 15. April 1778, 3 Uhr
30 Minuten ante meridiem

Meine sehr liebe Kuh-Muhsine!
Heute freute spielte schielte eine Fiedel-Diedel ich, die mich mächtig und ganz dächtig denken ließ an Sie. Schrumm, schrumm, fragen Sie, warum? Fragen Sie, warum? Na, da war der Duft da, o ja, *ma chère cousine*, da spielte ich vollkommen ruhich und betulich lustich und luffich ebenmäßich, ausgewogen ohne Sorgen wegen morgen, da, was rieche ich? O brich, Herz, brich! Einen Heldensang von Gestank. Was für ein infernalischer, animalischer, kannibalischer Gestank!

Ich hörte auf zu spielen. Ich fragte den Besitzer-Flitzer, dieser Diedel-Fiedel, ob er einen gelassen hat? Nein, sagt der. Ich fange wieder an zu spielen. Und abermals: Plautzpardauskrachgrimms! Was? habe ich mir selber in die Hosen gefurzt? denkte ich besturzt und drehe mich brumm brum um. Nichts da, umsonst schnüffle ich hinter mir. Ich spiele heiter weiter, und gleich geht's wieder los, Pardauzkarumpf Humpf Humpf Strumpf!

Und dann, geliebteste und parfümierteste Cousine, merkte ich, was es war. Gerade aus den f-Löchern dieser Fiedel-

Diedel kam der dickste, quickste, donnerndste und sausendste Furz, den man je gehört, einer, der zum Himmel stinkt, daß der Engelchor in Ohnmacht sinkt. Geliebte, ich schnüffelte und schnüffelte, und quälend ward ich erinnert an irgendwas, irgendwo, irgendwann von dem Duft.

Und wie nun meine Nasenlöcher das Schrumpfen anfangen und meine Haare Feuer fangen, weiß ich, was das ist. Es ist der ungeheure Furz, den Sie haben fahren lassen, als in der Kutsch wir uns nach München haben fahren lassen. Ach, geliebtes Bäsle, diese Fiedel-Diedel bringt Sie mir sehr nah und wünschte ich also, ich wär' sehr fern von Ihnen. Tatsächlich sind Sie jetzt in Augsburg, und ich bin in Paris, aber ich kann Sie gut riechen, sogar von hier aus. Und so ist mein Herz zerrissen und mein Arsch fast ausgeschissen.

Ich bin, werde sein, war, hätte gewesen sein können, bin gewesen, werde gewesen sein, könnte sein, wünschte, ich wäre, träumte, ich wäre, hoffte, ich könnte sein, beharre, dabeizusein

Ihr ergebener Schnüffler
Stinkgang Schnüffladeus Mofurz

Paris, 28. April 1778

Mon très cher Père!
Es wird Sie freuen, zu hören, daß ich drei Schülerinnen habe, die mir sechs Livres für die Lektion zahlen oder drei Louis d'or für zwölf Lektionen. Ärgerlich ist nur, daß die Franzosen ihre Lektionen gern mit Komplimenten bezahlen (*»Oh, quel prodige!«*, *»Incroyable!«*, *»Etonnant«*), mit dem Bargeld aber zurückhalten, bis der Kursus zu Ende ist. Und wie ich höre, hat man selbst dann noch Mühe, sein Honorar einzutreiben.

Überdies ist es ziemlich mühevoll, Schüler anzuwerben. Man sagte mir, daß der Duc de Guines eine musikalische Tochter habe, die Unterricht zu nehmen wünschte, also sprach ich dort vor. Man sagte mir, ich sollte nächste Woche wiederkommen. Ich tat das. Ein Diener ließ mich eine Stunde lang bei weit offenen Fenstern in einem eiskalten Zimmer sitzen. Endlich kam die Herzogin, und, wirklich, sie war sehenswert! Kein Schmuck. Eine wunderbare *robe-de-chambre* aus blauem Satin. Sie war für den Tag frisiert. Die Frisur stand mindestens einen Fuß hoch auf ihrem Kopf mit einem *toupet*, das nicht ganz aus echtem Haar, sondern teilweise aus Flor oder Krepp aufgebaut war, und darüber war noch mindestens sechs Zoll hoch eine Mütze gesetzt, ein *chignon* aber hing ihr hinten wohl bis auf die Schulterblätter, und die Löckchen krabbelten ihr um die Ohren. Es dauerte eine Weile, ehe man das in diesem Aufbau behauste, winzige Gesicht im Blick hatte, das einen mit glänzenden Augen anstrahlte und dessen kleiner Mund überfloß von Entschuldigungen, mich so lange haben warten zu lassen. Äußerst höflich. Würde ich freundlicherweise etwas auf dem Klavier da drüben spielen? Denn natürlich wollte sie wissen, ob ich auch fähig wäre, ihre begabte Tochter zu unterrichten. Bitte, den elenden Zustand aller ihrer Klaviere zu verzeihen.

Ich sagte, meine Hände wären so kalt, daß sie steif wie Taubenklauen seien. Ob es nicht irgendwo ein geheiztes Zimmer gäbe?

»Ah, mon Dieu! D'accord!«, rief sie und führte mich in ein Zimmer, wo sie sich gleich hinsetzte und mit drei Herren, die zu Besuch gekommen waren, ein Kartenspiel anfing. Ihr Gemahl, der Herzog, war nirgends zu sehen. Sie spielte ungefähr eine Stunde lang Karten, und ich saß auf glühenden Kohlen, leider nur im übertragenen Sinn, denn zwar brannte im Kamin dieses Zimmers ein kleines Kohlenfeuer, aber auch dort standen die Fenster weit offen, und ich dachte, ich sollte besser sterben an der bitteren Kälte und vor Kopfschmerzen. Endlich kam die Tochter herein und befahl mir, etwas zu spielen auf einem furchtbaren und voll-

kommen verstimmten *gravi-cembalo*. Madame und ihre Verehrer ließen sich bei ihrem Kartenspiel und Geplauder nicht stören. Ich war wütend, aber steif gefroren, wie ich war, fing ich an, meine Salieri-Variationen* zu spielen.

Sie wissen, wie schwierig diese sind. Das junge Mädchen war geblendet. Das war mein Lohn, abgesehen von einem Überfluß hohler Komplimente seitens der anderen, die gar nicht zugehört hatten.

Ich habe seitdem der Tochter die erste Lektion erteilt. Sie ist sechzehn Jahre alt, und wenn man sie sieht, könnte man meinen, sie hätte nichts im Sinn als Spitzenmanschetten, Schoßhündchen oder Kätzchen und mit *crème de menthe* gefüllte Schokolade. Aber keineswegs. Sie hat erstaunliche Gaben. Sie spielt die Harfe ganz herrlich und das Klavier sehr gut. Sie will alles wissen. Sie will komponieren. Sie will sogar Geigenunterricht nehmen!

Ich komme mir ziemlich ärmlich und schäbig angezogen vor, wenn ich in die Häuser dieser Leute gehe, deren Töchtern ich Musikstunden gebe. Sie werden sich des schwarzen Anzugs für alle Gelegenheiten mit der reichbestickten Weste erinnern, den ich mir in Mannheim machen ließ; den trage ich hier bei feierlichen Anlässen. Außer diesem habe ich aus Mannheim nur meinen roten, spanischen Mantel mitgebracht und zwei Westen. Ich tat recht daran, meine mit Tressen besetzten Sachen dort zurückzulassen. Dergleichen ist hier nicht mehr *de rigueur*. Aber ich brauche zwei Anzüge. Ich habe einen billigen Schneider gefunden, einen netten Mann mit dem unglücklichen Namen Doloreux, der mir verspricht, sie mir innerhalb einer Woche zu machen, zum Preise von nur drei Louis d'or.

Der amerikanische Botschafter, Mr. Franklin, führt eine

* Variationen auf eine Arietta von Antonio Salieri, KV 180

neue Mode hier ein. Er erscheint beim König auch auf den glänzendsten Bällen in seinem unscheinbaren brauen Quäker-Rock und Kniehosen. Mein Schneider wird mir einen meiner Anzüge nach dieser Mode machen! Franklin bringt einen frischen Wind mit aus einem Land, das den hochmütigen Engländern eine lange Nase gemacht hat! Freiheit! Es ist so viel in Bewegung, Papa. Man redet von Krieg mit England. Gerüchte wollen wissen, daß in den Provinzen Soldaten gepreßt werden. Erzählt wird auch, offiziell ist das freilich noch nicht verlautet, daß Marie Antoinette schwanger ist. (Seitdem ich diese Geige gespielt habe, nenne ich die Königin bei mir selbst immer Maria Antonietta!) Die Eltern meiner Schülerin freuen sich über die Hoffnung auf einen Thronerben.

Ich hoffe, mein Aufenthalt hier wird nicht durch den Ausbruch eines Krieges verkürzt. Ich fange gerade an, mich hier recht wohl zu fühlen!

Ich küsse Sie und Nannerl viele 1000 Mal hintereinander, liebster Papa.

WMZT

Salzburg, den 2. Mai 1778

Mein liebster Sohn!

Zwei Anzüge zu Pariser Preisen! Mein lieber Junge, ist Dir eigentlich bewußt, was Dein Vater zu tragen genötigt ist? Fangen wir bei den Füßen an. Meine uralten Schuhe sind rissig und fleckig vom Laufen auf nassen Straßen. Schwarze Seidenstrümpfe? Habe ich schon seit Jahren nicht mehr getragen. Ich muß mich mit ausgefransten weißen Strümpfen an den Feiertagen und alltags mit groben grauen Wollstrümpfen aus Berlin begnügen. Die Nähte meiner Hosen sind hinten wohl schon an die zehnmal geplatzt, und seitdem Deine Mutter fort ist, nach Mannheim und Paris, habe ich sie schon mehrmals selber flicken müssen mit Stichen, die wie Hühnerscharren aussehen. Ich wage es kaum, mich hinzusetzen, aus Angst, ein reißendes Geräusch zu hören und die Leute denken zu sehn, daß mir ein Furz die Hosen zerrissen hat. Überall muß ich in diesem Wams aus mausgrauem Flanell hingehen, dessen Manschetten und Ellbogen schon vollkommen fadenscheinig sind. Und Du, mein Sohn, willst Dich wie ein Sultan kleiden, um hübsche kleine Mädchen zu unterrichten, und dann Deinen Schneider die dolorose Rechnung an eine Person in Salzburg schicken lassen, die von Freunden auf der Straße oft für einen Bettler gehalten wird! Drei Louis d'or, sagst Du. Das ist *alles*, was Dir zwölf Unterrichtsstunden bei einer Deiner Schülerinnen einbringen werden!

Noch etwas. Deine scherzenden Unterhaltungen mit La Houssaye über »genießbare« Engländerinnen wollen mir *überhaupt nicht* gefallen! Dieser Bursche mag ein anständiger Konzertmeister sein, aber er ist ein unanständiger Mensch, ein Wüstling. Jeder, der ihn kennt, sagt das. Und dann dieses Gerede über diese Geige, die ein geiler Italiener gebaut haben soll, so daß nun irgendwie seine Lüsternheit aus ihr spricht! Ich bin selbst Geiger, Wolferl. Ich kann Dir sagen, daß eine Geige eine Geige ist, und weiter nichts! Der Ton einer Geige wird so rein oder so verderbt sein wie das Herz des Menschen, der sie spielt. *Bitte!* Denke an Deine Sendung in dieser Welt!

Ich schreibe so, weil ich Dich über alles liebe und mich auf Dich verlasse. *MZT*

Achte auf Deine Gesundheit, liebster Sohn. Du fehlst mir.

Bimperl weint nach Dir und Mutter. Wenn sie ein Stück Wurst will, rollt sie sich auf dem Boden und tut so, als sei sie selber eine Bratwurst! Wenn ich eine Prise von dem spanischen Schnupftabak nehme, stellt sie sich auf die

Hinterbeine, um mir die Finger abzulecken. Bei jedem anderen Schnupftabak macht sie ein niesendes Geräusch und läuft weg!

Paris, 9. Mai 1778

Padre mio!

Ich schulde Ihnen alles, mein lieber Papa! Sie haben mich erzogen, geliebt, gelehrt – und ausgeschimpft –, und wenn ich denn überhaupt existiere, dann als Ihr Werk. Ich weiß, daß ich ein dankbarer Sohn bin. Doch sind Sie nicht immer gerecht, wenn Sie mich tadeln. Lassen Sie mich erklären, inwiefern Ihr Brief vom 2. des Monats mir unrecht tat.

Ich schildere Ihnen einen Tag meines Lebens in Paris: Aufstehen kann ich erst um sieben, weil es in unserem Logis erst um halb acht hell wird. Sobald ich mich angekleidet habe, setze ich mich hin und komponiere. Was ich schreibe? Der Duc de Guines – dessen entzückende Tochter ich unterrichte – ist ein Mann von vielen Talenten (und soll, wie es heißt, bei Maria Antonietta hoch in Gunst stehen), der auch die Flöte spielt (wie eine Nachtigall). Seine Tochter Héloise spielt, wie ich Ihnen schon schrieb, die Harfe (wie ein Engel). Ich schreibe ein Concerto für ihre beiden Instrumente, für welches mir Monsieur le Duc zwei Louis d'or versprochen hat. Desgleichen soll ich eine Oper in zwei Akten komponieren, die von *Alexandre et Roxane* handeln soll; ein Dichter arbeitet bereits an dem Libretto. Das Concert spirituel wünscht eine Symphonie. Monsieur Noverre hat eine Ballettmusik bestellt, *Les petits riens* soll die Pantomine heißen, für die er sie haben will*. Von der

* Konzert C-Dur für Flöte und Harfe, KV 299. Die Oper wurde nie geschrieben. Symphonie in D-Dur KV 297, die »Pariser Symphonie«. Elf Tänze für *Les petits riens*, KV Anh. 10. Die Ballettmusik insgesamt wurde nicht vollendet.

Concertanten Symphonie für Wendling und die anderen habe ich Ihnen schon geschrieben. Sie scheinen zu glauben, daß ich hier nichts mach', aber ich schüttle ständig Hunderttausende von Trillern auf einmal in meinem Kopfe durcheinander!

Also gut. Um elf gehe ich halb durch Paris, um einer hoffnungslosen jungen Dame von dreizehn Jahren Klavierunterricht zu geben, der nicht nur dauernd die Zornestränen durch den Puder auf ihren Wangen rinnen, die meistens auch den Unterschied zwischen Dur- und Molltönen nicht hören kann. Um eins habe ich eine Erholungspause – eine fröhliche Stunde, gewöhnlich, und eine leichte Mahlzeit mit La Houssaye. Um drei überquere ich eilends den Fluß, um die Geheimnisse des galanten Diskants und des gründlichen Basses der jungen Frau eines holländischen Marine-Attachés zu offenbaren, der versprochen hat, mir den hohen Preis von vier Louis d'or zu zahlen, dafür, daß ich in zwölf Lektionen eine große Komponistin aus seiner Frau mache; und er sollte mir mehr bezahlen, denn seine Frau ist ein Esel. Sie hat kein Gramm Phantasie. Ich muß eine Komposition für sie anfangen, und dann sage ich: »Sehen Sie, was ich doch für ein Dummkopf bin, ich komme nicht weiter. Würden Sie mir nicht forthelfen?« Dann starrt sie und gähnt und kratzt sich am Kopf, als juckte ihr das Hirn, und dann versaut sie den Rest.

Um sechs habe ich die einzige erfreuliche Pflicht des Tages, denn dann unterrichte ich Héloise de Guines. Sie ist, wie ich Ihnen schon schrieb, entzückend. Sie spielt zweihundert Stücke auswendig. Ihr Anschlag, an der Harfe wie auf dem Klavier, ist so zart wie Regentropfen, die auf einen See fallen. Da La Houssaye selbst lieber seine Stainer-Geige spielt, hat er mir seine italienische geliehen, und darauf accompagniere ich sie. Neulich, als ich bei einem Musikalienhändler am Montmartre ein paar Sonaten von

Schubert für das Mädchen kaufte, fiel mir eine französische Übersetzung Ihres Buches in die Hände*. Während ich nun Héloise begleite, bin ich immer dessen eingedenk, daß Sie mich viva voce lehrten, wie's auch schwarz auf weiß in diesem Lehrbuch zu lesen ist, daß also fröhliche und muntere Passagen mit leichten, kurzen und gehobenen Strichen gespielt werden müssen, heiter und geschwind, ebenso wie man langsame Passagen mit langen Bogenstrichen einfach und sanft zu exekutieren hat. Wir beginnen jetzt mit dem Geigenunterricht. Wenn sie die Saiten streicht, gibt Antonietta einen silbrigen, seidigen Ton. Ich finde das bemerkenswert. Wenn La Houssaye Antonietta spielt, ist der Ton der Geige ein wenig gemein und grob – und bestätigt ihn auf gewisse Weise in seiner Vorliebe für das Instrument aus Stainers Werkstatt. Wenn ich sie spiele, kommt es *mir* so vor, als sei der Ton der Geige rein und träumerisch, spielerisch und zärtlich. Und dieses Mädchen gewinnt dem Instrument einen naiven und unschuldigen Ton ab. Doch gleichviel, wer sie spielt, der Ton dieser Geige macht mich immer rastlos und sehnsüchtig, als verzehrte ich mich nach irgendeinem überwältigenden Ereignis. Da doch Sie es waren, der mich bildete, Papa, weshalb haben Sie mich nicht nach Ihrem Bilde, als Geiger, geschaffen?

Manchmal bleibe ich zum Souper bei den Guines'. Manchmal gehe ich nach Hause und esse mit Mama. Danach komponiere ich wieder, lese und schreibe Briefe, und zu Bett gehe ich um zwei Uhr früh.

Sie sehen also, geliebter Vater, daß ich mich nicht den Ausschweifungen, zu denen in dieser Stadt soviel Gelegenheit ist, ergebe, sondern vielmehr hart arbeite, weite Wege mache von einer Verpflichtung zur anderen, immer zu Fuß,

* Leopold Mozart, *Versuch einer gründlichen Violinschule*, 1756. Die französische Übersetzung von Valentin Roeser erschien 1770.

oft im Regen, und sobald ich etwas Geld erhalte, werde ich Ihnen schicken, das verspreche ich Ihnen, was ich irgend erübrigen kann. Der Hornist Rodolphe, der für den König spielt, hat mir eine Stellung als Organist in Versailles angeboten, bei einem Gehalt von zweitausend Livres im Jahr; ich hätte sechs Monate bei Hof anwesend zu sein, sechs Monate wäre ich frei. Ich könnte Maria Antoinetta mit Antonietta bekannt machen. Aber nein, mir gefällt's nicht, eine königliche Puppe zu werden. Ich werde das Angebot ablehnen.

Mama wird schon geschrieben haben, daß wir in ein lichterfülltes Haus an der Rue Clery gezogen sind, einer Nebenstraße der Rue Montmartre. Wir sind nicht weit von den Grands Boulevards. Mama macht Spaziergänge in den Luxembourg-Garten, und ich habe die Gemäldegalerie des Schlosses besucht. Sie müssen verstehen, mein besorgter väterlicher Ahne, daß ich keine Anstrengung scheue, meinen Geist zu erheben! Ich verschwende meine Zeit nicht in dieser Stadt schlüpfriger Schwellen! Ich bin, mit anderen Worten, Ihr getreuer und den Tugendpfad wandelnder Sprößling

Wolfgang Gottlieb Moosbart.

Salzburg, 15. Mai 1778

Mon très cher fils!

Was Du von der Schwangerschaft der Königin schreibst, klingt sehr vielversprechend! Wenn das Kind geboren ist, *insbesondere, wenn es ein Knabe sein sollte*, wird es große Festlichkeiten geben, für die Musik gebraucht werden wird. Vielleicht werden sie, der Königin zu Ehren, eine Oper in Auftrag geben. (Ich wünschte, Du hörtest auf, ihren Namen zu beflecken mit dieser Angleichung an den der Geige, die zu dem ihrigen auf so unanständige Weise gekommen zu sein scheint!) Kümmere Dich *jetzt gleich* darum. Der französische Geschmack kommt mir trivial und flach vor, dennoch würde ich Dir raten, Dir die französischen Opern gut anzuhören und nachzuäffen, was sie in Paris mögen, selbst wenn Du es verachtest. Auf diesem Wege gelangt man zum Erfolg, Wolfgang, denn wir, das solltest Du Dir klarmachen, Du und ich als Schöpfer eines Luxusartikels, der Musik, bedürfen der Huld hoher Herren.

Übrigens, hast Du nicht ein wenig voreilig die Berufung an den Hof abgelehnt? Du sagst, Du magst keine königliche Puppe werden. Aber warum nicht, meistens hätscheln doch die Könige ihr Spielzeug und ihre Schoßtiere! Brocken von der Tafel der Könige sind nicht zu verachten! Ich bin sicher, bald wärst Du der Liebling des Königs und der Königin. Und außer Deinem Gehalt in Versailles könntest Du während der sechs Monate Ferien jährlich mit anderen Arbeiten anderswo noch ein schönes Geld verdienen. Die Bestallung wäre sicherlich auf Lebenszeit, und bald wärst Du dann der Musikmeister der königlichen Prinzen und Prinzessinnen und kämst derart Ihren Majestäten noch näher. Käme es zum Krieg, wärest Du geschützt. Wirf nicht so übereilt ein sicheres Auskommen weg, das Dir sogar die Möglichkeit geben möchte, Deinem alternden Vater etwas Geld zu schicken. Überleg es Dir noch einmal.

Ich habe Dich zu einem Klaviervirtuosen erzogen, anstatt zu einem Fiedler, weil Dir das helfen würde, ein tüchtiger Komponist zu werden. Das Klavier bietet eine größere Skala musikalischer Erfahrung, indem dabei sowohl Diskant- als auch Baßschlüssel Verwendung finden, Akkorde, harmonische Modulationen und so fort. Als Geiger, ja, da könntest Du die hübschen Mädchen blenden, während Du ihr Klavierspiel begleitest, und vielleicht sogar deren Müttern am Kartentisch köstliches Herzklopfen verursachen. Nimm Dich in acht, mein Sohn! Ein Cupido auf dem Saitenhalter ist Gewähr nur für Narrheit!

Ich habe die Rechnungen für Deine beiden Anzüge erhalten. Gegenwärtig bin ich nicht imstande, sie zu begleichen. Hab Erbarmen mit Deinem verarmten Vater, der Dich mehr liebt als sich selbst.

MZT

Paris, 19. Mai 1778

Gelieber Vater!

Weshalb können Sie mich nicht ernst nehmen? Mit aller Feierlichkeit, die mir zu Gebote steht, muß ich Ihnen versichern, daß Héloise de Guines eine bemerkenswerte junge Musikerin ist. Sie haben mir auch, was ich Ihnen von Aloysia Weber berichtete, nicht geglaubt. Aber Sie werden sehen, lieber Papa, daß sie eine große Opernsängerin werden wird. Und vertrauen Sie meinem Urteil, Mademoiselle de Guines wird ähnliche Höhen erreichen können. Was immer ich sie lehre, begreift sie mit erstaunlicher Geschwindigkeit. Ich erkläre ihr etwas oder zeige ihr etwas auf den Tasten des Klaviers, oder an dem Griffbrett der Violine, sie versteht es sofort und ist imstande, es selbst zu tun.

Lassen Sie mich Ihnen von ihrer gestrigen Lektion berichten. Wir waren in dem gleichen Zimmer, wo man mich bei meiner Vorstellung unter so demütigenden Umständen vorspielen ließ, aber diesmal war das Wetter schön und warm, und man hat inzwischen ein gut gestimmtes Klavier beschafft für die Lektionen.

Stellen Sie sich die Szene vor, Papa. In diesem Zimmer hält die Frau Herzogin ihre *Levées*, wir freilich übten dort am späten Nachmittag. Jeder scheint hier auf Daunen gebettet üppiges Wohlleben zu genießen. Polstersessel stehen in Gruppen um Tische mit geschweiften Beinen, da nehmen plaudernd die Gäste Platz und stärken sich mit Kaffee und Likör nach Belieben. Die Decke ist hoch und mit

Weinranken und Fruchtzweigen in zartem Stuckrelief verziert. An den Fenstern stürzen seidene Vorhänge wie schäumende Wasserfälle zu Boden unter kurzen Volants, die mit Jagdszenen bestickt sind. Kanarienvögel singen. Gestern trug Madame la Duchesse ein Kleid von aschblonder Seide, dem ihre *couturière* einen Namen gegeben hat, der auf dessen Schnitt anzuspielen scheint, nämlich *plaisirs indiscrets*. Ihre *coiffure*, die auch einen Namen hat, nämlich *à la minerve*, war von zehn blauen Federn bekrönt. Sie war mit Juwelen aus dem Hause der berühmten Juweliere Böhmer & Bassenge beladen.

Wie bei meinem ersten Besuch des Hauses spielten die drei Herren, welche die anerkannten Rivalen um ihre Gunst zu sein scheinen, *lansquenet* mit ihr, wobei sie laut redeten und lachten, während an andern Tischen Dutzende von Männern und Frauen saßen, tranken und plauderten.

Héloise aber ließ sich von alledem nicht im mindesten stören, ihre Konzentrationsfähigkeit ist ganz wunderbar. Wir sind Störungen gewohnt; wir arbeiten so vertieft, als säßen wir in einer versiegelten Kammer. Ich ließ sie eine der Schobert-Sonaten vom Blatt spielen, und sie spielte den ersten Satz – *Allegretto* – nicht nur fehlerfrei, sondern überdies mit wunderbarem Empfinden für die wechselnden Launen der Musik. Unterdessen improvisierte ich auf La Houssayes Violine ein *accompagnement* dazu. Das erregte sie, und ihr Anschlag gewann dadurch ungeahnte neue Qualität. Die Kartenspieler legten ihre Karten ab und begannen aufmerksam zuzuhören; die Plauderer verstummten mit offenem Munde; selbst die Kanarienvögel schwiegen und lauschten. Denn Héloise und ich hatten ein Zwiegespräch begonnen, nun begann nämlich auch sie über Schoberts Thema – und gewissermaßen in des Komponisten Stimme – zu improvisieren. Ich kann Ihnen versichern, Papa, es nahm mir den Atem. Als wir aufhörten, sprangen alle Anwesenden auf die Füße und applaudierten. Ich hatte Tränen in den Augen. In Héloises tieferrötetem Gesicht stand ein wildes kleines Lächeln. Lieber Vater, bitte nehmen Sie mich ernst! Diese junge Frau ist eine Musikerin von ganz rarer Begabung!

Auf der Violine macht sie erstaunliche Fortschritte. La Houssaye hat mir gestattet, ihr Antonietta zum Üben zu überlassen. Wir sind erst seit einigen Wochen dabei, doch kann sie bereits in der ersten, zweiten und dritten Lage spielen und wechselt mit Leichtigkeit von einer in die andere, wenn nötig sogar *glissando*. Bald werden wir einige Duette üben, zuerst sie am Klavier, ich auf Antonietta – und dann umgekehrt.

Sie sagt, sie hat sich in Antonietta verliebt, und da ich sehe, wie sorgfältig sie die Geige nach jeder Lektion verwahrt, glaube ich ihr das gern. Mit einem seidenen Tuch wischt sie den Harzstaub ab, der vom Bogen auf die Decke gefallen ist, dann säubert sie die Saiten vom Steg bis zum Sattel mit einem in Mandelöl getauchten anderen Seidentuch. Dann wickelt sie die Geige in wattierten Satin und legt sie in ihren Kasten, den sie nie stehenläßt, wo Gefahr bestünde, daß er der Zugluft ausgesetzt werden könnte.

Nun muß ich etwas beichten. Nach diesen berauschenden Augenblicken, die Héloise und ich miteinander teilten, lud man mich ein, zum Essen zu bleiben, und nach Ende der Mahlzeit waren wir alle noch so aufgekratzt von dem, was die Geige zum Klavier gesagt und was das Klavier der Geige zu erwidern gewagt hatte, daß wir noch lange sitzen blieben bei einer Improvisation anderer Art. Monsieur le Duc und Madame la Duchesse waren natürlich anwesend wie auch der Herr Baron von Grimm; des weiteren einer der drei kartenspielenden Schurken, ein Comte de Irgendwas (das ich nicht nennen kann, weil's mir nie jemand genannt hat); zwei schöne ältere Frauen; und Héloise und deren jüngere

Schwester Blanche. Wir improvisierten Verse, nacheinander mußte jeder an der Tafel der Reihe nach eine Zeile dichten, und was dabei herauskam, waren lauter Schweinereien, auf welche sich die Franzosen von Adel ganz ausnehmend verstehen: Lustig überboten wir einander mit der närrischsten Versen über das Scheißen und Arschlecken und Tätigkeiten anderer Art, die Ihnen zu nennen mir unmöglich ist, lieber, unschuldiger Papa.

Ich hätte solche schmutzigen Reden selber nie zu führen gewagt, hätte mich nicht die kleine Blanche dazu angestiftet, denn die bewies mit ihren fünfzehn Jahren die schmutzigste Phantasie von uns allen! Seien Sie mein Beichtiger, Papa, und sprechen Sie mich los von dieser Sünde unter der Bedingung, daß ich als Buße sechs Stunden lang Tonleitern spiele und gelobe, solchen Schmutz nie wieder über meine Lippen kommen zu lassen. Ich werde es trotzdem wieder zulassen. O ja, zweifellos. Denn sehen Sie, mein Herr, der heilige Sankt Amadeus, Patron der befleckten Laken und geplatzten Hosen und des als *essence de la commode* bekannten Parfüms, hat mir bereits die Absolution erteilt, mit der Auflage, es bei der nächsten Gelegenheit noch ärger zu treiben.

Ihr verlorener Sohn
W. Amadeus Mephistopheles

(An Mademoiselle Aloysia Weber in Mannheim)

Paris, den 23. Mai 1778

Geliebte Freundin!
Beiliegend finden Sie etliche neue Koloraturpassagen für das Ende der Arie, die ich im vergangenen Februar für Ihre Stimme schrieb – *Non so d'onde viene**. Diese sangen Sie

*KV 294

zum erstenmal für mich, nach nur zweitägigem Studium, bei dem ich nicht anwesend war, *genauso*, wie ich sie hören wollte. Bei dieser Gelegenheit wurde ich zuerst Ihrer wunderbaren Begabung gewahr, und es war auch bei dieser Gelegenheit, daß ich begriff, wie eine Person mittels der Musik eine andere küssen kann, denn bei dieser Gelegenheit fühlte ich mich von Ihnen so geküßt. Sie werden sich gewiß noch der Bemerkungen erinnern, die ich Ihnen im vergangenen Monat sandte, in Betreff der seltsam beredten Geige meines Freundes Monsieur La Houssaye, des Konzertmeisters des Concert spirituel. Ich glaube, was ich mit diesen Bemerkungen sagen wollte, war, daß der Laut, den ich dieser Geige entlockte, mir den Genuß verschaffte, Sie zu umarmen, obwohl wir einander körperlich so fern waren. Ich wünschte von Herzen, Sie wären hier, so daß Sie singen und ich Sie begleiten könnte, manchmal am Klavier, und dann wieder auf dieser Geige, die Sie so zärtlich herbeizubeschwören scheint. Wie traurig war ich, als mein Vater sich meinem Plan widersetzte, Sie nach Italien zu begleiten, wo ich hätte eine Italienische Oper für Sie komponieren und Sie dieselbe hätten singen können, also, daß wir einander unkeusch hätten beiwohnen können – in der Musik!

Sie müssen sich einen Spazierstock zulegen, liebste Freundin. Das ist die letzte Mode hier. Es scheint, daß sich Madame la Comtesse de Lillebonne den Knöchel verstauchte, als sie eines Tages ihr Schoßhündchen an der Leine ausführte (dieses ist ein winziger Malteser); vielleicht ist sie auf seinem kleinwinzigen Hintern ausgerutscht. Der Arzt verordnete ihr einen Gehstock, und sofort wollte keine Dame *à la mode* mehr ohne Gehstock und anders als humpelnd in die Kirche zur Beichte und in die Salons ihrer Freundinnen zur üblen Nachrede gehen oder ihren Schoßhündchen Gelegenheit verschaffen, das Bein zu heben. Manche von diesen Stöcken haben silberne Krücken, andere elfenbeinerne, einige sogar goldene. Gehen Sie mit der Mode, Mademoiselle!

Weshalb schreiben Sie mir nie?

Ich sende ihnen 10000 musikalische Liebkosungen.

Wolfgang

(An Mademoiselle Maria Anna Thekla Mozart in Augsburg)

Paris, 24. Mai 1778

Mademoiselle,
ma très chère Mademoiselle de la Mademoiselle!

Ich habe keine Zeit zu schreiben, also schreibe ich. Wenn ich keine Zeit zu schreiben habe, warum schreibe ich? Weil ich zum Schreiben keine Zeit und mir beim Schreiben nicht die Zeit nehme. Warum habe ich also keine Zeit, nicht zu schreiben? Weil ich zur Zeit schreibe.

Da das nun geklärt ist, werde ich Ihnen eine Geschichte erzählen. Es war einmal sozuschreiben eine Geige. Ein Klavier war auch da, aber das hindert ja wohl keine Violine am Dasein, oder? Nun war dieses Klavier sehr anziehend, denn verziert war es mit Einlegearbeiten, die des Beilagers Arbeiten darstellten. Die Geige war ebenfalls schön mit f-Löchern, die wie a-Löcher aussahen. Und wissen Sie, was die Geige zu dem Klavier sagte? Natürlich wissen Sie es nicht, sonst brauchte ich es Ihnen ja nicht zu erzählen. Meinen Sie, daß ich noch einmal von vorn beginnen sollte?

Es war einmal, was keinmal sein soll, aber nicht ist, eine…, aber das wissen Sie ja. Wie ich schon sagte, von dem, was die Geige sagte, sagte diese zum Klavier: »Ich la do do, la do do mi?« Woraufhin das Klavier galant erwiderte: »Aber gewiß so, sol ich do ja?« Und die Geige bejahte das eifrig: »Fa, fa, komm ja mi mi, presto!« Da sagte das Klavier: »Dann sei's gleich hier, liebes Tier, husch, husch ins molle b!«, und die Geige seufzte (con amore): »O selige Kadenz, ins molle b, tut gar nicht weh, tut gar nicht weh, o weh…«.

A-ber, mir scheint, von dem weiteren sollten wir uns diskret abwenden, liebste Freundin, die Geschichte kann nur *furzissimo* enden.

Und also, Mademoiselle de la Mademoiselle, ist's Zeit zum Schlafengehen. Es ist Zeit, nicht zu schreiben: sondern das Schreiben: bleiben – zu lassen, wo: ist es zu fassen? Das Klavier die Beine breit macht, alle vier. Blasen Sie das Licht aus, geliebte Maus!

Adieu, grüßen Sie die Flöh!
von *Monsieur le Mozieur*

Salzburg, 28. Mai 1778

Mon très cher fils!
Deine Mutter schreibt mir, daß Du ein guter Junge bist, daß Du an der Symphonie für das Concert spirituel hart arbeitest, daß Du in der ganzen Stadt herumläufst, um Deine Schüler zu unterrichten, und daß ich in meinem Brief zu streng gegen Dich gewesen bin. Ach, mein Wolferl, wenn Du nur wüßtest, wie sehr ich Dich liebe!

Ich habe mein ganzes Wesen an Deine Wohlfahrt gewandt. Ich glaube nicht, daß ich Dich gemacht habe, wie Du in einem Deiner Briefe meinst. Keineswegs. Du bist ein Wunder, das uns Gott beschert hat, und für Deine Wohlfahrt zu sorgen war nur dieses armen Sünders Manier, Ihm dafür zu danken.

Ein *armer* Sünder bin ich leider im wörtlichsten Sinne. Warum hast Du mir Dein Einkommen noch nicht erklärt? Du mußt inzwischen doch schon für mindestens drei Kurse von je zwölf Lektionen die Honorare kassiert, solltest also nach meiner Rechnung bereits dreißig Louis d'or eingenommen haben, wenn Dir, wie Du schreibst, zwei von Deinen Schülerinnen je drei pro Kursus, die dritte vier versprochen haben. Wo ist dieses Geld hin? Klar ist mir nur, daß ich nichts davon zu sehen gekriegt habe. Du solltest alles, was Du komponierst, stechen lassen und auf den Markt bringen; dazu brauchst Du einen Drucker und mußt Subskriptionen werben. Ich habe Dir schon wiederholt Listen reicher Gönner zugesandt, um deren Gunst Du Dich bemühen solltest.

Du schriebst mir, daß Du bei schmutzigen Wortspielen bis in die Nacht aufbleibst, aber ich lese nirgends, daß Du früh aufstehst, um die Oper und das Ballett zu komponieren, von denen Du mir neulich schriebst. Und warum erwiderst Du mir nichts auf meine Anregungen bezüglich der Stelle in Versailles?

Aber genug der Vorwürfe, geliebtes Wölfchen! Deine Schwester Nannerl und ich haben andere Sorgen, unter diesen die Gesundheit Deiner Mutter. Sie schreibt oft von Kopfschmerzen, Fieber und schleimigem Husten. Hat sie etwas von dem schwarzen Pulver, das ihr schon früher geholfen hat? Sollte sie zur Ader gelassen werden? Während Du bis zu später Stunde in den Häusern Deiner hübschen jungen Schülerinnen Dich vergnügst, ist sie allein, und nur ein Talglicht leistet ihr Gesellschaft. Nannerl und ich fürchten, daß Du sie vernachlässigst. Du hast ein sorgloses Temperament, Wolfgang, für Dich ist alles ein lustiges Spiel. Du lebst jeden Tag, als wenn's ein Scherz wäre. Der Herr Baron von Grimm schreibt mir, daß Du, seines Erachtens, »zu gutmütig« bist, »...zu unbekümmert um die Mittel zum Erfolg...«. Und weiter schreibt er mir, daß man in Paris nur vorwärtskommt, wenn man klug, unternehmend und kühn ist. Das sind seine Worte. Ich bitte Dich, Wolfgang, stell Dich auf den Boden der Tatsachen, versuche endlich Deiner Mama und Deinem Papa, die Dich rückhaltlos lieben, ein guter Sohn zu sein.

Ich küsse Dich millionenmal, und Nannerl bläst Dir ins Ohr, um Dich zu kitzeln, und Pimperl leckt Dir die Hand.

MZT

Paris, 1. Juni 1778

Mon très cher Père!

In Ihrem Brief vom 28. Mai fragten Sie zugleich geduldig und ungeduldig, wie mir scheint, zugleich liebevoll und – ich bitte um Verzeihung – gereizt nach meinen Fortschritten in dieser (wie Sie dieselbe einmal nannten) »Stadt der funkelnden Lichter«. Diese Lichter, soweit hier vorhanden, haben sich mir in letzter Zeit ziemlich verdunkelt.

Gut voran komme ich mit meiner Symphonie, die bei dem Concert spirituel am 18. dieses Monats aufgeführt werden und mir dann mit drei Louis d'or honoriert werden soll. Indessen haben sowohl die Oper als auch die Ballettmusik sich als Enttäuschungen erwiesen.

Das Libretto für die erstere wurde nie vollendet – und das, wie ich gestehen muß, durchaus zu meiner Erleichterung, denn diese elende französische Sprache taugt nicht für die Oper. Hinsichtlich der Ballettmusik stellte sich heraus, daß Monsieur Noverre nur eine Ouvertüre und ein paar Tänze wollte, und ein Honorar dafür erhielt ich nicht – Monsieur Noverre nahm die Musik »aus Freundschaft«!

Monsieur le Duc de Guines begegnet mir zwar stets sehr huldvoll, schuldet mir aber noch das Honorar für das Konzert, das ich für ihn und seine Tochter schrieb. Desgleichen habe ich auch für das Concerto, das ich für Wendling und seine Kollegen schrieb, noch keinen Sou erhalten. Und ebensowenig einstweilen von dem holländischen Marineoffizier für zwei der drei Kurse von je zwölf Lektionen, die ich seiner genialen Gemahlin erteilt habe. Guines schuldet mir für zwei Kurse. Es scheint, daß die Pariser Banken das Geld ihrer blöden Kunden an die Wände ihrer Tresore kleben.

Rechenschaft geben kann ich mithin nur über folgende Einkünfte: Neun Louis d'or habe ich für meinen Unterricht des schwachsinnigen Mädchens, das komponieren lernen soll, erhalten; drei von dem Holländer und drei von Guines für die Héloise erteilten Lektionen. Das macht insgesamt fünfzehn, von denen Mama und ich das meiste für Unterkunft und Essen haben ausgeben müssen.

Sie fragen wegen der Stelle des Hoforganisten in Versailles. Jeder einzelne unserer vertrauten Freunde, ohne Ausnahme – Grimm, Wendling, Raaff, Ramm –, wie desgleichen Madame d'Épinay, Madame la Duchesse de Guines und Madame la Comtesse de Tessé, die ich alle deswegen befragte, alle rieten sie mir davon ab, diese Berufung anzunehmen. Sie sagen, daß die Intrigen und Rivalitäten unter den Hofmusikern mich zum Selbstmord treiben würden und daß zum Liebling Ihrer Majestäten erwählt zu werden noch das schlimmste Schicksal von allen verhieße, da die Zuneigung Ihrer Majestäten notorisch unbeständig und launenhaft sei.

Das eine helle Licht, das unbeirrt durch alle diese Verdüsterung fortscheint, gewährt mir meine Arbeit mit Héloise de Guines. Papa, diese junge Frau ist ein Phänomen! Jeden Tag, nach je einstündigem Etüdenspiel, erst am Klavier, dann auf der Geige, spielen wir das ausgelassene Spiel unserer Improvisationen, zuerst sie am Klavier und ich auf Antonietta, dann tauschen wir die Instrumente. Wir beginnen mit dem Thema einer meiner Kompositionen, das wir dann variieren, einer des anderen Einfälle aufgreifend, und so wirbeln wir einer um des anderen Ideen und plötzliche Phantasien und Wendungen und Sprünge herum, daß es eine Lust ist. Täglich kommen mehr Leute, nur um uns dabei zuzuhören und uns anzuspornen. Inzwischen ist jeden Tag das Zimmer voller Menschen.

Lassen Sie mich zur Sache kommen, lieber Papa, sie und

ich sollten auf Tournee gehen und in allen Kapitalen und großen Städten Europas musizieren. Dabei würden wir unbedingt ein Vermögen verdienen, soviel ist todsicher! La Houssaye sagt, wir sollten zuerst nach London gehen, wo für eine solche Novität eine große Subscription garantiert wäre; und überdies hat er sich bereit erklärt, uns Antonietta für eine Leihgebühr von nur einem Louis d'or wöchentlich für die Dauer der Tournee zu überlassen. Dann: Venedig, Verona, Mailand, Florenz, Rom! Bitte schreiben Sie sofort an unseren lieben Freund Lugiati und fragen Sie, was wir für unsere Auftritte in diesen Städten bestenfalls einzunehmen hoffen dürfen!

Dann, geneigter Vater, kämen wir in die Heimat: Salzburg, Wien, Mannheim, Augsburg! In Salzburg würden Sie das kleine Wunder mit eigenen Augen und Ohren begutachten können.

Héloise selbst habe ich diesen Plan noch nicht eröffnet, aber schon hinter den Kulissen mit ihrer Mutter verhandelt, die begeistert versprochen hat, uns auf der Tournee zu begleiten. Stellen Sie sich die Sensation vor! Eine schöne junge Frau, welche einem der besten Adelsgeschlechter Frankreichs entstammt, auf der Musikbühne mit dem brillanten jungen Amadé Marzipan! Ich garantiere Ihnen, daß Antonietta in meinen Händen und ein Klavier oder Cembalo unter den Händen von Mademoiselle Héloise – oder umgekehrt – dergestalt miteinander ins Gespräch sich vertiefen werden, daß uns ganz Europa Blumen auf die Bühne werfen wird. Stellen Sie sich nur Mademoiselle Héloise am Klavier oder Cembalo vor! Da sitzt sie, aufrecht wie eine geübte Reiterin, die funkelnden Augen zuerst der Violine in meinen Händen, dann ihren Hörern zuwendend, und ein sonderbares kleines Lächeln strafft ihre Lippen, indessen die von den Tasten unter ihren Händen geweckten Töne Antonietta antworten und Antonietta necken und Antonietta verlocken und sich Antonietta dann ergeben! Ich wünschte, Sie könnten die Laute entzückten Erstaunens und die Beifallsstürme hören und die *Küsse*, die uns beiden von der Menge im Salon der Guines' täglich zuteil werden.

Mama wird Ihnen davon schreiben. Sie hat die Langeweile, das teure Leben und die schlechte Luft von Paris längst satt, und ich glaube, daß sie meint, die Tournee würde ihrer Gesundheit guttun. Auch Sie könnten sich uns in Salzburg dann vielleicht anschließen! Bitte treffen Sie sofort die Vorbereitungen für jeden Abschnitt der Tournee!

So müssen Sie doch wohl schließen, teurer Papa, ich wüßte nicht, wie Sie sich der Erkenntnis verschließen könnten, daß Sie einen pflichtbewußten und liebenden Sohn haben, dessen Name lautet

Wolfgang Amadeus Musik

Salzburg, 8. Juni 1778

Mein lieber Sohn!

Während der beiden letzten Nächte habe ich kein Auge zugetan und bin jetzt so erschöpft, daß ich kaum die Feder über das Papier zu schieben imstande bin. Ich weiß nicht, wann ich mich von dem Erstaunen und dem Schrecken erholen werde, welche mir Dein Schreiben vom Ersten des Monats verursachte. Willst Du Deinen Vater ermorden? Ich habe um Deinetwillen jahrelang die furchtbarsten Entbehrungen auf mich genommen. Weißt Du noch, wie ich Dich zum Wagen begleitete, als Du nach München fuhrst, seit drei Tagen schon plagten mich Fieber und Erbrechen, dennoch packte ich Deinen Koffer und stand um vier Uhr früh auf, um Dich zum Wagen zu begleiten, und trug Dir den schweren Koffer, der voller Noten war, Noten *Deiner Musik*, und verhob mich daran, wie Dir erinnerlich sein wird, so daß ich einen ganzen Monat lang flach auf dem

Rücken im Bett liegen mußte. Das hast Du doch wohl nicht vergessen? Und wie dankst Du mir das nun? Du durchbohrst mich mit Deiner Degenklinge, Du erwürgst mich, Du erschießt mich mit einer Pistolenkugel, Du läßt mich verhungern.

Es ist immer wieder die gleiche Geschichte: Dein weiches Herz, das jedem zu Willen sein will, Deine Freundlichkeit zu Fremden, die wirklich nur eine Form von Eitelkeit ist, Dein blindes Vertrauen zu Schwindlern und Betrügern, so daß Du Dich für wertlose und praktisch unmögliche Unternehmungen aller Art begeistern läßt und Dir gestattest, Tagträumen nachzujagen und dauernd auf neue Manieren sinnst, Geld zum Fenster hinauszuwerfen, anstatt es für das Alter Deiner ehrlichen, armen Eltern zu sparen. Wieder und wieder habe ich versucht, Dich zu lehren, Deiner eigenen, warmen und großherzigen Natur zu mißtrauen, die Dir weismacht, daß *Du* ein Mann von Adel, daß *Du* zum Mäzenatentum berufen, daß *Du* imstande bist, die Talente anderer zu fördern.

Und wer sind diese anderen? Bitte lies, was ich nun schreiben werde, sehr sorgfältig und denke darüber nach. Wer sind diese anderen?

Wolfgang, erinnerst Du Dich Deines schwachsinnigen Plans, das deutsche Singspiel wiederzubeleben, weil Du damals in München unbedingt Musik für die kleine Mademoiselle Kaiser schreiben wolltest, diese natürliche Tochter eines Grafen mit einer Köchin, die, wie Du sagtest, auf der Bühne so hübsch aussah, daß Dir bei ihren Crescendos und Decrescendos und ihren langsamen, sauberen und klaren Trillern jedesmal die Tränen kamen?

Nun gut. Von München geht's nach Augsburg, wo Du Dein unvermeidliches Techtelmechtel mit der ungehobelten kleinen Tochter meines Bruders anfängst, mit der Du, wie mir Deine Mutter verrät, noch immer absurde Liebesbriefe wechselst.

In Mannheim nimmt Dich Herr Cannabich unter seine Fittiche, und alsbald breitest Du die Deinen schützend über dessen zarte Tochter Rosa und erklärst, daß Du ihren Reiz im Adagio-Satz einer Sonate verewigt und ihre Schönheit unsterblich gemacht hast!

Was folgt? Ein anderer ausgezeichneter Herr, der Herr Rat Serrarius gewährt Dir Gastfreundschaft in seinem Mannheimer Heim, und plötzlich ist dessen Tochter Thérèse-Pierron die Königin Deines Herzens, und Du widmest *ihr* eine Sonate!

Und dann – Du bist noch immer in Mannheim, aber Dein armes Herz gibt keine Ruhe – kommst Du unter den Einfluß des verkommenen Herrn Wendling, der Dich alsbald bei der Familie Weber einschmeichelt. Sofort sind die Webers, die frömmste und christlichste übrigens auch, die ärmste Familie auf der weiten Welt, reich freilich, indem sie zwei entzükkende Töchter haben und sich Deiner Protektion erfreuen. Du kaprizierst Dich auf die ältere der beiden, Aloysia, deren Stimme, wie Du schreibst, klar und funkelnd wie ein Gebirgsbach ist, und entblödest Dich nicht zu planen, mit ihr nach Italien zu gehen, um sie dort zur Primadonna zu machen – die Opern singen wird, die Du noch nicht geschrieben hast und niemals schreiben wirst.

Und nun kommen wir zum Höhepunkt, lieber Sohn. Jetzt planst Du allen Ernstes, diejenigen zu protegieren, deren Protektion Du bedürftig bist. Du wünschst die fabelhafte Mademoiselle de Guines auf eine Reise in alle Welt mitzunehmen, auf daß sie und ein Klavier in aller Öffentlichkeit Unterhaltung pflegen mit Dir und dieser Geige, die Dich, wie mir scheint, schon um den Verstand gebracht hat. Woher hast du bloß die Idee, daß Monsieur le Duc de Guines Dir gestatten wird, von Stadt zu Stadt zu vagabundieren, à trois mit seiner Frau und Tochter?! Der Applaus bei den Kaffeegesellschaften dieser Frau hat Dich zweifellos – und vielleicht auch Madame la Duchesse – vollkommen verrückt gemacht!

Wolfgang Amadeus Mozart, mein geliebter Sohn, Du bist Komponist! Leider bist Du genötigt, Deine große Begabung – und, wenn möglich, auch Deine alternden Eltern – durch allerlei musikalische Prostitution zu erhalten. Das heißt aber nicht, daß Du nun auch noch Prostitution im unübertragenen Sinne treiben mußt! Komm zur Besinnung! Rette Dich! Schone mein Leben, lieber Sohn! Du hast mich fast umgebracht. *MZT*

Übrigens hat Bimperl sich was Neues einfallen lassen. Ich setze sie während des Abendessens auf den Tisch, und dann kratzt sie erst den Brotlaib und dann das Brotmesser! Wie kann ich mich da weigern, ihr eine Scheibe abzuschneiden?

(An Anna Maria Thekla Mozart in Augsburg)

Paris, 10. Juni 1778

Ma très chère Cousine-Colombine!

Wie ich höre, ist Ihr Vater Bruder meines Vaters, welcher Vater ist eines Cousins von einer gewissen, deren Vater der Onkel ist eines gewissen, der auf alle Väter scheißt, die ihre Federn in Scheiße tauchen, um ihre Briefe zu schreiben. Mit anderen Worten, liebste Kuh, ich habe soeben einen Brief erhalten von Ihrem Onkel, Ihres Vaters Bruder, meinem Vater. Warum erzähle ich Ihnen das? Warum nicht? Warum scheiße ich auf Ihre Nase? Warum nicht? Warum benütze ich dasselbe Arschloch, durch welches ich mich schon seit fünfundzwanzig Jahren entleere, ohne zu befürchten, daß es ausfranst? Warum nicht? Warum habe ich eine Flinte im Arsch, die auf alle Väter zielt? Ich frage Sie, warum nicht?

Erinnern Sie sich der Geige, von welcher ich Ihnen erzählte, die Fürze lassen konnte auf dem ganzen Weg von Paris nach Augsburg? Heute ist schwer sie sehr, mit vollgestopft Scheiße. Den Bogen, wenn Saiten über zieh' ich, Gestank aus quillt f-Löchern ihren.

Das nennt man Musik, ich meine, Muh-siech, denn Kuhscheiße ist's.

Chim Eis Nehetsrev?

Vergeben Sie mir, mein liebes Bäsle. Mein Arschloch steht in Flammen heute. Ich wäre Ihnen dankbar, wenn Sie's mir ablecken wollten. Wenn Sie so freundlich sein wollen, werde ich Ihre Lippen, Ihre Augen, Ihre Hände, Ihre Ellbogen, Ihre Knie, Ihre Schenkel, Ihre..., kurz, alles küssen, an dem nicht geschrieben steht: Nicht küssen! Sie sind eine liebe Cousine. Wenn ich nicht an Sie schreiben könnte, wäre ich sehr zornig. Gute Nacht! Schlüpfen Sie ins Bette und lassen Sie einen ordentlichen fahren, und Sie werden schlummern im alten, wahren Frieden: Ihres Vaters Bruders donnerbalkenbedonnernder Sohn

Wolfgang Amadeus Muh-siech

Paris, 13. Juni 1778

Mein lieber, lieber Vater!

Es hat mich sehr betrübt, zu lesen, daß mein letzter Brief Sie betrübt hat. Sie müssen wissen, liebster Papa, daß ich selbst den Plan zu dieser phantastischen Tournee durch die großen Städte mit Mademoiselle Héloise und ihrer freundlichen und eleganten Frau Mutter so ganz ernst nie genommen habe. Ich fürchte, ich habe Ihnen auch über die Meinung meiner eigenen Mama zu diesem Plan nicht völlig wahrheitsgetreu berichtet. Sie ist viel zu krank und schwach gegenwärtig, um eine so mühevolle Expedition ins Auge fassen zu können. Und, um ganz offen zu sein, will ich auch gestehen, daß Madame la Duchesse selbst nicht völlig davon überzeugt war, daß ihre zarte Tochter schon jetzt dem Blick der Öffentlichkeit ausgesetzt werden sollte. Héloise ist eine reichbegabte junge Frau, aber eine derartige Tournee hätte sie zu sehr und zu schnell zur Entfaltung gedrängt; und natürlich hätte, wie Sie mir so weise zu bedenken gaben, das Unternehmen mich an meiner eigenen Arbeit gehindert und vom Komponieren abgehalten.

Ich habe mich sehr bemüht, Ihnen wegen Ihrer Ermahnungen zu zürnen, aber es wollte mir nicht gelingen. Sie haben ganz recht, wenn Sie sagen, daß ich mich von trivialen Phantasien hinreißen lasse und daß meine größte Schwäche der Wunsch meines freigebigen Herzens ist, denjenigen, die mir seiner zu bedürfen scheinen, meinen Schutz zu gewähren, da doch tatsächlich niemand ein dringenderes Bedürfnis hat als ich nach Schutz vor mir selber! Gott sei Dank kann man mich von meinen verrückten Plänen leicht abbringen, denn im Augenblick, da die Leute das Vertrauen zu mir verlieren, bin ich geneigt, auch mein Selbstvertrauen fahrenzulassen.

Natürlich haben Sie recht in Betreff der kleinen Sängerin in München. Ich nehme an, daß das Lob, das die Münchener ihr spendeten, mich beeinflußt hat – hübsch war sie ja nun wirklich! Ihre sarkastischen Bemerkungen über meinen spaßigen brieflichen Verkehr mit meinem Bäsle haben mich sehr verletzt.

Wenn ich ihr schreibe, ist das jedesmal wie ein Aderlaß, der mir guttut. Und welchen Schaden soll's denn angerichtet haben, daß ich schöne Sonaten für junge Damen geschrieben habe, die mir in Mannheim Freundlichkeit erwiesen haben? In Betreff der Demoiselle Aloysia Weber war ich allerdings wohl übereilt, denn obwohl Sie eine Stimme hat, die geradewegs zu Herzen geht, insbesondere, wenn sie *cantabile* singt, ist sie noch lange keine Schauspielerin und mithin noch nicht reif für die Oper. Auf meinen Rat nimmt sie jetzt Schauspielunterricht bei der Schauspielerin Signora Toscani – und eines Tages, dessen bin ich gewiß, werden Sie sehen...

Es bricht mir das Herz, Ihre Klage zu lesen, daß ich drohe, Ihr Tod zu werden! Sie sind mein Papa! Ich weinte, als ich las, wie elend Sie sich mir zuliebe kleiden müssen. Zweifeln Sie daran? Wissen Sie nicht mehr, wie ich als kleiner Junge auf Ihren Knien zu sitzen pflegte und mein närrisches, unsinniges Liedchen sang – »Nannetta Nanon, puisque la bedetta fa, Nannetta, inevenedetta fa Nanon« – und wie ich jedesmal, wenn ich endigte, das Ende Ihrer Nase küßte? Das Gesetz meines Lebens damals wie heute war und ist: *Gleich nach Gott kommt Papa.* Ich gelobe, Sie zu lieben und zu ehren und Ihnen gehorsam zu sein, solange wir beide leben! Papa! Papa! Ich flehe Sie an, mich auch weiterhin zu lieben, denn *ich kann nicht leben, ohne Ihre Arme um mich zu fühlen.*

Es wird Sie, nach diesem Tumult, gewiß freuen zu hören, daß ich nicht müßig gewesen bin. Ich habe meine Symphonie vollendet. Gestern habe ich sie unserem guten Freund Anton Raaff, meinem Freund La Houssaye, der das Orchester leiten wird, und dem hiesigen Gesandten des Kurfürsten von der Pfalz, dem Herrn Grafen Sickingen, auf dem Klavier vorgespielt. Die Symphonie ist in D-Dur und nach der Pariser Mode in drei Sätzen – ohne Menuett. Hier in Paris ist man ganz verrückt nach einem kühnen *premier coup d'archet* und will einen ähnlich kräftigen Bogenstrich der Geiger am Ende, *fortissimo-unisono*, also biete ich ihnen das, obwohl es vollkommen absurd ist, auf dergleichen soviel Wert zu legen, wie es diese Hornochsen tun. Immerhin habe ich mir einen kleinen Spaß erlaubt, indem ich in der Einleitung des dritten Satzes diese idiotische Erwartung mit einer täuschenden kleinen Verzögerung befriedige – denn da spielen zu Anfang nur zwei Geigen ganz munter *piano piano* – acht Takte: dann schrumm! Kommt ihr geliebter *coup!* Die Pariser lieben lärmigen Lärm, und den sollen sie von mir haben! Der Andante-Satz dagegen ist nach *meinem* Geschmack. Die Aufführung soll zu Fronleichnam sein, in fünf Tagen.

Sie sehen also, mon cher Père, ich kenne meine Pflicht und werde sie tun. Ich küsse Ihre Hände 1 000 000 Mal und bin stets und werde immer sein Ihr höchst gehorsamer Sohn

Wolfgang

(An Mademoiselle Aloysia Weber in Mannheim)

Paris, 14. Juni 1778

Liebste Freundin!

Heute spielte ich die Geige, von der ich Ihnen schrieb, namens Antonietta, in Gegenwart einer jungen Frau, die eine meiner Schülerinnen ist, und da überraschte mich das Gefühl, mein Instrument mit gespaltener Zunge sprechen zu hören. Es sprach zu meiner Schülerin, fröhlich, denn ihre Gaben entzücken mich, doch sprach es gleichzeitig zu Ihnen, und zwar traurig, traurig, weil Sie so weit weg sind und ich nie von Ihnen höre.

Manchmal frage ich mich, ob das Leben der Mühe wert ist. Ich bin einsam in Paris, denn der biedere Deutsche ist hier fehl am Platze. Meine Mutter ist sehr krank – sie liegt im Bett in jener trügerischsten aller Verfassungen: mit einem glühenden Fieber, das sie zittern läßt, als fröre sie. Ich bin weder heiß noch kalt. Ich fühle nichts. Sie schreiben nie. Warum?

Ich komponiere eine Szene, *Popoli di Tessaglia* geheißen, die ich Ihnen in Kürze zusenden werde.* Ich schreibe die

* ein Rezitativ – *Popoli di Tessaglia* – und eine Arie – *Io non chiedo, eterni Dei* – zu Texten aus Glucks *Alceste*, KV 316

Szene für Sie und für Sie allein, denn Ihre Lerchenzunge soll sie singen. Wissen Sie, daß die Lerche uns ihre wundervollen Triller hören läßt, während sie fast geradewegs in den hohen Himmel fliegt? In meinem nächsten Brief werde ich Ihnen etliche Anregungen für die Aufführung der Szene schreiben, wie der Atem gehen sollte und wie die Mimik. Ich hoffe, sie wird Ihnen himmlisch vorkommen; jedenfalls werden Sie sie himmlisch singen, meine Lerche. Heute nachmittag habe ich einige Passagen daraus meiner Schülerin auf dieser Violine vorgespielt, und ich habe mich gefragt, ob Sie nicht, wiewohl Sie so weit weg sind, auf Ihren Lippen die Küsse verspürten, welche die Geige Ihnen aus der Ferne schenkte. Meine Schülerin mag gedacht haben, die Küsse seien für sie bestimmt, denn am Ende vergoß sie Freudentränen. Irrte sie aber nicht, so ist Antonietta in der Tat, wie ich sagte, doppelzüngig! Habe ich Ihnen übrigens schon erzählt, daß den Saitenhalter dieser Geige die Gestalt eines Cupidos schmückt?

Die Töne der Geige küßten Sie nicht nur, sie umarmten Sie und schossen Pfeile nach Mannheim, die auf Ihr Herz zielten, sie erzählten Ihnen die ganze Geschichte meiner Einsamkeit. Bitte schreiben Sie mir.

Wolfgang

Paris, 19. Juni 1778

Mon très cher Père!

Meine Symphonie ist gestern aufgeführt worden, und, Gott sei es gedankt, sie gefiel. Als er mir meine drei Louis d'or zahlte, sagte mir Monsieur Le Gros, der Direktor des Concert spirituel, sie sei die beste, die je für ihn geschrieben wurde.

Doch habe ich zwei schrecklich anstrengende Tage hinter mir. Monsieur Le Gros kann jedes Stück für die Konzerte nur ein einziges Mal proben lassen, und meine Probe, vorgestern, war ein Fiasko. Noch nie im Leben habe ich ein Orchester so miserabel spielen hören. Sie kratzten und stolperten zweimal durch die ganze Symphonie und trafen kaum eine Note richtig. Ich ging verzweifelt nach Hause und beschloß, dem Konzert lieber fernzubleiben, als mich den Pfiffen und Buhrufen dieser geringschätzigen Pariser auszusetzen.

Während der Nacht, in der ich überhaupt nicht schlief, begriff ich plötzlich, was schiefgegangen war. Das Orchester war wie ein geköpftes Huhn. Will sagen, daß ihm eine führende Stimme fehlte, die aus dem Instrument des Konzertmeisters hätte kommen, der mit seiner Violine die übrigen Musiker hätte anführen sollen. Und damit haperte es! Er spielte *seine* Geige, die Stainer, deren süßer, dünner Ton nicht stark genug war, zehn weitere erste und elf zweite Geigen zu beherrschen und zu ermutigen, von den übrigen zweiunddreißig Musikern, unter diesen Holz- und Blechbläser, ganz zu schweigen. Wie ich Ihnen schon neulich schrieb, ist dies eine *lärmende* Symphonie, die Schwung und Fröhlichkeit nur entfalten kann, wenn die Streicher dabei mit gutem Beispiel vorangehen. Ich schrieb Ihnen in meinem letzten Brief von dem Kunstgriff, mit dem ich den dritten Satz angefangen habe – ein entzückendes Piano der Streicher und dann der *coup d'archet*. Bei der Probe nun spielten die beiden Geiger diese *piano*-Passage ganz scheußlich, sie ging vollkommen in die Binsen, man hörte nur noch eine Art stammelndes Flüstern.

Noch dämmerte der Morgen nicht, doch ich sprang aus dem Bett, kleidete mich an und rannte quer durch die Stadt zum Hause des Herzogs. Ich läutete an der Tür, pochte und rief, bis ein Diener in einem alten Schlafrock an die Tür kam. Ich muß wild ausgesehen haben, denn er schien mich für einen Dieb oder betrunkenen Landstreicher zu halten und schlug mir die Tür vor der Nase zu. Ich fuhr fort, dieselbe (ich meine die Tür) mit den Fäusten zu bearbeiten, und endlich öffnete mir, im Nachthemd, die Schlafmütze auf dem Haupt, der Herzog höchstpersönlich. Ich stieß hervor, daß ich die Geige bräuchte, die ich seiner Tochter zum Üben geliehen hatte. »Zu dieser Stunde?« sagte er. »Wissen Sie, wie spät es ist? Sind Sie von Sinnen?« – »Ja«, sagte ich, »und nur diese Geige kann mich wieder zur Besinnung bringen.«

Kopfschüttelnd ließ er mich ins Haus. Es zeigte sich, daß Héloise die Geige des Nachts unter ihren Bettvorhängen zu verstecken pflegte, denn die Zofe, die man in ihr Zimmer schickte, das Instrument zu holen, konnte es nicht finden, und so mußte Héloise selbst geweckt werden. Sie kam mit verschlafenem Gesicht und offenem Haar zu mir heraus, den Geigenkasten in den Armen. Verzeihen Sie mir, Papa, ich weiß, daß Sie den Vergleich sehr unpassend und vielleicht sogar lästerlich finden werden, aber sie glich durchaus einem Gemälde, das ich hier irgendwo gesehen habe – vielleicht in dem Palast im Luxembourg-Garten, wo der Spanier Murillo die heilige Jungfrau mit dem Jesuskind im Arm gemalt hat. In der Dämmerung des Morgens schien Héloise, wie sie da barfüßig vor mir stand, wie jene heilige Jungfrau auf einer dünnen Mondsichel zu stehen. Ich nahm die Geige und eilte von hinnen und rannte weg. Irgendwo auf dem Rückweg hielt ich aber plötzlich inne und beschloß, bis zum letzten Augenblick vor dem Konzert zu warten, ehe ich von La Houssaye verlangte, statt seiner Stainer die Stradivari zu spielen. Ich spielte sogar mit dem Gedanken, ihn zunächst auch diesmal seine Stainer spielen zu lassen, dann, Antonietta in der Hand, auf das Podium zu ihm zu stürzen, das Konzert zu unterbrechen, zu verlangen, daß er's mit der neuen Geige von neuem anfinge – oder gar selbst nun auf Antonietta die Symphonie anzuführen –, wie dramatisch das gewesen wäre! Doch zuletzt entschied ich mich für das weniger sensationelle Verfahren, den Konzertmeister kurz vor dem Konzert zu bitten, diesmal seine andere Geige zu spielen. Er sträubte sich mit Händen und Füßen. Er war an die Stainer gewöhnt, die Stainer war seine Freundin, würde ihm die Zurücksetzung übelnehmen, nachher wochenlang verstimmt sein! Aber schließlich fügte er sich.

Papa! Der Wechsel wirkte Wunder! Das Orchester sang! Die Streicher flogen wie Drachen über die Auen meiner Ideen. Nicht, daß man Antoniettas Stimme hätte aus dem Orchester heraushören können. Nein, es war nur, daß jetzt die Streicher einer erkennbaren Stimme folgen konnten und das übrige Orchester den Streichern. Von einer Passage, ungefähr in der Mitte des ersten Allegro-Satzes, hatte ich erwartet, daß sie die Pariser entzücken würde, und in der Tat ließen sie lauten Applaus darauf folgen. Am Ende des ersten Satzes rief man »Da Capo!«. Aber natürlich fing statt dessen La Houssaye das nun folgende Andante an. Und dann die überraschende Eröffnung des zweiten Allegros, die bei der Probe ein vollkommenes Fiasko geworden war, diesmal plätscherten die Geigen wie nettes Brunnenwasser, und als dann das *fortissimo* explodierte, explodierte der Saal vor Begeisterung! Paris hat sich in mich verliebt!

Ich war so glücklich, daß ich gleich nach Ende der Symphonie und sobald ich mein Honorar erhalten hatte, in der Pause den Saal verließ, ohne das Ende des Konzerts abzuwarten, und das Palais Royal aufsuchte und dort ein großes Eis bestellte. Während ich aß, betete ich den Rosenkranz, den ich gelobt hatte für den Fall, daß die Symphonie Erfolg hätte. Und dann ging ich nach Hause.

Sind Sie nicht stolz auf mich? Denn ich bin Ihr gehorsamer und erfolgreicher Sohn

Wolferl!

(Von Aloysia Weber)

Mannheim, 26. Juni 1778

Lieber Wolfgang!
Sie bitten mich dauernd, zu schreiben, also will ich Ihnen den Gefallen einmal tun; jedoch nur, um Sie zu bitten, mir nicht mehr zu schreiben. All dieser Unsinn, den ich in Ihren Briefen lese, von dieser widerlichen Geige, deren Töne, wie Sie zu glauben scheinen, irgendwie imstande sein sollen, alle Ihre Freundinnen zu betatschen und zu befingern, beleidigt mich. Was ist Ihnen denn bloß passiert? Ihr natürliches Instrument ist das Klavier. Ich empfehle Ihnen, sich die Hände zu waschen und sich wieder ans Klavier zu setzen.

Wenn Sie denn schon Briefe schreiben müssen, warum schreiben Sie nicht meiner kleinen Schwester Constanze? Sie mag Sie, wissen Sie nicht mehr, wie sie über Ihre schmutzigen Witze zu kichern pflegte? Sie würde Ihnen Ihre Märchen über Liebesgötter und Singvögel vielleicht glauben.

Gerechterweise muß ich sagen, daß ich Ihnen Ihr Bemühen um die Fortsetzung meiner Karriere zu danken habe, und dafür danke ich Ihnen denn auch. Doch alles, was ich darüber hinaus sagen kann, ist dies –

Basta!
Aloysia Weber

(An Héloise de Guines in Paris)

Paris, 27. Juni 1778

Ma chère étudiante!
Leider werde ich in unserer Lektion am heutigen Vormittag nicht erscheinen können und wahrscheinlich auch morgen und übermorgen noch verhindert sein; denn meine arme Mutter ist sehr krank, und ich muß bei ihr bleiben.

Ich hoffe, Sie wissen, wieviel unsere »Zwiegespräche« – oder vielmehr diejenigen zwischen Antonietta und dem Klavier Ihrer Frau Mama – meinem einsamen Herzen bedeutet haben. Fürs erste muß ich Ihnen nun auf diesem Wege, schriftlich, die Umarmungen übermitteln, welche Antonietta in meinen Armen dem Klavier unter Ihren teuren Händen hätte zuteil werden lassen –, wäre den beiden Instrumenten heute nachmittag das vertraute Zwiegespräch vergönnt gewesen.

Auf Wiedersehen!
Ihr Lehrer

Salzburg, den 30. Juni 1778

Mein lieber Sohn!
Ich schreibe, um Dich an den nahenden Namenstag Deiner Mutter zu erinnern. Du solltest nicht versäumen, ihr ein Geschenk zu machen – es braucht nichts Teures zu sein –, irgendeine Kleinigkeit würde genügen, ihr zu zeigen, daß Du ihrer liebevoll gedenkst. Gott in seiner unerforschlichen Weisheit hat verfügt, daß sie zu dieser Zeit, da es mit ihrer Gesundheit nicht zum besten steht – um Deinetwillen, Wolfgang! –, auf den Beistand des Gemahls und der Tochter verzichten muß. So mußt Du ihr den Trost und Beistand spenden, den ich und Nannerl ihr aus dieser Ferne nicht geben können.

Zu dem Erfolg Deiner Symphonie beim Concert spirituel gratuliere ich Dir. Aber, lieber Sohn! Diese phantastische Idee, das Konzert zu unterbrechen, den Konzertmeister beiseite zu stoßen und das Orchester mit einer anderen Geige neu anzuführen, dieser tolle Einfall, der Dir leider so ähnlich sieht, läßt mir das Blut in den Adern gerinnen. Für eine derartige Beleidigung könntest Du umgebracht werden. Welche Symphonie, selbst von Dir, ist's wert, daß Du das Leben dafür riskierst? Wenn der Konzertmeister Engländer wäre, würde er Dich zu einem Duell mit Säbeln fordern. Wenn er Italiener wäre, würde er Dir an einer dunklen Straßenecke auflauern und Dich erschießen. Aber La Houssaye ist Franzose, nicht wahr, und ein Franzose würde Dich zum Essen einladen und Dir vergifteten Wein zu trinken geben. Du sagst, daß Du oft bei La Houssaye speist. Bist Du also verrückt? Ich danke Gott im Himmel, daß Du Dich noch rechtzeitig eines Besseren besonnen hast.

Die Abrechung, die Du mir neulich zusandtest, gibt ja leider einigen Anlaß zur Verzweiflung. Wo ist das leichtgewonnene Vermögen, das die glänzende Stadt Paris einer Person von Deinen Talenten vermeintlich garantierte? Es scheint, der biedere Deutsche läßt es an der List und Verschlagenheit fehlen, die erforderlich sind, die gallischen Betrüger zu übervorteilen – und dann Du, der Du mit Deinem leichtgläubigen Sinn und käseweichen Herzen selbst unter den Deutschen nicht Deinesgleichen hast! Ach, daß wir in einer besseren Welt lebten, Woferl, wo Reinheit und Unschuld wie Deine – ganz abgesehen von Deiner Musik! – sich der Wertschätzung erfreuten, die sie verdienen. Manchmal werde ich des Lebens müde, und hätte ich nicht Deiner zu gedenken, lieber Sohn, und Deiner lieben Mutter und Schwester – ganz besonders aber *Deiner* –, ich wäre froh, mich aus ihm zu verabschieden.

L MZT

(An Héloise de Guines)

Paris, den 3. Juli 1778

Ma chère étudiante!

Weinen Sie für mich, liebe Héloise! Dies war der traurigste Tag in meinem Leben – dies schreibe ich um ein Uhr nachts. Meine Mutter, meine liebe Mutter ist nicht mehr. Gott hat sie zu sich gerufen. Stellen Sie sich nur alle meine Unruhe, Ängste und Sorgen vor, die ich in den letzten Tagen ausgestanden habe. Ich sah sie verlöschen. Vor drei Tagen holte ich einen Priester, der ihr die Beichte abnahm, sie ist kommuniziert worden und hat die heilige Ölung bekommen. Ich war bis zuletzt bei ihr. Fünfundzwanzig Minuten nach fünf begann die Agonie, und sie verlor das Bewußtsein. Fünf Stunden kämpfte sie mit ihrem Schicksal, und dann ward ihr das Lebenslicht von einem bloßen Hauch, wie von einem Seufzer, schien mir, der Erleichterung ausgeblasen. Ich hatte nie zuvor einen Menschen sterben sehen, obwohl ich's mir schon oft gewünscht..., aber wie grausam, daß nun das erste Sterben, dem ich zusehen durfte, dasjenige meiner Mutter sein mußte!

Ich mache mir große Sorgen um meinen Papa, der vielleicht zerspringen wird wie eine gutgestimmte Geigensaite, wenn er die Nachricht erhält. Ich bringe es nicht über mich, sie ihm direkt zu schreiben. Er soll sie nicht aus einem Brief erfahren, ich werde ihm also nur schreiben, daß sie sehr schwer krank liegt, die Wahrheit aber an einen Geistlichen in Salzburg, der ein lieber Freund unserer Familie ist, den Abbé Bullinger. Und diesen werde ich bitten, meinen Vater persönlich und mündlich, in der Wärme seiner Gegenwart, von Angesicht zu Angesicht vorzubereiten, zu erfahren, was Gott beschlossen hat.

Seien Sie freundlich zu mir, Héloise. Vergeben Sie mir, daß ich Ihnen mein Unglück aufbürde, ich kann nicht anders; denn jetzt wäre ich ganz allein, hätte ich nicht Sie. Sie sind alles, was ich habe. Ich werde Ihnen etwas sagen. Während dieser letzten Tage habe ich, um mich bei Sinnen zu halten, an einer Sonate für Sie und mich zu arbeiten begonnen*, einer Sonate, die wir gemeinsam auf dem Kla-

* Sonate für Klavier und Violine in D-Dur, KV 306

vier Ihrer Frau Mama und Antonietta werden spielen können, also daß die Instrumente einander liebkosen und trösten können wie in einer süßen, tröstenden Umarmung. Seien Sie ohne Furcht! Die Musik wird nicht düster sein, ohne jeden Schatten des Todes vielmehr: Ich wünsche nämlich, daß sie zugleich heiter und tief sei – wie Sie. Diese Musik soll die Wunder unserer – Ihrer und meiner – Existenz auf Gottes schöner Erde preisen und unter diesen unsere Fähigkeit, Musik zu verstehen, die, wie Sie und ich wissen, von allen Wundern das herrlichste ist. Es gibt keine Liebeserklärung wie diejenige des Tons eines Instruments für den Ton eines anderen, keine Seligkeit wie die, welche ein Ton in der Umarmung und dem Kusse eines anderen empfängt. In wenigen Tagen werden wir gemeinsam die Vertrautheit dieser Musik, die ich geschrieben habe, genießen!

Wolfgang

Paris, 3. Juli 1778

Monsieur, mon très cher Père!

Heute muß ich Ihnen melden, was Sie schmerzen und betrüben wird. Mama ist krank, sehr krank. Ihre Beschwerden begannen Anfang Juni mit Zahnschmerzen, Ohrenschmerzen und Halsentzündung, die nicht besser werden wollte, und bald kam noch Durchfall dazu. Die Zweckmäßigkeit eines Aderlasses wurde diskutiert. Bei einer inneren Entzündung der Art, woran sie zu leiden schien, halten die Franzosen viel auf Spülungen, aber Mama wollte lieber nach deutschem Brauch behandelt sein, und so wurde sie endlich am 11. Juni zur Ader gelassen. Wieviel man ihr abzapfte, kann ich genau nicht sagen, denn hier messen sie das Blut nicht nach Unzen, sondern nach Schüsseln. Der Chirurg nahm weniger als zwei Schüsseln, denn, sagte er, an ebendiesem Tage sei es zu heiß, mehr zu nehmen. Am Tag darauf hatte Mama Kopfschmerzen, und dann begann sie zu frösteln und zu fiebern. Ich gab ihr ein Antispasmodicum und drängte sie, einen Arzt kommen zu lassen, aber sie fürchtet sich vor französischen Ärzten, insbesondere jetzt, nachdem ihr der französische Chirurg mit seinem Aderlaß keine Erleichterung verschafft hat, und so haben wir – leider – gewartet. Am 23. hatte ich einen großen Schrecken, denn plötzlich war Mama taub. Wie entsetzlich ist's doch, gerade des Sinnes beraubt zu werden, durch den die Musik an die Seele rührt! Mit Herrn Heinas Hilfe fand ich einen deutschen Arzt, einen ungefähr siebzigjährigen alten Mann, der ihr pulverisierten Rhabarber in Weißwein verabreichte. Das schien sie aber nur noch mehr zu erhitzen, und ihr Fieber verschlimmerte sich. Drei Tage später kam der alte Deutsche wieder und erschreckte mich über alle Maßen, indem er zu meinem Erstaunen sagte: »Wenn sie Krämpfe bekommt und nachts Stuhlgang hat, fürchte ich, daß sie den Morgen nicht sehen wird.« Gott sei Dank traf das nicht ein. Endlich, vor zwei Tagen, war ich am Ende meiner Kraft und fürchtete um meinen Verstand. Ich hatte reichlich Zeit zum Komponieren, konnte aber nicht eine Note zu Papier bringen. Ich flehte Gott an, meine geliebte Mutter zu verschonen. Schließlich rannte ich in meiner Verzweiflung durch die ganze Stadt und suchte Grimm auf und Madame d'Épinay. Sie waren entsetzt, daß ich mich nicht eher an sie gewandt hatte, und versprachen, uns sofort ihren eigenen Arzt zu schicken. Aber Mama sträubt sich hartnäckig dagegen, von einem französischen Arzt behandelt zu werden. Und das ist der gegenwärtige Stand der Dinge, lieber Vater. Alles, was wir tun können mit gutem Gewissen, ist, zu Gott zu beten und darauf zu vertrauen, daß Er in Seiner Weisheit Mama gestatten wird, den Weg zur Gesundheit zurück zu finden. Wer weiß, wie Er entscheiden wird? Hoffen wir!

Wolfgang Amadé Mozart

(An Héloise de Guines)

Paris, 4. Juli 1778

Ma chère étudiante!

Ich brauche noch mehrere Tage, um Vorbereitungen zur Beerdigung meiner Mutter zu treffen, ihre Sachen zu packen und meine in ein anderes Logis zu bringen und andere Angelegenheiten zu regeln. Dann aber werde ich zu Ihnen fliegen, zu unserer nächsten Lektion. Ich erwähnte schon in meinem letzten Brief die Sonate, die ich für uns schreibe – für die süße Zusammenkunft Antoniettas mit dem Klavier Ihrer Frau Mama! Ich arbeitete daran während der ganzen Zeit, die meine Mutter im Sterben lag. Es mag Sie befremden, daß ich unter solchen Umständen heitere Musik komponieren konnte, aber, sehen Sie, ich konnte im Geiste die beiden Instrumente hören, wie ich das eine, Sie das andere spielten, und das gab mir Frieden und machte mich sogar recht glücklich. Diese Sonate ist die letzte von sechs Sonaten, die ich bald veröffentlichen werde, und von diesen die einzige in drei Sätzen. Ich kann es kaum erwarten, das Andantino mit Ihnen zu spielen! Es gibt darin den hübschesten Austausch von Freundlichkeiten – und mehr! – zwischen den beiden Instrumenten. Ich würde beim erstenmal gern Antonietta nehmen – ich weiß, daß Sie ohne Mühe vom Blatt spielen werden –, und danach sollten wir es sofort wiederholen, aber mit vertauschten Instrumenten, so daß die Geige und das Klavier einander – und uns! – gänzlich neue, entzückende Empfindungen mitteilen können, wiewohl Sie die identische, musikalische Handlung exekutieren und vollführen.

Und dann: Wieder und wieder, hoffe ich!

Ich werde Sie benachrichtigen, sobald ich weiß, wann ich kommen kann.

Votre Maître

Salzburg, 8. Juli 1778

Mein lieber Sohn!

Heute, eben jetzt, um zehn Uhr vormittags, erhielt ich Deinen quälenden Brief vom 3. Juli. Nannerl und ich konnten ihn vor lauter Tränen kaum zu Ende lesen. Inzwischen mag meine Frau schon tot sein! Oder sie mag sich erholt haben. Großer Gott in der Höhe, in Deiner Weisheit und Gnade! Dein Wille geschehe!

Du sagst, man habe Deine Mutter zur Ader gelassen, am 11. Juni. Einem Sonnabend. Warum, um Himmels willen, an einem Fastentag? Ich will nur hoffen, daß sie trotzdem etwas Fleisch gegessen hat. Es scheint mir, daß sie diesen Aderlaß zu lange hinausgeschoben hat. Ich weiß, wie sie ist, immer schiebt sie wichtige Dinge auf die lange Bank, will sich noch mehr Gewißheit verschaffen, ehe sie sich entscheidet, und nun kommt gewiß noch erschwerend hinzu, daß sie in der Fremde ist, wo sie den Ärzten nicht traut. Ich weiß, daß Du ein treuer Sohn gewesen bist und für sie getan hast, was Du konntest. Das solltest Du wohl auch! Denn sie hat Dir ihr Leben geweiht! Sie ist so stolz auf Dich, ist immer eine liebende Mutter für Dich gewesen.

Ich kann den Gedanken nicht ertragen, daß Gott sie schon zu sich genommen haben mag! Wenn sie nicht mehr ist – wenn sie dieses Tal der Tränen schon verlassen hat –, dann – weiß Gott! – brauchst Du Freunde, mein lieber Woferl. Du brauchst Freunde, *die ehrlich sind* – eine Seltenheit in dieser Welt.

Es wird endlose Ausgaben geben: Für die Beerdigung, für die Grabstätte und anderes. Du wirst Dich dabei ruinieren, denn Du verstehst nichts von Geschäften. Es wird Franzosen geben, die Dich irreführen, die Dir mehr berechnen, als sie sollten, denen es Vergnügen ist, einen Ausländer übers Ohr zu hauen. Deshalb gib, was Deine Mutter an Wertsachen hinterlassen hat, dem Herrn Baron von Grimm zur

Aufbewahrung und schließe ihre übrigen Sachen ein; denn wegen Deiner Musikstunden bist Du oft aus Deinem Logis abwesend, und leicht könnten Einbrecher eindringen und alles stehlen. Aber siehst Du, da habe ich in meiner Sorge um Dich, übereilt schon die Hoffnung auf die Genesung Deiner Mutter *aufgegeben!* Ich fürchte, Du hast zu lange gewartet, ehe Du den Chirurgen gerufen hast, und daß der Aderlaß also zu spät kam. Sie dachte, sie würde genesen, wenn sie nur im Bette bliebe, eine Diät befolgte..., jedes Pülverchen schluckte, das eben zur Hand war..., immer hoffend und alles auf später verschiebend. Dein Brief erfüllt mich mit Furcht. Ach, lieber Sohn, wir müssen uns demütig Gottes Willen unterwerfen, was immer dieser verfügen mag!...

Und jetzt, um halb vier des Nachmittags, weiß ich die Wahrheit. Der gute Abbé Bullinger ist hier gewesen, und ich weiß, daß Deine Mutter in ihre himmlische Wohnung eingegangen ist. Ich weine, aber Dein Brief hat mein Gemüt umgegraben für die Pflanzung der bitteren Wahrheit, und nun beuge ich meine Seele unter den Spruch des Herrn. Ich knie und bete, daß Du – *Du*, mein Sohn, die Verkörperung aller meiner Hoffnungen und Träume – stark genug sein wirst, allein fortzuschreiten, der Bosheit der menschlichen Natur gewahr, Dein Geld stets eilig bei einer Bank deponierend, Deine Tür vor französischen Dieben versperrend, auf der Hut vor falschen Freunden und ehrgeizigen jungen Frauen, auf daß Du weiterhin Deine köstliche Musik schreiben kannst, auf daß Deine Mutter sie bei den Engeln hören kann, in der Gewißheit, daß ihr Woferl, das Kindchen, das sie gesäugt, zu einem großen Komponisten heranwächst!

Bete um die Kraft, Wolfgang, ihr im Himmel diese Freude zu machen!

MZT

(An Héloise de Guines)

Paris, 12. Juli 1778

Ma très chère étudiante!
Morgen zur üblichen Zeit! Ich werde meine Sonate mitbringen. Üben Sie heute mit liebenden Händen je eine Stunde sowohl auf Antonietta als auch auf dem Klavier Ihrer Frau Mama, so daß die beiden Instrumente morgen zu gegenseitiger Leidenschaft gestimmt seien! Ich selbst bin in dieser Stimmung! Und Sie?

Votre Maître Mozart

Paris, den 12. Juli 1778

Mein lieber Vater!
Mutter ruht in Frieden. Ich habe sie auf dem Friedhof der hiesigen St.-Eustachius-Kirche begraben lassen. Es war ein trüber, regnerischer Tag, und ich stand am Grabe allein mit einem schäbigen Priester, den der Friedhofsaufseher anstellt, die Totengebete zu sagen, und zwei zerlumpten Totengräbern, die das Grab zuwarfen. Sie hatten ganz recht, mich vor den französischen Geschäftspraktiken zu warnen – ich mußte diesem Murmler zwei Livres zahlen und den bösen Geistern mit den Schaufeln eine! Ich lasse durch Gschwendner Mutters Kleider und Wäsche, ihre Uhr, ihren Ring und anderen Schmuck nach Salzburg spedieren. Dem Paket habe ich auch die französische Ausgabe Ihrer *Violinschule* beigelegt und verschiedene Kompositionen, von denen ich meinte, Sie würden sie vielleicht gern kennenlernen – unter anderem eine Abschrift meiner Symphonie.

So! Gottes heiliger Wille ist geschehen! Nun müssen wir ein demütiges Paternoster für Mamas Seele sprechen und uns anderen Angelegenheiten zuwenden, denn jedes Ding hat seine Zeit. Ich logiere jetzt bei dem Baron Grimm und

Madame d'Épinay in einem gemütlichen kleinen Zimmer mit einer hellen Aussicht auf Mansardendächer und Lindenkronen. Ich bin gesund und recht glücklich, von gelegentlichen melancholischen Anwandlungen abgesehen.

Was mir in den letzten Tagen sonderliche Freude gemacht hat, ist die Vollendung meiner sechsten Sonate für Klavier und Violine. Sie werden noch wissen, daß ich vier in Mannheim schrieb, eine davon – Sie werden mich wieder schelten! – für Therèse-Pierron Serrarius und eine andere in meinem Herzen (ob ich sie ihr gleich ausdrücklich zwar nicht widmete), für meine geliebte Aloysia Weber. Und ich freue mich, Ihnen mitteilen zu können, daß Sieber sie hier veröffentlichen wird. Niemand wollte mir geben, was ich dafür verlangte, deshalb muß ich mich mit fünfzehn Louis d'or zufriedengeben. Diese letzte habe ich – Papa! Seien Sie nachsichtig – wenn auch ebenfalls nur in meinem Herzen – meiner lieben Schülerin hier, Mademoiselle Héloise de Guines, gewidmet. Wir werden morgen das Vergnügen haben, sie gemeinsam zum erstenmal zu spielen.

Sie hatten ganz recht mit der Warnung, daß Mamas Tod unvorhergesehene Ausgaben mit sich bringen würde – und vielleicht auch mit der Annahme, daß ich von Geschäften nichts verstehe. Ehe Mama auf den Tod erkrankte, hatte ich Mademoiselle Héloise den vierten Kursus von zwölf Lektionen erteilt, und da man mir sagte, daß Monsieur le Duc für zehn Tage auf dem Lande weile, erbat ich mein Honorar von der Hausverwalterin – der Herzog war mir inzwischen das Honorar für drei Kurse schuldig, neun Louis d'or. Die Dame zog eine Börse und sagte: »Bitte entschuldigen Sie, wenn ich Ihnen fürs erste nur zwölf Lektionen vergüte, es ist eben wenig Bargeld im Haus.« Also bot sie mir drei Louis d'or anstatt der schuldigen neun. »Bitte, lassen Sie uns wissen, wenn der Betrag Sie nicht zufriedenstellt.« Ich weiß, was Sie denken. Sie denken, daß schließlich und endlich ich nur ein Knabe bin und noch dazu ein tölpelhafter deutscher. Denn so erscheine ich diesen hochnäsigen Franzosen. Dieser reiche große Herr, der Herzog von Guines, hat mein Konzert für Flöte und Harfe schon *seit vier* Monaten und noch immer keinen Sou dafür bezahlt. Diese dummen Franzosen scheinen zu glauben, ich sei noch immer der siebenjährige Knabe, den sie sahen, als Sie mich ihnen hier im Jahre '63 während unserer großen Reise vorführten, Papa. Ich wünschte, ich wäre noch in Mannheim, bei den Webers, oder, besser noch, daheim, wo ich den Trost Ihrer Gesellschaft hätte und Nannerls. Hätte ich nicht diese eine glänzende Schülerin hier – verflucht, daß sie die Tochter dieses knauserigen Franzosen ist! –, gäbe es sie nicht, Papa, und das Klavier, das sie morgen spielen wird, und die Geige, die ich spielen werde und die Sie mißbilligen, ich glaube, ich würde sterben. Ich danke Gott, daß ich mich für morgen auf etwas freuen kann. Denn das hält uns doch am Leben, nicht wahr, Papa? –, daß wir wollen, was der nächste Tag bringen wird. Und der nächste und der nächste.

Wolfgang

(An Mademoiselle ALOYSIA WEBER in Mannheim)

Paris, 14. Juli 1778

Meine liebe Freundin!

Sie haben mich gebeten, Ihnen nicht mehr zu schreiben. Ich werde mich diesem Gebot fügen – nach diesem Brief. Ich fühle mich in aller Ehre verpflichtet, Ihnen ein Erlebnis zu berichten, das ich gestern hatte. Danach, wenn Sie denn darauf bestehen, *basta*, wie Sie sagen.

Sie und Ihre ganze Familie, die uns in Mannheim so viel Freundlichkeit erwiesen haben, werden traurig sein, zu erfahren, daß vor neun Tagen meine liebe Mutter gestorben ist. Sie litt unverdiente Qualen, aber ihre letzten Augenblikke, während welcher ihre Hand in meiner lag, waren, Dank sei dem gnädigen Gott!, friedlich. Während sie mit dem Tode rang, erhielt ich mich aufrecht, indem ich eine Sonate für Klavier und Violine komponierte, die letzte einer Serie, für die ich fünf bereits in Mannheim schrieb. Eine von diesen habe ich, wie ich Ihnen damals sagte und Ihnen vielleicht erinnerlich ist, alle meine Gefühle entblößend, für Sie geschrieben!* Erinnern Sie sich der Augenblicke der Ekstase im Menuett derselben? Sagten Sie mir nicht, daß Sie diese Augenblicke zugleich mit mir fühlten?

Also. In meinem letzten Brief an Sie, der Sie anscheinend beleidigte, erwähnte ich eine begabte junge Schülerin, die ich hier in Paris zu unterrichten das Glück habe. Ihr Name ist Héloise de Guines. Sie ist die Tochter eines Herzogs, der sehr in Gunst bei der Königin steht. Sie ist fünfzehn Jahre alt, sie hat schöne Gesichtszüge und ein seltsames, gespanntes kleines Lächeln, das geheimnisvolle, glimmende Feuer in ihrem Inneren verrät, und sie rührt mich bis in die Tiefe meines Herzens durch ihr empfindsames Musizieren. Ich schreibe Ihnen ganz freimütig von ihr in der Gewißheit, daß Sie mich schließlich so verachten, daß diese Worte unmöglich Ihre Eifersucht erregen können. Diese letzte Sonate des Portafoglios nun komponierte ich also für sie.

Das bringt mich zum gestrigen Tage. Lesen Sie das Folgende, liebe Aloysia:

Es ist fünf Uhr an einem freundlichen, sonnigen Nachmittag. Ich betrete den prächtigen Salon im herzoglichen Stadtpalast, wo wir täglich unsere Lektionen hielten vor einem Publikum von Gästen, Tagedieben, Laffen, Kartenspielern und Schwätzern, Freunden der Herzogin, die wir jedesmal blendeten durch unsere inspirierten Improvisatio-

* Sonate für Klavier und Violine in e-moll, KV 304

nen, jedenfalls nach dem Applaus und den Umarmungen zu urteilen, die sie uns zum Schluß jedesmal spendierten. Doch heute sind wir allein. Héloises Eltern sind auf dem Lande. Ihre Anstandsdame hat sich taktvoll zurückgezogen, überzeugt, daß der komische kleine Musiklehrer ein harmloses Geschöpf ist.

Betrachten Sie Ihren Freund Mozart. Vor einigen Stunden hat er sich frisieren lassen. Unter dem Arm trägt er die Quartblätter seines Notenmanuskripts. Er trägt einen just geschneiderten Trauerrock, den ein Schneider mit dem zur Gelegenheit passenden Namen Doloreux ihm geschneidert hat. Der Rock ist nach der Pariser Mode, die deutschen Augen recht wunderlich erscheint, denn es ist ein Gehrock aus leuchtendrotem Tuch mit schwarzen Knöpfen, die Ärmel, Taschen und Aufschläge mit schwarzem Krepp abgesetzt. Das Kleidungsstück gibt einem ein spitzbübisches und verwegenes Aussehen, als dächten diese Franzosen, daß ein Todesfall in der engsten Familie Anlaß zu ausschweifender Lustbarkeit sei.

Die Schülerin sitzt bereits am Klavier. Ja, auch ihr Haar ist frisch frisiert; es ist auf ihren Kopf getürmt und mit vielen Bändern niedlich durchflochten. Sie trägt ein einfaches, blasses, safranfarbenes Gewand, mit drei Bändern in den gleichen Farben wie die ihres Kopfputzes unter der Brust gegürtet. Ihre Arme sind nackt. Ihre Augen funkeln, da sie den Lehrer in jenem neuen Rock erblickt, und ihr eigentümliches wildes Lächeln verzieht ihre Lippen zum Ausdruck nicht so sehr der Freude als vielmehr einer fast schmerzhaften Erregung.

Die Geige, Antonietta, glänzt wartend auf dem schwarzen Klavier, das an den Seiten mit Einlegearbeit von Perlmutt und Elfenbein geschmückt ist, die gewölbte Brücken und Mondtore und Trauerweiden in dem traumhaften Garten eines Mandarins vorstellt.

Ich stelle die Noten des zweiten langsamen Satzes der Sonate auf das Notenbrett des Klaviers und küsse dann meiner Schülerin die Hand. Ich nehme die Violine. Héloise schlägt auf ihrem Klavier das A an, und ich stimme die Geige. Wir sagen kein Wort. Sie nickt. Sie ist bereit, sagen ihre Augen, zu allem.

Und so beginnt die Musik. Zuerst spricht das Klavier, *andantino cantabile*, erklärt es sich der Partnerin in recht mutigem Ton:

Wie dann das Klavier versucht, sein erstes Geständnis zu wiederholen, antwortet Antonietta äußerst schüchtern, klagend mit einer tiefgefühlten langen, sanften, bittenden Note, doch wandelt sich dieser Ton bald zu einem fast fordernden, bis, ehe man sich's versieht, Antonietta das Klavier bei der Hand genommen hat, sozusagen, und, alle Vorbehalte umstürzend, zu antworten beginnt – mit den nämlichen Worten, die soeben das Klavier gesprochen hat, die es aber in der Folge schnell in ganz neue verwandelt!

Antonietta setzt das so einige Augenblicke fort, fester jetzt, doch auch sanft und rücksichtsvoll. Das Klavier antwortet, durchaus im Diskantschlüssel, behutsam, behutsam, und als sich nun Antoinetta wieder zu ihm gesellt, scheint es, daß eine geheimnisvolle, alchimistische Operation den Klang in Berührung zu verwandeln angefangen hat. Der erste süße Kontakt hat etwas Spielerisches und endet mit zwei Glokkenschlägen – einem von jedem Partner –, eines schallenden, anscheinend fröhlichen, wenngleich ein wenig verlegenen Gelächters, steigend, *staccato*. Dann, nach einem Seufzer des Eingeständnisses und der Ergebung, scheinen die Instrumente einander in die Arme zu schließen und – endlich! – vereinigen sie sich (musikalisch) in einem scheuen Kuß.

Dies hat ihnen den Atem geraubt, und sie entfernen sich voneinander und fangen noch einmal beim Anfang an. Diesmal jedoch auf beiden Seiten mit etwas mehr Gewißheit, mit einer neuen Wärme und mit Crescendi, die den Tastsinn ebensowohl anzusprechen scheinen wie das Gehör. Wie kann ich die Wirkung der nun zwischen dem Klavier und Antonietta ausgetauschten Zärtlichkeiten auf diese zarte Jungfrau beschreiben, deren Augen gierig die Noten lesen, deren starres Lächeln sich löst in der ersten Ahnung eines Grades der Lust, den sie nie, nie zuvor erlebt hat?

Nach dem zweiten musikalischen Kuß ist das Klavier viel kühner, und so macht's gleich den nächsten Annäherungsversuch, den Antonietta mit einem Aufschrei von Trillern und Verzierungen erwidert, von denen jede wie ein winziges Stocken des Atems ist. Dies ermutigt das Klavier, seinen Angriff zu wiederholen, und diesmal erwidert Antonietta Herausforderung mit Herausforderung und treibt eine wie die andere weiter und weiter bis zu einem Augenblick fast unerträglicher Seligkeit, in dem Antonietta, zum drittenmal, die Stimme erhebt mit der langen, klagenden, sanften hohen Note, die zuerst wie ein Bitten klang, nun aber unverkennbar ein Seufzer reinen Entzückens ist...

Als wir das Andantino gespielt hatten, war Héloises Gesicht scharlachrot. Sie senkte den Kopf, und ich sah ihre Schultern beben vor Schluchzen. Schluchzte sie vor Freude? Oder aus einem anderen Gefühl? *Wußte* sie?

Ich komme nun zu meinem Grunde, Ihnen diesen Brief zu schreiben. Was hätte sie wissen können, Aloysia? Es wird Zeit, daß Sie eine Eigentümlichkeit meiner Natur begreifen, liebe Freundin, die Sie eigentlich schon längst begriffen zu haben empfindsam genug sein sollten: Nämlich, daß ich meine Liebeshändel mittels der Musik führe. Das ist die reine Wahrheit. Durch die Musik erziele ich Erfüllung und höchsten Genuß. Sie hatten Unrecht, mich wegen der Dinge zu tadeln, die ich Ihnen von der merkwürdigen Geige schrieb, auf der Héloise und ich musizieren. Sie hat gesprochen, weil ich es wünschte. Sie hat für mich geküßt und umarmt. Meine Lebensaufgabe war – und wird immer sein –, zu versuchen, denen, die meine Musik hören, ein Vergnügen zu schaffen, das so ergreifend, durchdringend und sublim ist wie das größte physische Entzücken, das zu genießen uns armen Sterblichen Gott gegeben hat.

Héloise, die sehr empfindsam ist, mag das wohl verstanden haben, aber ich glaube, nicht dieses Wissen allein riß sie zu Tränen hin. Als ich da stand mit der Geige unter dem Arm und sie von Schluchzen geschüttelt sah, fühlte ich mich schuldig, Aloysia, schuldig! Denn in jenem krönenden Augenblick der Sonate war mir klargeworden, daß die Liebe, die ich in jener Musik verströmte, nicht ihr galt, sondern Ihnen, Aloysia! Ich hatte dieses arme Mädchen getäuscht und vielleicht, Gott allein weiß es, mich selbst; denn im Augenblick der höchsten Ekstase erkannte ich, daß Sie diejenige waren, die ich mit dieser Musik – wie diese

Geige sie erklingen ließ – streicheln, liebkosen, entzücken wollte.

Ach Aloysia, ich bin so verwirrt! Seit dem Tode meiner Mutter bin ich so einsam, daß ich manchmal um meinen Verstand zu fürchten anfange. Ich empfinde Scham, verzweifelte und abgrundtiefe Scham darüber, daß ich lebe und sie nicht. Ich habe sie vernachlässigt, Aloysia, in meiner Selbstsucht und gänzlichen Fixierung auf meine Ziele. Mein Kopf war voller Musik und alltäglicher Ablenkungen und müßigen Gelächters, und ihre Einsamkeit und Schmerzen kümmerten mich viel zu wenig. Ich glaube, Sie wissen auf Grund der Dinge, die ich Ihnen in Mannheim erzählte, daß es mir nie gelang, sie so zu lieben, wie ich meinen Vater liebe, aber ich hatte kein Recht, so nachlässig zu sein, sie soviel allein zu lassen.

Nun, da ich mir eingestanden habe, wie einsam sie war, werde ich gewahr, wie einsam *ich* war. Ich erwähne das, weil es helfen mag, zu erklären, weshalb ich, ohne es zu wollen, dieses zarte junge Mädchen hier in Paris so grausam getäuscht habe und weshalb ich mich in meiner hilflosen Bewunderung für Sie und Sehnsucht nach Ihnen zurückgeworfen fühle in das Verlangen nach der unbeschwerten Art, in der Sie mich – und meine liebende Musik – gelten ließen, als ich in Mannheim war. Ich war niemals fähig, Ihnen meine Liebe anders als in diesen musikalischen Begriffen zu erklären, und als ich Sie verließ, um nach Paris zu gehen, und so weit entfernt von Ihnen war, schienen Ihnen diese Begriffe – zu Unrecht, wie ich fühle – falsch und billig und gemein zu sein –, als wollte ich Sie mit dieser »widerlichen Geige... befummeln und begrapschen...«, wie Sie mir (jedenfalls sinngemäß) zu meinem Bericht über die zauberischen Fähigkeiten der Geige Antonietta schrieben. Beginnen Sie vielleicht jetzt, mich zu verstehen? Nach meinem Gefühl habe ich, indem ich Ihnen aus dem fernen Paris meine strahlende musikalische Liebe sandte, nur versucht, aus meiner Einsamkeit nach Ihnen zu rufen. Ich war einsam schon lange, ehe ich nach ihrem Tod gewahr wurde, daß ich meine Mutter nicht genug geliebt habe. Wußten Sie denn nicht, daß ich einsam sogar war, als ich bei Ihnen war, selbst wenn ich für Sie musizierte? Ach, Aloysia, soll ich immer einsam bleiben?

Basta! Basta!
Mozart

Intermezzo 2

Während einiger Wochen nach dem Tode seiner Mutter blieb Mozart noch im Hause des Barons Grimm und der Madame d'Épinay, aber inzwischen war jedem klar, daß wenn in Paris Goldgruben waren, er nicht der Mann war, sie zu entdecken. Leopold Mozart sorgte für eine Anstellung seines Sohnes in der Heimat als Hoforganist des Erzbischofs. Auf der Reise nach Salzburg besuchte Mozart in München Aloysia Weber, die ihn so ungnädig empfing, daß er sie in einem späteren Brief eine »falsche, schlecht denkende Person und eine Coquette« nannte. Zwei Jahre nachdem sie Mozarts Werbung abgewiesen hatte, heiratete sie einen Hofmaler namens Josef Lange (die Ehe sollte nicht glücklich sein). Ein Jahr nach Aloysias Hochzeit nahm Mozart in Wien – wohin der Erzbischof ihn damals schickte – bei den Webers Quartier, die sich derzeit ebenfalls in Wien aufhielten, und fing bald ein Verhältnis mit Aloysias jüngerer Schwester Constanze an, wie in Befolgung des sarkastischen Rats, den Aloysia ihm in ihrem letzten Brief gegeben hatte. Er heiratete Constanze 1782. Die Ehe war weder himmlisch noch höllisch, »weder heiß noch kalt«. Neun Jahre später, im Alter von fünfunddreißig Jahren und nachdem er einiges vom Größten komponiert hatte, das die Menschheit je hören wird, aber nie so recht gelernt hatte, seinen Lebensunterhalt zu verdienen, welkte Mozart plötzlich dahin und starb und wurde in Wien auf dem St. Marxer Friedhof in der »allgemeinen Grube« begraben.

Pierre La Houssaye setzte seine Laufbahn als Geiger und Lebemann noch während vieler Jahre fort. Er war nicht nur Konzertmeister des Concert spirituel, sondern spielte auch in dem ausgezeichneten Concert des Amateurs, dirigierte das Orchester des Théâtre de Monsieur und lehrte am Pariser Konservatorium. Er kam, teilweise dank der Erfahrung, die er während der Aufführung von Mozarts Pariser Symphonie mit ihr machte, zu der Erkenntnis, daß Antonietta schließlich doch eine stärkere Kehle und beredtere Zunge hatte als seine Stainer-Geige. Der Lack an Antoniettas Boden begann leicht zu splittern – wie ihm Instrumentenhändler versicherten, kam das bei Stradivari-Geigen häufig vor. Der absplitternde Lack schadete dem Ton nicht und gab dem Boden eine faszinierende fleckige Musterung. An einem Abend, an dem La Houssaye dieses Phänomen seiner derzeitigen adeligen Geliebten, Madame la Comtesse de Ponsard, zeigte, verschüttete sie versehentlich einen Tropfen Cognac auf den Lack der Decke und wischte diesen eifrig mit dem Rücken ihrer weißbehandschuhten Hand ab, gleichwohl hinterließ dieser Tropfen ein Mal, das fortan an den kleinen Unfall erinnerte. Endlich erlahmte auch La Houssaye in seinen beiden Leidenschaften. Mit achtundsiebzig wurde er taub, und in seinem bitteren Kummer, fortan von aller außer der eingebildeten Musik abgeschnitten zu sein, verkaufte er zunächst die Stainer-Geige und dann auch Antonietta an den Händler Lupot, der ihn gnadenlos betrog, denn für die Stradivari zahlte er ihm nur zwanzig Louis d'or. La Houssaye starb 1818 in Armut.

Bald nachdem Lupot die Stradivari erworben hatte, erschien bei ihm ein Agent der Londoner Familie Betts. Die Betts' gehörten zu den führenden Experten für Stradivari-Instrumente und hatten schon lange wie scharfäugige Fischadler über dem Markt kreisend darauf gelauert, daß Antonietta dort irgendwo auftauche. Ihr Agent kaufte die Geige von Lupot für das Doppelte dessen, was jener dafür bezahlt hatte, und machte damit noch immer ein ausgezeichnetes Geschäft.

Als er Paris in einer Postkalesche verließ, hatte er außer Antonietta noch ein Ruggieri-Cello bei sich, das er bei einem anderen Händler, Köliker, für die Betts' erworben hatte. In Le Havre schiffte er sich auf der *Hirondelle* ein, einem Postschiff. Bei rauher See wurde dieses französische Schiff mitten im englischen Kanal von einer britischen Freibeuter-Ketsch aufgebracht, der *Drummer Boy*, und wiewohl der Agent der Betts' sich den Mund fusselig redete mit Beteuerungen, daß er britischer Untertan sei und einen gültigen britischen Paß besitze, mußte sich an ein Belegpinnengestell fesseln lassen und hilflos mit ansehen, wie die beiden Instrumente in ihren Kästen achtlos auf das Deck des Kaperfahrers geworfen wurden.

Als der Agent auf der *Hirondelle* London erreichte, lag die *Drummer Boy* schon in Southampton vor Anker, und mit der übrigen Beute war auch Antonietta nach London gekarrt worden. Die Geige wurde bei einer schäbigen öffentlichen Aktion für zwei Pfund an einen Music-hall-Geiger verkauft. Dieser Mann, er hieß Chauster, spielte jede Nacht, nachdem er seine Arbeit in der Music-hall getan hatte, in einem Pub, trank mehrere Gläser Stout und torkelte dann betrunken in sein Quartier, um mit seiner Fiedel schlafen zu gehen – ganz buchstäblich, denn er pflegte sie mit unter die Decke zu nehmen. Er wischte nie das Kolophonium von den Saiten oder der Decke. Am Tage rauchte er scheußliche indische Stumpen. Er konnte der Geige nicht viel entlocken. Die A-Saite verlor dauernd die Stimmung. Was immer er tat, es wollte ihm nicht gelingen, den Wirbel richtig festzustellen. Der Ton der Geige war dünn und übellaunig. (Kein Wunder! Die Fahrt über die rauhe See des englischen Kanals – Geigen sind nach feuchten und unbequemen Seereisen häufig noch lange seekrank –, der unsanfte Sturz auf das Deck des Kaperfahrers, ein Eigentümer mit schmutzigen Händen und dem Atem einer Hyäne, der auf ihren verstimmten Saiten Gassenhauer herunterkratzt; allnächtlich im Tabaksqualm eines Pubs geräuchert, und tagein, tagaus weitergeräuchert in einer feuchten und kalten Kammer; unsauber, ungeliebt, unverstanden.) Der schlampige Chauster, der der Geige so scheußliche Töne entlockte, verlor schließlich seine Anstellung bei dem Orchester der Music-hall. Um nicht zu verhungern, versetzte er die Geige bei einem Pfandleiher, der ihm eine Quittung darüber gab und ein Pfund und sechs Shilling.

Der Pfandleiher trug, ohne große Hoffnung, viel dafür zu erlösen, die schmutzige Fiedel zu einem gewissen Henry Lockey Hill, der seinen Laden an der Brandon Road beim Newington Causeway in Southwark hatte. Hill, das Oberhaupt eine bekannten Geigenbauerfamilie, hatte sein Handwerk bei den Betts' gelernt und hatte die Geschichte der verlorengegangenen Antonietta erst kürzlich von einem der gegenwärtigen Lehrlinge seines alten Meisters gehört. Er erkannte das Instrument sofort und zahlte dem entzückten Pfandleiher fünf Pfund dafür.

Hill restaurierte die Geige liebevoll. Sie hatte einen kleinen Sprung im Boden (vielleicht von dem Fall auf das Deck der *Drummer Boy*), den er reparierte. Da er von dem berühmten Schnitzer am Rande des Flödels an der Decke hatte erzählen hören, ließ er diesen ungeflickt. Als das Instrument wieder ganz heil und glänzend war, bot er es – vorsichtshalber, denn er mußte ja befürchten, daß die Betts' Anspruch darauf erhöben – auf dem Kontinent an und verkaufte es binnen kurzem dem Pariser Geigenbauer und Händler Vuillaume für einhundert Pfund.

Vuillaume hatte Antonietta erst seit vier Tagen in seinem Laden, als der Geiger Pierre Baillot auf der Suche nach einem großartigen Instrument dort hereinschaute. Baillot war damals Mitte Vierzig und fühlte, den Höhepunkt einer glänzenden Laufbahn vor Augen, daß der Augenblick gekommen sei, seine falsche Stradivari – eine gediegene Nachahmung aus Vuillaumes Werkstatt – mit einer echten zu vertauschen. Baillot hatte zu Beginn des Jahrhunderts in Napoleons privatem Orchester gespielt. Zweimal hatte er mit großem Erfolg Konzertreisen nach Rußland unternommen. Einige Jahre zuvor hatte er in Paris Kammerkonzerte geleitet, die viel gerühmt worden waren, unter anderem von Mendelssohn. Und eben jetzt kehrte er von Triumphen in Belgien, Holland und England zurück. Mit der Unterstützung eines Mäzens der Pariser Oper, der ihn in die ehrenvolle Stellung des Orchesterleiters berufen lassen wollte, kaufte er Antonietta für sechstausend Franken, welcher Preis Vuillaume eine Gewinnspanne von neunzig Prozent sicherte.

Da man ihm einiges von Antoniettas jüngstem Schicksal erzählt hatte, war Baillot darauf gefaßt, sie einigermaßen indisponiert zu finden, und wirklich mußte er sich einige Wochen lang geduldig um sie bemühen, ehe sie ihren vollen, runden, sauberen Ton wiederfand. Er erhielt die Stellung an der Oper und wurde später zugleich der Leiter der Chapelle Royale in Versailles. Er gab desgleichen Solokonzerte und leitete ein Quartett, das seinen Namen trug, bei vielen öffentlichen Aufführungen. Allgemein rühmte man den reinen, edlen Ton seiner Stradivari-Geige, dem man jedoch zugleich auch einen irgendwie beunruhigenden Kitzel nachsagte, der irgendwie dem glich, den (wie verschiedene, die ihn hatten Antonietta spielen hören, nachher bemerkten) Brandy, starker Schnupftabak, ein gewagtes Dekolleté, kandierter Ingwer, ein gestohlener Kuß, Chutney, ägyptisches Parfüm, ein Gardeoffiziersschnurrbart, ein schmollendes Mündchen oder (wie einer sogar sagte) die Samtvorhänge an den Fenstern eines Bordells verursachen mochten. Baillot ließ Antonietta die zärtlichste Pflege angedeihen.

Dritter Akt

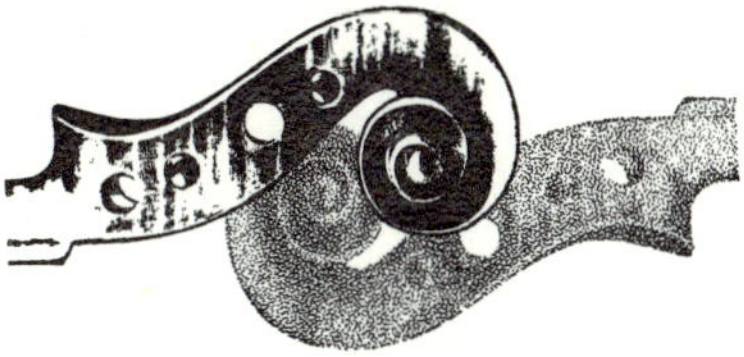

1830

Musik ist Gedächtnis, sagte er. Die meisten von uns haben Assoziationen, gewöhnlich nostalgische, die sich einstellen, wenn wir gewisse Melodien hören, aber bei Berlioz ist diese Verbindung um soviel intensiver, daß er sie in seiner extravaganten Manier als absolute Äquivalenz bezeichnet. Neulich geschah etwas, das diese Behauptung bestätigte, jedenfalls in gewissem Sinn. Er bat mich, einige Passagen aus seiner *Francs-Juges*-Ouvertüre zu spielen, und nachdem ich geendigt hatte, wartete ich wie gewöhnlich, daß er auf Erinnerungen zu sprechen käme.

Er sagte: »Mein Fuß tut mir weh.«

Ich fragte: »Haben Sie sich den Knöchel verstaucht?«

»Ja«, sagte er, »habe ich. Vor zweieinhalb Jahren.«

»Und er tut noch immer weh?«

»Nein. Nur wenn ich diese Musik höre.«

Dann erzählte er mir, daß er während der Niederschrift der *Francs-Juges* Zweifel hatte, ob gewisse Instrumente überhaupt leisten könnten, was er ihnen zumutete. Insbesondere habe er befürchtet, daß ein Posaunensolo in Des-Dur dem Posaunisten Unmögliches abverlangen könnte. Er habe also die Noten einem Posaunisten der Oper vorgelegt. Zu seiner Erleichterung versicherte ihm dieser, daß Des-Dur eine für sein Instrument geradezu natürliche Tonart sei und das fragliche Solo der Posaune sozusagen auf den Leib geschrieben. Auf dem Heimweg ging der so vergewisserte Berlioz »vor Freude wie auf Wolken«, stolperte an einem Rinnstein und verstauchte sich den Knöchel. Seitdem – und vermutlich wird es dabei für den Rest seines Lebens bleiben, sagt er – tut ihm jedesmal, wenn er Themen aus dieser Ouvertüre hört, der Fuß weh.

Das Band zwischen Musik und Gedächtnis macht sich für ihn jedoch noch auf andere und viel bedeutendere Weise geltend. Es scheint, daß wenn ihm gewisse Bilder aus der Vergangenheit erscheinen, eine Umsetzung der Bilder in Töne für ihn stattfindet und er Musik zu hören beginnt. Und manchmal wieder erscheinen ihm, wenn er Musik hört, die er liebt – seien es eigene Kompositionen oder Werke anderer Meister –, Erinnerungsbilder, die dann ihrerseits neue Musik heraufbeschwören. Diese Disposition seiner Phantasie nutzt ihm beim Komponieren – und damit kommen wir natürlich zu mir.

Wir begegneten einander zum erstenmal im vergangenen Jahr unter Umständen, die ihn mir geneigt machten. Es war bei einem Konzert meines Streichquartetts, bei dem wir uns die Tollkühnheit leisteten, Beethovens noch ziemlich neues cis-moll-Quartett* aufzuführen, das in Paris noch nie gespielt worden war. Bekanntlich gilt bei einem guten Teil der hiesigen Musikwelt Beethoven als wilder Barbar. Nur ein Jahr zuvor hatte Habeneck im Conservatoire Beethovens 3., 5. und 7. Symphonie aufgeführt und damit das Protestgeheul des »patriotischen« Publikums erregt – den damals fünfundzwanzigjährigen Berlioz allerdings hatte, wie er mir erzählte, diese neuartige Musik elektrisiert, hingerissen und begeistert.

Er kam schon als Bewunderer meiner Kunst zu dem Konzert meines Streichquartetts, sagte er. Als fanatischer Verehrer Glucks habe er mich, erzählte er mir, eines Abends in der Oper seinen Freunden gerühmt, weil ich mir – wenngleich doch ein berühmter Virtuose – nicht zu gut sei,

* Opus 131

im Orchester Platz zu nehmen und *Alceste* zu begleiten, und er habe seine Freunde ermahnt, auf eine Passage zu achten, die ich auf der G-Saite dergestalt spielen würde, daß man sie ganz deutlich aus dem Ensemble würde heraushören können (damals wußte er noch nichts von meiner eloquenten Geige). Er hatte auch den *Nina*-Tumult miterlebt – an jenem Abend, für den auf Plakaten angekündigt war, daß ich das Geigensolo in diesem Ballett spielen würde, wozu ich dann einer Krankheit wegen nicht imstande war, wovon das Publikum rechtzeitig zu unterrichten die Direktion aber versäumte –, so daß, als die Szene schon größtenteils vorüber war, ohne daß ich sie gespielt hätte, plötzlich nach mir gerufen wurde: »Baillot! Baillot! Das Violinsolo!« Und dann das ganze Publikum von den Sitzen aufsprang, der Vorhang fiel, das Orchester die Flucht ergriff, die wütende Menge den Orchestergraben stürmte, die Notenpulte umwarf, den Kontrabaß zerschmetterte und die Kesselpauken aufschlitzte.

Am Abend unseres Beethovenkonzerts waren ungefähr zweihundert Musikfreunde anwesend. Wir hatten den ersten Satz dieses chaotisch anmutenden, aber meisterhaften Quartetts ungefähr bis zur Hälfte gespielt, als die Leute zu husten und mit ihren Programmen zu rascheln und bald darauf auch laut zu reden anfingen. Schließlich verließ der größte Teil des Publikums, der unzumutbaren Musik demonstrativ das Ohr entziehend, aufgebracht den Saal. Aber Berlioz war einer der wenigen, die uns bis zum Schluß anhörten. Danach kam er zu mir, langsam den Kopf schüttelnd, wie ein Mensch, der im Banne von etwas steht, verzaubert ist. Sein Auge fiel auf den Cupido, der den Saitenhalter meiner Geige schmückt, und plötzlich kniff er wie im Schmerz die Augen zusammen, und die einzigen Worte, die er zu mir sagte, waren: »Ich bin hoffnungslos verliebt.«

Ich hatte Freunde am Konservatorium schon gelegentlich erwähnen hören, daß der aufsehenerregende junge Berlioz zu hochtrabenden Reden neigte, und so meinte ich, was er mit dieser Erklärung sagen wolle, sei, daß er Kopf und Herz an die geheimnisvolle Musik verloren habe, die er soeben gehört hatte. Doch Gerüchte, die mir seitdem zu Ohren gekommen sind (seitens der erwähnten Freunde am Konservatorium) lassen mich nunmehr zu der Annahme neigen, daß er etwas anderes – und etwas ziemlich Seltsames – im Sinn hatte.

Vor ungefähr zwei Wochen kam er mit einem reichlich bizarren Vorschlag zu mir. Er sagte, er komponiere gegenwärtig sein erstes großes Werk – »eine monströse dramatische Symphonie« – und hätte mich gern gefragt, ob es mir Freude machen würde, ihm einen großen Gefallen zu tun? Die schamlose Eitelkeit der Formulierung dieser Bitte entzückte mich: Er setzte voraus, daß es mir Freude machen würde, ihm einen Gefallen zu tun, so daß also eigentlich mit dieser Bitte er sich erbot, mir einen Gefallen zu tun. Aber wie dem auch sei, was er anregte, war folgendes: An ein oder zwei Vormittagen in der Woche – oder öfter auch, wenn ich wollte – sollte ich ihn besuchen und ihm ein Weilchen – nur ein paar Minuten jedesmal – auf meiner Geige vorspielen und danach mit ihm plaudern. Das würde ihm bei seiner Arbeit eine große Hilfe sein. Denn es würde Erinnerungen beschwören, die ihrerseits Empfindungen stimulieren und so für den Tag den Strom der Melodien wachrufen würden, den er zum Komponieren brauchte. Er bat mich also, ihm bei diesen Gelegenheiten so etwas wie einen seelischen Aperitif zu servieren.

Der Bitte ließ er einen Strom der beredtesten Schmeichelei folgen. Wenn man ihn hörte, konnte man meinen, einen größeren Geiger als Baillot habe die Welt noch nicht gehört. (Leider weiß ich, daß das nicht wahr ist, denn – *Dieu sauve mon âme* – ich habe Paganini gehört. Wenn der mit der Linken heftige Pizzicati zupfte, während die Rechte gleichzeitig den Bogen führte, und wenn er dann unglaubliche Triller von Oktav-Doppelgriffen ausschüttete und irre Läufe pfeifender Obertöne, meinte ich Beelzebub persönlich fiedeln zu hören, bedeckte mein Gesicht mit den Händen und weinte.)

Was ihn selbst angehe, fuhr der junge Berlioz dann mit der ruhigsten Selbstsicherheit fort, so werde er bald ein großer Komponist sein, und so bitte er mich, auf die erbetene Weise sein Gönner zu werden – und ihm auf dem Wege zu seinem ersten großen Erfolg behilflich zu sein. Mit anderen Worten, er machte mir klar, daß, wenn ich ihm behilflich sein würde, dies *mir* zum Ruhme gereichen werde.

Ich muß gestehen, daß die Lächerlichkeit der Einladung dieses jungen Mannes und das daraus erhellende Maß seines Größenwahns mich faszinierten. Ich bin alt genug, sein Vater zu sein – er sagt mir, daß er siebenundzwanzig Jahre alt ist –, und wenn ich auch nicht ganz so berühmt bin wie Paganini, bin ich doch nichtsdestoweniger ein sehr angesehener und mithin gefragter Geiger. Dennoch schien er zu glauben, daß ich mir die Gelegenheit, mehrmals wöchentlich, ja vielleicht sogar allmorgendlich, sein naives Talent in Schwung zu bringen, nicht entgehen lassen würde. Innerlich schmunzelnd sagte ich, ich müsse mir sein ungewöhnliches Angebot noch überlegen, ehe ich dazu Stellung nehmen könne.

Nun ist der wohl wichtigste Lehrer des jungen Mannes am Konservatorium, der Lehrer, der ihn in der Kompositionslehre unterrichtet, mein alter Freund Jean-François le Sueur, und so erzählte ich diesem natürlich von dem amüsanten Besuch seines Schülers Berlioz. Le Sueur überraschte mich, indem er mich bei den Schultern packte und aufgeregt rief – wobei er mich schüttelte: »Sie müssen es tun! Sie müssen es tun!« Er sprach dann mit solchem Ernst von dem übersprudelnden, turbulenten Talent seines Schülers – das diesem Musik eingibt, die le Sueur zugleich abstoßend und großartig findet –, »Musik, die, meiner Lehre trotzend, Frankreich Ehre machen wird« –, daß er mich ganz für diesen gewann. Zufällig habe ich für die nächsten ein, zwei Monate sehr wenige Verpflichtungen, und überdies bin ich schon seit einer Weile irgendwie gelangweilt und rastlos und... kurzum..., ich habe also eingewilligt und besuche ihn drei- bis viermal in der Woche.

Ich besuche ihn in dem kleinen Zimmer, das er drei oder vier Straßen weit vom Konservatorium gemietet hat. Es ist schäbig eingerichtet und hat keine Vorhänge an den Fenstern. Berlioz komponiert – ohne sich dazu eines Klaviers bedienen zu können – an einem verschrammten und wackeligen Tisch. Für mich hat er ein Notenpult aus dem Konservatorium mitgehen lassen, und jedesmal stellt er mir die Noten der Musik darauf, die ich jeweils für ihn spielen soll. Oft handelt sich's dabei um Orchesterpartituren, aus denen ich mir die bedeutsamen Melodien – gleichviel für welches Instrument oder welche Stimmlage geschrieben – herauszusuchen und dieselben, wenn nötig, so zu transponieren habe, daß der Auszug alles Wesentliche gibt. Ich muß gestehen, daß mir diese Übung wirklich Spaß macht.

Während ich spiele, liegt er auf seinem Bett an der Wand der zur Straße hin gelegenen Seite des Zimmers. Er ist gekleidet wie ein einfacher Arbeiter. Ein langärmeliges Leinenhemd, ein graues Wams, um das er eine breite Schärpe gürtet, und, an kühlen Tagen, eine weiche wollene Mütze auf dem Kopf. Berlioz hat eine große, wie eine Schwertklinge gebogene Nase, durchdringende braune Augen über Ringen, die von Schlaflosigkeit zeugen, und eine riesige Krone widerspenstiger Locken, die in dichte Koteletten hinabwallen. Wenn er an Tagen, da er die erwähnte wollene Mütze nicht trägt, eine plötzliche Kopfbewegung macht, stieben Funken rötlichen Lichts aus diesem wunderbaren Haar.

Als ich bei meinem ersten Besuch die Geige aus dem Kasten nahm, überschwemmte mich, ob ich's nun wollte oder nicht, sofort die hingerissene Begeisterung des jungen Mannes. Er bat mich, das Instrument für ein paar Augenblicke in die Hand nehmen zu dürfen. Seine Augen verschlangen jedes süße Stückchen ihrer Schönheit und sparten sich den perlmuttenen Cupido zum Nachtisch auf. Dann reichte er mir die Geige zurück und sagte:

»Ich habe das Meer nie gesehen – außer dort, am Boden des Instruments! Wie glücklich sind Sie doch! Ich höre die Musik des Windes auf den Wellen! Ich selbst spiele die Flöte, mein Instrument ist dasjenige des Waldes, des Vogelsangs – ganz zufällig habe ich angefangen, die Flöte zu spielen. Als Kind fand ich einmal in einer Schublade ein altes Flageolett, und auf dem tutete ich so unaufhörlich und ärgerlich durchs Haus, daß mir mein Vater aus Verzweiflung als Ersatz dafür eine Flöte kaufte und mir Deviennes Buch dazugab, damit ich mir, dessen Anleitungen folgend, das Flötenspiel selbst beibrächte. Aber Geigen haben mir von jeher großen Eindruck gemacht. Mein Onkel Félix Marmion, ein Bruder meiner Mutter, diente in Napoleons Garde – scharlachrote Uniform, gewaltiger Schnurrbart –, und er spielte Violine. Er führte ein verwegenes Leben, in Spanien zerschnitt ihm ein Säbelhieb die Wange, er eilte von einem Feldzug zum andern, Preußen, Polen; in Preußen traf ihn ein Schuß in den Fuß, in Polen eine Lanze in die Seite, aber seine Geige nahm er überallhin mit und spielte damit auf nach jeder Schlacht, zum höheren Ruhm der französischen Waffen. Und wenn er uns besuchte, spielte er auch uns damit auf; diese Geige brachte Schlachten, Heldenmut und vergossenes Blut mitten in unser Wohnzimmer. Als mein Vater endlich meinen Bitten nachgab und einen Musiker anstellte, mich das Flötenspiel zu lehren, wählte er dazu einen Geiger des Lyoner Orchesters, einen Mann namens Imbert; und am glücklichsten war ich immer, wenn der mir was auf seiner Geige vorspielte. Er brachte mir die in ihren Wäldern rauschenden Bäume, er brachte mir auf der E-Saite die majestätischen, fernen Kronen der Alpen der Dauphiné. Und als mein Vater mich zu zwingen versuchte, ihm in seinen Spuren zu folgen, und mich also zum Studium der Medizin nach Paris schickte – er hatte mir eine neue Flöte geschenkt in der Hoffnung, mich damit zu bestechen –, traf sich's, daß auch mein dortiger Logierkamerad, mein Vetter Alphonse Robert, Violine spielte. Er gewährte mir sublime Erholung von den Kadavern! Ach, Baillot, Sie werden mir helfen! Wir werden gemeinsam Wunder vollbringen!«

Wie ein Ertrinkender von dieser Flut des Gefühls hingerissen, begann ich dem jungen Mann, so ruhig ich's vermochte, einige der Gründe zu offenbaren, aus denen ich meine Geige habe. Ich sprach von den Feinheiten ihres Tons – der die ganze Skala von der Subtilität changierender Seide und dünnen Kristalls bis zu einem dicken, schokoladenhaften Klang durchläuft, ja, wenn nötig, der Schmerzensschreie fähig ist –, wenn auch diese Geige niemals knurren oder grollen, niemals grob oder grausam sein wird. Ich sagte, sie verstehe sich auf *Eine kleine Nachtmusik* ebensogut wie auf das harsche Beethovenquartett, das er mich jüngst hatte spielen hören, wie auf Vivaldi und Gluck, auf Bach und auf Weber! Ich erzählte ihm, daß ich so große Achtung vor meinem Instrument habe, das inzwischen hundertunddreißig Jahre alt ist und jedes Jahr kräftiger wird, daß ich mich nicht als dessen Eigentümer betrachte, sondern nur als sein zeitweiliger Kustode oder Hüter.

All das hörte Berlioz sich mit mühsam gezügelter Ungeduld an, als könne er es kaum erwarten, selbst zu Worte zu kommen und unterbräche mich nur aus Höflichkeit nicht. Doch richtete er sich auf und lauschte mir mit der Miene eines mutwilligen kleinen Jungen, als ich ihm erzählte, was mir der Händler Vuillaume von den britischen Piraten erzählt hatte und von dem betrunkenen Music-hall-Geiger und dem Preis, den der Pfandleiher für Antonietta erzielt hatte. Denn auch das erzählte ich ihm nun, daß die Geige einen, diesen Namen hat. Der Legende zufolge, die mir Vuillaume erzählte – sagte ich –, erhielt sie den Namen der Frau, in die der große Stradivari sich verliebte am Tage, da er sie zu bauen begann – und die er während all der Zeit, da er an der Geige arbeitete, nie wiedersah.

Ich konnte die Geschichte nicht zu Ende erzählen. Berlioz sprang von der Bettkante hoch, auf der er saß, kreidebleich im Gesicht, und rief in einer Art von lautem Stöhnen aus:

»*Sacré nom de Dieu*, der Cupido, ich verstehe!«

Dann rief er, auf und ab laufend:

»Spielen Sie für mich, Baillot! Spielen Sie!«

Ich stimmte die Geige. Er setzte sich wieder auf die Bettkante, gespannt nach vorn gebeugt. Er hatte mir Giulias Gebet *Tu che invoco con orrore* aus dem zweiten Akt von Spontinis Oper *La Vestale* auf das Notenpult gestellt, dessen inbrünstige, mitreißende Phrasen ich nun in einem bebenden *belcanto*-Ton spielte. Als ich fertig war, nahm ich die Geige unter den Arm und wandte mich um, neugierig zu sehen, wie Berlioz die Stimme Antoniettas nun, da er sie zum erstenmal allein vernommen, beeindruckt hätte. Er schämte sich nicht, zu weinen. Ich fand das zugleich aufregend und etwas peinlich.

Erster Satz

Heute morgen stand auf dem Notenpult die Arie *O malheureuse Iphigénie* aus Glucks *Iphigénie en Tauride* für mich bereit. Wir sind nun schon seit vierzehn Tagen bei dem, was Berlioz »unsere Arbeit« nennt. Wie er mir sagt, ist er mit dem ersten Satz seiner Symphonie seitdem gut vorangekommen, doch hat er bisher keine Neigung gezeigt, mir etwas davon zu zeigen.

Ich stimmte Antonietta und spielte die Melodie der Arie. Als ich zum Ende kam, blieb Berlioz wie bei den früheren Gelegenheiten lange stumm sitzen – in einer Stille, die ich inzwischen als die Stille des letzten Schneefalls des Gefühls zu schätzen gelernt hatte, der den Verwehungen an den steilen Abhängen der emotionalen Natur dieses Mannes noch das winzige Gewicht hinzufügt, dessen es bedarf, eine Lawine auszulösen – von Worten. Und schon war es soweit:

»Diese Geige hat die Stimme der Iphigenie! Natürlich ist, was Gluck so großartig macht, daß er alles auf die Stimme, die Worte in ihrer natürlichen Kadenz ankommen läßt. Unglückliche Iphigenie, da stand sie vor mir in ihrem ganzen Elend, Baillot, in meiner ärmlichen Kammer! Danke! Diese Geige erschüttert mich. Wie vermögen Sie es, sie so genau aus Glucks Geist sprechen zu lassen? Ich bin ein Verehrer Glucks, müssen Sie wissen, seitdem ich zum erstenmal seine Musik hörte. Er brach mit all diesen italienischen Wasserspielen und gab uns einfache Rede in seinen Arien, fast als schriebe er englische Balladen. Ich habe eine Claque organisiert, müssen Sie wissen... Hören Sie.«

Er sah wild entschlossen aus, schien mir den Zähnen zu knirschen: »Ich werde so bekannt sein wie Gluck. Auch ich werde die Gußformen zerbrechen. Sie werden sehen.«

Dann lehnte er sich zurück, dieser siebenundzwanzigjährige Junge, und entspannte sich mit der selbstgefälligen Miene eines Mannes, der schon berühmt ist, und sagte:

»Ich war erst neunzehn und studierte noch Medizin; jedenfalls glaubte mein Vater das noch, als ich entdeckte, daß jeder die Bibliothek des Konservatoriums benutzen kann, und so pflegte ich, ehe ich in die Oper ging, die Partituren der aufgeführten Werke zu studieren und mir Passagen derselben herauszuschreiben. Dann belehrte ich meine Freunde – d'Ortigue, Ferrand, Du Boys, Pons, Gounet –, jeden, den ich am Kragen nehmen konnte! Und sagte ihnen genau, worauf sie zu achten hätten, welchen Triumphen sie applaudieren, welche Fehler sie auszischen sollten. Ich kaufte ihnen Billetts, log sie an, sagte, daß ich Freikarten erhalten hätte, und setzte sie genau auf die Plätze, wo die Musik am klarsten zu hören sein würde – nicht zu nahe bei den Hörnern –, nicht an der linken Seite des Saals, wo das Echo von den Logen stören würde, oder rechts, wo einem die Posaunen ins Gesicht dröhnen, sondern vorn in der Mitte, wenn etwa die Szene ein heiliger Hain war, oder weiter hinten, wenn die Stimmen aus dem leeren Saal eines Palasts schallten. Den Lärm, den wir machten, wenn sie ihre Sache gut machten, hätten Sie hören sollen! Wir trampelten und klatschten rhythmisch, und unsere Bravissimorufe erschütterten das Gebäude. Wenn sie sich aber Freiheiten herausnahmen! Einmal, als die Oper, aus der Sie mir eben vorgespielt haben, aufgeführt wurde, gab es Beckenschläge bei dem ersten Tanz der Skythen, den Gluck nur für Streicher geschrieben hatte. Und kaum, daß der Tanz vorbei war, stand ich auf und schrie, so laut ich konnte: ›Keine Becken! Wer hat da die Frechheit, Gluck verbessern zu wollen?‹ Dann, als sie im dritten Akt aus dem Monolog Orests die Posaunen wegließen, schrie ich: ›Ihr habt die Posaunen gestrichen? Schande! Schande!‹ Einmal, als sie den heiligen Marsch in *Alceste* spielten, paßte es Guillon, dem Flötisten, nicht, daß Gluck den unheimlichen gutturalen Unterton des unteren Registers der Flöte vorschrieb, was macht er also?, spielt seine Stimme eine Oktave höher, um sicherzugehen, daß das Publikum ihn hört. Ich schrie. Die Leute müssen gedacht haben, ich sei entweder verrückt oder ein wilder kleiner Egoist, der um jeden Preis Aufmerksamkeit erregen wollte.« Während der Pause, die an dieser Stelle den Ausbruch des jungen Enthusiasten unterbrach, hatte ich Gelegenheit, die Alternative für mich selbst zu erwägen. Wie ein Verrückter kommt er mir nicht vor. Aufmerksamkeit erregen will er zweifellos, und wenn er so begabt ist, wie le Sueur behauptet, wird sie ihm gewiß reichlich zuteil werden – Krach schlagen, um sie zu erregen, wird er aber sicherheitshalber jedenfalls. Wenn ich's recht bedenke, waren die meisten berühmten Männer, die mir bisher begegnet sind, zugleich reich begabt und abscheulich eitel. Das ist der Lauf der Welt. Die Eitelkeit erringt den Ruhm und wird von ihm genährt. Er redete weiter: wie gehabt. Über sich selbst – seine musikalischen Bestrebungen während seines Medizinstudiums. Und ich fragte mich: Wie wird ihm das bei der Arbeit helfen, die er vorhat, wenn ich gehe? Welche Bilder hat mein Spiel für ihn heraufbeschworen, die sich ihrerseits in Melodie umsetzen lassen? Iphigenie hat er vor Augen gehabt, leibhaftig, hier in seiner Kammer, hat er gesagt. Aber was sonst? Den Hauptgegenstand seiner Erinnerungen hätte er sich auch ohne meine hermeneutischen Bemühungen jederzeit im Spiegel ansehen können.

Und dann begriff ich: Offenbar hat seine »monströse dramatische Symphonie« einen Helden.

Heute morgen fand ich handgeschriebene Noten auf dem Pult. Es war ein Liebeslied, das Antonietta sehr zu Herzen gehend sang. Ich war zutiefst gerührt durch die Töne, die ich selbst der Geige entlockte. Immer, wenn sie von Liebe zu singen hat, fühle ich Antonietta in meinen Händen beben.

Es war vorbei. Es schneite diesmal länger als gewöhnlich. Dann, endlich:

»Mein lieber Baillot, das ist aus der Szene, die ich schrieb bei meinem dritten Versuch, den *Prix de Rome* zu erringen, vor zwei Jahren. Sie gaben mir den zweiten Platz, für den man sich nichts kaufen kann, ganz abgesehen davon, daß er demütigend ist! Letztes Jahr habe ich's zum viertenmal versucht – da haben sie den Preis überhaupt nicht verliehen! Aber dieses Jahr werde ich ihn gewinnen! Das verspreche ich Ihnen. Sie werden sehen. Niemand akzeptiert einen als Komponisten, ehe man den Rom-Preis gewonnen hat – aber die Juroren sind leider diese alten Blechtrompeten der Akademie, die Originalität nicht ausstehen können. Um den Preis zu erringen, den sie vergeben, muß man in den Schafspelz kriechen und sich stellen, als gehörte man zu ihrer blökenden Herde. Was für eine Plage, dieser Wettbewerb! Erstens muß man sich für die Teilnahme daran qualifizieren, indem man eine ihnen gefällige Kompositionsübung einreicht – eine Fuge. So. Nehmen sie einen an, muß man in einem Saal Platz nehmen, wo einem der Sekretär der Akademie ein schlechtes Gedicht vorliest. In diesem Fall war es *Herminie* von diesem ekligen Viellard, kennen Sie ihn? Er ist wirklich, wie sein Name sagt, ein alter Knochen und ein widerwärtiger, wie ich schon sagte, und natürlich hat er das Wesentliche des fraglichen Gedichts geklaut, aus Tassos *Gerusalemme Liberata*. Es handelt von der hoffnungslosen Liebe Erminias, einer Sarazenin, zu Tankred, einem christlichen Ritter, die einander im Kampf auf Leben und Tod auf den Wällen der Heiligen Stadt begegnen. Nach der Verlesung des Gedichts schließen sie einen ein in eine ›Kiste‹ – wie man da sagt –, nämlich eine kleine Kammer, in der nur der Text des Gedichts und ein Klavier einen erwarten. Jeweils um elf und um sechs öffnet einem der Schließer die Tür, dann speist man in Gesellschaft der konkurrierenden Häftlinge. Überdies kann man abends zwei Stunden lang Besuch empfangen, aber wenn einem die Besucher Bücher oder Papiere oder sogar Kleider mitbringen, werden diese Sachen sorgfältig gefilzt, damit sich keiner von draußen Ideen einschmuggeln lassen kann. Zweiundzwanzig Tage darf man in dieser Haft verweilen, dann muß man seine Komposition fertig haben. Und wissen Sie, was dann kommt? Die Musik, die man fürs Orchester und zwei Stimmen komponiert hat, wird *auf dem Klavier* gespielt und gesungen von zwei Leuten, die bei dieser Gelegenheit die Noten zum erstenmal zu sehen bekommen. Und über das Resultat dieser Bemühungen stimmt dann eine sechsköpfige Jury ab. Aber damit hat sich's noch nicht, o nein! Eine Woche später sitzt die ganze Akademie noch einmal über die Konkurrenten zu Gericht – nicht nur Angehörige der musikalischen Klasse der Akademie, wie beim erstenmal, nein, diesmal sind auch Maler, Bildhauer, Architekten und Kupferstecher stimmberechtigt, die von der Musik weniger als vom Magnetismus oder von der Dampfmaschine verstehen. Und diese Abstimmung gibt den Ausschlag. Erst wenn der Preis verliehen ist, wird die Komposition zum erstenmal von einem Orchester aufgeführt... Und nun will ich Ihnen was gestehen, Baillot.« Eine lange Pause.

Ich dränge ihn. »Was wollten Sie doch sagen?«

»Das, Baillot: Der Keim dieses Lieds – die Seele –, dieser schwebende Teil, wissen Sie, von der dritten Phrase an« – er summte die Phrase –, »also das klingt in meinem inneren Ohr, damit bin ich sozusagen infiziert – seit meinem dreizehnten Lebensjahr.«

»Kaum zu glauben.«

»Aber wahr. Ich schwöre es Ihnen. Das Motiv kam mir in den Kopf, als ich zwölf Jahre alt war, und geht mir seitdem drin herum.«

Auch heute früh erwarteten mich handgeschriebene Noten auf dem Pult. Berlioz begrüßte mich mit sehr ernster Miene und sagte:

»Baillot, heute vertraue ich Ihnen etwas an, das mir sehr teuer ist. Es ist das Largo, mit dem meine Symphonie beginnt. Ich bitte Sie, mir auf Ehrenwort zu versprechen, daß Sie diese Musik auf Ihrer Violine für niemand anderen wiederholen.«

Ich gab ihm das Versprechen und spielte. Ich war erschüttert. Wieder einmal drang mir Antonietta mit der Musik geradewegs ins Herz. Ich sage wieder einmal, denn als ich geendigt hatte und mich, Antonietta unter dem Arm, umdrehte, um nach Berlioz zu sehen, wurde mir bewußt, daß ich am Anfang des Stücks ein geisterhaftes Echo vernommen hatte.

»Warten Sie!« sagte ich. »Die ›Seele‹ des Lieds der Erminia! Diese ersten Takte, nicht wahr? Das Thema, von dem Sie mir sagten, es habe Sie ›infiziert‹, als Sie zwölf Jahre alt waren?«

Anscheinend hatte die Geige auch Berlioz tief erschüttert. Er war kaum imstande, zu nicken. Er hatte Tränen in den Augen. Und ich dachte, wie verdammt nahe am Wasser hat doch dieser Junge gebaut! Setzt man ihm gewürztes Essen vor, fängt er ohne Zweifel gleich an zu speicheln. Spielt man ihm sanfte Musik vor und noch dazu seine eigene, vergießt er gleich Tränen.

Nach einer langen Weile sagte er:

»Ihre Geige ist ein Aphrodisiakum.«

Was mochte ihn darauf gebracht haben? Heulte er, weil er seinen Geschlechtstrieb gesteigert fühlte? Ich hielt es für das beste, nichts zu erwidern.

Dann sagte er: »Ich danke Ihnen Baillot. Oder sollte ich sagen, ich danke dir, Antonietta? Gewöhnlich höre ich mir meine eigenen Kompositionen nicht an, ehe sie fertig sind.

Aber ich mußte dieses Thema in seinem neuen Leben hören. Eines Tages werden Sie verstehen, weshalb. Dieses Erlebnis hat mir sehr viel bedeutet.«

Abermals hielt er inne. Dann sagte er:

»Lassen Sie mich Ihnen etwas von diesem ›Keim‹ erzählen. Er hat eine Geschichte.«

Ich legte meine Geige in ihren Kasten und setzte mich, ihm zuzuhören.

»Als ich klein war«, sagte Berlioz, »verbrachte ich am Ende jedes Sommers mit meiner Mutter und meinen beiden Schwestern drei Wochen im Hause des Vaters meiner Mutter in Meylan, einem Städtchen, das auf halber Höhe der großen Felsenkuppel von Saint Eynard gelegen ist, nicht weit von Grenoble. Eines Tages wurden wir dort zu Madame Gautier eingeladen, deren kleine Villa mit einem niedlichen Garten, von Weinbergen umgeben, etwas oberhalb der Stadt lag, fast im Schatten eines verfallenen alten Turms – wie die Dekoration einer romantischen Oper sah das aus, könnte man rückblickend sagen. Doch gab es da etwas, was man nie wird auf eine Opernbühne zaubern können: eine der berauschendsten Aussichten der Erde, den Abhang des Berges hinab und über das Tal des Grésivaudans mit seinen beiden wandernden Flüssen auf die massierte, weiße Armee der Alpengipfel jenseits desselben. Ich war von diesem Anblick aufgewühlt und in den Zustand höchster Erregbarkeit versetzt, als von der Veranda der Villa unsere Gastgeberin, Madame Gautier, auf uns zukam, begleitet von zwei weißgekleideten jungen Frauen, ihren Nichten. Mein Blick heftete sich sofort auf eine von diesen, denn sie trug rosa Pantöffelchen – *petits brodequins roses*, Baillot! Noch nie im Leben hatte ich jemanden gesehen, der es wagte, rosa Schuhe zu tragen! Sie stand auf einem freiliegenden Felsstück in diesen ›Pantöffelchen‹ und stützte sich mit einer Hand gegen den Stamm eines Kirschbaumes.

Mein Herz schlug wild, als ich endlich Mut faßte, die Augen zu heben und ihr Gesicht zu sehen. Und was ich sah, veränderte mein ganzes Leben. Bis auf den heutigen Tag bin ich das Gefühl nicht losgeworden, das mich in diesem Augenblick überflutete. Sie war, müssen Sie wissen, mehrere Jahre älter als ich – sieben Jahre, wie ich später erfuhr, sie war neunzehn und ich zwölf, aber was machte das? –, denn sie war kein Mädchen, sie war eine Göttin in rosa Schuhen. Sie war schlank und viel größer als ich. Sie hatte eine Krone schwarzen Haars über einem blassen Gesicht, aus dem mich der Blick zweier Augen, die wie Amethyste waren, mit einem Ausdruck, der mir amüsiert zu sein schien, streifte und mich vollkommen paralysierte. Ich war eine verlorene Seele. Danach fühlte ich mich krank und wußte nicht, was mir fehlte. Ihr Name war Estelle Dubœuf. Nachts im Bett küßte ich das Laken unter meiner Wange und murmelte den Namen und weinte, und am Tage kroch ich unter einen Busch, wie ein vergiftetes Tier, und lag da und fragte mich, ob ich die Füße in den roten Pantöffelchen wirklich gesehen hätte, oder ich rekelte mich im Heu einer gemähten Wiese und erwartete zu sterben an der lächerlichen Seligkeit, die mich ganz unwillkürlich überkam.

Aber ich sollte nicht lange glücklich sein. Mein Onkel Félix Marmion, der damals ungefähr fünfundzwanzig Jahre alt gewesen sein muß, war in jenem Herbst ebenfalls auf Urlaub in Meylan: Der Held im scharlachroten Rock, mit dem Flicken da, wo die polnische Lanze eingedrungen war, und der eindrucksvollen rotglühenden Narbe im Gesicht. Zwei Dinge waren allen Erwachsenen offensichtlich: Daß der komische kleine Berlioz Estelle anschwärmte und daß Estelles leuchtende Augen kein anderes Ziel hatten als das Haupt des Gardisten, das voller Aufgeblasenheit auf einem ansehnlichen geraden Halse ruhte. Damals fand ich das Gekicher, das diese Beobachtungen veranlaßten, nicht komisch.

Eines Abends wurde ein Fest gefeiert. Als Onkel Félix mit Estelle einen Walzer tanzte, wollte ich meine Augen bedekken, mußte mir aber statt dessen die Ohren zuhalten, um das entsetzliche, leise, triumphierende Geklingel seiner Sporen nicht zu hören, das mir durch die Musik des Orchesters, das Scharren der Füße und den Lärm der lauten Unterhaltungen geradewegs ins Herz drang und mich fast umbrachte. Später gab es ein Barlaufspiel. Zwei Parteien wurden gebildet, und die Männer mußten sich Partnerinnen wählen. Jemand rief, der kleine Hector solle die erste Wahl haben. Ich stand stocksteif da, sah zu Boden und meinte, jeder im Saal müsse mein Herz hören, das wie die Hufe eines galoppierenden Pferdes schlug. Und dann – ich glaubte, ich würde vor Freude in Ohnmacht fallen – nahm Estelle meine Hand und sagte: ›Monsieur Hector gehört *mir!*‹ Endlich hatte ich den Mut, ihr ins Gesicht zu sehen, und sah es ganz. Sie neckte mich – aber hauptsächlich zu dem Zweck, meinen Onkel Félix zu necken. Und jeder durchschaute das so gut wie ich, und die ganze Gesellschaft brach in Gelächter aus.

Als wir bald darauf nach Hause zurückkehrten, war ich untröstlich. Ich begann melancholische kleine Duos und Trios in Moll zu komponieren. Dann entdeckte ich eines Tages im Bücherschrank meines Vaters eine sentimentale Romanze des Dichters Florian über ein Paar mit dem Namen *Estelle et Némorin*, und sofort war *ich* der schmachtende Némorin, und bald darauf setzte ich einige Verse in Musik, die meinen Schmerz über die Trennung von meiner wirklichen Estelle aussprachen:

Je vais donc quitter pour jamais
Mon doux pays, ma douce amie
Loin d'deux je vais traîner ma vie
Dans les pleurs et dans les regrets!«

Er hatte seine Geschichte beendet. Mir gingen verschiedene Fragen durch den Kopf, die auszusprechen ich mich freilich hütete. War es die Erinnerung an diese ferne Estelle, deretwegen er so erregt aufsprang, als ich ihm von Stradivaris Liebe auf den ersten Blick zu jener Antonia erzählte! War diese lächerliche Schwärmerei des Knaben jene »hoffnungslose Anbetung aus der Ferne«, von der meine Freunde am Konservatorium wissen wollten? Sollte diese Göttin der Knabenträume des jungen Komponisten die Heldin einer ernsthaften Symphonie werden, die alle hergebrachten Formen sprengen würde?

Wie gesagt, ich hütete mich, diese Fragen auszusprechen. Statt dessen fragte ich: »Haben Sie über all die Jahre eine Abschrift dieses Liedes aufbewahrt?«

»Nein, nein, ich habe es mit einer Menge anderer Sachen, die ich damals schrieb, verbrannt. Aber ich habe jede Note, die ich je geschrieben habe, im Gedächtnis.«

Ich erinnerte mich seines Aphorismus – »Musik ist Gedächtnis«, und ich glaube, nun wußte ich, weshalb er das glaubte. Dennoch – wie seltsam und kindisch war doch das alles!

Zweiter Satz

Heute morgen stand das Duett *Gardez-vous de la jalousie* aus Mehuls *Euphrosine* auf dem Pult. Natürlich hatte ich die berühmte Passage, aus der die dunklen Regungen des menschlichen Herzens sprechen – mit einer Direktheit, wie sie zuerst Gluck gelungen war, dabei aber musikalisch zur kristallenen Reinheit der Haydnschen Symphonien geläutert –, schon wiederholt mit dem Orchester der Oper gespielt. Es bedurfte meiner ganzen Kunst und Technik, den unheimlichen, chromatischen Harmonien kurz vor dem schließlich großen Zornesausbruch solistisch einigermaßen gerecht zu werden.

Während ich nach dem Ende meiner Darbietung wie gewöhnlich ein Weilchen auf sein erstes Wort wartete, nahm ich an, daß Berlioz von den Qualen der Eifersucht sprechen – und ich weiteres von dem schneidigen Onkel Félix und der Göttin in rosa Pantoffeln zu hören bekommen würde. Doch sagte er statt dessen mit leiser Stimme:

»Nach der Vollendung meiner ersten großen Arbeit, einer Messe, als ich zweiundzwanzig war, wollte ich sie sofort aufgeführt hören. Ich scheute mich nicht, dem königlichen Superintendenten der schönen Künste auf den Leib zu rücken, dem Vicomte Sosthènes de la Rochefoucauld – demselben, der, wie Ihnen vielleicht noch erinnerlich ist, Baillot, die Tutus der Balletteusen unmoralisch fand und – vergeblich, Gott sei Dank! – darum kämpfte, daß ihnen verordnet würde, die Schenkel zu verhüllen! Er gestattete mir, meine Komposition vom Orchester der Oper spielen zu lassen, vorausgesetzt, ich selbst bezahlte die Musiker. Woher sollte ich das Geld nehmen? Da hatte ich einen verwegenen Einfall. Schon ehe ich nach Paris kam, hatte ich daheim in der Bibliothek meines Vaters die Werke Chateaubriands entdeckt. Und einen Mann kennengelernt, der mir aus der Seele sprach: ›Das vernünftige Denken untergräbt, indem es die Einbildung zerstört, die Grundlagen der schönen Künste.‹ Ja! Ja! Wenn mich eine Idee packt, überwältigt sie mich, ergreift vollkommen Besitz von mir, ich fiebere und fröstele abwechselnd, mein Hirn strudelt. Ich versuche, anderen meine Idee mitzuteilen. Sie spotten. Das vernünftige Denken leitet sie. Sie raten mir, die Angelegenheit ›gründlich zu durchdenken‹! Ich fühle mich gehemmt und leer, aber nach einer Weile lodert mein Feuer wieder auf, und ich weiß, daß ich im Recht bin, ich weiß, daß meine impulsive

Idee, von den Wogen der Leidenschaft getragen, etwas Kräftiges, Feuriges, Vollständiges aus sich erzeugen wird! Ich weiß es! Sie werden mich des Hochmuts, der Hybris, schuldig finden, Baillot, aber ich fühlte mich Chateaubriand so nahe, daß ich dachte, wenn nur er auch mich kennte, würde zweifellos auch seinerseits *er* sich *mir* nahe fühlen. Also schrieb ich ihm und bat ihn, mir zwölfhundert Francs für das Orchester zu leihen. Absurd! Er antwortete mir, daß er das Geld nicht habe – aber, oh, Baillot, sein Brief gab mir etwas Kostbareres als Geld. Dieser große Mann schrieb mir ohne jede Herablassung, als seinesgleichen, als Kunstbruder. Und zum erstenmal fühlte ich mich aufgenommen in die Gemeinschaft der Romantiker, der Feinde des ›vernünftigen Denkens‹ – wo ich hingehöre!«

Da ich nicht wußte, was ich zu dieser Herzensergießung sagen sollte, fragte ich einfach: »Haben Sie das Geld dann woanders aufgetrieben?«

»O ja«, sagte er, »ich habe es mir von meinem Freunde Pons geliehen, und seitdem habe ich Schulden. Meine Messe war ein großer Erfolg.«

Was für ein Sprung, dachte ich, von Mehuls Arie über Eifersucht, zu dieses jungen Enthusiasten Behauptung seiner seelischen Verwandtschaft mit Chateaubriand! Dann fielen mir die hinreißenden Sprünge in der Melodieführung des Estelle-Themas ein, das seine Symphonie eröffnen soll – und das sich, wie ich seinen diesbezüglichen Andeutungen entnehmen konnte, in den hochfliegenden Linien des Gesangs der Erminia in allen fünf Sätzen des Werkes entfalten soll. Diese Aufschwünge schienen mir seine Signatur zu sein. Und plötzlich, wie um diese Einsicht ein für allemal zu bestätigen, machte Berlioz noch einen überraschenden Gedankensprung. Er saß kerzengerade auf der Bettkante, und mit blitzenden Augen sagte er:

»Dieser Satz wird ekstatisch sein. Ein Walzer.«

Ich fragte mich: Werden wir das Klingeln der Sporen zu hören bekommen?

Heute hatte er mir zu meinem Entzücken das Liebesduett hingestellt, in dem des Geigers Rudolf Kreutzer Oper *Paul et Virginie* ihren Höhepunkt hat. Ich fühle eine warme Verwandtschaft mit diesem vortrefflichen Künstler, und ich versuche zu spielen, wie er zu seiner besten Zeit spielte – mit breiter und glatter Phrasierung, vor allem um schönen Ton bemüht unter möglichster Vermeidung des *spiccato* (Springbogens), raffinierter Doppelgriffe und überflüssiger Bewegung der linken Hand auf dem Griffbrett. Antonietta dankt mir diese technische Bescheidenheit sehr großmütig, was zweifellos die Gutherzigkeit des Instruments beweist. Übrigens spielte auch Kreutzer eine Stradivari! Ich gab mein Bestes – und Antonietta das Ihre –, um den auf den Notenblättern schlummernden Gesang der beiden verliebten Kinder zu recht süßem Leben zu erwecken.

Nachdem ich geendigt hatte, schwieg Berlioz lange Zeit. Dann begann er in dem gedämpften Ton, in dem ich meinen Vortrag beendet hatte:

»Ich habe diese Dichtung«, sagte er – offenbar sprach er von Bernadin de Saint Pierres albernem, süßlichem Roman, der dem Libretto zugrunde liegt –, »gelesen, als ich fünfzehn war...«

Er verstummte, und wieder mußte ich warten.

»Ich glaube, Sie sollten jetzt erfahren«, sagte er endlich, »was die Lokomotive oder treibende Kraft dieser Symphonie ist.«

Wie gewöhnlich, wenn er zu reden begann, legte ich Antonietta in ihren Kasten und setzte mich.

»Es begann vor drei Jahren. Eine englische Truppe sollte im Odéon zwei Dramen von Shakespeare aufführen. Es wird Ihnen noch erinnerlich sein, wie verhaßt den Franzosen Shakespeare und überhaupt alles Englische in den Jahren nach Waterloo war. Insbesondere aber Shakespeare.

...dieser Affe von einem Genie,
den der Menschheit sandte der Teufel...

Mir ist noch jede Einzelheit im Gedächtnis. Es war ein Abend im September. Ich hatte einen Freiplatz im Orchester. Ich war völlig unvoreingenommen. Wissen Sie, ich verstehe noch heute kein Wort von der englischen Sprache, aber ich hatte natürlich Letourneurs Übersetzung studiert. Der Schauspieler Kemble brachte die Kälte Dänemarks auf die Bühne und machte aus dem Zaudern des Prinzen eine erschreckende Kunst. Aber der erste Anblick der Ophelia! Ach, Baillot, ein Speer wurde mir in die Brust gestoßen! Versuchen Sie, das Mädchen mit meinen Augen zu sehen: eine hochgewachsene, schwebende Erscheinung, die nackten Arme der Venus, ein von gleißendem, schwarzem Haar bekröntes Haupt, auf weichem Halse leicht nach vorn geneigt – ein voller Mund über dem ziemlich kleinen Kinn, eine gerade Nase und *riesige*, klare Augen. Ihr Name war Harriet Smithson. Sie war siebenundzwanzig, und ich war dreiundzwanzig, und sie hatte noch keine zwei Sätze gesprochen, als ich sie schon anbetete! Am Ende der Wahnsinnsszene war ich einer von den vielen, die man schluchzen hörte. Starke Männer wurden von ihren Gefühlen so überwältigt, daß sie das Theater verlassen mußten. Ich sehe sie noch vor mir. Sie nähert sich der Rampe wie geistesabwesend, ihrer Seele beraubt, geblendet. Ihr Schritt wird unsicher, sie schwankt, ihre wundervollen Augen sind leer! Und dann, mit einer Stimme, so dünn und tonlos wie eine hinter einer fernen Wand zögernd und schlecht geblasene Oboe, singt sie –

They bore him barefaced on the bier,
hey non nonny, nonny, hey nonny…

Der Schleier fällt ihr vom Gesicht, echte Tränen aus diesen freigebigen Augen schimmern auf ihren Wangen, wie Rauch treibt sie in ihre irre Abwesenheit. O, *Dieu*, Baillot, hätten Sie das gesehen!

Vier Tage später gaben sie *Romeo and Juliet.* Ich hatte mir schon vor längerer Zeit ein dauernd gültiges Freibillett für das Orchester des Odéons verschafft, aber Harriet Smithson machte Furore – Victor Hugo und Alfred de Vigny beteten sie an, Alexandre Dumas hatte ›die Frische von Adams erstem Anblick des Garten Eden‹ genossen, und ich wußte, daß diese Eva diesmal vor ausverkauftem Hause spielen würde, auf mein Freibillett also kein Verlaß war, und beeilte mich deshalb, für diese Vorstellung ein Billett an der Kasse zu erstehen. Eben noch rechtzeitig! Das war mein Ende. Der Gegensatz, Baillot! Die Düsternis des Nordens, sonnenlose Tage und kalte Schuld, Tränen, Verluste, Grauen in dem anderen Stück – und jetzt, statt dessen: das helle Licht Italiens, Zärtlichkeit, süße Pein, Umarmungen noch auf dem Sterbebett. Als der letzte Vorhang fiel, wußte ich, daß mein Herz für immer weggeschlossen war.

Ich aß nicht mehr. Ich lief ganze Nächte lang durch die Straßen. Ich, der ich meine größte Lust bei meiner Arbeit gehabt hatte, empfand jetzt beim Anblick des Notenpapiers nur noch Ekel. Ich wurde zum ziellosen Wanderer. Einmal erwachte ich auf einer Wiese bei Sceaux; ein anderes Mal an einem Heuhaufen lehnend auf einem Bauernhof in der Nähe von Ville-Juif; einmal sogar auf einer Schneewehe am Ufer der Seine, bei Neuilly – hatte ich mich ertränken wollen? Meine Verehrung war jedenfalls hoffnungslos. Ganz Paris sang Ophelias Lob, und der Ruhm Julias war auf jedermanns Lippen. Und ich, Hector Berlioz, war niemand.

Nachdem ich derart wochenlang wegen meiner Unsichtbarkeit für diese großen, seelenvollen Augen Höllenqualen gelitten hatte, fiel mir eines Tages ein, daß ich Harriet Smithson beweisen müsse, daß ich im Gegenteil durchaus nicht unsichtbar, sondern *unübersehbar* sei, ein Stern, der alle Blicke auf sich zieht, wie sie. Und so beschloß ich, etwas zu tun, was in Paris noch niemand je gemacht hatte: nämlich, um ihre Aufmerksamkeit zu gewinnen, ein Konzert im Konservatorium zu veranstalten, bei dem nur Werke eines einzigen Komponisten gespielt werden sollten: *meine* Kompositionen. Es kostete mich ein halbes Jahr und erschöpfte meine gesamten Ressourcen, dieses Konzert zu arrangieren.

Cherubini, der das Konservatorium leitete, war ein bitterer alter Mann. Er hatte mich einmal dabei erwischt, wie ich das Gebäude durch die falsche Tür betrat, und lehnte deshalb meine Bitte um Genehmigung, im Saal des Konservatoriums ein Konzert zu geben, als Frechheit eines unverschämten Knaben ab. Es vergingen Wochen, bis es mir gelang, ihn durch Rochefoucauld nötigen zu lassen, mir die Genehmigung trotzdem zu erteilen. Dann mußte ich – wenn mein Konzert Aufsehen genug erregen sollte, daß meine Ophelia, meine Julia davon erführe – die Presse für mich einspannen, was natürlich für einen bloßen Konservatoriumsschüler nicht ganz leicht zu machen war. Dennoch gelang's mir! Die Kosten für die Notenkopisten und die Musiker erhöhten natürlich die Last meiner Schulden ziemlich unerträglich.

Aber gleichviel. Als das Konzert endlich stattfand – gespielt wurden die Ouvertüre *Waverley*, das *Et resurrexit* aus meiner frühen Messe, ein Stück, das ich der griechischen Revolution gewidmet hatte, und meine *Francs-Juges*-Ouvertüre –, wurde es von den Kritikern sehr gelobt. Unglücklicherweise befanden sich die britischen Schauspieler inzwischen schon auf einer Tournee durch die Provinz, und als sie nach Paris zurückkehrten, um dort *Richard III* und *The Merchant of Venice* zu geben, kaufte ich natürlich wieder Karten, sah meinen Engel, ging nachher zum Bühneneingang, wo mich der Pförtner grob abwies, schrieb mehrere Briefe, die Miß Smithson nie erreichten, und erfuhr schließlich auf Umwegen, daß kein einziges Mitglied des Ensembles sich erinnerte, von einem Konzert dieses unbekannten Jungen – wie war doch der Name? Bouliot? – je gehört zu haben.

Ich gab aber nicht auf. Ich gab mir die größte Mühe, möglichst viel über sie in Erfahrung zu bringen. Ich erfuhr, daß sie in Irland zur Welt gekommen war, dreieinhalb Jahre vor mir. Daß sie von einem Priester adoptiert und streng katholisch erzogen worden war. Daß sie dann, als dieser durch ein langwieriges Leiden niedergeworfen wurde, zum Theater ging, um ihren Lebensunterhalt zu verdienen. Daß ein Bruder über ihre Tugend wachte und auf Reisen die scharfen Augen ihrer Mutter und einer buckligen Schwester sie beaufsichtigten. Und daß sie einen Impresario hatte, namens Abbot, der ihr jeden Schritt vorschrieb; dieser hatte auch ihr Engagement bei der Truppe vermittelt, in der sie neben Kembles Hamlet die Ophelia spielte.

Ich schrieb ihr weiterhin Briefe, in denen ich auszudrükken versuchte, was ich für sie fühlte. Und wunderbarerweise kamen ihr endlich einige davon unter die flammenden Augen. Lange jedoch erhielt ich keine Antwort. Doch dann, eines Tages – ich wollte es kaum glauben – kam ein Brief in einer weiblichen Handschrift, in dem ich las, daß meine Bitten allerdings rührend seien. Doch der letzte Satz sagte: ›Liebe wie die Ihrige, Sir, ist zerbrechlich. Ich werde Sie auf die Probe stellen. Warten wir ab, was die Zeit bringt. Dann könnten wir uns vielleicht treffen und...‹ –, damit brach der Brief mitten im Satz ab. Können Sie sich vorstellen, was ich fühlte?«

Er legte sich zurück auf das Bett und starrte die Decke der Kammer an.

Endlich fragte ich mit ruhiger Stimme: »Was geschah? *Haben* Sie sie getroffen?«

»Niemals... Niemals... Ich fuhr fort, ihr zu schreiben, erhielt aber niemals wieder eine Antwort von ihr. Ich versuchte mich ihr mit Hilfe eines Engländers zu nähern, der in Frankreich als ihr Dolmetscher fungierte, eines gewissen Turner. Und wissen Sie, was der mir schließlich erzählte? Er sagte, daß die Schauspieler der Truppe sich über den hoffnungslosen Verehrer von Miß Smithson – derjenigen, die Ophelia und Julia spielte – von Herzen lustig machten und wissen wollten, daß ihm einen Brief, der ihn zur Geduld ermahnte und ihm für eine unbestimmte Zukunft vage Hoffnungen machte, gar nicht diese Miß Smithson selbst, sondern vielmehr deren bucklige Schwester geschrieben habe, um den lästigen Verehrer der großen Schauspielerin abzuwimmeln! Das war die Antwort, die dem Schrei meines Herzens zuteil wurde, Baillot, so unerwidert blieb das tiefste Gefühl meines Lebens...«

Dritter Satz

Heute morgen erwartete er mich in ganz anderer Stimmung als gestern, mit zwei Passagen aus Webers *Freischütz* auf dem Notenpult – der verträumten, pastoralen Melodie *Durch die Wälder, durch die Auen* und der Arie der, angesichts des im Mondschein auf sie zukommenden Max, verzückten Agathe.

Als ich Antonietta aus dem Kasten nahm, stand Berlioz neben mir und sagte: »Weber ist der einzige Komponist, dessen Musik mir Heimweh macht! Wieviel seelische Gesundheit spricht doch aus ihr! D-Dur für heitere Landschaften und C-Dur für die Kräfte des Guten in der Welt. Vor vier Jahren hörte ich, daß er auf der Durchreise in Paris sei – schon vom Tode gezeichnet, hieß es, Schwindsucht –, und ich bin ihm drei Tage lang durch die ganze Stadt nachgelaufen, in der Hoffnung, ihn kennenzulernen. Ich verpaßte ihn überall: bei Auber, in einer Musikalienhandlung, bei Catel, im Konservatorium, wo er Cherubini besucht hatte. In der Oper sagten sie mir, er sei eben weggegangen, um Rossini zu besuchen, aber ich *hasse* Rossinis Musik und brachte es nicht über mich, ihm zu Rossini zu folgen. Weber ist dann nach London abgereist, wo er bald darauf starb, so daß ich nie Gelegenheit erhielt, ihm zu sagen, wieviel seine Musik des Lebens auf dem Dorf und in den Wäldern – des Lebens im Innersten meines Gedächtnisses – mir bedeutet... Spielen Sie es für mich!« sagte er, auf sein Bett zurücksinkend.

Ich tat wie geheißen, und Antonietta gab Webers robusten, rustikalen Klängen eine schwitzende Resonanz, die mich (der ich durch und durch ein Großstadtmensch bin) einigermaßen überraschte, die jedoch Berlioz offensichtlich sehr naheging, denn als ich fertig war, stand er sofort auf, ohne die gewöhnliche Pause melancholischer Besinnung, und sprudelte einen Strom nostalgischer Erinnerungen hervor.

»Sehen Sie! Es ist früh am Morgen. Ich sehe die Frauen des Dorfs ihre Wäsche an dem Bache nahe bei dem steinernen Haus waschen, sie bewegen sich im Rhythmus eines Volksliedes, das sie singen; die kleinen Inseln des Seifenschaums fließen ohne Rhythmus fort auf dem klaren Wasser, hier und da durch Strudel rundum gewirbelt. Ah, Balliot, hören Sie! Da ist eine Kuh auf dem Hof, deren Muhen ein klagendes Fagott ist. An einem Hang über dem Dorf grasen zwei Schafherden, in ziemlicher Entfernung voneinander, und der Hirt der einen spielt auf seiner Sackpfeife einen alten, alten *ranz de vaches;* dann ist da eine

Stille, so weit wie der Himmel; dann antwortet aus der Ferne der andere Hirte mit der gleichen traurigen Weise. Der Schmied hämmert ein rotglühendes Hufeisen auf seinem Amboß, und seine Schläge sind Gesellen der Glockenschläge, die vom Kirchturm die Gläubigen zur Messe rufen. Meine Schwester Adele, meine Liebste, mein Püppchen, elf Jahre jünger als ich, klagt und wimmert, denn unsere schimpfende Mutter hat sie aus dem Bett gescheucht. Nun hört man die Männer auf die Jagd reiten, das Trappeln der Hufe synkopiert die wilden Rufe der Tenor-Jagdhörner, die das Wild treiben sollen, aber vor allem doch dem männlichen Überschwang der über ein leeres Feld galoppierenden Jäger Ausdruck verleihen. In der Kirche – hören Sie! – singen Sopran- und Altstimmen einen Psalm – *Wie der Hirsch schreit nach frischem Wasser...*, nach der Weise eines tausend Jahre alten Volkslieds. *Sacré vierge!* Das ist der Laut meiner Flöte, mit der ich in der Einsamkeit meiner Kammer den Psalm, den ich aus der Kirche höre, zu begleiten versuche! Aus dem Fenster sehe ich das Eis der fernen Gipfel in der Morgensonne glänzen. In den Niederungen an der Bièvre hängt Nebel. Ein Wind flüstert seine Geheimnisse einer Pappel neben dem Hause zu. Die Flöte reizt eine Elster, die mich erbost von der steinernen Mauer am Ende des Gartens ankreischt...«

Und so redete er weiter und weiter, und obwohl er mich hin und wieder bei meinem Namen als Zeugen anrief – »Sehen Sie, Baillot!« – »Hören Sie!« –, hatte ich das Gefühl, daß er mich nicht wirklich wahrnahm. Antoniettas Weber hatte ihn bei der Hand genommen und ihn heimgeführt in seine Kindheit.

Wieder hatte er Musik des Landlebens aufs Pult gestellt, die ich und Antonietta ihm zu Gehör bringen sollten: die schöne Arietta *Intendo, amico...* aus Mozarts *Il Rè pasto-*

re. Und wieder flog er in seinen Erinnerungen zurück zu dem Dorf La Côte St. André – zu dem Morgen, an dem ihm, wie er sagte, die Musik zuerst ihr nacktes Gesicht zeigte: dem Morgen seiner Erstkommunion. Er war zwölf Jahre alt, sagte er, und mir fiel ein, daß von dem Jahr die Rede war, in dem er seiner *stella montis*, seiner Estelle, den Kult weihte, von dem er mir neulich gesprochen hatte.

»Meine Schwester Nanci und ich gingen gemeinsam, um sechs Uhr früh, der Almosenier führte uns in die schlichte Kapelle des Heimsuchungsklosters. Die Luft, durch die wir gingen, war weich. Die Vorstellung, daß ich gleich in dem hellen, weißen Licht einer Zeremonie stehen würde, erregte mich. Die Religion war bis dahin nicht mehr für mich gewesen als ein Durcheinander von Wörtern und Singsang, trockene Bilder eines Himmels, der nicht mehr Realität zu haben schien als das, was man auf verstaubten alten Gemälden sah. In der Kirche war ich unter einer Schar von Mädchen in langen, weißen Kleidern der einzige Knabe. Der Priester rief mich als ersten, als sei Gott begieriger auf ein männliches Kind als auf alle schönen Jungfrauen. Als ich eben die Hostie auf die Zunge nahm, begann der Chor – gleichfalls lauter Mädchen – die Eucharistie zu singen. Diese hohen, silbernen, bebenden Stimmen gingen mir geradewegs ins Herz! Ich verstand zum erstenmal den Sinn des Satzes ›Gott ist Liebe‹. Da war allerdings auch etwas Taumeliges, etwas Berauschendes und Profanes in den Empfindungen, die diese hohen, dünnen Stimmen in mir weckten – ich ahnte zum erstenmal, was ich seit jenem Morgen nie vergessen habe, etwas von den Komplexitäten und Mehrdeutigkeiten, die in den durchsichtigsten Melodien mitklingen mögen. Freilich begriff ich erst zehn Jahre später, weshalb ich das damals geahnt hatte. Dies geschah, als ich in Paris Delayracs Oper *Nina, ou la Folle par Amour* hörte, die von einem jungen Mädchen handelt, das in der irrtümlichen Annahme, daß ihr Geliebter bei einem Duell getötet wurde, in Wahnsinn versinkt. Aber natürlich, Sie kennen ja *Nina*, ich erinnere mich noch des furchtbaren Tumults, den bei jener Aufführung der Oper, an der mitzuwirken Sie verhindert waren, das Publikum Ihnen zu Ehren veranstaltete... Jedenfalls begriff ich, als ich Ninas wunderschöne, herzzerreißende Arie *Quand le bien-aimé reviendra* hörte, daß man bei mir daheim in aller ländlichen Unschuld bei der Kommunion diese Melodie hatte spielen lassen – zweifellos, weil man sie so ›süß‹ fand!«

Heute morgen fand ich die Partitur des Adagio-Satzes von Beethovens Sechster Symphonie auf dem Musikpult, und Berlioz erklärte mir, weshalb er heute dessen »gigantischer Stille« lauschen wolle. *Sein* langsamer Satz nämlich, sagte er, soll die Geschichte des heiteren Landlebens der Heimat seiner Kindheit beschreiben.

»Ich werde diesen Teil *Szene auf dem Lande* nennen«, sagte er.

Ganz zufällig jedoch kam ich, während wir so, ehe ich zu spielen begann, miteinander plauderten, zu der Einsicht, daß in der Tiefe, unter dem Frieden, den er bei seinen Kindheitserinnerungen zu genießen schien, unter dieser pastoralen Stimmung, erstickender Rauch sich ballte, von den glühenden Kohlen, die den Kessel der »Lokomotive der Symphonie« heizten. Und ohne im mindesten darauf auszusein, entdeckte ich, was ihm so einheizte.

Als ich Antonietta stimmte, fiel mein Blick auf die winzige Scharte neben dem Flödel der Decke, und mir fiel ein, daß ich Berlioz darauf noch nicht hingewiesen hatte.

»Sehen Sie mal«, sagte ich, »sehen Sie diesen kleinen Makel an meiner Antonietta? Für mich ist das ein Schönheitsfleck, Sie wissen schon, jener kleine Makel, der charakterisiert und vermenschlicht, was ohne ihn zu vollkommen wäre, um wirklich schön zu sein. Können Sie sich vorstellen, wie Antonietta dazu kam – und weshalb dieser Schaden nie behoben wurde? Vuillaume hat mir diesbezüglich das Folgende erzählt. Es heißt, daß – als Stradivari eben den Kanal für den Flödel aushob – ein mißgünstiger Freund des Meisters, der von dessen Verliebtheit in jene Antonia wußte, die er doch nur einmal von weitem gesehen hatte, in seine Werkstatt gestürzt kam, um ihm zu erzählen, daß sein Engel eine Dirne, daß sie in der Nacht zuvor bei Vollmond auf dem freien Feld in den Armen eines jungen Kavaliers – ja, die ganze Wahrheit zu sagen, unter diesem, auf dem Rücken liegend, also *flagrante delicto* – gesehen worden sei. Stradivari soll durch diese Erzählung so außer sich geraten sein, daß ihm die Hand ausrutschte und er diesen Schnitzer machte. Und in seinem Zorn schwor er sich, ihn nie zu reparieren. Das ist, was Vuillaume mir erzählt hat.«

Inzwischen war ich an die leidenschaftlichen Ausbrüche, die ich, was ich ihm auch erzählte, bei Berlioz nicht selten provozierte, schon ziemlich gewöhnt und wunderte mich nicht mehr, wenn er aufsprang und auf und ab zu laufen anfing, totenbleich wurde, seine rote Mähne schüttelte. Ich war deshalb auch nicht besonders erschrocken, als er, nachdem ich ihm diese Geschichte erzählte, ganz dicht an mich herantrat, mir mit vorgeschobenem Kinn so nahe kam, daß er mich fast damit stieß, die große Nase drohend wie eine Streitaxt.

»Ich wünschte, Sie hätten mir das nicht erzählt«, sagte er. Er wandte sich ab und ging in seiner Kammer hin und her. Endlich ließ er sich auf die Bettkante sinken und sagte:

»Baillot, manchmal zielen Sie zu gut.« Er blickte zu Boden. Ich kannte ihn gut genug, um abzuwarten, was er weiter zu sagen hätte. Schließlich sagte er:

»Ich wollte Ihnen das eigentlich nicht erzählen. Vor zwei Monaten wußte ich nicht mehr ein noch aus. Ich wollte mit meiner Symphonie anfangen, aber mein Geist war leer und unfruchtbar, ich fühlte mich hohl und faul. Ich erinnere mich des Augenblicks, in dem es passierte, noch genau. Ich saß da drüben am Tisch mit einem unbeschriebenen Blatt Notenpapier vor mir. Ich konnte auf dem Dach die Tauben bei ihren obszönen Unterhaltungen hören. Es wurde an die Tür geklopft. Ich rief: ›Herein!‹ Es war Harriets Dolmetscher, Turner. Er stand da, glänzend vor Schadenfreude – weshalb bloß?, frage ich mich, zeigte da der englische Haß auf uns Franzosen sein häßliches Gesicht? – und sagte: ›Ich finde, Sie sollten das wissen. Abbot – ihr Impresario, wissen Sie –, Abbot ist ein Fuchs. Er hat sie vernascht. Ein schlauer Fuchs, er hat die bucklige Schwester überlistet, es wird jedenfalls erzählt, daß er Harriet und das kleine Ungeheuer zum Essen in sein Logis eingeladen hat und dort die Bucklige irgendwie hypnotisierte, so daß sie sich willig auf den Markt schicken ließ – angeblich brauchte man noch Lauch für die Suppe – und daß dann, während sie weg war... *alors*..., und danach scheint es dann ganz einfach gewesen zu sein – in Harriets Garderobe während der Pausen – ein Akt zwischen den Akten, wissen Sie –, während die ahnungslose Bucklige im Publikum sitzt! Man kann sie durch die dünnen Wände der Garderobe hören..., nun, jedenfalls zerreißt sich die ganze Truppe das Maul darüber.‹«

Ich verstand die eigentümliche Botschaft, die Berlioz mir mit diesem Geständnis übermittelte – wider Willen übermittelte wahrscheinlich und vielleicht sogar, ohne es selbst zu merken nämlich, daß sein Genie des Zorns bedarf, daß ein Klingeln von Sporen ihn zum Schaffen anstachelt.

»Und danach«, vermutete ich leise, »waren Sie imstande, mit der Arbeit an Ihrer Symphonie zu beginnen?«

»Ja«, sagte er stirnrunzelnd, doch in erleichtertem Ton, »danach fingen Sie an, für mich Geige zu spielen, und die Musik flog mir nur so zu.«

Vierter Satz

Als ich heute morgen kam, war Berlioz anders gekleidet als bei meinen bisherigen Besuchen. Er trug graue, lange Hosen unter einem langen Hausmantel und an den Füßen Pantoffeln mit abgetretenen Hacken. Er sah verwahrlost aus, und ich hatte den Eindruck, daß seine Symphonie ihm irgendwelche Schwierigkeiten machte, die ihn überraschten. Wie sich zeigte, waren aber seine Sinne heute womöglich noch schärfer als gewöhnlich. Als ich Antonietta stimmte, sagte er:

»Ihr A ist viel zu tief.«

Diese Bemerkung überraschte mich. Während der letzten Jahre hat man den Kammerton A, der den Stimmgabeln gegeben wird, ständig erhöht, hauptsächlich, glaube ich, auf Betreiben der Komponisten; daß aber ihm mein A zu tief war, überraschte mich, weil ich mich erinnerte, einen Artikel von ihm gelesen zu haben, in dem er sich gegen diese Höherstimmung ausgesprochen hatte mit der Begründung, daß dieselbe die Sänger zwänge, in den höheren Lagen ihre Stimmen zu überanstrengen. Ich hatte deshalb gedacht, es würde ihm gefallen, daß ich eine ältere Stimmgabel benutzte. Ich sagte das.

»Ja, das habe ich geschrieben«, sagte er, »aber für diese Symphonie brauche ich einen höheren Stimmton, um ihr den glänzenden Klang zu geben, dessen sie bedarf.«

Ich zog also den A-Wirbel eine Kleinigkeit an und stimmte die anderen Saiten entsprechend ein.

Die Noten, die mich auf dem Pult erwarteten, waren die der geisterhaften Feen-Musik aus Webers *Oberon*. Die größten Feinheiten dieser Musik sind für die Holzbläser geschrieben, und ich strengte mich sehr an, um Antoniettas Klang hinreichend zu verdicken, um einen Flötenton nachzuahmen, der Berlioz gefallen würde.

Als ich geendet hatte, sagte er nach ein paar Augenblikken:

»Haben Sie jemals Opium genommen?«

»Einmal«, sagte ich, »als ich mir ein Bein gebrochen hatte. Mein Arzt gab mir eine Dosis.«

»Hatten Sie Träume?«

»Nicht daß ich wüßte. Ich glaube, dazu tat mir das Bein zu weh.«

Er verstummte. Ich legte Antonietta in ihren Kasten.

»Vor zwei Jahren«, sagte er, »nicht lange nachdem Shakespeare meinen Geist entflammt hatte, hatte ich noch ein anderes, ähnliches zündendes Erlebnis. Als ich Gerard de Nervals Übersetzung von Goethes *Faust* las – und wie ich mich bei dieser Lektüre in das Werk versenkte! Ich las es morgens beim Frühstück, ich las es im Gehen auf der Straße, ich las es zwischen den Akten im Theater, ich las es bei Kerzenschein nachts im Bett. Ich brauchte das Buch nur aufzuschlagen und war schon darin gefangen. Der Held verkörpert alles, was ich selbst sein möchte – ist gelehrt, edel, frei, wildherzig, voll Ehrfurcht angesichts der Natur, tapfer, ein Spieler mit dem Schicksal, ein Entdeckungsreisender, der die reichsten äußeren Grenzen unseres Erdenlebens zu erforschen trachtet!«

...und sich dabei auf einen Handel mit Mephistopheles einläßt, bei dem er riskiert, das Leben in der Hölle kennenzulernen, dachte, aber sagte ich nicht.

Ich besuchte Berlioz am späten Nachmittag, um ihm mitzuteilen, daß wir »unsere Arbeit« für kurze Zeit würden unterbrechen müssen. Wenn er Antonietta höher gestimmt hören wollte, war es Zeit, daß ich Vuillaume bäte, die Geige zu richten und die Veränderungen anzubringen, die er und einige andere Experten für die höhere Stimmung an den alten Cremona-Geigen vorzunehmen wagten. Ich hatte diese Arbeiten länger hinausgeschoben, als gut war, weil ich schreckliche Angst hatte, daß etwas dabei schiefgehen könnte. Aber das Problem war, daß die durch die Höherstimmung unvermeidlich erhöhte Spannung aller vier Saiten den Druck des Stegs auf die Decke und auch auf die Verbindung des Halses mit dem Corpus gefährlich vermehrte. Zunächst war Berlioz verärgert. Wie konnte ich es wagen, den Rhythmus seiner Tage zu stören? Aber wie so oft, änderte sich seine Stimmung schnell, und bald war er ganz aufgeregt und besorgt wegen der seiner »Freundin und Helferin« Antonietta bevorstehenden Operation. Ob Vuillaume ihn dabei zusehen lassen würde? wollte er wissen.

So wanderten wir am nächsten Morgen in die Rue Croix des Petits-Champs, wo, Nr. 46, der Geigenbauer seine Werkstatt hatte und die Operation, die auszuführen ich ihn bat, alsbald in Angriff nahm. Nachdem die Saiten abgezogen waren, konnte ich es kaum ertragen, weiter zuzusehen, aber Berlioz steckte seine Nase so störend zwischen die Geige und das dünngeschliffene Messer in Vuillaumes Hand, daß der Geigenbauer ihn wegscheuchen mußte. Mit großer Sorgfalt schob Vuillaume die Messerklinge an verschiedenen Stellen zwischen Decke und Zargen, erst an den Mittelbügeln, dann an den Ober- und Unterbügeln. Endlich löste sich mit einem grauenhaften, krachenden Laut – gegen den ich mir die Ohren zuhielt, doch nicht ehe ich Berlioz schreien hörte, als hätte man ihn erdolcht – die Decke vom Corpus der Violine.

An diesem ersten Arbeitstag entfernte Vuillaume Stradivaris Baßbalken und ersetzte ihn durch einen längeren, dickeren und stärkeren, und er schnitt einen etwas stärkeren Stimmstock. An den beiden folgenden Tagen – während derer Berlioz nicht müde wurde, ihm weitere tausend Fragen zu stellen – nahm Vuillaume Antonietta den Hals ab, formte diesen um und setzte ihn wieder an, nun in leichter Abwärtsneigung gegen die Decke der Geige. Dann schnitt er ein neues Griffbrett, das, nahezu zwei Zoll länger als das alte, dem Geiger die Möglichkeit gab, auf allen Saiten wesentlich höhere Noten zu greifen. Auch der Steg wurde durch einen neuen ersetzt, der höher und gewölbter war als der alte. Und schließlich leimte er die Geige wieder zusammen. Sobald am folgenden Tag der Leim hart war, zog er stärkere Saiten auf, als ich zuvor benutzt hatte, alle, bis auf die E-Saite, mit feinem Silberdraht umsponnen.

Und am folgenden Tag nahm ich Antonietta mit nach Hause, stimmte auf den Kammerton einer neuen, höher gestimmten Stimmgabel ängstlich und hastig die Saiten und begann besorgt und ungeduldig aus dem Gedächtnis Berlioz' Erminia-Thema zu spielen. Der Ton war abgehärmt und verbittert. Ich zitterte vor Angst, daß Antonietta, vergewaltigt, unheilbaren Schaden an ihrer Seele genommen haben könnte. Aber ich zwang mich aus Liebe zur Geduld. Ich spielte drei Stunden lang die unterschiedlichste Musik und merkte, wie sich bei dieser liebevollen Behandlung Antonietta allmählich wieder für die Musik erwärmte. Und endlich kam ein Augenblick, in dem ich mit einem lauten Freudenschrei innehielt. Nicht allein, daß sie keinen dauernden Schaden davongetragen hatte, war nun offenbar: Unbestreitbar hatte die Geige durch Vuillaumes Operation eine ganz neue Resonanz und Kraft gewonnen! Ich konnte es kaum erwarten, an »unsere Arbeit« zurückzukehren.

Heute früh hatte er mir die Noten des seltsamen, düsteren Hochzeitsmarsches für den bösen Lysiart und Eglantine aus Webers *Euryanthe* auf das Pult gestellt. Mit meiner neuen, kehligen Antonietta war ich imstande, das scharfe Trommeln des Marsches und der halluzinatorischen Passage, die darauf folgt, sehr wirkungsvoll zu Gehör zu bringen. Ich sah Berlioz an, daß Antoniettas neuer Ton ihn in Erstaunen setzte.

Als er zu sprechen begann, nahm er zuerst keinen Bezug auf die bösartige Geisterhaftigkeit der Musik, der er soeben gelauscht hatte. Er sprach liebevoll von seinem Vater.

»Ich bin als Junge nur zwei Jahre lang zur Schule gegangen – vom sechsten bis zum achten Lebensjahr –, und die Schule, in die ich ging, war wie ein Gefängnis. Danach unterrichtete mich mein Vater daheim – und er hat mich alles gelehrt, was ich weiß. Er war so sanft! Er drängte mich nicht. Er führte mich. Er winkte mir zu vom Pfade der Poesie, und atemlos lief ich ihm darauf nach. La Fontaine! Aber, ach, über allem, Virgil!... Lassen Sie mich Ihnen von einer meiner lateinischen Lektionen erzählen. Es war ein bewölkter, drückender Morgen im August, sein Arbeitszimmer war dunkel, ich hörte eine Fliege darin herumbrummen. Ich übersetzte das Vierte Buch der *Aeneis*, und der grausame Schmerz der von Aeneas verlassenen Dido zerriß mir das Herz. Sie besteigt den Scheiterhaufen, auf dem sie alle Erinnerungen an den, der sie verlassen hat, verbrennen will...

...et arma viri, thalamo quae fixa reliquit
impius, exuviasque omnis lectumque iugalem –

...die Wehr, die geheftet also
der Frevler ließ in der Kammer,
und was sonst er getragen am Leib,
und das Bett der Vermählung...

– und durchbohrt sich mit dem Schwert, das ihr der Trojaner geschenkt hat –

ter sese attollens cubitoque adnixa levavit
ter revoluta torost...

...Dreimal hebt sie empor auf stützendem Arme sich,
dreimal rollt sie aufs Lager zurück...

Mir war zumute, als stürbe ich selbst. Mein Vater, um mir Mut zu machen, sagte, ich, solle übersetzen –

> *...oculisque errantibus alto*
> *quaesivit caelo lucem ingemuitque reperta* –

und mir brach das Herz, als ich hervorstieß –

> *...und hoch mit irrenden Augen*
> *sucht sie das Licht am Himmel und seufzt*
> *des gefundenen Lichtes.*

Ich schlug die Hände vors Gesicht und schluchzte. Ich habe diesen Schmerz niemals vergessen.«

Auf dem Heimweg vergegenwärtigte ich mir, wie schnell seine Vorstellung die Distanz zwischen einem Hochzeitsmarsch und einem Selbstmord, zwischen Liebe – wenn auch einer unheilschwangeren Liebe – und Tod, zwischen böser Lust und reiner Trauer überbrückt hatte. Und ich fragte mich: Was er wohl in diesem Satz zusammenbrauen mag?

Heute morgen wieder einmal handgeschriebene Noten. Wieder ein düsterer, pochender Marsch.

»Ich habe das für die *Francs-Juges* geschrieben«, sagte er, als ich geendet hatte. »Aber aus dieser Oper über die Femerichter oder Freischöppen ist ja leider nie etwas geworden, weil die Jury des Opernhauses mit dem Libretto meines Freundes Ferrand nichts anfangen konnte. Dieses Stück hieß *Der Marsch der Wachen.*«

Dann ein langes Schweigen, wie ich es von ihm schon kannte.

Dann: »Sie müssen Geduld mit mir haben... es ist schwer zu vergessen... Als ich sechs oder sieben Jahre alt war, ertrank ein Vetter meines Vaters in einem Sumpf. Ich stellte mir immer vor, wie ihn der weiche Boden verschlang, wie er kämpfte und um Hilfe rief... und dann, später, inzwischen war ich fünfzehn, glaube ich, sagte mir eines Tages mein bester Freund Imbert – der Sohn meines Musiklehrers – feierlich Lebewohl –, und dann ging er und hängte sich an einer Linde auf.«

Eine weitere Pause.

»Der Dichter André Chenier war einer meiner Helden – kennen Sie seine Geschichte? Robespierre ließ ihn guillotinieren, müssen Sie wissen. Ein Jahr nach dem Tode Imberts fand ich in der Bibliothek meines Vaters ein Gedicht, das Chénier in den Tagen vor seiner Hinrichtung im Gefängnis schrieb, und ich vertonte es –

O mort! tu peux attendre; éloigne, éloigne-toi,
Va consoler les cœurs que la honte, l'effroi
Le pâle désespoir dévore.
Pour moi Palès encore a des asiles verts,
Les Amours des baisers, les Muses des concerts;
je ne veux point mourir encore.

Oh, Tod! Du kannst warten; entferne, entferne Dich.
Geh, tröste die Herzen, welche Schande, Entsetzen
und bleiche Verzweiflung verzehrt.
Für mich hat grüne Zuflucht Pallas noch,
Amor küsse und Musik die Musen;
ich will noch nicht sterben.

Wissen Sie, Baillot, es heißt, daß auf dem Karren zur Guillotine Chénier und Roucher, sein Kunstgenosse und Leidensgefährte, Racine rezitierten! Stellen Sie sich diesen Mut und diese Todesverachtung vor! Und ich habe mir auf meiner Partitur angemerkt – bei Chateaubriand fand ich das –, daß Chénier, als er aufs Schafott stieg, die Hand zur Stirn hob und rief: ›Sterben zu müssen, wenn ich so viel hier drin habe.‹«

Wieder hielt Berlioz inne.

»Ist Ihnen schon mal aufgefallen, daß Ihre Antonietta hermaphroditisch ist?«

Obwohl mir seine Sprunghaftigkeit inzwischen vertraut war, fand ich diesen Gedankensprung doch überraschend. »Wie meinen Sie das?«

»Ich dachte daran, als wir neulich zusahen, wie Vuillaume sie operierte und er uns erklärte, daß die sanften, süßen Schwingungen der weichen, gewölbten Fichtenholzdecke zugleich aufgehalten und erregt werden durch die kühneren Vibrationen des Bodens aus Ahornholz. Der Baßbalken drückt gegen die Decke... die Rippen werden von beiden geteilt – Adam, Eva... und der resultierende Ton – nun, ich meine, die Saiten bilden einen Chor: Sopran, Alt, Tenor, Bariton.«

Dann kam der seltsamste Sprung, den ich bisher erlebt hatte. Fast ohne Pause fuhr er fort: »Ich habe etwas sehr Aufregendes erlebt. Ich nehme an, Sie wissen, daß ich, um meinen Lebensunterhalt zu verdienen und womöglich etwas von meinen Schulden abzutragen, Musikunterricht gebe – unter anderem Gitarrenstunden an einer Mädchenschule, die von einer gewissen Madame Daubrée geleitet wird. Mein Freund Ferdinand Hiller gibt dort Klavierstunden und neben ihm desgleichen eine achtzehnjährige junge Dame namens Camille Moke. Mir kam dieses Mädchen zunächst wie eine seichte Kokette vor – schwarzes Haar hat sie, blaue Augen, und dazu eine üppige Figur, die aber irgendwie über den Boden zu schweben scheint, denn ihr Gang ist so leicht, so leicht, als kastrierten ihre Schritte die diesem innenwohnende Anziehungskraft und nähmen ihm jede Lust auf einen derart göttlichen Körper. Ihr Vater hat in Gent sein Geld verspielt, deshalb verließ die Mutter ihn, zog mit der Tochter nach Paris und machte hier ein Fachgeschäft für Damenunterwäsche auf. Ich bin dieser Mutter nie begegnet. Hiller sagt, daß sie auf Camille aufpaßt wie ein Luchs, als hoffe sie, die Tochter so lange auf dem Regal behalten zu können, bis ein Käufer aufkreuzt, der ihr mehr für diesen Artikel zahlt, als ihr ganzer Laden wert ist. Hiller verliebte sich sofort in die Tochter und erkannte, daß seinen Wünschen der Umstand entgegenkam, daß Camille an verschiedenen Orten der Stadt außer Reichweite der Luchsaugen ihrer Mutter Klavierstunden gab. Da meine Lektionen an Madame Daubrées Schule oft gleichzeitig mit ihren stattfanden, bat mich mein Freund, sobald er mit der Angebeteten im Einvernehmen war, als sein Mittelsmann bei ihr zu fungieren und sie etwa zu benachrichtigen, wo in der Stadt er sie gerade erwartete. Manchmal trafen sich die beiden während meiner Abwesenheit in meiner Kammer. Doch anscheinend beging er einen schweren Fehler: indem er ihr erzählte, ich wäre so unsterblich in eine englische Schauspielerin verliebt, daß ich sie keines Blickes würdigen würde. Eines Tages begegnete ich ihr auf dem Flur von Madame Daubrées Etablissement und flüsterte ihr eilig die mir von Hiller genannte Adresse und Zeit für das nächste Rendezvous zu. Da strich sie mir auf die natürlichste Weise von der Welt, so als wollte sie mir mit der Gebärde nur danken, mit den Fingern leicht über den rechten Handrükken. Bei der nächsten Gelegenheit hob sie die Hand und berührte mit *ihrem* Handrücken flüchtig mein Gesicht. Dann sagte sie einmal: ›Ich kenne ihre Kammer auswendig. Ich kann sie dort sehen, wie Sie, über Ihren Tisch gebeugt, arbeiten und dann... zu Bett gehen!‹

Neulich drückte sie mir einen Zettel in die Hand, auf dem ich die Bitte las, sie am folgenden Tag in einem Café auf dem linken Ufer zu treffen, nur auf eine Tasse Kaffee, schrieb sie, und nannte eine Zeit. Ich wollte hingehen, sie hatte meine Neugier erregt, aber am nächsten Tag war ich so in meine Arbeit vertieft, daß ich das Rendezvous vergaß. Ich vergaß es wirklich. Und nun scheint es, daß diese bare ›Gleichgültigkeit‹ meinerseits dem armen Mädchen den Rest gegeben hat. Gestern steckte sie mir diesen Zettel zu.«

Berlioz zog ein zerknülltes Stück Papier aus der Tasche, glättete es auf dem Knie und reichte es mir. Ich las: »Ich werde morgen um fünf Uhr vor Ihrer Kammer sein. Bitte lassen Sie mich ein.«

»Heute nachmittag«, sagte ich.

»Heute nachmittag«, sagte Berlioz mit dem Blick eines Ochsen vor einem neuen Tor.

Fünfter Satz

Wegen einiger Orchesterproben war ich seit drei Tagen nicht mehr bei Berlioz gewesen, als ich heute morgen seine Kammer aufsuchte. Die Noten, die er mir auf dem Pult bereitgestellt hatte, waren handgeschrieben, wie schon des öfteren zuvor. Berlioz sah aus, als sei er an einem Bein über Stock und Stein geschleift worden.

»Ich habe Ihnen, glaube ich, erzählt«, sagte er, »wie mich vor zwei Jahren die Lektüre von Goethes *Faust* aufgewühlt hat. Die Bilder dieses Dramas standen mir so scharf und kraß vor Augen, daß ich sofort anfing, Melodien daraus zu spinnen. Mein erster Gedanke war eine Ballettmusik, und einer der Tänze sollte zu dem Hexensabbat auf dem Brokken sein – die Noten da auf dem Pult sind, was ich davon zu Papier gebracht habe. Ich konnte aber die Oper für das Ballett nicht interessieren, und so schrieb ich statt dessen sechs Lieder zu Versen in Nervals Übersetzung. Ich ließ diese drucken, noch ehe sie aufgeführt worden waren, und in einem Augenblick der Tollkühnheit schickte ich Goethe ein Exemplar des Drucks. Er dankte mir das mit keinem Wort. Mein Freund Hermann sagt, ein boshafter Vetter von ihm in Berlin habe ihm erzählt, daß man sich dort über meine Lieder lustig mache. Goethe hat sie dem alten

Schwätzer Zelter gegeben – Zelter hat sich letztes Jahr nicht entblödet, Bachs *Matthäus-Passion* umzuschreiben, was doch wirklich ein starkes Stück ist, obwohl ich persönlich für Bach nicht viel übrig habe –, und dieser Zelter soll dann Goethe berichtet haben, daß meine Partitur nichts als lauter Husten, Schnarchen, Krächzen und Kotzen sei! Nun – und ich muß schlucken, wenn ich Ihnen das sage –, als ich sie mir daraufhin nochmals ansah, waren die Lieder nicht gut genug, *mich* zu befriedigen; und so habe ich mich bemüht, alle Exemplare des Drucks einzuziehen und zu vernichten. Aber was da auf dem Pult steht, ist aus der unvollendeten Ballettmusik, dazu stehe ich noch, Baillot. Diese Musik kommt mir von Herzen. Spielen Sie sie bitte für mich.«

Ich tat ihm den Gefallen. Nie hatte Antonietta so unheimlich geklungen. Es lief mir kalt den Rücken herunter.

Berlioz seufzte: »Ich will Ihnen von einem der grauenhaftesten Augenblicke meines Lebens erzählen«, sagte er. »Ich habe während der ganzen letzten Nacht daran gedacht und kein Auge zutun können deswegen.«

Hatte sich womöglich das Rendezvous mit der koketten jungen Frau als Katastrophe erwiesen? Ich hatte, als ich kam, nach dem Ausgang dieses Abenteuers nicht gefragt, weil ich meinte, daß Antonietta ihm die Geschichte noch früh genug entlocken würde. Doch auch jetzt kam er nicht darauf zu sprechen. Der grauenhafteste Augenblick seines Lebens lag schon länger zurück:

»Meine Familie tat, was in ihrer Macht stand, um mich davon abzuhalten, Musiker zu werden. Meine Mutter hielt alles, was mit der Welt des Theaters irgendwie in Verbindung stand, für sündig, und mein Vater wollte, daß ich Arzt würde wie er. Als ich zum erstenmal aus Paris nach La Côte zurückkehrte, glaubte ich meinen Vater überredet zu haben, mir zu gestatten, das Medizinstudium aufzugeben, und ich erzählte das meiner Schwester Nanci, und Nanci ging gleich zu meiner Mutter mit der großen Neuigkeit, und meine Mutter brauste auf wie der Mistral. Im folgenden Jahr fiel ich bei dem Wettbewerb um den Rom-Preis durch und bekam Ärger mit meinem Vater wegen der Schulden, die ich bei Pons gemacht hatte; und mein Vater sperrte mir meinen Wechsel und befahl mir, nach Hause zu kommen, und dort erklärte er mir, daß ich Arzt werden müsse und weiter nichts. Er war eiskalt. Aber er sah, wie zerschmettert ich war. Ich konnte nicht essen. Und er liebt mich, mein Vater, und ich tat ihm leid, und nach einer schlechten Nacht ließ er mich in sein Arbeitszimmer kommen, wo wir so viele glückliche Stunden miteinander verbracht hatten, und er sagte, er wolle schließlich doch in meinen Wunsch einwilligen, das Medizinstudium aufzugeben – aber der Mutter dürfe ich das unter keinen Umständen offenbaren! Ich war so überglücklich, daß ich wie ein Narr wieder sofort zu Nanci lief und ihr die große Neuigkeit brühwarm erzählte. Und Nanci, als Frau, fühlte auch diesmal das Bedürfnis, schleunigst meine Mutter von dieser skandalösen Wendung meiner Laufbahn zu unterrichten, natürlich ohne mir etwas davon zu sagen.

Ich spazierte im Garten umher. Ich hörte einen Schrei. Mutter kam aus dem Haus gerannt und fuhr wie eine wütende Katze mit gebuckeltem Rücken auf mich los. Ihr Haar war wild, und sie hatte die Augen einer Hexe. Sie schrie, daß sie mir nicht erlauben würde, nach Paris zurückzukehren. Ich war so entsetzt, daß ich unbeugsam und verächtlich ausgesehen haben muß. Und danach fiel sie auf dem Kiesweg vor mir aufs Knie und flehte mich aufs demütigste an, wobei sie ihr tränenüberströmtes Gesicht an meinem Hosenbein abwischte, nicht Schande über die Familie zu bringen mit sündigem Theaterspiel. Aber nun war ich wirklich unbeugsam, außer mir vor Wut – vielleicht zum Teil auf mich selbst, weil ich sie in diesen jammervollen, unwürdigen Zustand versetzt hatte. Ich versuchte, ihr zu trotzen. Sie erhob sich vom Boden, die Finger zu Krallen gekrümmt, und schrie: ›Möge Gott deine Seele verdammen, daß sie in der Hölle faule!‹ Und jammernd lief sie in die benachbarte Hütte.«

Berlioz stöhnte, fast wie Antonietta gestöhnt hatte, als sie seine schreckliche Musik spielte.

»Baillot!« schrie er, »bedenken Sie, was es heißt, von der eigenen Mutter verflucht zu werden!«

Niemals hatte Antonietta so erschreckende und beängstigende Töne von sich gegeben, wie ich sie ihr heute morgen entlocken mußte, als Berlioz mir die furchtbare Wolfsschluchtmusik aus dem *Freischütz* aufs Pult gestellt hatte. Da gab es den schrecklichen Augenblick, in dem der Geist von Maxens Mutter erscheint und versucht, ihn vor den Gefahren zu warnen, die er heraufbeschwört, wenn er die Freikugel gießt. Und ich hörte Berlioz ein seltsames Stöhnen ausstoßen, das mit der Musik in Einklang war. Doch war diese schreckliche Begleitung ein Stöhnen des Schmerzes? Oder der Lust? Ich hätte es nicht sagen können. Ich glaube, dieser Zweifel beunruhigte mich noch mehr als die Musik selbst.

Als ich mich nach dem Ende meiner Darbietung zu ihm umwandte, grinste er auf die unpassendste und bestürzendste Weise. Ich war sehr bestürzt. Ich packte Antonietta sehr umständlich in ihren Kasten, um Zeit zu gewinnen.

»Aber Sie haben mich nicht nach Camille gefragt«, sagte er. »Interessiert Sie denn gar nicht, was mir passiert?« Er sah schelmisch aus. Wie ein kleiner Junge, der einen größeren neckt.

»Aber ja doch, natürlich«, sagte ich, möglichst vorsichtig.

»Ich war noch nie in meinem Leben so glücklich«, sagte

er und lehnte sich auf sein Bett zurück. »Ich bin ein neuer Mensch. Dieses kleine Geschöpf kommt jetzt jeden Nachmittag zu mir. Sie liebt mich! Sie sagt das ganz offen. Das hat noch keine Frau zu mir gesagt. Sie ist ein winziges Ding, wissen Sie, leicht wie ein Geist. Ich nenne sie Ariel! Aber sie ist nicht unsubstantiell, sie verschwindet nicht. Sie ist eine wunderbare Musikerin, Baillot. Kalkbrenner hat Hiller anvertraut, daß sie seit Jahren eine seiner besten Schülerinnen war. Und das Allerseltsamste ist eben jetzt passiert: Ihre Antonietta klang, während sie diese schauerliche Musik zu Gehör brachte, dennoch meinen Ohren süß! Es kam mir so vor, als hörte ich nun in dieser neuen Stimmung die *Wahrheit* dieser Geige zum erstenmal. Ich schreibe gerade jetzt selbst schreckenerregende Musik, der letzte Satz strömt nur so aus mir heraus. Die Wahrheit? Die Wahrheit ist, daß, was ich bisher für Liebe hielt – zu Ophelia, zu Julia –, nur ein Tagtraum war. Ich empfinde Mitleid für Harriet Smithson, Baillot, ich verachte sie. Sie ist eine Hure.«

Le Programme

Er hat seine Symphonie vor zwei Wochen vollendet, aber bat mich, ihn auch weiterhin zu besuchen und ihm vorzuspielen. Tatsächlich glaube ich, daß nicht so sehr meine Gesellschaft oder mein Violinspiel ihm fehlen würden, wenn ich wegbliebe, als vielmehr die Violine, die ich spiele, denn deren Ton scheint er morgens zu brauchen wie starken Kaffee. Hat er ihr auch nur wenige Minuten gelauscht, scheint er für den ganzen Tag in Stimmung zu sein. Andererseits kann ich nicht leugnen, daß dieser junge Mann mit all seinen Gedankensprüngen und Widersprüchen bei diesen morgendlichen Sitzungen auch mich für den Tag auf die Sprünge bringt, sozusagen.

Er erzählte mir heute morgen, daß er schon eine Aufführung seiner Symphonie arrangiert hat. Er hat Bloc, den Leiter des ausgezeichneten Orchestre des Nouveautés, überredet, das Werk noch in diesem Monat ins Programm zu nehmen. Aber Berlioz sagt, daß dieses Orchester, obwohl vollkommen ausreichend für die *opéras comiques*, die es bisher begleitet hat, nicht annähernd groß genug ist für seine, wie er sie nennt, »gigantische Symphonie«. Er arbeitet prinzipiell im großen Maßstab. Neulich sagte er von einer Vokalmusik, die er komponiert hat, daß sie sich »verhungert« anhöre, wenn ein Solist sie singe, aber glorreich klinge, wenn ein Chor sie aufführe. »Fünfzig Stimmen«, sagte er, »sind immer besser als eine.« Deshalb bittet er achtzig zusätzliche Musiker, größtenteils aus dem Konservatorium, bei der Aufführung seiner Symphonie durch das derart auf hundertunddreißig verstärkte Orchestre des Nouveautés mitzuwirken. Natürlich ist ihm auch an meiner Mitwirkung gelegen. Er sagt sogar, daß er auf nichts sonst soviel Wert legt wie darauf, daß auch Antonietta in seine Symphonie einstimmt. Ich erkläre ihm, daß meine Verpflichtungen an der Oper in Versailles mir kaum die Möglichkeit anderweitiger Engagements offenlassen, aber er bittet und bettelt. Ich habe ihm gesagt, ich würde versuchen, mich freizumachen, könne es aber nicht versprechen.

Dieses halbe Entgegenkommen spornte ihn an, mich seine ganze Unwiderstehlichkeit fühlen zu lassen. Er wußte, daß es keinen Zweck hatte, mir zu schmeicheln. So versuchte er, mich zu bestechen. »Hätten Sie vielleicht Lust, einen Blick auf die Partitur zu werfen?« sagte er.

Nach all den Wochen »unserer Arbeit«, nach all der Musik und all den Gesprächen, nach all den Gedankensprüngen und Inkonsequenzen, nach all den Eingeständnissen und Bekenntnissen, mit denen er mich während dieser Wochen unterhalten, ins Vertrauen gezogen und mystifiziert hatte, war ich selbstverständlich äußerst neugierig zu sehen, was der junge Enthusiast unterdessen komponiert hatte, und sicherlich war mir das anzusehen. Denn alsbald verbreitete sich über sein Gesicht der selbstzufriedene Ausdruck, den ein Tiger zur Schau tragen mag, nachdem er sich seine Beute einverleibt hat. Seine Eitelkeit ist wahrhaft ungeheuer und unersättlich.

Er stand auf, durchquerte seine Kammer, öffnete die Truhe, entnahm dieser ein dickes Bündel Notenhandschrift und legte es auf den Tisch. »*La voilà*«, sagte er.

Ich setzte mich an den Tisch und begann zu lesen.

Wie soll ich das Staunen beschreiben, mit dem ich las? Was mich bei der Lektüre erfüllte, war mehr, als was man gewöhnlich angesichts der Sachen empfindet, die man erstaunlich nennt. Ich habe schon so viele Orchester- und Opernpartituren gelesen, daß ich den Klang der Musik im Ohr hatte, während mein Auge die Notenlinien entlanghastete – und was für ein unerhörter Klang war es doch, den ich da hörte! Es war Musik, die reinste Musik, von wildem Leben durchpulst bis zum letzten Takt. Wie war es möglich, daß ein siebenundzwanzigjähriger Jüngling schon so meisterhaft instrumentierte? Ja, diese Musik sprengte die bisher gebräuchlichen Gußformen. Sie war einzigartig, vollkommen original. Das Tempo war schwindelerregend. Die Veränderungen der Stimmung von Satz zu Satz waren höchst dramatisch. Dabei war die Partitur so muskulös, so schlank ohne jede überflüssige Phrase, nirgends aufgedunsen oder fett. Monströs war sie allerdings – ein monströses Epigramm.

Ich stand auf und wandte mich nach Berlioz um, als ich an das Ende des schreckenerregenden – ganz wie er gesagt hatte: schreckenerregenden Satzes gelangt war, und ich war sprachlos. Ich warf die Hände in die Höhe und schüttelte den Kopf, um irgendwie mein entgeistertes Staunen zum Ausdruck zu bringen

Er verstand. Er brach in Tränen aus und näherte sich Antonietta, die schon wieder in ihrem Kasten schlummerte. Andächtig küßte er dessen Deckel.

Heute nachmittag habe ich eine unangenehme Überraschung erlebt. Das Konzert soll in neun Tagen stattfinden, am Pfingstsonntag. Ich habe eingewilligt, dabei mitzuwirken. Es wird nur eine einzige Orchesterprobe geben, übermorgen. Ich habe heute vormittag drei Stunden lang geübt – wir bringen am Opernhaus Salieris *Tarare* heraus, und ich bin die Partitur durchgegangen –, und dann, auf dem Wege in das Bistro in der Nähe meiner Wohnung, wo ich zu Mittag esse, kaufte ich eine Zeitung, den *Figaro*. Ich setzte mich, da herrlich die Maiensonne schien, an einen Tisch auf der Terrasse und bestellte einen Pot-au-feu, ehe ich die Zeitung vornahm. Eine Schlagzeile sprang mir ins Auge:

EPISODE DE LA VIE D'UN ARTISTE
Symphonie fantastique en cinq Parties

Der Artikel machte Reklame für das Konzert, und offensichtlich hatte Berlioz ihn selbst verfaßt. Er begann: »Es kommt häufig vor, daß ein Komponist sich ans Klavier setzt, die Tasten malträtiert, ein paar Akkorde anschlägt und dann einige Noten auf das linierte Papier wirft, ohne während all dieser Tätigkeit auch nur einen Schimmer von etwas gehabt zu haben, das man in künstlerischen Begriffen als Idee bezeichnen könnte...«

Die Entdeckung der Bedeutung solcher Musik – wenn sie denn eine hat – bleibt derart dem Zufall überlassen. Nicht so im vorliegenden Fall. »M. Hector Berlioz, ein junger Komponist mit frischer Einbildungskraft, will ein offeneres Spiel sehen.« Er selbst wird »seine Inspiration analysieren... das folgende Programm« (oder Resümee) »der Musik sollte verstanden werden, als handelte es sich dabei um den gesprochenen Text einer Oper...«

Der erste Teil des Werks trägt den Titel TAGTRÄUME – EIN LEBEN IN LEIDENSCHAFT. »Der Autor stellt sich vor, daß ein junger Musiker, welcher an dem seelischen Leiden kränkelt, das ein berühmter Schriftsteller *le vague des passions* genannt hat, zum erstenmal eine Frau erblickt, in der er all den Zauber des erträumten idealen Wesens verkörpert sieht und sich hoffnungslos in sie verliebt. Seltsamerweise sucht ihn dieses ›liebe Bild‹ immer in Begleitung *einer musikalischen Idee* heim, welche, zusammen mit diesem vorgestellten Bild, eine doppelte *idée fixe* bildet, ein Paar, von dem er sich besessen fühlt. Diese musikalische Idee wird in jedem Satz der Symphonie wiederkehren. Im ersten Satz oder Teil des Dramas gelangt der junge Musiker aus einem melancholischen Tagtraum, den Anwandlungen sinnloser Freude unterbrechen, in den Zustand rasender Leidenschaft mit deren Elementen des Zorns, der Eifersucht, dann deren Rückkehr zur Zärtlichkeit, zu Tränen...«

Es folgt EIN BALL, während dessen seine Seele in Unruhe versetzt wird, als er »das liebe Bild« wiedersieht.

Der dritte Satz heißt SZENE AUF DEM LANDE. Zwei Schäfer halten mittels eines *ranz des vaches* ein Zwiegespräch, und der Künstler empfindet Frieden. Obwohl er einsam ist, hofft er doch, es bald weniger zu sein. »Aber was, wenn sie ihn täuscht?«

Dann kommt der MARSCH ZUM SCHAFOTT. Da er endlich einsehen muß, daß die Angebetete seine Liebe nicht nur nicht erwidert, sondern auch, unfähig, dieselbe zu verstehen, ihrer *unwürdig* ist, versucht der Künstler, sich mit Opium das Leben zu nehmen. Aber die Dosis ist zu schwach und stürzt ihn, statt in den Tod, in einen Schlaf voller gräßlicher Träume. Er träumt, daß er die Geliebte tötet und auf das Schafott geführt wird, wo er *Zeuge seiner eigenen Hinrichtung* wird.

Zuletzt gibt es einen TRAUM VOM HEXENSABBAT. Er sieht sich als Teilnehmer an diesem Tanzvergnügen, umgeben von »einer schauerlichen Truppe von Geistern, Zauberern, Teufeln, Ungeheuern aller Art, die zu seiner eigenen Beerdigung versammelt sind. Seltsame Geräusche, Stöhnen, Gelächter, ferne Schreie.« Die geliebte Melodie ist zu hören, aber sie ist »trivial und grotesk geworden... *Sie* ist gekommen... ein Freudengebrüll begrüßt ihre Ankunft... Sie nimmt teil an der teuflischen Orgie.« Eine Begräbniszeremonie. Der Sabbattanz.

So viele Gedanken stürmten mir durch den Kopf, als ich dieses bizarre Programm seiner Symphonie las. Ich war zornig. Wie absurd war doch das alles! Warum hatte er es getan? Wollte er mit diesen Enthüllungen ein großes Publikum anziehen? Sein lächerlicher Kult um Harriet Smithson, von dem er jedem erzählte, war inzwischen längst der ganzen musikalischen Welt geläufig, so daß jeder wissen würde, wovon da die Rede war. Dieses »Programm« sprach ungeniert die Sensationslüsternheit des Publikums an. Sein Bedürfnis, Aufsehen zu erregen, machte ihn schamlos. Er wollte den Ruhm des alten Gluck für sich selbst schon mit siebenundzwanzig! Ich dachte an alle seine vorlauten Veranstaltungen zu dem Zweck, von sich reden zu machen. Wie er als Neunzehnjähriger im Opernhaus zu schreien anfing, arrogante Artikel in den Zeitungen veröffentlichte, Weber durch ganz Paris nachlief, von Chateaubriand Geld für ein Konzert erbat, weil er sich dem Geiste des Dichters hinreichend verwandt fühlte, um denselben durch die Bande dieser Verwandtschaft verpflichtet zu wissen, seinem Wunsch zu entsprechen, wie er dann Goethe seine Lieder zusandte und was dergleichen Streiche mehr waren. Doch irgendwie war dieser bisher der schlimmste.

Ärgerlich dachte ich an die vielen offenbar unrichtigen Angaben des Programms. Die *idée fixe* hatte mit Harriet nichts zu tun; das Lied war Erminias und kam aus der Melodie, die seine kindliche Sehnsucht nach jener Estelle gesungen hatte. In dem Marsch hatte ich sofort den *Marsch der Wachen* aus den *Francs-Juges* erkannt. Der Hexentanz kam aus seinem *Faust*-Ballett. Und wer weiß, was sonst noch an Stücken und Lumpen älterer Sachen in das neue Flickwerk eingearbeitet war?

Und was sollte man von seiner verzehrenden Leidenschaft halten, die mindestens drei Gegenstände hatte, nämlich Estelle, Harriet und Camille? Und insgeheim vielleicht noch einen vierten: seine zornige Mutter!

Aber vor allem war die ganze zusammengelogene Geschichte vollkommen überflüssig. Ich hatte die Symphonie gelesen und mit dem inneren Ohr gehört. Die Musik allein war vollkommen hinreichend dramatisch. Gleichviel, woher er einzelne Teile der Komposition genommen haben mochte, er hatte das Material derselben zu einem solide gefügten, blendenden und bizarren Panorama verbunden, dessen einzelne Bilder sich jeder Hörer nach Belieben ausmalen konnte. Die Wiederkehr des Erminia-Themas in allen Sätzen hatte mich fasziniert, und die unterschiedlichen, leuchtenden Farben, die er ihm gegeben hatte, hatten mich gerührt. Der Walzer hatte mich entzückt, der Marsch hatte mich beunruhigt, beim letzten Satz des Werks hatte ich Schrecken empfunden. War denn, was so die Musik selbst sagte, nicht genug?

Und doch ... ich erinnerte mich der Tränen, des Grauens, der Ernsthaftigkeit, der Schelmerei, des Spiels, der Tiefe, der starken Gefühlregungen, die mir der junge Mann während unserer gemeinsamen morgendlichen Sitzungen offenbart hatte. Die Gefühle mochten irregeleitet sein, aber ich war außerstande, den Ausdruck derselben, sei es in Musik, sei es in Worten, für auch nur im mindesten unaufrichtig zu halten. Er ist schließlich doch überall er selbst. Er lebt sein Leben und schreibt seine Musik als Romantiker. Mir fiel ein, wie feierlich er mir erklärt hatte, es sei nun an der Zeit, daß ich »die Lokomotive« dieser Symphonie kennenlerne. Ich mußte ihm mindestens zugestehen, daß er meinte, was er sagte, und fühlte, was er fühlte.

Ich ging eilends nach Hause, wider Willen hingerissen. Auf das Konzert bin ich gespannt.

Zu der Probe im Théâtre des Nouveautés kam ich, da mich dringende Geschäfte im Opernhaus festgehalten hatten, etwas zu spät. Das Orchester präsentierte sich mir als Pandämonium. Einhundertunddreißig Musiker – von denen achtzig im Theater fremd waren – drängten sich da zusammen wie ein revolutionärer Mob. Es war einfach nicht genug Platz für sie, daß sich jeder hätte hinsetzen und seinen Part spielen können. Berlioz rief aus, die Streicher sollten im Orchestergraben Platz nehmen, die übrigen auf der Bühne. Dann hörte ich ihn den Requisiteur anfahren. »Sie haben mir versprochen, daß Stühle und Notenpulte in ausreichender Zahl vorhanden sein würden!« Der Requisiteur schrie die Tischler an, sie sollten noch schleunigst ein paar Bänke zusammentragen. Bühnenarbeiter wurden auf die Suche nach Notenpulten in den Keller geschickt. Noch hatte ein Drittel der Instrumentalisten keinen Sitzplatz. Die von Berlioz zusätzlich verpflichteten Musiker, die einen erobert hatten, verteidigten ihre Stühle gegen die Angehörigen des Theaterorchesters, die sie beanspruchten. »Kerzen! Kerzen!« wurde gerufen. »Wir brauchen Licht.« Die zusätzlichen Kesselpauken waren nicht unterzubringen. Die Kontrabaßspieler beschwerten sich, daß sie nicht mehr genug Platz hätten, den Bogenarm zu bewegen. Ein Wald- oder Französischhornbläser und ein Englischhornbläser fochten ihr kleines Waterloo aus. Bloc, der Dirigent, rannte in all der Konfusion herum im Schweiße seines Angesichts, der ihm aus dem Gesicht troff.

Unterdessen saßen die Direktoren des Theaters in einer Sitzreihe in der Mitte des Parketts so düster wie die Jury bei einem Mordprozeß.

Als der halbe Nachmittag vergeudet war und die Musiker schon riefen, daß sie mehr Zeit nicht vergeuden, sondern lieber nach Hause gehen wollten, gelang es dem gutmütigen Bloc schließlich doch, die Massen irgendwie zu ordnen. Nach einer kurzen Besprechung mit Berlioz erklärte er, zwar sei es inzwischen zu spät, noch die ganze Symphonie zu probieren, er wolle jedoch nun den Direktoren von der Musik, die sie bei dem geplanten Konzert zu erwarten hätten, wenigstens eine Kostprobe geben und den *Ball* und den *Marsch zum Schafott* dirigieren.

Nach dem Marsch, der, wie ich merkte, bei den Musikern Sensation machte, sah ich die Direktoren miteinander flüstern und einen nach dem anderen die Köpfe schütteln. Endlich verkündete der Generaldirektor mit lauter Stimme das Urteil, zu dem sie gelangt waren: Das Konzert wurde abgesagt.

1832

Er ist aus Rom zurück und hat mir geschrieben, daß er während seines Aufenthaltes dort die *Phantastische Symphonie* überarbeitet und eine Fortsetzung dazu komponiert hat, die er *Die Rückkehr ins Leben* nennt: »Ein Schauspiel, eine Neuheit! – teils Musik, teils gesprochene Erzählung.« Er ist gegenwärtig damit beschäftigt, der letzteren den endgültigen Schliff zu geben für ein Konzert, bei dem sie und die *Phantastische Symphonie* aufgeführt werden sollen. Ob ich Lust hätte, ihn wieder wie früher morgens mit meiner Geige zu besuchen und ihm so unter die Arme greifen? Die angegebene Adresse war Rue Neuve St. Marc No. 1.

Heute früh bin ich hingegangen, teils aus Neugier, teils aus alter Zuneigung. Wie erstaunlich war doch die Wohnung, in der ich ihn diesmal fand. In vollkommenem Gegensatz zu der schäbigen Kammer, die er vor zwei Jahren bewohnte, war dieses Gemach alles andere als kahl. Da gab es eine weißlackierte Kommode mit vergoldeten Griffen; Stühle, die mit einem schon etwas fadenscheinigen, gerippten Stoff in Primärfarben bezogen waren. Ein Bett, über dessen Kopfende zwei Speere gekreuzt, um deren Schäfte, da, wo sie einander kreuzten, die Krallen eines Greifen geschlagen waren. Auf einer Truhe hielt eine Statue der Kleopatra eine Öllampe in die Höhe. Weiter bemerkte ich eine schwarzgestrichene eiserne Uhr, die offenbar nicht ging. Und unter dem Bett auf einem kleinen Sockel einen umgedrehten römischen Helm, der anscheinend als Nachttopf diente.

Berlioz begrüßte mich mit einer Wärme, die mir übertrieben vorkam angesichts der Tatsache, daß er es nicht für nötig gehalten hatte, mir aus Rom auch nur ein einziges Mal zu schreiben. Er sah mich die Möbel anstaunen und sagte: »Glauben Sie's mir oder nicht, Baillot. Hier war bis vorgestern Harriet Smithsons Wohnung. Ja, sie ist in Paris, Baillot. Sie ist umgezogen in die Rue de Rivoli und wird demnächst im Théâtre Italien auftreten – aber glauben Sie nicht, daß ich mir ihre Stücke ansehen werde. Ich will endlich mein Konzert geben. Ich kann's mir nicht leisten, bei meinem Seiltanz ihretwegen abzustürzen!«

Daß er die von Miß Smithson verlassene Wohnung übernommen hatte, überraschte mich aufs höchste, denn soweit ich wußte, wollte er demnächst heiraten, und zwar die Pianistin Camille Moke. Wir waren uns ab und zu begegnet, ehe er nach Italien abreiste. Ich hatte natürlich gewußt, daß er, wie er's versprochen, bei seinem fünften Versuch den Rom-Preis erringen würde; er erhielt ihn für eine Kantate über den *Tod des Sardanapel* (eines Königs, der sich weigerte, abzudanken, und sich statt dessen selbst verbrannte). Er saß noch hinter Schloß und Riegel in seiner Zelle bei der Arbeit an dieser Kantate, als er hörte, daß draußen geschossen wurde. Während der folgenden drei Tage des Aufruhrs und der Barrikadenkämpfe – den sogenannten *trois glorieuses* –, in die sich verspätet auch Berlioz noch einmischte, »mehr oder weniger zum Vergnügen«, wurde Karl X., der letzte der Bourbonen, gezwungen, abzudanken, und gelangte Louis-Philippe, der sogenannte »Bürgerkönig«, auf den Thron. »Ich habe die Revolution vertont, ehe sie passierte«, sagte Berlioz von seiner Sardanapel-Kantate und schien damit fast den Anspruch zu erheben, die Bourbonenherrschaft ganz allein beendet zu haben.

Dann hatte ich gehört, daß er sich mit Camille verlobt hatte, gegen den Willen sowohl seiner eigenen Eltern, die Camille «gewöhnlich« fanden, als auch der Mutter der Braut, Mme. Moke, die den jungen Komponisten offenbar nicht für eine gute Partie hielt. Im Dezember wurde seine *Symphonie fantastique* endlich aufgeführt – ohne meine Mitwirkung, ich war an dem Tag verhindert –, doch in Anwesenheit des jungen Franz Liszt. Das »Programm« hatte seine Wirkung getan, wie es schien, denn trotz einer nach meinem Dafürhalten recht mittelmäßigen Aufführung war das Publikum begeistert und schwärmten die Kritiker. Harriet Smithson war nicht in Paris. Berlioz erzählte mir später, daß er nach dem Konzert mit Liszt gespeist und dieser ihm sehr geschmeichelt habe.

Noch im gleichen Monat nahmen wir Abschied voneinander, als er nach Rom abreiste, nachdem er Camille als Verlobungsgeschenk die Goldmedaille seines Rom-Preises verehrt hatte. Beim Abschied versprach er, mir zu schreiben, hielt dann aber, wie ich schon sagte, dieses Versprechen nicht.

Ich sagte: »Aber ich dachte doch...«

»Ich weiß, ich weiß«, sagte Berlioz voll ungebärdiger Energie. »Zu alledem werden wir später noch Zeit haben. Aber jetzt müssen wir an die Arbeit gehen.«

Da war wieder dieses *Wir! Wir* mußten an die Arbeit gehen. Ich nahm Antonietta aus dem Kasten.

»Ach, meine Schönste!« sagte Berlioz. Er berührte den Boden der Geige mit den Fingerspitzen und sagte: »Sehen Sie sich diese Wellen an.«

Während ich die Geige stimmte, saß er auf einem der gepolsterten Stühle. Die Musik, die ich ihm heute morgen spielen mußte, war die bezaubernde Meeresmusik aus Webers *Oberon* – der Gesang der Meerjungfrauen, der Sturm, Reizas Aufschrei »Ozean, du Ungeheuer!«. Ich sah, als ich endete, daß Berlioz außer sich vor Entzücken war, Antoniettas Stimme wieder zu hören.

»Das erste Lied in meinem neuen Stück«, sagte er, »ist eins von denen, zu denen mich Verse von Goethe inspirierten:

Das Wasser rauscht, das Wasser schwoll,
Ein Fischer saß daran,
Sah nach der Angel ruhevoll
Kühl bis ans Herz hinan.
Und wie er sitzt und wie er lauscht,
Teilt sich die Flut empor;
Aus dem bewegten Wasser rauscht
Ein feuchtes Weib hervor –

und so weiter.

Erinnern Sie sich noch, daß ich einmal sagte, ich hätte am Boden Ihrer Geige zum erstenmal das Meer erblickt? Nun, inzwischen habe ich das wirkliche Meer gesehen. Auf der Reise nach Rom segelte ich von Marseille nach Livorno auf einer skandinavischen Brigg. Einer meiner Mitreisenden war ein venezianisches Rauhbein mit Erinnerungen an Lord Byron. Der Kerl hatte angeblich den Dichter über die Adria geschippert, dabei goldene Tressen an seiner Uniform getragen und wüste Orgien mit angesehen. Unsere ersten Tage auf See waren zauberhaft, aber vor Nizza lagen wir so lange in einer Flaute, daß die Stadt mir vorkam wie ein riesiger Magnet, der uns schließlich noch die eisernen Nägel aus dem Schiffsrumpf ziehen würde. Aber dann blies von den Felsmassiven der Alpen eine eisige, wilde *tramontana* herunter und wühlte das Meer zu flüssigen Alpen auf. Der verrückte Kapitän wollte nicht die Segel reffen. Ein Windstoß gab dem Schiff so starke Schlagseite, daß der Kapitän den Boden unter den Füßen verlor. Der venezianische Grobian nahm das Ruder und usurpierte das Kommando, brüllte der Mannschaft den Befehl zu, die Segel einzurollen. Das rettete uns. Ich hatte beschlossen, wenn ich denn schon ertrinken müßte, das so schnell wie möglich hinter mich zu bringen, und deshalb meine Arme so in meinen schweren Mantel gewickelt, daß ich außerstande sein würde, zu schwimmen, und gleich in Schlaf fallen würde in der Wiege der Wogen.«

Heute ließ er sich die soeben niedergeschriebene letzte Fassung des zweiten Liedes des *Chorus der Schatten* vorspielen, der in seinem seltsamen neuen Werk Platz finden soll, das er jetzt *Lélio* nennt, bei dem Namen des Erzählers der *Rückkehr ins Leben*, der, wie ich annehme, auch der imaginäre Held der *Symphonie fantastique* ist. Also mit Berlioz identisch.

Das Lied beginnt mit den Worten:

Die Kälte des Todes, Nacht des Grabes
Endloser Laut der Schritte der Zeit...

Als ich geendet hatte, bedeckte er sein Gesicht mit den Händen, als hätte ihn beängstigt, was er gehört hatte. Endlich schüttelte er sich, fast wie ein nasser Hund, und mit sichtbarer Anstrengung, sich zu beherrschen, sagte er: »Sie haben sich gestern gewundert... Lassen Sie mich Ihnen die ganze Geschichte erzählen.«

Ich setzte mich und wartete.

»Auf der Reise nach Rom besuchte ich in La Côte St. André meine Familie, und während meines Aufenthalts dort beunruhigte es mich, nichts von Camille zu hören. Ihre Mutter hatte endlich doch in unsere Verlobung eingewilligt, und Camille hatte mir einen Ring geschenkt, der uns binden sollte. Doch erhielt ich in La Côte nur einen einzigen, ziemlich lauen Brief von ihr und dann einen widerwärtigen von Hiller, in dem ich las, daß ich meiner Geliebten sichtlich nicht fehle, da sie in der Öffentlichkeit aufblühe wie eine Blume, die es kaum erwarten kann, gepflückt zu werden. Da ich nun Camille ja gerade diesem Hiller mehr oder weniger weggenommen hatte, hielt ich es für möglich, daß er sich nun mit übler Nachrede dafür zu rächen versuchte, ich also schön dumm wäre, ihm zu glauben. Doch als ich zwei Monate nach meiner Abreise aus Paris in Rom ankam, erwartete mich dort nicht ein einziges Wort von ihr. Eine Woche wartete ich noch in fieberhafter Ungeduld auf Post, und dann beschloß ich, nach Frankreich zurückzukehren, um herauszufinden, wie es nun zwischen uns stünde. Vernet, der Direktor der Akademie, riet mir von der Reise ab und sagte, ich würde dadurch meine Stellung an der Akademie verschlechtern, dennoch brach ich auf. Als ich in Florenz ankam, hatte ich eine Mandelentzündung, deretwegen ich das Bett hüten mußte, und das tat ich denn auch zähneknirschend im Hôtel des Quatre Nations am Arno. Ich hatte meine Partituren im Gepäck, und mit denen vertrieb ich mir die Zeit, so gut es ging – überarbeitete den *Ball* aus der Symphonie. Nach vierzehn Tagen erreichte mich dort ein Brief, den mir Vernet aus Rom nachgesandt hatte. Der Brief war nicht von Camille, sondern von ihrer Mutter. In dürren Worten, deren jedes mich wie eine Kanonenkugel traf, wurde mir eröffnet, daß Camille sich entschlossen habe, Monsieur Pleyel zu heiraten – Sie kennen ihn, Baillot, den Klavierbauer, alt ist er und häßlich, aber anscheinend doch genau der Richtige für Camille, denn reich ist er auch. Das alte Weib hatte die Unverschämtheit, mich zu bitten, mich nicht umzubringen. Wie soll ich meinen Zorn beschreiben? Ich beschloß, spornstreichs nach Paris zu reisen, mich als Zofe zu verkleiden, an der Tür der Mokes zu läuten, vorgeblich mit einem Brief der ›Gräfin M‹, dann eine Pistole zu ziehen und beide Frauen totzuschießen, mir dann die Perücke herunterzureißen und, jawohl, auch mir selber eine Kugel durch den Kopf zu jagen. Ich kaufte bei einem französischen Schneider in der Nähe meines Hotels – nur am anderen Ufer des Arnos – eine Kammerzofentracht, die ich tragen konnte, beschaffte mir auch etwas Strychnin und Laudanum für den Fall, daß es mir nicht gelingen würde, mich mit einem Schuß zu töten, und nahm die Postkutsche, die an der Küste nach Norden fährt. In Pietra Santa, einem Dorf an dieser Straße, wechselten wir die Wagen, und dabei blieb der Sack mit meinem Mörderkostüm zurück. Ich mußte mir in Genua ein neues besorgen. An der Corniche, in der Nähe von Nizza, hielt der Kutscher für ein paar Minuten die Pferde an, und ich hörte die verführerischen Wellen des Meeres, die, sich brechend, unten an den Klippen saugten und zerrten. Es schien mir, daß das Meer mich riefe, mich in seine Tiefe einlud. Ich war hypnotisiert. Ich mußte an den Sturm während der Überfahrt nach Livorno denken, und wie ich mir da vorgestellt hatte, von den Wogen in Schlaf gewiegt zu werden. Früh am Morgen, als wir bei einem kleinen Hafen hielten, sprang ich aus dem Wagen und von einer Mole ins Wasser. Aber wie Sie sehen, bin ich nicht ertrunken. Die Besatzung eines Fischerbootes sah mich und zog mich mit ihrem Netz an Bord, ganz als wäre ich eine riesige Seebarbe.

Die kalten Küsse des Meeres brachten mich, Gott sei Dank, zur Besinnung. Ich schrieb an Vernet, daß ich schließlich doch Italien nicht verlassen hätte. Ob er mir meine Eskapaden vergeben könne? Das tat er dann – und da bin ich – lebendig, Baillot! *Lélio: die Rückkehr ins Leben*. Das ist Berlioz, *seine* Rückkehr.«

Ich hatte also richtig vermutet. Und seine Rückkehr ins »Leben«, dachte ich, in jenem Zimmer sitzend, war eine Rückkehr zu jener Harriet Smithson, die er nur aus dem Zuschauerraum eines Theaters kennt.

Ich konnte Berlioz eine Zeitlang nicht besuchen, denn ich konzertierte mit meinem Quartett in der Provence. Bei meiner Rückkehr händigte mir meine Concierge ein Billett in seiner Handschrift aus. Es sei dringend erforderlich, daß wir uns so bald wie irgend möglich sähen, schrieb er. Wie leicht fiel es diesem Jungen, mir Befehle zu geben! Und mir, wenn ich nur vorgab, dies aus meinem eigenen freien Willen zu tun, ihm zu gehorchen!

Noch am gleichen Nachmittag suchte ich seine Wohnung auf. Berlioz erwartete mich wie eine aufgeheizte, vor verhaltener Kraft bebend auf ihren Schienen stehende Dampflokomotive. »Ich brauche Sie – ich brauche Antonietta – bei meinem Konzert«, stieß er hervor, daß man die Räder der Lokomotive anspringen zu hören meinte. »Ich hoffe, daß sie – Sie wissen schon wer – kommen wird. Ich überlege, wie ich sie hinlocken kann. Ihre Geige hat bei der Komposition der Symphonie so entscheidend mitgewirkt, sie *muß* ihre Stimme hören.«

»Unter denen von hundertunddreißig Instrumenten?«

»Nein! Hören Sie! Ich habe einen Plan. Das Estelle-Thema zu Beginn des einleitenden Largos, das wird von gedämpften Violinen gespielt, *pianissimo*, erinnern Sie sich? Diesmal soll es von Antonietta solo gespielt werden. Kühn gespielt, aber *bel canto*, verstehen Sie? Die Seele der Melodie, die alle fünf Sätze durchgeistert, die Melodie, die in ihrem Bilde ist, Baillot! Sie wird ihr von da an lauschen *müssen!* Baillot, Sie haben mir nun schon so viel geholfen – helfen Sie mir noch dieses eine Mal, ich flehe Sie an!«

Ich machte Ausflüchte. Ich sagte, die Direktoren des Opernhauses hätten mir schon die Konzertreise nach Aix ziemlich übelgenommen. Ich könne ihm nicht versprechen, daß ich es würde einrichten können, bei seinem Konzert mitzuspielen.

Aber ich wußte, daß ich's würde einrichten können, denn diesmal hatte er nicht befohlen, sondern gebettelt.

Für dieses Konzert konnte er sich den Luxus dreier Orchesterproben leisten. Er hatte die Erlaubnis, im großen Saal des Konservatoriums zu spielen, der mehr als tausend Hörer faßt. Bei den Proben erwies sich die Musik zu *Lélio: Die Rückkehr ins Leben* als unverkennbares Produkt der vulkanischen Energie des Komponisten, und die Stimme des Erzählers geleitete den Hörer durch die verschlungenen Pfade seiner Gefühle von einem Lied zum nächsten, aber meines Erachtens (mit dem ich ihn natürlich nicht behelligte) war dieses lange Stück doch viel schwächer als die überarbeitete *Fantastique*, die jedesmal, wenn sie gespielt wurde, blendender glänzte. Der Klang Antoniettas, als ich zu Beginn das Estelle-Thema solo spielte, entzückte ihn. »Er wird das ganze Publikum verführen«, sagte er. Aber ich wußte, daß ihm vor allem an der Verführung einer ganz bestimmten Person gelegen war.

Der Abend des 9. Dezember. Gutes Wetter. Das Publikum beginnt den Saal zu füllen. Berlioz eilt geschäftig umher. Nie habe ich ihn so elegant gesehen. Er trägt einen Abendanzug, der ihm sehr gut steht: einen Frack aus schwarzem Samt über einer gelben Weste, weiße Foulardkrawatte, mit Achtelnoten gemustert, schwarze Satinhosen, über die eine goldene Uhrkette hängt, schwarze Seidenstrümpfe und schwarze Schuhe mit glänzenden Metallschnallen – ich bezweifle, daß er sich Silber leisten kann. Sein Haar ist wie ein funkelnder roter Kronleuchter. Er kommt auf die Bühne, um dem Schauspieler Pierre Bocage, der die Rolle des Lélio sprechen wird, noch irgendeine Anweisung zu geben; im Vorübergehen klopft er mir auf die Schulter.

Von meinem Platz am Pult des Konzertmeisters kann ich das ganze Haus gut überblicken. Ich sehe viele namhafte Persönlichkeiten Plätze in den Logen einnehmen. Liszt und Hugo sitzen beisammen in einer Loge neben der mittleren, wo ein Ehrenplatz auf Berlioz selbst wartet. Da drüben sitzt der führende Tenor des Opernhauses, Adolphe Nourrit. Ich erkenne den polnischen Pianisten Chopin. Da ist Alexandre Dumas. Zeitungsleute sehe ich, Janin d'Ortigue, Fétis und andere. George Sand sieht einschüchternd aus. Der zweite Konzertmeister neben mir zeigt mir einen Mann, den er flüsternd als den deutschen Dichter Heinrich Heine identifiziert. Mein Herz springt, als ich ein Gesicht erblicke, das unter einer Wolke schwarzen Haars wie eine glühende Kohle leuchtet: Paganini! Was wird er von meinem Spiel halten? Mir wird ganz bange bei dem Gedanken, daß er mein Spiel beurteilen wird, ich reiße den Blick von ihm los und lasse ihn weiter in die Runde schweifen. Der Romancier Eugène Sue, die Brüder Deschamps, der reiche Ernest Legouvé sind ebenfalls anwesend…

Am Eingang sind Exemplare des gedruckten Programms der *Fantastique* verteilt worden, und Konzertbesucher sind, soweit sie schon Platz genommen haben, größtenteils in die Lektüre dieses Programms vertieft.

Aber wo ist *sie?*

Gestern erzählte mir Berlioz ganz aufgeregt, daß er am Morgen zuvor in Schlesingers Musikalienhandlung gewesen und dort, eben als er dem Verleger gestand, wie sehr er Harriet Smithsons Anwesenheit bei seinem Konzert wünschte, ein Engländer eingetreten sei, etwas gekauft und sich schon angeschickt habe, den Laden zu verlassen, als Berlioz sich bei Schlesinger erkundigte, wer der Mann sei. Da habe Schlesinger gesagt, des Mannes Name sei Schutter, er sei hier Korrespondent des englischen Blattes *Gaglignanis Messenger* und – ja, allerdings! – mit Miß Smithson bekannt. Vielleicht daß er sie bewegen könnte, ihn in das Konzert zu begleiten? Da hatte Berlioz, wie er mir gestern weiter erzählte, dem Verleger zwei Billetts für Logenplätze in die Hand gedrückt, Schlesinger war hinter Schutter hergerannt, Berlioz hatte ihn durch das Schaufenster diesen einholen und ansprechen sehen, dann auch, wie Schutter die Billetts aus Schlesingers Hand entgegennahm…

Der Saal ist bis auf den letzten Platz gefüllt. Das gewöhnliche Summen eines sich auf seinen Plätzen einrichtenden Publikums erfüllt ihn. Ich sehe Berlioz in seiner Loge erscheinen. Er bittet mit erhobener Hand den Dirigenten, noch ein paar Minuten zu warten…

Da ist sie! Sie schwebt in die Loge, wo Hugo und Liszt schon sitzen, gleich neben derjenigen von Berlioz. Und was für eine strahlende Erscheinung ist sie! Sie trägt ein einfaches, hauchdünnes, ärmelloses blaßblaues Gewand, unter der Brust mit einer gedrehten Seidenschärpe gerafft, auf den Schultern offenbar durch irgendwelche Kameen zusammengehalten. Das dunkle Haar ist auf den Kopf getürmt. Ihre großen Augen leuchten angesichts des Aufsehens, das ihre Erscheinung erregt. Das Gemurmel des Publikums schwillt an, und fast jeder Kopf im Hause ist ihr zugewandt. Sie muß glauben, daß diese Aufmerksamkeit allein der berühmten Schauspielerin gilt, die sie ist. Sie dankt dem Publikum mit einer leichten Verbeugung. Dann setzt sie sich sittsam und senkt verlegen den Blick auf das Programm, doch jetzt lehnt sich Victor Hugo zu ihr hinüber, sagt etwas und weist auf das gedruckte Blatt. Sie beginnt zu lesen...

Ich lege ein seidenes Tuch auf meine linke Schulter und klemme mir Antonietta unters Kinn. Eine lange Pause, in der sich wie eine hungrige Katze das Schweigen in den Saal stiehlt. Ohne mich von meinem Sitz zu erheben, beginne ich zu spielen. Langsam, langsam läßt Antonietta die zögernde Melodie bis in die äußersten Zonen des großen Raums erklingen.

Ich will, daß Antonietta mit diesen Noten und denen, die ihnen folgen, all die Monate »unserer Arbeit« rechtfertigt. Largo ist das vorgeschriebene Tempo. Der Bogen zögert, die hornhäutigen Spitzen meiner Finger drücken die A-Saite auf das Griffbrett aus Ebenholz, den Noten sehr, sehr langsam in würdigen, gemessenen und prüfenden Schritten folgend. Stunden, Tage voller Träume, Jahre des Hoffens dehnen sich in den klaren Tönen weniger Takte. Meiner Geige fällt die Aufgabe zu, jene erste Anrufung zum Klingen zu bringen, als sollte sie bis zum Ende der Zeiten klingen. Ich weiß mit einem Teil meines Verstandes natürlich, daß die Botschaft, die zu überbringen meiner Antonietta zugemutet wird, vollkommen lächerlich ist. Ein Mann, der in seinem Herzen ein grüner Junge geblieben ist, wünscht, daß ich mittels der hölzernen Schachtel unter meinem Kinn einem einzigen Paar desillusionierter Ohren die unaussprechliche, unsagbare und unsägliche Sehnsucht seines Mangels an Erfahrung darbringe. Und wessen imaginäre Ohren will er denn überhaupt erreichen? Diejenigen einer Prinzessin in rosa Pantöffelchen, die sich mit ausgestreckter Hand gegen den Stamm eines Kirschbaums stützt? Diejenigen einer vorgeblich an gebrochenem Herzen sterbenden Jungfrau, die mit leeren Augen ins Rampenlicht tritt, um ein wahnsinniges Liedchen zu singen? Diejenigen einer Koketten aus einem Fachgeschäft für Damenunterwäsche? Diejenigen einer verbitterten Frau mit zu Krallen verkrümmten Fingern und einem Fluch auf den Lippen? Ich empfinde die Absurdität der flehentlichen Bitte, die vorzutragen meiner Geige abverlangt wird, doch zugleich will ich, daß die Botschaft erhaben, reif, wahr und überwältigend jenen realen Ohren, von denen das Haar hinweggehoben ist, dort hinten in der Loge an der Rückwand des Saals die Reinheit der schönen Gaben meines jungen Freundes Berlioz zu Gehör bringe.

Ich erinnere mich dieser Vormittage. Ich erinnere mich all der Umwege, auf denen diese glorreiche Musik gemacht wurde. Ich erinnere mich der vielen Masken jenes jungen Gesichts, die Hingerissenheit oder Schelmerei ausdrückten, Agonie, Heimweh, Charaktergröße, Furcht und – selten – eine tiefe und sichere Ruhe. Was mich wirklich anrührt, finde ich, während ich mich bemühe, all das in diesen wenigen Takten anklingen zu lassen, ist das Geheimnis des erstaunlichen Schöpfungsakts dieses jungen Mannes. Ich habe ihm dabei zugesehen und doch nichts davon verstanden. Ich ertränke mich in diesem Wunderwerk...

Als mein kurzes, doch (in einem anderen Sinn) sehr langes Solo endet und Antonietta für den Rest des Largos in das Ensemble eintaucht, werfe ich einen Blick auf die Logen. Ich sehe, daß die Schauspielerin errötend den Kopf gewendet hat und Berlioz ansieht, dessen elfenbeinblasses, erregtes Gesicht ihr zugewandt ist. Die beiden sind einander so nahe, daß sie fast die Hände ausstrecken und einander berühren könnten. Ich fühle mich von großem Glück durchströmt.

Die Fluten des Allegros der *Rêveries-Passions* reißen mich mit, wie sie das Publikum mitreißen. Ohne den Bogen zu zwingen, spüre ich die Intensität der Stimme Antoniettas, als wir zu der hochfliegenden *idée fixe* gelangen – zum Bilde der Geliebten, gleich wer diese nun sein mag –, und ich fühle mich voller hochfahrender Energie. Es scheint, daß das ganze Orchester von der Spannung der beiden Dramen beflügelt ist – der turbulenten der Musik, die sie spielen, und der anderen, das ihr Spiel in jener Loge jenseits des Parketts vorantreibt.

Während der Aufführung nimmt unser Feuer ständig zu. Der Walzer – ein Ausbruch wilder Heiterkeit, dann Zweifel. Als am Ende des Teils *Szene auf dem Lande* der zweite Schafhirt nicht mehr antwortet, fühle selbst ich mich unerträglich einsam, und ich sehe, daß Miß Smithson den Kopf hat sinken lassen. Der entsetzliche Marsch, das Thema der Geliebten, abgehackt von dem dumpfen Schicksalsschlag der Guillotine.

Und dann die gräßliche Lustbarkeit der Hexen – ich wage es kaum, zu den Logen hinüberzublicken, um die Wirkung zu sehen, die das schrille und verzerrte Liebesthema nun bei jener Frau tut.

Es ist vorüber. Ich halte Antonietta auf den Knien. Harriet Smithson wischt sich mit einem Tüchlein die Tränen aus den Augen. Ihr Gesicht ist Berlioz zugewandt.

Intermezzo 3

Während der folgenden Aufführung von *Lélio* deklamierte an einem Tisch mitten auf der Bühne inmitten des Orchesters der Erzähler (der bei dieser Gelegenheit von dem Schauspieler Bocage verkörpert wurde) unmittelbar nachdem das *Lied der Seligkeit* erklungen war, trauervoll: »Ach! Warum kann ich jene Julia, jene Ophelia nicht finden, nach der mein Herz ruft?« Nach dieser Erklärung konnte Harriet Smithson nicht mehr daran zweifeln, daß sie die Heroine des Abends war und diejenige, welche die an jenem Abend aufgeführten sensationellen Kunstwerke inspiriert hatte. Am folgenden Tage schrieb sie Berlioz, daß die Werke sie tief bewegt hätten. Daraufhin bat er sie um eine Begegnung – »Im Namen der Barmherzigkeit; ich wage nicht zu sagen, der Liebe« –, und durch einen Vermittler wurde eine Begegnung arrangiert. Drei Tage nach dieser Begegnung schrieb sie ihm: *»Eh bien, Berlioz, je vous aime.«*

Da nun so Lélios Gefühle in gewissem Maße erwidert wurden, begann eine der bizarrsten Brautwerbungen in der Geschichte des Genres. Lélios Familie verweigerte dem Komponisten die Erlaubnis, diese Schauspielerin (deren Beruf nach Meinung seiner Mutter ja mit dem Gewerbe der Hure identisch war) heimzuführen. Während Harriets Karriere in einer Sackgasse zu enden schien (Abbot hatte sie entlassen, als sie so viel Gage forderte, wie alle übrigen Mitglieder der Truppe zusammen erhielten), beantragte Berlioz eine gerichtliche Verfügung, die seine Familie hindern sollte, ihn zu enterben, auch wenn er gegen deren Willen heiratete. Harriet brach sich, als sie aus der Kutsche stieg, ein Bein. – Als Berlioz versuchte, sie in ihrem Logis im

Hôtel du Congrès zu trösten, ließ die »verdammte Bucklige« ihn wissen, sie wünsche sich die Kräfte, ihn zu packen und aus dem Fenster zu werfen. Lélios Vater schrieb an Julia-Ophelia, sie dürfe sich wegen seines Testaments keine Illusionen machen. Er werde lieber alles verkaufen, als seinem Sohne ein Haus zu hinterlassen, in dem er mit ihr leben könnte. Das Paar beschaffte sich die amtliche Eheerlaubnis, und die bucklige Schwester der Braut riß dem Bräutigam den Schein aus der Hand und in Stücke. Harriet dachte nun daran, die Hochzeit aufzuschieben, und darauf nahm Berlioz hinreichend Opium, sich umzubringen, besann sich aber noch rechtzeitig eines Besseren und nahm Ipecacuanha, ein rettendes Brechmittel. Harriet weigerte sich, die Eheerlaubnis von neuem einzuholen. Berlioz nahm sich eine achtzehnjährige Geliebte. Harriet gab nach. Das Aufgebot wurde bestellt. Und im Oktober 1833 war die Hochzeit.

Berlioz war erstaunt ob der Entdeckung, daß Harriet noch Jungfrau war. Sie gebar ihm einen Sohn, Louis, und eine Zeitlang waren die Eltern glücklich, aber mit der Zeit wurde Lélio an Julia-Ophelias Seite die Zeit lang. Berlioz streifte durch den Wald seiner Erinnerungen, wo Bilder und Töne einander hervorriefen, und war gewöhnlich meilenweit von seiner Frau, selbst wenn diese neben ihm saß. Ihre Karriere nahm keinen neuen Aufschwung. Sie, die einst die Herzen aller guten Franzosen im Sturm gewonnen hatte, forderte nun als Pantomimin deren höhnisches Gelächter heraus. Sie wurde fett. Sie lernte niemals, richtig französisch zu sprechen. Sie begann zu trinken. Berlioz nahm eine Geliebte, diesmal auf Dauer, und schließlich trennte er sich von Harriet. Und nachdem diese eine Reihe von Schlaganfällen erlitten hatte, starb sie 1854.

Während all dieser Jahre verwahrte Berlioz scharfumrissene Bilder in seinem Gedächtnis, auf daß sie zu ihrer Zeit in das andere Selbst des Gedächtnisses verwandelt würden.

Während Berlioz um Harriet warb, unternahm Baillot eine Konzertreise durch die Schweiz und Italien und verfaßte *L'art du violon*, eine Violinschule, die noch immer ihre Stellung neben den klassischen Werken von Leopold Mozart, Kreutzer und Auer behauptet. Gegen Ende des Jahrzehnts begann er zu kränkeln, und bei seinem Tode 1842 verschwand Antonietta.

Das heißt, in Händlerkreisen wußte niemand, wo die Geige geblieben war, und so war sie nicht zu finden unter den berühmten cremonesischen und brescianischen Instrumenten, deren gegenwärtige Besitzer in ihren Listen verzeichnet standen für den Fall, daß das eine oder andere von ihnen wieder auf den Markt käme. Höchstwahrscheinlich eignete irgendein Musikfreund aus Baillots Verwandtschaft sich diese Hinterlassenschaft des Verstorbenen zu seinem oder, wenn sich's um eine Musikfreundin handelte, ihrem Vergnügen an, vielleicht ohne den wahren Wert der Geige zu kennen. Aber das ist nur eine Vermutung.

1872 starb plötzlich in Birmingham in England ein gewisser Joseph Gillott, Fabrikant von Stahlfedern, die wie die hervorragend biegsame »Swan Bill«(Schwanenschnabel)-Feder oder die unübertreffliche, die ihrem Handelsnamen »Magnum bonum« alle Ehre machte, bei allen Liebhabern gediegener Schönschrift zu Recht berühmt waren. Einige Tage nach seinem Tod besuchte der mit der Vollstreckung von Gillotts Testament betraute Notar in der Wardour Street 28 in London einen gewissen George Hart, der damals als der in England führende Experte für alte Geigen galt. Der Notar erzählte Mr. Hart, daß Mr. Gillott einer geheimen Leidenschaft gefrönt habe. Aus irgendeinem Grunde habe sich der sonst so eminent vernünftige Mann irgendwann darauf kapriziert, in den Besitz einer Violine seiner Träume zu gelangen. Fast habe er tatsächlich sein äußerst profitables Geschäft ruiniert, da er ungeheure Summen daraus für den Kauf von Violinen abgezweigt habe, die er sich offenbar auf der Suche nach einem unerreichbaren Ideal überall von geheimen Agenten aufspüren und beschaffen ließ. Der Notar bat nun Mr. Hart, er möge sich nach Birmingham bemühen, um die auf diese Weise zusammengetragene Instrumentensammlung für den Nachlaß zu schätzen.

In der Stahlfedernfabrik führte ein leitender Angestellter Mr. Hart durch mehrere lärmerfüllte Fabrikationshallen vorbei an einem Schmelzofen, wo ein Tiegel weißglühenden Metalls stand, durch Korridore an Kontoren und Lagerräumen vorbei, bis sie endlich ganz hinten in einem Lagerhaus vor eine verschlossene Tür gelangten. Harts Führer steckte einen Schlüssel ins Schloß, das, da er nun den Schlüssel drehte, so laut quietschte, daß Hart sich fragte, wie lange es schon hersein mochte, seitdem man diese Tür zum letztenmal geöffnet hatte. Als sich dann die Tür öffnete, sah Hart drinnen auf einem riesigen Tisch einen Berg von wahllos, fast bis zur Decke hochgestapelten Geigen liegen, dick verstaubt, ohne Saiten oder Stege, bei einigen hatten sich Rücken oder Decke von den Zargen gelöst. Auf dem Boden lag ein Haufen Geigenbögen wie Knochen in einem Beinhaus. Hart wußte kaum, wo er anfangen sollte. Er sah eine Schnecke aus dem Haufen ragen, deren Schnitzerei ihm sehr bemerkenswert schien. Vorsichtig zog er das Instrument heraus. Es war eine Viola. Er staubte sie ab und erkannte sie als Werk Giuseppe Guarneris, des Sohns des Andrea. Er legte sie beiseite.

Ehe er fortfuhr, diesen Haufen nach Schätzen zu durchsuchen, fragte er seinen Führer, ob womöglich Mr. Gillott auch das eine oder andere Violoncello erworben habe. Von einem Instrument, das dieser Bezeichnung entspräche, hatte jedoch der leitende Angestellte des Erblassers keinen Begriff. »Riesengeigen, die man zum Spielen auf den Boden stellt«, erklärte Mr. Hart.

Das gestattete seinem Führer eine bejahende Antwort auf die gestellte Frage. Mr. Hart folgte diesem in einen Keller, an dessen Hinterwand, jenseits einer Wildnis von ausgedienten Stanzmaschinen, unbrauchbar gewordenen Drehbänken, angeschlagenen Gipsfiguren, drei alten Klavieren und Stapeln von Gemälden und leeren Goldrahmen, fünf oder sechs Reihen tief nicht weniger als etwa fünfzig »Riesengeigen« aufgestellt waren. Unter diesen erkannte Hart bei eingehender Prüfung verschiedene wahrhafte »Riesen«, Werke Bergonzis, Amatis, Cappas und Landolfis...

Dann hob der Stahlfedernfabrik-Direktor einen Finger. Ihm war soeben etwas eingefallen. Er durfte mit Stolz daran erinnern, daß er stets das besondere Vertrauen des verstorbenen Mr. Gillott genossen, weshalb ihm dieser eines Tages zugeflüstert habe, daß er noch eine »Flor besonderer Schönheiten« bei sich zu Hause aufbewahre, »ganz atemberaubende Schönheiten, Mr. Trull«, habe er sie wörtlich genannt. »Wie er von ihnen redete, Sir«, erklärte Harts Führer, »hätte man glauben können, es handele sich um die Huris eines Harems.« Hart sagte, diese auserlesene Damenflor oder Violinenschar wolle er sich unbedingt sofort ansehen.

So fuhren sie in einem leichten Wagen zu Gillotts Haus in Edgbaston. Es war eine neoklassizistische Monstrosität aus gelben Ziegeln. Der Stahlfedernspezialist führte Hart durch verdunkelte Räume, wo die Möbel unter Schutzbezügen standen, knarrende Stufen hinauf in Mr. Gillotts Schlafzimmer, und dort stand ein Dutzend herrlicher Exemplare, hinter den Glastüren eines riesigen Mahagonikleiderschranks an der Wand aufgereiht, so daß der Geigenliebhaber imstande gewesen sein mußte, sich von seinem Bett aus an seinen Herzallerliebsten zu weiden, ehe er in süße Träume von Flödeln und f-Löchern und Schnecken und Decken versank. Als er sie in die Hand nahm, erkannte Hart ohne Mühe, daß es sich um zwei Amatis, eine Bergonzi, zwei Guarneris und sechs Stradivaris handelte, alle in hervorragendem Zustand. Bei der näheren Prüfung bemerkte er den Cupido, der den Saitenhalter einer der Stradivaris schmückte, worauf er den berühmten Schnitzer am Flödel suchte und fand. Und so fand er, was er und andere Händler lange nur als die »verschollene Antonietta Strad.« gekannt hatten.

Die besseren Instrumente der Sammlung Gillott wurden in dem Londoner Haus von Christie, Manson & Woods versteigert. Namhafte Violinen wurden bei dieser Gelegenheit für den Earl of Harrington, Lord Dunmore und andere erworben. Die sorgfältig restaurierte Antonietta wurde für ein Gebot von £ 625 einem gewissen George Haddock aus Newly Hall bei Leeds zugeschlagen, der sich als Geiger einigen Ruhms jedenfalls in den Midlands erfreute. Haddock, ein ehemaliger Schüler von Vieuxtemps, spielte Antonietta wohl zwanzig Jahre lang bei zahlreichen Konzerten in der Provinz.

Beim Tode Haddocks gelangte die Geige durch die Vermittlung des Londoner Hauses der Familie Hill in die Hände eines reichen Dilettanten namens Harald Duxley Billingston, welcher der Erbe eines Guts bei Honiton in Devonshire war. Die Hills hatten während des neunzehnten Jahrhunderts noch zweimal Gelegenheit, die Geige zu verkaufen, beide Male an Sammler, in deren Besitz sie ungespielt dahinkümmerte. Bei einer Galaauktion, die das Haus Puttick anläßlich des sechzigjährigen Regierungsjubiläums der Königin Viktoria veranstaltete, wurde die Violine für £ 1050 einem deutschen Philantropen zugeschlagen, der sie für ein Wunderkind namens Adolf Ehrhardt erwarb, das mit seinen dreizehn Jahren eben hinreichend erwachsen war, eine Vollgeige spielen zu können.

Adolf Ehrhardt gab bald Konzerte mit den Berliner Philharmonikern und anderen berühmten Symphonieorchestern, und so kaufte ihm in der Folge sein vermögender Mäzen eine Guarneri del Gesù, deren Ton, kühner und stärker als der Antoniettas, und eher imstande war, sich gegen das gewaltige Brausen der über hundertköpfigen modernen Orchester durchzusetzen.

Und so wurde im Jahr 1911 Antonietta durch den Pariser Agenten Gand an Sergej Pawlowitsch Diaghilew, den Gründer der Ballets Russes, verkauft, der das Instrument für einen glänzend begabten jungen Geiger aus St. Petersburg namens Pawel Andrejewitsch Federowski erwarb. Federowski war am St. Petersburger Konservatorium Schüler Leopold Auers gewesen, wie neben ihm auch Elman und Zimbalist. Diaghilew hatte ihn bald schon in seinen Kreis gezogen, und schließlich wurde er Konzertmeister für die Pariser Saisons der Ballets Russes. Später wurde er auf den glänzenden Posten eines Konzertmeisters am Kaiserlichen Opernhaus in St. Petersburg berufen.

Fast während eines ganzen Jahres, nachdem sie in seinen Besitz gelangt war, klagte Federowski über die scheußlichen Laster, die der Wunderknabe Ehrhardt mit seinem vulgär angeberischen Spiel der unglücklichen Violine angewöhnt habe. Es kostete ihn unendliche Mühe und viel Zeit, Antonietta die »wagnerische Pomphaftigkeit« auszutreiben und sie in Auers Stil zu spielen. Wo Reinheit des Tons vor allem anzustreben, Virtuosität mit schicklicher Zurückhaltung zu zügeln, das angeborene slawische Temperament nicht zu verleugnen, aber vor dem Überschäumen in die Sentimentalität zu bewahren war und endlich, um eine fließende *sostenuto*-Großartigkeit der Stimme zu erzielen, mit dem »russischen Bogengriff« gespielt werden mußte, bei dem man mit dem zweiten Glied des Zeigefingers gegen den Frosch des Bogens zu drücken hatte. Endlich zeigte sich Antonietta mehr als gefügig. Eines Tages rief Federowski aus: »Diese Geige hat mich gern!«

Vierter Akt

1918

C. F. Ramuz

Eine der jungen Frauen aus der Wäscherei am Fuße des Hügels kam, um mir zu sagen, daß man mich am Telefon verlange. Strawinsky hatte natürlich Telefon, ich nicht. Er hatte die Nummer dieser *blanchisserie* in der Nähe meines Hauses am Stadtrand von Lausanne im Telefonbuch gefunden und mit seinem derben Bojarencharme die Besitzerin überredet, eine ihrer nacktarmigen Nymphen nach mir auf den Hügel zu schicken, wann immer er anriefe und mich zu sprechen verlangte. Ich ging hemdsärmelig und in Filzpantoffeln mit einer robusten Lisette plaudernd bergab, um zu hören, was er diesmal von mir wollte.

In der Wäscherei war die übliche Geschäftigkeit. Auf gewellten Waschbrettern wurde Wäsche gerubbelt, in den Kübeln plätscherte schäumend die Seifenlauge, irgend jemand stocherte mit dem Feuerhaken in der Glut unter dem Kessel, abgestellte Bügeleisen klapperten auf ihre metallenen Gestelle, und die Frauen plapperten und kicherten wie ein Schwarm von Grasmücken oder Teichrohrsängerinnen oder dergleichen. Sobald ich jedoch den Hörer aufnahm, hielten alle inne, aus einer Höflichkeit, die mit Neugier gemischt war. Es war, als spielten sie das Kinderspiel, bei dem jeder in der Pose erstarren muß, die er eben in dem Augenblick hat, da die Musik aufhört. Alle dampfgeröteten Ohren lauschten. Ich schrie: »*Allô!*« An diesem

Morgen blies ein ziemlich starker Wind von den Alpen, und alles, was ich nun hören konnte, war das Flattern der Wäsche an den zwischen Pfosten auf dem flachen Zinkdach ausgespannten Leinen.

Wie gewöhnlich hatte Strawinsky in drei Sätzen tausend Dinge zu sagen. Ich sah ihn vor mir in einem Arbeitszimmer im Obergeschoß, eingenistet zwischen zwei Kesselpauken und einem ungarischen Hackbrett, das Klavier zu seiner Linken, sein Schreibtisch vor ihm, so aufgeräumt wie eine Melodie von Haydn, eine Zigarette in der Hand, eine Tasse starken Kaffees und ein kleines Glas Marc neben sich. Er stapelte die Worte so fest übereinander wie die dichtgedrängten Noten mancher seiner komplexeren Akkorde.

»Was?« schrie ich. »Etwas langsamer, bitte!«

Ich entnahm seinem Redefluß, daß einer seiner alten Freunde aus St. Petersburg auf der Flucht vor der Revolution mit Müh und Not über Polen und Österreich endlich die Schweiz erreicht habe. Er nannte den Namen des Mannes. »Bitte wiederholen Sie das doch! Ich kann Sie nicht hören!«

»Auf den Namen kommt es schließlich nicht an. Ich brauche Ihre Hilfe.«

Aus dem Zusammenhang erhellte sich, ohne daß er mir das ausdrücklich gestand, daß er eine Heidenangst davor hatte, der den revolutionären Mordbanden entronnene Freund könne nun seine Gastfreundschaft in Anspruch nehmen. Ich konnte mir gut vorstellen, wie Strawinsky die Kosten eines solchen Logierbesuchs im Kopf überschlug. Ich verstand sofort, daß solche unnötigen Ausgaben zu meiden waren wie die Pest. Und daß mir die Aufgabe zufiel, jenem Unglücklichen eine Unterkunft zu besorgen. Natürlich in der Nähe von Strawinskys Wohnung, bitte schön. Er betete diesen Federowski förmlich an. »Ramuz, warten Sie nur, bis Sie seine Frau sehen.«

»Aha! Der Mann hat also nicht nur einen Namen, sondern dazu auch eine Frau.«

»Und zwei Kinder. Gleich heute vormittag. Sie müssen das Haus noch heute vormittag finden. Sie kommen heute nachmittag an. Haben Sie Mitleid mit Federowski. Ein billiges Haus. Hier in der Nähe.«

Und er wies mich an, um 15.15 Uhr in Morges am Bahnhof zu sein, um ihm zu helfen, die Familie in Empfang zu nehmen – mit anderen Worten, um das Gepäck zu tragen.

»Sie müssen jetzt auflegen«, sagte ich, »ich werde viel zu tun haben.«

Aber nein, er wollte mir erzählen, daß er in der Nacht zuvor nicht hatte schlafen können, daß sein Gedärm die ganze Nacht über gebrummt habe wie ein ärgerlicher Bär, daß Diaghilew ihm geschrieben habe, seine Ballett-Truppe sei der Auflösung nahe, auch daß ihm zu Ohren gekommen sei, daß sein Konzert in Mailand ein Fiasko gewesen, jedenfalls habe sich der Husten seiner Frau Jekaterina entschieden verschlimmert...

Was konnte ich dazu sagen? Es waren schlechte Zeiten für uns alle. Der Krieg hatte mich von den Tantiemen meiner französischen und deutschen Verleger abgeschnitten, alle möglichen lebensnotwendigen Sachen waren knapp oder rationiert, es war nicht leicht, Milch für die Kinder aufzutreiben. Ich hatte aus meinem schönen Haus in Trytorrens hierher in die Hütte oberhalb der Wäscherei ziehen müssen.

Mir war klar, daß Strawinsky mit noch größeren Schwierigkeiten zu kämpfen hatte. Die gegenwärtige sei die härteste Zeit seines Lebens, pflegte er zu sagen. Er hatte seine Heimat verloren. Ich kannte ihn hier in der Schweiz seit vier Jahren, und jetzt kam mir in Erinnerung, wie freudig er im vorigen Jahr die harmlose Februarrevolution begrüßt hatte.

Als die Nachricht davon kam, bestiegen wir den Petit Chêne. Ein heftiger Nordwind blies uns entgegen, wie ein wilder Vorbote der aus Rußland auf uns einstürmenden Umwälzungen. Wir sahen zwei Frauen, deren lange Röcke sich ihnen, nach hinten flatternd, fest um die Beine gewikkelt und beide für einen Augenblick in seltsamen Stellungen festgehalten hatten. Mit fiebernder Phantasie wies Strawinsky auf sie und sagte: »Sehen Sie sich dieses Bild an, Ramuz! Diese beiden: Ihr Mutterland und meins!«, da er denn wohl mit der für ihn charakteristischen Großmut annahm, daß meine kleine Schweiz in meinen Gedanken eine nicht weniger große Rolle spielte als das riesige Rußland in seinen. Der Wind riß ihm Laute tiefer Erregung vom Munde. Rußland wurde wiedergeboren! Das Rußland Puschkins, Gogols, Mussorgskis, ein heiliges, orthodoxes Rußland, ein Bauernland, ein Land großartiger Baßstimmen und tiefen Glockenklangs! Er mußte heimkehren, sein Platz war in der Heimat... Aber er kehrte nicht heim. Und dann kam die Oktoberrevolution. Der Traum verblaßte. Er fühlte sich jetzt im Exil. Niemals würde er St. Petersburg wiedersehen. Keine Einkünfte mehr aus dem Landbesitz seiner Familie, aus seinem Hausbesitz in St. Petersburg, aus seiner Musik. Seine Frau und seine Töchter waren krank. Unterdessen zerstörte der Krieg Diaghilews großartige Ballett-Truppe. Keine Aufträge mehr, keine Aufführungshonorare. Strawinskys Musik war ausschließlich in Deutschland veröffentlicht worden. Er hatte nirgendwoher mehr Honorare zu erwarten. Geld war wie Muttermilch für ihn. Die Zitzen schienen ausgetrunken; er schrie vor Hunger, Kolik und blinder Furcht.

Nichtsdestoweniger war er so lebendig! Seine Aufregung angesichts der bevorstehenden Ankunft dieser Freunde, der Federowskis, war die eines kleinen Jungen. Er *war* ein kleiner Junge. Ich hatte schon des öfteren gedacht, daß darin wohl das Geheimnis seines Genies liegen müsse. Er war so offen für das Leben, wie es nur ein kleines Kind sein konnte. Jeder Anblick, jedes Geräusch, jeder Geschmack, jede Berührung ließen ihn vor Staunen, vor Entzücken und Schrecken erbeben. Und jeder Akkord seiner Musik fing diese Schwingungen in seinem Netz ein. Wie immer redete er weiter und weiter. Ich hatte nur sehr selten Gelegenheit, einsilbige Bemerkungen zu seinen Ausführungen anzubringen. Die Nymphen verloren das Interesse an dieser Unterhaltung. Eine von ihnen begann zu singen. Bald waren sie wieder alle bei ihrer Arbeit...

Ich war vor Strawinsky am Bahnhof. Als er atemlos den Bahnsteig entlang auf mich zukam, sah ich, daß er sich seinen Freunden zu Ehren feingemacht hatte. Ob ich ein Haus gefunden hätte?

Ich hatte. Eine nette, kleine Winzerhütte mitten in den Weinbergen. Vielleicht etwas eng für vier Bewohner, aber sehr preiswert.

Strawinsky versäumte, mir zu danken. Ungeduldig hielt er nach dem ausbleibenden Zug Ausschau, plötzlich wütend auf die Schweiz, weil dieser Zug Verspätung hatte, wenn auch, wie sich gleich zeigte, nur fünf Minuten.

Eine Abteiltür wurde geöffnet, und dem Waggon entstieg ein sehr hochgewachsener Mann, der dann zwei Kindern von der Schwelle auf den Bahnsteig half. Diesen folgte eine Frau mit schwarzsamtenem Hut, von dem eine purpurne Straußenfeder wehte. Ich rannte zu der Abteiltür. Von drinnen reichte mir ein Schaffner Kisten, Kästen und Pakete in großer Zahl. Plötzlich fühlte ich mich unsanft beiseite gestoßen von dem hochgewachsenen Mann, der nun von dem Schaffner einen rechteckigen und mit Messingnägeln beschlagenen Geigenkasten in Empfang nahm. Diesen Kasten fest unter den Arm geklemmt, wandte er sich ab und überließ es mir, in Empfang zu nehmen, was sonst noch aus dem Abteil gereicht wurde.

Ich war zu beschäftigt gewesen, um zu sehen, wie Strawinsky die Familie willkommen hieß. Jetzt konnte ich mir die Ankömmlinge ansehen. Federowski war eine hagere, förmliche Erscheinung, meines Erachtens ungefähr in Strawinskys Alter, Mitte Dreißig. Er trug einen schwarzen Homburg. Hinter dem randlosen Kneifer glänzten Tränen. Ich sah, daß auch Strawinsky feuchte Augen hatte. Um seine wunderbare russische Aufgeschlossenheit für Gefühle hatte ich meinen Freund oft beneidet. Was für ein seltsames Paar waren die beiden, Strawinsky so winzig und sein Freund eine solche Bohnenstange.

Anfänglich sprachen sie russisch, sehr schnell, doch als ich mich ihnen zuwandte, wechselten sie mit selbstverständlicher Höflichkeit ins Französische über, das ja ohnedies die zweite Muttersprache der russischen Oberschicht ist und das alle vorzüglich sprachen, wenn auch mit den singenden gutturalen Vokalen und an der Zungenspitze gerollten rs, die dem russischen Französisch eine ganz eigene Note geben.

Strawinsky stellte mich seinen Freunden als den größten Schriftsteller der Schweiz vor. Federowski machte mir eine steife Verbeugung. Während des Gesprächs nannte er Strawinsky bei den Spitznamen, unter denen er seinen Petersburger Freunden bekannt zu sein schien: Guima, Giumoschka.

Endlich nahm ich mir das Herz, Madame Federowskaja in Augenschein zu nehmen. Ich schätzte ihr Alter auf ungefähr dreißig Jahre. Von dem erstaunlichen Hut hing ein zarter Schleier. Durch den Schleier erblickte ich eine milchweiße Haut, die leicht amüsierten Lippen einer Plaudertasche, Saphiraugen unter schwarzen Brauen. Ich verstand, weshalb Strawinsky mich telefonisch auf ihre Erscheinung vorzubereiten für nötig gehalten hatte.

Jetzt lag Strawinsky im Staub des Bahnsteigs auf den

Knien vor der kleinen Tochter und unterhielt sich sehr ernsthaft mit dieser, sein Kopf auf dem gleichen Niveau wie ihrer. Er nannte sie Manischka. Er fragte sie, ob sie während der Fahrt verstanden hätte, was die Eisenbahnräder ihr mit ihrem Klickataklack hätten sagen wollen?

»Ja«, sagte sie. »Die Räder haben gesagt: ›Los, los! Macht! Es geht zu Onkel Igor!‹«

Strawinsky klatschte in die Hände. »Bravo! Du verstehst alles!«

Pawel Federowski

Ich hatte vergessen, was für ein eitler Pfau er ist. Oder vielmehr, kleiner eitler Kampfhahn. Dieser winzige Gockel kam den Bahnsteig entlang in einem Aufzug, den er vermutlich für die Eleganz des perfekten Boulevardiers hält. Schlechter Geschmack. Ein dunkelblaues Jackett, wie man es, glaube ich, *un sporting* nennt. Dazu *braune* Hosen. Graue Gamaschen. Ein Riviera-Strohhut, der auf seinen übergroßen Ohren ruhte. Ein Monokel! Er hielt sich ganz offensichtlich für unwiderstehlich. Natürlich hatte er sich nur Annas wegen so in Schale geworfen. Er hat gleich wieder angefangen, ihr den Hof zu machen. Ich wußte, daß das nichts zu bedeuten hatte. Er würde mit einem Kalbskotelett flirten, wenn er glaubte, es wäre weiblichen Geschlechts. Aber gereizt hat es mich trotzdem. Er ist so leicht zu durchschauen. Charmiert die Kinder mit seinen Kindereien, aber zeigte Sascha die kalte Schulter, um vor seiner Schwester, der kleinen Frau, auf die Knie zu fallen. Das Wiedersehen mit ihm hat mich zuerst sehr gerührt. Wir waren beide verlorene Seelen. Unsere schöne Stadt verschwunden, aus unserem Leben getilgt! Die Newa! Die

Kanäle! Der wunderschöne gestickte Vorhang der Oper! Und, ach! Wenn Strawinskys Vater Boris sang – sein Schmerzensschrei: »*Oh Gospodi, Boje moi!*« Wir kennen uns wirklich schon lange, Guima und ich. Wir haben zusammen gearbeitet so schwer und so gut. Um das Orchester in die erforderliche Form zu bringen. Ich habe ihm vom *Feuervogel*, von *Petruschka* und dem *Sacre* gesprochen. Von seiner Musik der russischen Seele. Er war plötzlich zornig. Er war dieses alte Zeug leid. Bah! Sehr unhöflich zu mir. Aber zu Anna aalglatt wie ein Gesandter. Er sagt etwas zu ihr. Dabei formt er die Lippen zu einem kleinen Lächeln, das die Luft des Nachmittags küßt. Beugt den Kopf leicht vor, so wie: Ich habe gesprochen, verstehst du mich? Wartet auf ihre Erwiderung. Lehnt sich erwartungsvoll nach vorn wie ein *maître d'hôtel* beim Aufnehmen der Bestellung eines geehrten Gasts. Sie antwortet. Er legt die Hände über die riesigen Ohren. Sein Monokel fällt ihm aus dem Auge und pendelt am Bande. Ihre Worte, ihre Stimme entzücken ihn gar zu sehr. Er kann solches Entzücken nicht ertragen. Später, in der kleinen Hütte, die der Schweizer Schriftsteller für uns gemietet hat, sagt sie zu mir: »Ist Igor nicht bezaubernd?« Wir haben einen kurzen Streit. Sie verteidigt ihn. Ich brülle. »Nein, nein«, sagt sie endlich, »ich habe über ihn *gelacht*. Er ist so naiv! So eingebildet!« Dem stimme ich zu. Wir streiten niemals lange, Anna und ich. Ich habe dort auf dem Bahnsteig Guimoschka gefragt, was hörst du von Diaghilew dieser Tage? Er war doch unser Gott! Auch da bekam ich eine Abfuhr. Sergej Pawlowitsch hat sich vor zwei Jahren erlaubt, den Maestro nicht einzuladen, das Ballett nach Amerika zu begleiten. Vor zwei Jahren! Sehr, sehr zornig.

Igor Stravinsky

Ich weiß noch, wie ich sie zum erstenmal erblickte, an einem Wintertag in St. Petersburg. Als ich vorhin die beiden durch meine Tränen wiedersah, hier auf dem Bahnsteig in der hellen Sonne am Seeufer, schien mir plötzlich die warme Frühlingsluft eisig zu sein. Ich war unterwegs in die Bibliothek des Konservatoriums. Das Ocker der Häuser war an den Gesimsen und Fensterbrüstungen weiß abgesetzt. Der Kanal vor unserem Haus war seit Wochen zugefroren. Er war weiß, und die Straßen waren weiß. Sehr feiner Schnee fiel wie Puderzucker aus einem riesigen zinnernen Zuckerstreuer auf die Stadt. Ich bog in den Newski-Prospekt ein. Fast blendete mich das Weiß, und ich hielt mit Sehnsucht Ausschau nach etwas Schwarzem, das etwa des Weges käme. Da kam ein Schlitten, den ein Fuchs mit Schellen am Geschirr zog, der warf den Kopf und blies Federbüsche weißen Dampfes aus den Nüstern. Der Kutscher saß hoch. Unter dem mir hochwillkommenen schwarzen Verdeck des Schlittens sah ich das bleiche Gesicht einer in schwarzen Pelz gewickelten Frau. Das Gesicht war so traurig, daß ich an Anna Karenina dachte. Ich dachte, diese Frau wird sich töten. Der Schlitten war in einem Augenblick vorüber.

Das Gesicht verfolgte mich. Später machte ich bei einem der »Abende zeitgenössischer Musik« die Bekanntschaft der Federowskis. Bei Kerzenlicht sah ich keine Spur von Traurigkeit in dem Gesicht, und ich nahm an, es habe wohl nur der Widerschein des Schnees dem Gesicht an jenem kalten Morgen vorübergehend den Anschein einer tragischen Maske gegeben, die mich so beeindruckt hatte. Ich entschied für mich: Diese Frau ist ein leerer Eimer. Als ich die beiden näher kennenlernte, wurde mir klar, wie oberflächlich sie war. Das schlimmste war, daß sie, mit einem hypersensiblen Musiker verheiratet, kein Organ für Musik zu haben schien, kein musikalisches Gehör hatte und nichts dabei fand, vollkommen falsch vor sich hin zu singen. Sie pflegte einen Raum zu betreten wie eine Schauspielerin die Bühne, die Arme leicht erhoben im Bewußtsein der Blicke und der gespannten Erwartung des Publikums, und wenn sie dann sprach, war es, als hätte sie ihren Text auswendig gelernt, es schienen irgendwie nie ihre eigenen Worte zu sein. Ihre Fröhlichkeit war wie ein Kostüm, in das sie sich für die Bühne kleidete. Die einzige wahre, aufrichtige Traurigkeit war in Pawels Gesicht.

Wie glücklich war ich jetzt, ihn wiederzusehen! Wie ich ihn liebe! Er sorgte dafür, daß das Orchester *meine* Musik spielte. Er selbst spielt die Musik, die er vom Blatt liest. Er liest die Gedanken des Komponisten. Er ist keiner von diesen sogenannten »Interpreten«. Ich hasse »Interpretationen« von Solisten oder Dirigenten, denn schließlich ist diese sogenannte Interpretation doch nichts als eine Form der Prahlerei. Pawloschka ist eine empfindliche Maschine. Wie er da so steif auf dem Bahnsteig stand, wußte ich, daß er mich liebt, wie ich ihn liebe, und daß er wie ich an unsere Stadt dachte, an unser schönes St. Petersburg, das uns nun so fern liegt wie Atlantis auf dem Meeresgrund oder Pompeji unter erkalteter Lava.

Sie haben entzückende Kinder. Ich spürte bei der ersten Begrüßung, daß der kleine Sascha zu stolz und schüchtern ist, sich ohne weiteres mit mir anzufreunden, so wechselte ich ein paar Worte mit Manja, die genauso selbstbewußt ist wie ihre Mutter.

Ramuz

Federowski spielte in Strawinskys Haus für uns. Wir waren im blauen Zimmer, das so blau ist, daß es schien, als wären wir an einem vollkommen klaren Tag irgendwo im hohen Himmel. Die beiden Frauen saßen auf der Couch. Anna Federowskajas Augen leuchteten in völligem Einklang mit diesem azurenen Licht, während die Haut der armen, kränkelnden Katja Strawinskaja aussah wie mit Wäscheblau gebleicht. Als Federowski seine Violine aus dem Kasten nahm, bat Igor mit seiner Unersättlichkeit für Sensationen und Sinneserregungen aller Art, das Instrument ein paar Minuten zur Hand nehmen zu dürfen. Er genoß die Schönheit der Geige mit kleinen Entzückensschreien. Aber was ist denn das? Ein kleiner Cupido auf dem Saitenhalter? Federowski sagte, Diaghilew habe die Geige für ihn gekauft und ihm ihre Geschichte erzählt, die er seinerseits von dem Pariser Händler gehört hatte. Die Geige war demnach eine ziemlich berühmte Stradivari, die sogenannte »Antonietta Strad.«. Antonietta hatte der Geigenbauer sie nach einer Frau genannt, in die er sich eines Abends bei einem Konzert auf den ersten Blick wahnsinnig verliebte. Er baute diese Geige eben zu der Zeit. Er war Witwer, und am Tage nach dem Konzert schrieb er der Frau und bat sie, ihn zu heiraten. Da er reich war, nahm sie den Heiratsantrag gern an. Aber ein paar Tage später – und hier zeigte uns Federowski einem nach dem anderen eine Stelle, wo neben der schmückenden Borte am Rande des Bauchs der Violine ein winziges Stückchen Holz herausgebrochen zu sein schien –, ein paar Tage später sei, während Stradivari eben wieder an der Geige arbeitete, ein fremder Mann in seiner Werkstatt erschienen und habe gerufen, die Frau sei von wer weiß wem schwanger und so moralisch wie eine streunende Katze. Dem durch diese Mitteilung erschreckten

Stradivari rutschte die Hand aus, und so kam es zu jenem Schnitzer, den er niemals zu reparieren schwor. Wie sich dann zeigte, hatte der Mann gelogen – er war selbst in die Frau verliebt. Stradivari heiratete sie, und der Lügner beging Selbstmord. Stradivari ließ den Schnitzer unrepariert zur Erinnerung an die Tatsache, daß auf dieser Welt keiner vollkommen ist.

Igor fand diese Geschichte aufregend und klatschte entzückt in die Hände. Doch als dann Federowski zu spielen begann, saß er schlaff auf dem aufrechten hölzernen Stuhl an seinem Schreibtisch, kritzelte müßig auf einem Notizblock, schien nicht achtzugeben, kaum zuzuhören – doch ich merkte nichtsdestoweniger, daß seine unsichtbare Antenne bebte. Das Konzert, das Federowski für uns gab, bot nichts Ausgefallenes oder Hochgestochenes: Er spielte einfache russische Volksweisen. Ich als Außenseiter bei einem solchen Fest war entzückt. Ich konnte mir vorstellen, was diese Musik den vier Exilanten bedeutete.

Nach etwa einer halben Stunde legt Federowski sein Instrument in den Kasten, und die beiden Männer begannen, erregt von den Heimatklängen, die noch im Zimmer nachhallten, Erinnerungen zu beschwören, und schwelgten in diesen mit solcher Leidenschaft und in so großem inneren Einverständnis, daß ich mir, wie ich zugeben muß, ausgeschlossen vorkam. Irgendwie schien mir das vertraute Verhältnis zu Strawinsky, das ich während der vergangenen drei Jahre genossen hatte, plötzlich in Gefahr zu sein (obwohl ich andererseits verstand, daß er selbst bei dieser Beschwörung von Erinnerungen, die er nur mit Federowski gemeinsam hatte, sich irgendwie auch an mich wandte, zumal er sich dabei in Rücksicht auf mich mit der ihm zur zweiten Natur gewordenen vollendeten Höflichkeit der französischen Sprache bediente).

Wenn Igor gut aufgelegt war, hatte er oft von Rußland

gesprochen, gewöhnlich auf einer ziemlich abstrakten Ebene. Er analysierte dann etwa *Die toten Seelen* und erläuterte die Gründe der Unübersetzbarkeit Puschkins, wenn er nicht die Bedeutung der Tartareneinfälle für die Entwicklung der russischen Kultur würdigte. Manchmal hatte er auch Anekdoten erzählt. Zum Beispiel die folgende, für die angeblich Stassow sich verbürgte: Tolstoi habe wieder einmal irgendwo den Verzicht auf jegliche Gewalt gegen jedwedes Geschöpf Gottes gepredigt und dem Selbsterhaltungstrieb für den Notfall den Nutzen des gewaltlosen passiven Widerstands empfohlen, da anders der Frieden auf Erden nicht zu erreichen sein werde, als einer seiner Hörer die Frage stellte, was man tun solle, wenn einen im Walde ein Tiger anfalle? »Tun Sie, was Sie können«, habe Tolstoi erwidert. »Es kommt nicht sehr oft vor.«

Aber dieses Gespräch zwischen den beiden Männern, die die Heimat verloren hatten, war etwas ganz anderes. Sie warfen einander einfache Bilder und Klänge zu, ganz nach Art der Volksweisen, die die Geige gesungen hatte, Bilder und Laute all des Verlorenen.

Strawinsky hörte auf zu kritzeln. Ihr gegenseitiges Einvernehmen war von wilder Intensität. Jeder wußte, wovon der andere sprach. Ihr Gelächter war traurig. Die Frauen schwiegen still. Ich wurde schlechter Laune, nicht ihretwegen, vielmehr ärgerte ich mich über mich selber. All das hatte uns diese Geige angetan.

Strawinsky und Federowski

S.: »Die Glocken, Pawlowschka, die Glocken von Nikolski Sobar. *Di dong dah dah dong di dah.* Da kribbelte mir immer die Kopfhaut – lange, ehe ich was von Obertönen wußte. Die Schwingungen der tiefen Töne gingen mir durch Mark und Bein, da sangen meine Knochen.«

F.: »Das Geräusch der Droschken...«

S.: »Ach Gott, ja, besonders die mit den eisenbeschlagenen Rädern auf den mit Holzblöcken gepflasterten Straßen, weißt du noch? Die Hufschläge auf dem Holz und das Scharren dieser Räder?«

F.: »*Ai!* und die Räder der Pferdetrambahn, das Kreischen von Metall in Metall, wenn sie in die Kurve gingen!«

S.: »Für mich waren das schönste immer die Rufe der Straßenhändler. Die Händler, die ihre Waren auf Tabletts auf den Köpfen balancierten, wie sie dahinschlichen, ganz sanft gleitend, weißt du noch, wie javanische Tänzerinnen oder Prostituierte?«

F.: »Die Huren nachts auf dem Newski-Prospekt! Als Student habe ich immer gedacht, wenn eine von denen mich um eine Zigarette ansprach – Papirossi, sagten sie, so süß und streckten dabei die Hand aus, daß ich dachte, sie wollten wirklich nichts weiter von mir! Also gab ich ihnen eine und ging weiter.«

S.: »*Das* habe ich nie gedacht. Aber hör mal: Als ich klein war, auf dem Champs de Mars...«

F.: »Schlitten von Elchen gezogen, erinnerst du dich an die noch, im Winter?«

S.: »Ha! Allerdings. Aber auf dem Champs de Mars kaufte mir mein Vater immer Gefrorenes von einem dieser Eisverkäufer. *Maroschnojeh! Maroschnojeh!* Ich kannte alle diese Händlerrufe, ich kenne sie noch heute und könnte sie dir einen nach dem anderen vorspielen. Ach, Pawlowschka, diese Melodien, die du mir vorgespielt hast... Als ich hier ankam, hatte ich zuerst solches Heimweh... aber ich glaube, ich habe immer Heimweh, sogar zu Hause! ... Damals war eben der Krieg ausgebrochen, und in meinem Heimweh las ich unsere wundervollen Volksballaden.

Was mich rührte, waren eigentlich gar nicht die Geschichten, die diese Gedichte erzählten. Es war mehr das Klingen der einfachen russischen Wörter, das ungleichmäßige Flattern und Plappern der Silben... das war fast schon Musik. Also machte ich eine Blütenlese von diesen Sachen, zuerst in *Pribuatki* – mit meiner Hilfe hat Ramuz das dann ins Französische übersetzt –, dann *Les Berceuses du Chat*, die Katzenwiegenlieder, dann ein paar Chöre für Frauenstimmen und dann, natürlich – *Die Hochzeit:*

Hör den Bräutigam sagen
›Ich wollte jetzt schlafen‹,
und die Braut erwidern,
›Nimm mich mit‹.
Hör den Bräutigam sagen
›Ist das Bett schmal?‹
Und die Braut erwidern
›Nicht zu schmal‹.«

Federowski

Ganz gleich, wovon wir zu reden anfangen, er braucht nie lange, um auf sich selbst zu sprechen zu kommen. Er ist ein Genie, und wir wissen das. Er fühlt das Bedürfnis, es uns in Erinnerung zu rufen. Ich habe das nicht nötig, ich weiß es schon.

Es hatte mich geärgert zu sehen, daß er, während ich spielte, dasaß und irgendeine Zeichnung hinkritzelte. Er schien überhaupt nicht zuzuhören. Nach unserer Unterhaltung sah ich mir an, was er gekritzelt hatte. Ich war neugierig, zu sehen, was zu zeichnen meine Antonietta ihn inspiriert haben mochte – immer angenommen, daß er überhaupt zugehört hat. Es war eine Szene aus dem Garten Eden. Das sah man, weil die Frau nach einem Apfel griff, der an einem Baum hing, in dem eine Schlange war. Der Mann und die Frau waren nackt. Adam hatte eine Erektion. Eva trug eine schweizerische Tausendfrankennote als Feigenblatt.

Ramuz

Wir drei beschlossen, uns den Nachmittag freizunehmen. Ich führte sie hügelan, an der kleinen Knochenmehlfabrik vorbei zu dem kleinen rosagesichtigen Café Crochettaz, das, in einen steilen Abhang gebettet, in dieser Cézanne-Landschaft steht. Wir saßen auf der Terrasse und blickten über ein eisernes Geländer auf eine Bucht des Sees hinab, der wie Satin in der stillen Luft glänzte. Wir bestellten drei Literflaschen Wein aus den Weinbergen der Umgebung und etwas Käse und einen langen Laib Brot, und wir aßen und tranken und redeten. Die Art und Weise, wie einer ißt und trinkt, verrät einem alles, was man von ihm wissen muß. Hier waren diesen beiden alten Freunde, der lange und der kurze, und verrieten mir die Wahrheit über sich selbst durch die Art und Weise, wie sie einer nach dem anderen das Messer zur Hand nahmen, ein Stück Rinde von dem Käse schälten, um eine Scheibe abzuschneiden, dann ein Stück Brot abbrachen, um den Käse daraufzulegen, und dann abbissen, kauten und tranken.

Strawinsky machte aus alledem keinen Hehl. Seine Augen leuchteten. Er führte das Messer energisch, brach das Brot, daß es krachte. Auf den ersten Bissen folgte zwei- oder dreimaliges Kauen, dann eine Pause, dann ein kleines Stöhnen des Genusses, dann schnelleres Kauen. Er behielt den

Wein jedesmal ein paar Sekunden im Mund, ehe er ihn hinunterschluckte. Der Mann war in seine Sinneserfahrungen verliebt, stets darauf aus, jede bis zum äußersten auszukosten. Doch erkannte man auch eine wunderbare Einfältigkeit in seinem Gebaren. Was ihn erregte, waren die gewöhnlichen Dinge des Lebens – Brot, Käse, Landwein. Und jedes dieser gewöhnlichen Dinge erlebte er als etwas absolut Außergewöhnliches. Ich kannte die spröde Überfeinerung seines Geistes sehr wohl. Doch war der Mann nichtsdestoweniger auch ein Primitiver. Er war zugleich wild und zivilisiert. Er war Heiliger und Sünder. All das verriet einem die Art und Weise, in der er kaute, die kurze Pause, als hielte er inne, um Gott zu danken, das kleine, sinnliche Stöhnen, die Geschwindigkeit, mit der sein Liter Wein verschwand.

Federowski war – schneidend, brechend und trinkend – viel weniger steif, als er auf den ersten Blick schien. Er war eine seltsame Mischung von Robustheit und Zartheit. Diese Mischung hatte mir deutlich schon sein Geigenspiel verraten. Jetzt fiel mir auf, daß er auch eine komische Seite hatte. Er verriet diese durch leicht übertriebenes Mienenspiel, wenn er etwa die Backen aufblies, grotesk die Stirn runzelte, während er sich ein Stück Brot abbiß, oder das Messer aufrecht in den Käse stach, nachdem er sich eine Scheibe abgeschnitten hatte. Wenn er einen Schluck Wein trank, rollte er jedesmal die Augen gen Himmel. Auch er brauchte nicht lange dazu, seinen Liter auszutrinken. Ich hielt wacker mit.

Wir bestellten Wein nach. Nicht zum letztenmal an diesem Nachmittag.

Federowski

Es waren mehrere Leute auf der Terrasse. Alle tranken und redeten. Da wir im Freien saßen, klang das Geplapper gedämpft. Ich bemerkte, wie Strawinsky zu einem der anderen Tische hinübersah. Er starrte eine vollbusige Frau an. Ihm war anzusehen, daß ihm das großen Spaß machte. Auf seiner Stirn stand eine Ader vor. Sein Gesicht war so rosa wie die Fassade des Wirtshauses. Sie lachte oft. Wie Strawinsky sie anglotzte, hätte man denken sollen, ihre Brüste wären mit dem herrlichen Waadtwein, den wir tranken, gefüllt. Vielleicht war ich boshaft. Während Igor sie anstarrte, erkundigte ich mich nach der Gesundheit seiner Frau. Das hinderte ihn aber nicht, während er mir antwortete, jenem anderen Tisch Blicke zuzuwerfen.

Strawinsky

Als ich neun war, fuhren wir zum erstenmal während der Sommerferien auf ein großes Gut, das eine Tante mütterlicherseits in Pechinsky in der Ukraine besaß. Ich war ein elendes Kind. Meine Mutter zog mir meinen ältesten Bruder Roman ganz unverhohlen vor, und Roman und Juri (der gleichfalls älter war als ich) schikanierten mich bei jeder Gelegenheit, und mein Vater hatte das Temperament eines wilden Ebers. Ich träumte davon, eine sanfte Schwester zu haben. Nun, in Pechinsky fand ich eine oder doch was fast so gut war: meine Cousine Jekaterina Gabrielowna Nossenko, sie war ein Jahr älter als ich. Katja und ich spielten den lieben langen Tag zusammen und beschlossen – noch ohne zu wissen, daß unsere Geschlechtsorgane zu anderen Zwecken als zum Pissen dienen konnten –, daß wir heiraten und für den Rest unseres Lebens in einem Bett zusammen schlafen würden.

Fünfzehn Jahre später haben wir tatsächlich geheiratet. Es gab einen kaiserlichen Erlaß, der die Ehe zwischen Cousins und Cousinen verbot. Wir machten in einem Dorf bei St. Petersburg einen alten Säufer von einem Popen ausfindig, der, wenn man ihm mit ein bißchen Wodka und Geld gut zuredete, beide Augen zudrückte und einen traute. Zu dem gingen wir und wurden getraut. Die einzigen Trauzeugen waren zwei Söhne Rimski-Korsakows, enge Freunde von mir. Sie hielten die Hochzeitskronen über unsere Köpfe, als wir, nachdem wir das Bestechungsgeld gezahlt hatten, in der Kirche niederknieten. Ihr Vater, mein geliebter Lehrer, gab uns, als wir abends in die Stadt zurückkehrten, eine Ikone, die unsere Ehe stets gesegnet hat. Sie müssen sie in meinem Arbeitszimmer bemerkt haben. Katja und ich sind einander näher als zwei Liebesleute, wissen Sie. Sie ist noch immer meine liebste Freundin, wie damals, als ich zehn Jahre alt war und sie elf. Übrigens schreibt sie Noten wie ein Engel. Sie kopiert alle Partituren für mich. Sie kann nie genug tun für mich.

Indessen. Es lastet ein Fluch auf meiner Familie, Pawel: Tb. Irgendwann in der Vergangenheit hat irgendein Sukkubus uns dieses Erbgut aufgehalst. Die Schwindsucht hat meinen Großvater mütterlicherseits umgebracht, der kaiserlicher Minister für Landwirtschaft war. Seitdem ist sie in der Familie. Katjas Mutter war tuberkulös, Katja hat Tuberkulose. Ich habe wegen dieses Leidens fünf Monate in einem Sanatorium zugebracht (in Soncellemoz war das). Zwei von unseren Töchtern scheinen schwache Lungen zu haben, eine ist ziemlich krank. Deswegen sind wir ja in die Schweiz gezogen – der dünnen Höhenluft wegen. Ja, Pawlowschka, mit Katja steht es schlecht. Und das zu einer Zeit, da die Welt in Stücke fällt und wir kein Geld mehr haben!

Ramuz

Noch drei Liter! ... Und noch drei, warum nicht? ... Während wir uns so betranken, zogen sich die beiden Männer abermals aus meiner Gegenwart in die Tiefen ihres russischen Wesens zurück. Ihre Stimmen wurden in der Tat tiefer und tiefer. Was sie sagten, schien kein Zwiegespräch mehr zu sein, jedenfalls war mir zwischen dem, was der eine sagte, und dem, was der andere erwiderte, kein Zusammenhang mehr ersichtlich. Sie lachten und lachten wie ein Waldhorn und eine Posaune, aber ihre Fröhlichkeit war so trübselig! Oder war es ihr Trübsinn, der so erheiternd war? Oder machte ihre ferne Heiterkeit *mich* trübsinnig?

Strawinsky und Federowski

F.: »Ein Bauer pflegte in der Straße bei unserem Haus Kohl zu verkaufen. Alter Mann. Hatte Wagen und Pferd, das Pferd war steinalt. Ab und zu steckte der Mann die Finger in den Mund und pfiff. Dann fing das Pferd immer sofort an zu pissen: Schsch sch ...!«

S.: »Mein Urgroßvater, Iwan Iwanowitsch Skorochodow, starb im Alter von hundertundelf Jahren. Willst du hören, wie er gestorben ist? Er war ein schöpferischer Mann. Wir haben schöpferische Männer in unserer Familie, Pawel. Er schuf, indem er Frauen schwängerte. Ich schrieb Musik, er fickte. Es war stärker als er, er war von Liebe so erfüllt. Nun will ich dir erzählen, wie er starb, im Alter von hundertundelf Jahren. Seine Familie versuchte ihn einzuschließen. Schloß ihn tatsächlich ein. Sie meinten, seine Kreativität wäre schlecht für ihn. Er wußte es besser. Er starb durch einen Sturz von der Mauer, als er eines Nachts unterwegs zu einem heimlichen Rendezvous aus dem verschlossenen Haus floh.«

F.: »Weißt du, wie ich die Stellung an der Kaiserlichen Oper bekommen habe? Ich sah einen Buckligen. Gerade beim Marijinski-Theater. Auf der anderen Straßenseite. Ich rannte rüber und berührte seinen Buckel mit Antoniettas Kasten. Fast hätte ich die Geige herausgenommen, um die Berührung noch direkter zu machen. Ich gab ihm einen Rubel. Am nächsten Tag wurde ich zum Konzertmeister berufen.«

S.: »Etwas Scheußliches. Als ich noch ein Junge war. Habe meine eigene *gowno* gekostet, Pawel. Ich übersetze das für Sie, Ramuz, Sie Ignorant, der Sie die beste Sprache der Welt nicht sprechen: *Merde*, Ramuz. Pf–f–f–f. Weich. Kaum ein Geschmack. Schlechteres Essen habe ich schon in tausend Restaurants gegessen.«

F. (dessen Gesicht plötzlich leuchtet): »Ach, Guimoschka, Guimoschka! Die Schwanenfrau in dieser Geschichte von Afanasjew! ›Laß ihren Leib durch ihre Flügel schimmern, und durch ihren Leib laß ihre Knochen erscheinen, und von Knochen zu Knochen laß das Mark rinnen wie eine fließende Perlenkette.‹«

S.: »*Boje moi*, Federowski! Ramuz! Hilfe! Wo wird das Geld herkommen?«

Ramuz

So kamen wir auf das Geld zu sprechen oder vielmehr den elenden Mangel desselben. Wir hatten alle Angst. Da ich nun im Rückblick zu rekapitulieren versuche, was folgte, beeindruckt mich der klare Geist, den dabei Federowski bewies. Er war genauso betrunken wie ich und Strawinsky, aber bald hatte er eine ausgebildete Idee parat. Wenn ich mich recht erinnere, begann er mit der Feststellung, daß wir irgendeine einfache Methode brauchten, um zu Geld zu kommen. Wir müssen uns an was ganz Einfaches halten. Einfachheit siegt immer, sagte er. Wir beginnen, sagte er, mit einer Primzahl. Der Zahl drei. Sehr einfach. Das sind wir. Wir sind Alpha, Beta und Gamma. Erstens, sagte er, ist Ramuz der größte Schriftsteller der Schweiz. Zweitens: Ich, Federowski, bin der größte Geiger, der je an diesem Tisch im Café Crochettaz gesessen hat – jedenfalls mit Blick auf den See, denn es könnte sein, daß auf der anderen Seite des Tisches mit dem Blick zur rosa Wand schon mal ein größerer Geiger gesessen hat. Drittens: Strawinsky ist der größte Komponist auf Erden. Wir müssen die Dreifaltigkeit unserer Größe werden. Ein Stück mit Musik schaffen und zur Aufführung bringen.

Nun denn. Wo? Es hat eine Revolution stattgefunden, es ist Krieg. Alle großen Opernhäuser sind dunkel. Unser Stück muß einfach sein. Für einen kleinen Raum. Wenige Instrumente, winzige Besetzung. Die Aufführung könnte in einem Rathaus stattfinden. Oder in einem Zelt. Überall. Man könnte von Stadt zu Stadt damit ziehen wie die Zigeuner. Geld, *chers maîtres!* Nicht viel. Genug. Genug für ein einfaches Leben. Hurra! Einfachheit siegt!

Strawinsky stöhnte. Es war nicht zu erkennen, ob dieses Stöhnen der Laut eines Dankgebets war wie jenes, das der Maestro beim Kauen des leckeren Käsebrots hören ließ, oder Verzweiflung ausdrückte, da Federowskis Rettungsplan »nicht viel« verhieß. Schließlich sagte er: »Eine Operette über was?«

Ohne einen Augenblick des Zögerns sagte Federowski: »Afanasjew! Eine Erzählung von Afanasjew!«

Ich sagte: »Aber es muß französisch sein.«

Strawinsky sagte: »Natürlich.«

Stravinsky

Ich begann mir wegen der Zeche Sorgen zu machen. Ich fürchtete, daß wir den Wein, den wir da tranken, nicht würden bezahlen können. Wir waren berauscht. *In vino*, jedoch *veritas*. Ich hatte plötzlich eine glänzende Idee. Ich erläuterte den anderen, wie wir unsere Talente vereinigen könnten, um ein bißchen Geld zu verdienen. Wir könnten ein kleines Schauspiel für eine Tournee auf die Beine stellen, ein Stück mit Musik. Mit einem bescheidenen Instrumentalensemble, drei oder vier Darstellern, einem Minimum an Dekoration könnte man von Stadt zu Stadt ziehen und das Stück in kleinen Theatern aufführen. Ich hatte sogar schon eine Ahnung von einem Stoff, der dafür geeignet sein könnte. Federowski hatte vor einer Weile irgendwas von einer Erzählung Alexander Nikolajewitsch Afanasjews gemurmelt. Ich liebte diese Geschichten von Bauern, denen das Leben ständig böse Streiche spielt, und ich wußte, daß auch Ramuz sie lieben würde, ist doch sein eigenes Werk die poetische Darstellung seiner geliebten heimischen Weinbauern, die er immer »Gottes Opfer« nennt. Und ich dachte, daß es, obwohl Afanasjews Geschichten zutiefst russisch sind, da nun wir – Federowski und ich – von Rußland abgeschnitten waren und mit Ramuz zusammenarbeiten würden, das beste wäre, wenn wir für unser Stück den Stoff so bearbeiteten, daß er irgendwie international und universal formuliert wäre – oder, noch besser, so, daß er den lokalen Verhältnissen angepaßt werden könnte, wo immer man das Stück spielte.

Federowski

Es wurde Zeit, zu gehen. Strawinsky war offenbar des Glaubens, sich in die Frau am Nebentisch verliebt zu haben. Sie war inzwischen, wie auch wir, betrunken. Strawinsky konnte die Augen nicht von ihr lassen.

Insbesondere als der Kellner uns die Rechnung für unseren langen Nachmittag brachte. Während Ramuz und ich in unseren Taschen wühlten, war er weit weg und trank den Wein ihrer Freigebigkeit. Zweimal stieß sein deutlich ausgesprochener eigener Name bei ihm auf taube Ohren. Ramuz sagte zu mir: »Daran werden Sie sich gewöhnen müssen. Ich bin es.« Wir beide zahlten die Zeche.

Auf dem Heimweg kletterten wir über eine Reihe von steinernen Treppen einen terrassierten Weinberg hinan, dessen Reben eben frühlingsgrün zu sprießen begonnen hatten. Feine Ranken von zartem Gelbgrün. Die übereinandergestaffelten Terrassenmauern boten unseren berauschten Sinnen in ihrer Bestimmtheit und Regelmäßigkeit einen gewissen Halt. Strawinsky sah den terrassierten Hang anscheinend als ein riesiges Notenblatt an, auf dessen gemauerten Linien als Noten die Weinstöcke standen.

»Ach, Freunde!« sagte er. »Seht euch das an! Musik gibt den Dingen ihre Ordnung!«

Ramuz

Beide spielten füreinander. Wir waren im blauen Zimmer. Erst spielte Strawinsky seine neue, sehr russische Musik: Passagen von *Pribatki*, *Renard*, *Die Hochzeit* und das rührende süße Wiegenlied, das er für seine kleine Tochter Mituscha schrieb – er hatte mich gebeten, ihm eine französische Fassung des Texts zu machen. Über die Noten in seinem Notizbuch hatte er geschrieben: »*A ma fillette*«. Federowskis Mienenspiel während des Klavierspiels seines Freundes war dem ganz ähnlich, das er bei Brot, Käse und Wein im Café zur Schau getragen hatte: plötzlich zu Ballons aufgeblasene Backen, über die Stirn in die Höhe oder in die Tiefe huschende Augenbrauen, Lippen, so fest zusammengepreßt, daß sie ihm die Nase verdrehten. Entzücken, Staunen, Sehnsucht, schmerzliche Freude, Verzweiflung.

Als Strawinsky fertig war, nahm Federowski seine Antonietta vor und erwiderte ganz buchstäblich auf alles, was Strawinsky vorgetragen hatte. Strawinsky hatte mir oft versichert, daß er, obwohl diese und viele frühere Kompositionen selbstverständlich im allgemeinen von der russischen Volksmusik angeregt seien, niemals bestimmte Volksmelodien zitiert oder auch nur abgewandelt übernommen habe. Aber jetzt stellte mit brillanter Geistesgegenwart Federowski Passagen aus Strawinskys russisch inspirierten Kompositionen – auch aus den älteren Ballettmusiken – neben verblüffend ähnliche Melodien und Phrasen aus der Volksmusik. Ich war sehr neugierig, zu sehen, wie Strawinsky das aufnehmen würde. Er wurde ja bloßgestellt. Freilich auf die denkbar achtungsvollste und ehrerbietigste Weise. Und von einem Mann, der offenbar jede Note kannte, die Strawinsky je geschrieben hatte. Strawinsky saß wieder an seinem Schreibtisch und kritzelte müßig auf einem Notenblock, sein Gesicht war unleserlich.

Unleserlich – bis ich die Feuchtigkeit wahrnahm, die sich an den unteren Lidern seiner Augen sammelte.

Als Federowski die Geige absetzte, begann Strawinsky nach langem Schweigen abrupt zu erzählen, wie er eines Tages im vergangenen Jahr nach einem langen und sehr feuchten Mittagessen in meinem Haus am Stadtrand von Lausanne heimkam und in seinem Garten eine seltsame

Person in Frack und Zylinder antraf. Er dachte (erzählte er uns), er müsse betrunkener sein, als er bisher gemerkt hatte. Halluzinationen. Er fragte die Erscheinung, was zum Teufel sie in seinem hübschen Garten mache, an einem sonnigen Tag in einem solchen Aufzug? Aber der Mann war echt und sagte mit Grabesstimme, er sei wegen eines Todesfalles im Hause gerufen worden. Er war Beerdigungsunternehmer. Und als Strawinsky dann ins Haus rannte, fand er, daß wirklich Bertha, seine »zweite Mutter«, die ostpreußische Kinderfrau, die ihn selbst aufgezogen hatte und nun seine Kinder aufzog, gestorben war. »Als ich noch sehr klein war«, sagte er, »mußte sie jede Nacht eine Laterne in den Korridor gestellt und meine Schlafzimmertür einen Spalt offengelassen haben, denn bis auf den heutigen Tag kann ich nicht schlafen, wenn nicht ein schmaler Streifen Licht über mein Bett fällt.« Sie hatte gelernt, alle möglichen russischen Gerichte zu kochen, und sang den Kleinen dieselben deutschen Wiegenlieder vor, die sie vor langer Zeit ihm vorgesungen hatte. Sie hatte aus Liebe zu der ganzen Familie gelebt, insbesondere aber, wie er wußte, aus Liebe zu ihm. Nun war ihr ein Blutgefäß geplatzt, und so hatte sie ihn verlassen.

Federowski

Ich hatte, während Strawinsky da am Klavier saß, den seltsamen Gedanken, daß irgend etwas Diabolisches an ihm war. Wer das Herz dessen, was an einem Liede russisch war, packen konnte, indem er die Melodie für die Stimme in G-Dur setzte – mit gelegentlichem Hinüberwechseln nach e-moll – über einer durchgehenden verminderten Septime im Baß, so daß die ganze Klangfülle nach C-Dur tendierte – der war doch ein Teufel!

Und dann, während ich Geige spielte und ihn da bei seiner Zeichnerei sitzen sah, als wäre er auf einem anderen Planeten, hatte ich einen anderen Gedanken. Hör dir das an, Strawinsky, dachte ich. Die Seele der Musik steckt in dem Klang, den eine Geige gibt, dem Klang, den *diese* Geige gibt.

Und nachdem wir beide gespielt und er die Geschichte des Verlusts seiner »anderen Mutter« erzählt hatte, brachte ich die beiden Gedanken zusammen.

»Guima! Ich hab's! Ich weiß, welche Geschichte wir nehmen müssen! Erinnerst du dich an Afanasjews Erzählung von dem Soldaten, der dem Teufel seine Geige gibt – in Wirklichkeit seine Seele –, im Austausch gegen Reichtum und Glück? Und dann die Fiedel zurückkriegt, für ein Weilchen jedenfalls, indem er den Teufel betrunken macht?«

Strawinsky stand auf und umarmte mich. »Ja! Ja!« schrie er. »Wir werden reich werden!«

Da ich soviel größer bin als er, sah ich ihm, während er mich umschlungen hielt, über die Schulter nach der Zeichnung, die er diesmal gemacht hatte. Ein anatomisches Sujet – ein Paar Brüste, schön plastisch schattiert, mit aufgerichteten Warzen in großzügig bemessenen Höfen.

Als er zurücktrat, wies ich auf die Zeichnung und fragte: »Ist das eine Synopsis der Frau im Café? *Pars pro toto*, sozusagen?« Dann berührte ich seinen Arm und fügte hinzu: »Oder... Bertha?«

Er klatschte in die Hände und sagte: »Bravo! Du verstehst alles.«

Als wäre ich ein kluges Kind.

Strawinsky sagte neulich, als wir allein waren, daß Federowski einer der wenigen Menschen ist, denen er traut. (Er sparte sich die Mühe hinzuzufügen, daß einer dieser wenigen auch ich bin.) Er sagte, der Geiger sei wie ein kostbarer Lederstiefel, der jahrelang sorgfältig geölt worden ist, wobei er offenbar an diese hübschen, glänzenden russischen Stiefel dachte, deren weiche Schäfte einem wie lose Strümpfe an den Beinen herunterrutschen. »Er paßt genau auf meinen Fuß«, sagte Strawinsky. Das scheint zu bedeuten, daß dieser alte Stiefel Federowski schmiegsam und Strawinsky nützlich ist, was wohl als solide Vertrauensbasis gelten kann, nehme ich an. Binnen kurzem ändert er aber die Tonart, und nun singen wir von Anna. Strawinsky spricht von dem Geheimnis, das sich in einer Frau verbirgt, die dumm, schlau, sanft, kühn und blendend schön ist. »Federowski ist ein guter Geiger, weil er mit seinem Instrument immer auf der Suche nach dem Geheimnis seiner Frau ist.«

Ich weiß, daß Strawinsky manchmal dummes Zeug redet und manchmal unhöflich und verletzend ist (traut er denn *mir* nicht nach all der Zeit?), daß er egoistisch und prahlerisch scheint, ja manchmal sogar rücksichtslos. Aber ich weiß auch schon lange, daß seine Haut so dünn ist wie die Oberflächenspannung des Wassers und daß er dauernd und verzweifelt Wärme und Trost und Unterstützung sucht. Seine Narben jucken ohne Unterlaß. Neulich erzählte mir Federowski von der tiefsten Wunde seines Freundes, die ihm bei der Uraufführung des *Sacre du Printemps* anläßlich der Eröffnung des Théâtre des Champs-Élysées in Paris vor fünf Jahren zugefügt wurde. Pierre Monteux hatte Orchester und Tänzer durch sechzehn gemeinsame Proben aufs sorgfältigste vorbereitet. Federowski war Diaghilews Konzertmeister, und er sagte, die Musiker seien von dem Reiz der komplexen Musik fasziniert, ja überwältigt gewesen. Aber am Abend der Premiere wurde, kaum daß die ersten Takte des Vorspiels erklungen waren, vom Balkon, wo die billigen Plätze sind, gebuht. Entrüstetes Geschrei verbreitete sich schnell durch das ganze Haus. Strawinsky floh zu Tode gekränkt aus dem Saal hinter die Bühne. Der Tumult nahm noch zu, als die Verteidiger der Musik sich mit deren Verächtern anlegten, die nun um so lauter protestierten. Schuld an diesem Fiasko war teilweise die Choreographie, Nijinskis erster Versuch auf diesem Gebiet. Denn der große Tänzer hatte nicht nur keine Ahnung von Musik, er konnte auch nur mit den Beinen zählen. Beim Tanz der Jünglinge schwoll die Entrüstung zum Orkan an. Das Publikum erinnerte sich der pornographischen Exhibition, die ihm Nijinski im Jahr zuvor geboten hatte, als der Faun auf offener Bühne fickte, und nun begannen in dieser Szene die pubeszenten Tänzer herumzuhüpfen wie geile Kröten. Ich kann mir gut denken, daß das haßerfüllte Geschrei jenes Publikums Strawinsky noch heute in den Ohren klingt. So zahlt er tagein, tagaus etwas von dem Tribut, nehme ich an, den die Welt von jenen fordert, die mit kompromißunfähiger Originalität begnadet und geschlagen sind.

Strawinsky

Während Federowski so hinreißend jene vielen Zitate aus meinem Werk spielte und ihre musikalische Überlegenheit über die groben russischen Volksweisen aus dem Vergleich erhellen ließ, fiel es mir plötzlich wieder ein. Geige... dachte ich, Geige... und dann hatte ich's. Afanasjews Geschichte von dem Soldaten, der seine Geige dem Teufel gibt für ein

Zauberbuch, das ihm Reichtum bescheren wird. Der Soldat gewinnt seine Geige beim Kartenspiel vom Teufel zurück, nachdem er diesen betrunken gemacht hat. Und dann gewinnt er die Prinzessin mit seinem Geigenspiel. Wir sind alle drei begeistert von meiner Idee. Ramuz wird die Erzählung schreiben, ich werde Musik schreiben, in der schöne Violinsoli vorkommen, und Federowski wird die Welt mit meiner Musik bezaubern, wenn er sie auf seinem Instrument spielt – das meiner Ansicht nach sehr wohl einmal dem Teufel gehört haben mag. O ja, ich werde Musik schreiben, die eine Prinzessin aus ihrem Stumpfsinn wecken soll!

Ramuz

Wir waren bei der Arbeit im blauen Zimmer. Wir wollen unser Stück *Die Geschichte vom Soldaten* nennen. Ich zeigte ihm meine Verse für die erste Lesung des Erzählers, wo es heißt

Entre Denges et Dénezy
Un soldat qui rentre chez lui.
Quinze jours de congé qu'il a,
marche depuis longtemps déjà. *

Das verlange, sagte Strawinsky, den Marsch eines müden Mannes, und den komponierte er. Er hatte sich für ein sehr reduziertes Orchester entschieden, das von Pawels Geige beherrscht werden sollte. Aus den vier Familien des Orchesters – den Streichern, Holzbläsern, Blechbläsern und dem Schlagzeug – hatte er je zwei Sprecher ausgewählt, Diskant und Baß, eine Art Oktett. Violine und Kontrabaß, Klarinet-

* Zwischen Denges und Dénezy / ein Soldat auf dem Weg nach Hause. Vierzehn Tage Urlaub hat er/wandert schon lange dahin.

te und Fagott, Trompete und Posaune, und Trommeln, hoch und tief.

Federowski bekannte mir später sein Erstaunen angesichts der Langsamkeit, mit der Strawinsky zu Werke ging. Ich war schon von unserer Zusammenarbeit an *Renard* und der *Hochzeit* daran gewöhnt. Es schien, als ob jede Note, jeder Akkord, jede Tonbewegung angehört, erwogen, diskutiert, einstimmig gebilligt und in den Himmel erhoben werden müsse, mindestens aber bis zu der blauen Decke, welche die obere Grenze des Universums war, in dem wir arbeiteten. Für Strawinsky war es ein großes Zugeständnis, die Anwesenheit anderer in dem Raum, in dem er arbeitete, überhaupt zu dulden, gewöhnlich brauchte er die vollkommene Vertiefung gänzlicher Einsamkeit. Aber diesmal, pflegte er von Zeit zu Zeit großzügig zu betonen, habe er sich eben auf eine Gemeinschaftsarbeit eingelassen. Wir tranken Armagnac. Unser Rühmen klang, indessen der Tag seinen Lauf nahm, zunehmend wie Gurgeln. Strawinsky probierte alles auf seinem Klavier, das mit Filzen gedämpft war, so daß barbarischen Ohren außerhalb des Zimmers unhörbar blieb, was hier Unerhörtes komponiert wurde. Dann ließ er Federowski die Solophasen auf Antonietta spielen und lauschte mit vorgebeugtem Kopf, die großen Ohren gespitzt. Manchmal versetzte er einer der verschiedenen Trommeln, die um ihn geschart waren wie seiner Neigung zur Emphase dienstbare Geister, ein paar Schläge. Manchmal hielt er inne, um dem Geplauder und Geschrei seiner unten im Garten spielenden vier Kinder zu lauschen, denn obwohl die meisten Geräusche, die von draußen in sein Arbeitszimmer drangen, während er komponierte – Tellerklappern aus der Küche, das Krächzen protestierender Dohlen oder, ach, Katjas Husten –, ihn zu stirnrunzelnder, wenn nicht sogar brüllender Verstimmung reizten, schienen diese Laute der jubilierenden jungen Energie der

Frucht seiner Lenden wie Koffein auf seine Psyche zu wirken.

In dieser zögernden Weise schrieb er ein paar Takte, und dann war es plötzlich, zu unser aller Überraschung, schon Zeit für den Nachmittagstee.

Federowski

Der Preis der Genauigkeit ist immer hoch. Strawinsky muß viel Energie auf Ordnung verwenden, um Präzision zu erzielen. Der Rest des Hauses war voll dem Gerümpel, das Katjas und seine Habsucht zuhauf geschleppt haben. Ramuz hatte mich deswegen gewarnt. Strawinsky, sagte er, ist ein Raubmensch. In seiner Gegenwart muß man seine Zigaretten in der Tasche behalten, sonst gehören sie bald ihm. Auch darf man eine Schachtel guter schwedischer Sicherheitsstreichhölzer in seinem Haus nicht auf den Tisch legen. Es empfiehlt sich, auch in seinem Haus nicht den Hut aus der Hand zu geben, wenn man ihn nicht loswerden will. In allen Zimmern sind Tische und Anrichten mit der Beute seines räuberischen Lebens vollgestellt. Ich hatte das Durcheinander gesehen. Gläserne Briefbeschwerer aus Murano. Ein Aschenbecher aus dem Maxim in Genf. Zwei abgeschriebene Gänsekiele. Eine winzige bronzene Sphinx. Eine winzige Kuckucksuhr. Aber sein Arbeitstisch! Der wirkte wie ein Exerzierplatz. Da stand alles in Reih und Glied. Eine Reihe Tintenfässer enthielten verschieden gefärbte Tinten, rote, grüne, blaue, gelbe und schwarze, von welch letzterer es zwei Fässer gab, deren eines gewöhnliche Ausziehtusche, das andere angeriebene chinesische enthielt. Dann gab es da verschiedenartige Radiergummis in verschiedenen Größen, um auszulöschen und der Vergessenheit zu überliefern, was verworfen wurde. Glänzende stählerne Instrumente lagen so säuberlich angeordnet wie die Skalpelle eines Chirurgen: Zwei Lineale, ein Zirkel, ein Federmesser, eine Klinge, mit der man Tinte abschaben konnte. Und etwas abseits, aber in Reih und Glied wie alles übrige, drei von den kleinen fünfrädrigen Rollen, die er selbst erfunden hatte, um sich Notenlinien zu ziehen.

Und seine Partitur! Notenhälse und Taktstriche zog er streng senkrecht mit dem Lineal. Die Notenköpfe selbst waren klein und rund, vollkommene Trauben, den Cognac der Töne zu brennen. Der Titel *Marche du Soldat*, die Bezeichnungen der Instrumente zur Linken der Notenlinien auf der ersten Seite; der Schlüssel und die Pausenzeichen; die Bezeichnungen der Tempi und Tonstärken – alles wurde mit kalligraphischer Akkuratesse geschrieben. Die Verwendung verschiedenfarbiger Tinten erhöhte noch die Klarheit des Notenbildes.

Da lag ein Paradox. Einerseits diese fast übertrieben anmutende Säuberlichkeit der Partitur. Andererseits die seismische, chaotische Kraft der Musik, die diese säuberlichen Noten aufs Papier bannten. Selbst mit diesem dünnen kleinen Orchester beschwor doch die Musik, die er niederschrieb, schon jetzt die ungeheure dämonische Macht, die dem müden Soldaten bald begegnen sollte. Musik kann teuflischen Dingen ihre Ordnung geben.

Beim neunten Takt, in der Mitte des Vormittags, machte er einen winzigen Klecks im System der Posaunenstimme. Er fluchte und nahm ein neues Blatt, auf dem er mühevoll alle Stimmen von neuem kopierte, während Ramuz und ich die Daumen drehten.

Strawinsky

Ich weiß nicht mehr, welcher Teufel mich ritt. Ich sagte zu Federowski: »Ich nehme an, du glaubst, daß deine Frau die Prinzessin unseres Stückes ist. Sie ist nicht übel, aber außerstande, in einer geraden Linie zu pissen. Wußtest du das, Pawlowschka? Ihr Wasser beschreibt eine Kurve auf dem Weg in den Nachttopf. Mach dir keine Sorgen, mit eigenen Augen gesehen habe ich das nicht. Ich kann's aber aus Indizien schließen. Sie ist die Sorte Frau, die im Bogen pißt. Das heißt, was immer sie tut, jede Bewegung, die sie macht, ist irgendwie betont elegant, eine Spur zu großartig. Kannst du mir folgen?«

Worauf Federowski sagte, was ich ihm kaum verübeln kann: »Und du, Igor Fedorowitsch, bist der Teufel unseres Stücks.« Aber ich merkte, daß er nicht wirklich böse war.

Ich sagte: »Der Teufel nimmt viele Formen an. Manchmal ist er der Lehrling eines Hufschmieds, manchmal ist er der Billettabreißer, der Geld nimmt für die Erlaubnis, eine Jungfrau zu küssen, manchmal eine Frau, die ihn in den Teig des Brotes knetet, das sie backt. Und manchmal, Pawlowschka, manchmal lebt er im Bauch einer Violine. Er ist's, der der Geige diese schreckliche Seele gibt, von der du immer redest.«

Er sah hinunter auf die Geige, die er unter dem Arm hielt, und hob sie hoch, klopfte mit dem Fingerknöchel auf ihren Boden und hielt lauschend das Ohr daran. »Er ist nicht zu Hause«, sagte er. »Ich glaube, er hat deinem Hirn einen Besuch abgestattet.«

Ich sagte: »In meinem Hirn ist kein Platz für Besucher. Es ist bis in den letzten Winkel erfüllt von zwei Sachen: Intervallen und Rhythmen. Nein, Pawloschka. Er ist zweifellos daheim in dieser Kiste da, wenn du sie spielst. Ich rieche das brennende Kolophonium.«

Federowski

Ich vergebe ihm. Er ist zerbrechlich. Seine Nörgelei ist der Leim, der ihn zusammenhält. Ich erinnere mich, daß er mir schon vor langer Zeit in St. Petersburg anvertraute, was er von seinem schrecklichen Vater auszustehen hatte. Er erzählte mir, daß der große Baß an Tagen, an denen er aufzutreten hatte, immer ganz schlimmer Laune war. Nervosität. Manchmal hatte er Zornesausbrüche in der Öffentlichkeit. Guima erzählte mir von einem Vorfall in Bad Homburg. Er sei damals ungefähr elf Jahre alt gewesen. Er tat irgend etwas Unbedeutendes, das den Zorn des Vaters reizte. Vielleicht hatte er ausgespuckt. Sein Vater befahl ihm, ihm sofort aus den Augen zu gehen, zurück ins Hotel. Igor gehorchte nicht aufs Wort wie ein guter Soldat. Er murrte. Da machte ihm sein Vater eine Szene mit schrecklichen Verwünschungen, die gleich ein großes Publikum anzog.

»Für einen, der auf keinen Fall gewinnen kann«, sagte Igor zu mir, als er mir das erzählt hatte, »wird es sehr wichtig, zu gewinnen.«

Aber was ist es, das er unbedingt gewinnen will?

Ramuz

Der Tee kam, uns zu befrieden. Er wurde *à la russe* serviert, in Gläsern, die in silbernen Haltern mit Henkeln standen. In diesem Haus kannte man die *cup of tea* nicht. *Stakan tschai* gab es hier, keine Tasse, vielmehr: ein Glas Tee. Der Tee war schwach genug, daß man durch ihn ein Segelboot auf dem See draußen sehen konnte. Strawinsky, der von der Macht kleiner Worte fasziniert ist, bemerkte, daß der Name dieses Getränks ein seltener Vogel sei. Denn was sei sonst so gut wie auf der ganzen Welt unter dem gleichen Namen bekannt? *Tscha* heißt das Getränk im Norden Chinas, in der Provinz Fu-Kien sagt man *Tiä*. Auf diese beiden Formen gehen alle Namen zurück, bei denen es in der übrigen Welt bekannt ist, erfuhren wir. Araber und Türken sagen *Tschai*, mehr oder weniger wie die Russen. Italiener, Spanier, Franzosen und Deutsche sagen mehr oder weniger alle *Tee*. Die englischen Insulaner bevorzugen *Tieh*, und die Ungarn in ihrer insularen Sprache schreiben *tea*, was aber bei ihnen *Taj-ah* zu sprechen ist.

Ich nahm hier Gelegenheit, auf das schwierige Problem zu sprechen zu kommen, irgend etwas so zu schreiben, daß es überall auf der Welt für jedermann verständlich wäre. Denn wir hatten doch vor, die Geschichte unseres Soldaten so zu verfassen, daß sie nicht nur international gültig, sondern allgemein menschlich ansprechend wäre. Das kleine Wörtchen Tee, mehr oder weniger überall verständlich, sei ja wirklich, wie unser Freund, der Komponist, uns versichere, ein seltener Vogel. Wie aber sollten wir für unsere Geschichte Worte oder Handlung oder Musik, das heißt alle drei, tatsächlich finden, die in *jedermanns* Geist *überall* Anklang fänden?

»Was wir zu tun haben«, sagte Strawinsky, wobei er vielleicht an Federowskis Bemerkung über das mutmaßlich zu Besuch in seinem Kopf weilende Wesen dachte, »ist, uns aus dem Cerebrum ins Stammhirn zurück und hinunter zu arbeiten und uns auf das zu verlassen, was da zu finden ist. Die Triebe, meine ich. Instinkte. Die Urbedürfnisse und Begierden, die schon in uns steckten, lange ehe es uns einfiel, eine Kultur zu wollen. Danach habe ich schon mit meinem *Sacre* gesucht.«

»Volksmärchen«, sagte Federowski. »Der Stoff der Volksmärchen. Ganz gleich, welchen Volkes. Da sind viele Sachen absolut austauschbar.«

»Mein Stammhirn beherrscht die Orthographie nicht«, sagte ich.

»Ah. *Alors*. Nachdem wir aus der Tiefe geschöpft haben, bleibt auch für den Scharfsinn noch allerhand zu tun. Wir müssen Notenlinien ziehen und Noten an die richtigen Stellen schreiben. Für mich ist das des Lebens höchste Lust. Die Arbeit, die wilden Klänge meiner Träume zu deuten. Die Ordnung der Musik gegen das drohende Chaos durchzusetzen. Dafür lebe ich. Auf nichts sonst kommt es mir an. Aufführungen enttäuschen mich immer. Wenn es soweit ist, habe ich die Musik im Geist längst gehört. Das Komponieren selbst war und ist immer meine größte Freude.«

Federowski

Das muß wahr sein. Ich weiß noch, daß er in Paris nach jeder Aufführung eines seiner Werke fuchsteufelswild war. Ganz gleich, wie das Publikum die Musik aufgenommen hatte. Er kochte vor Zorn wie sein Vater. Irgendwas war immer mißraten. Er hatte den Oboisten ein B blasen hören, wo kein Vorzeichen hingehörte. Der Dirigent hatte der Musik seine Persönlichkeit aufgezwungen. Er hätte jemanden aus dem Publikum, der an einem bösen Husten litt, am liebsten umgebracht. Der Erfolg machte ihm keine Freude. Seine Freude hatte er längst gehabt.

Heute war ihm während der Arbeit anzusehen, daß sie ihm Spaß machte. Einmal schlug er einen seltsamen Akkord auf dem Klavier an, einen, den er ausprobieren wollte. Er wandte sich mit ekstatischem Blick an uns. »Habt ihr diese *Schwingungen* gefühlt?« Dann sagte er: »Als Beethoven sein Gehör verloren hatte, pflegte er sich ein Stöckchen zwischen die Zähne zu klemmen, und während er spielte, beugte er sich vor, so daß das Stöckchen das Holz des Klaviers berührte und er auf diese Weise die Schwingungen seiner Originalität im Kopf fühlen konnte.«

Guima schlug den seltsamen Akkord noch einmal an, *fortissimo*.

Ramux

Er nennt seine Arbeit »die höchste Freude« seines Lebens. Die meisten von uns würden eine andere Tätigkeit an die Spitze der Liste unserer Freuden setzen wollen und wären sicherlich einer Meinung in der Frage, welche das zu sein hätte. An Frauen scheint er zwar dauernd zu denken, doch vermittelt offenbar der Geschlechtsakt seinen Sinnen nur eine Freude niedrigerer Ordnung als die freudevolle Aufgabe, ein paar Takte ungezähmter Akkorde zu Papier zu bringen. Er hat uns die Alternative selbst vor ein paar Tagen sehr anschaulich dargestellt, als er von den in seiner Familie vorkommenden Varietäten des schöpferischen Drangs sagte: sein alter Urgroßvater sei schöpferisch tätig gewesen, indem er bis zum letzten Atemzug fickte. Er selber schreibe Musik. Mir ist aufgefallen, daß angesichts von Frauen der Brennpunkt seiner Aufmerksamkeit früher oder später bei den wohlgebildeten Behältnissen ihrer Muttermilch liegt. Bei der Nahrung, nehme ich an, die, wie er weiß, diese schönen Gefäße den Säuglingen geben können – und die sie noch immer, wenigstens in der Phantasie, wenn auch anders nicht mehr, dem fühlenden, schöpferischen Säugling geben können, der in ihm weiterlebt.

Stravinsky

Federowskis Geige hat einen höchst sinnlichen Klang. Ich bat ihn heute vormittag, uns einiges von meinen Skizzen vorzuspielen, und ich fühlte mich wie behext. Ich dachte an gestern abend, und die Geige gab meinem Geist Urlaub, sich in den seligen Gefilden unserer verpaßten Gelegenheiten zu tummeln. Ramuz nahm uns mit nach Lausanne, und wir aßen in der *Grappe d'Or* sehr gut zu Abend. Dann führte uns Ramuz durch viele Seitenstraßen zu einem kleinen Café am Stadtrand, in dem die einzigen Gäste ein paar alte Maulwurfsfänger waren, die sich noch einmal innerlich aufwärmten, ehe sie im Morgengrauen die Runde ihrer Fallen in den Weinbergen machen würden. Sie hatten Kaninchenfellmützen auf den Köpfen, und die unrasierten Kiefer packten kurzstielige Tabakspfeifen, die, wie uns Ramuz erzählte, bei ihnen »Maulverbrenner« genannt werden. Die zahlreichen Schlucke Weinbrand, die sie intus hatten, hatten ihre Heiterkeit angeregt, und sie luden uns ein, uns zu ihnen zu gesellen. Also bekamen denn auch wir Weinbrand, nachdem wir schon während des Essens eine Menge Rotwein getrunken hatten. Beschwipst, wie wir waren, verstanden Federowski und ich nur sehr wenig von der im Dialekt geführten Unterhaltung unseres Schweizer Freundes mit diesen Leuten, aber soviel war uns schließlich irgendwann klar, daß wir alle fünf unterwegs waren zu einem netten Puff, den die Fallensteller kannten.

Wir betraten einen trübe beleuchteten Raum, in dem schäbiger Satin alles bedeckte – das halbe Dutzend Frauen ausgenommen, denn die waren vom Gürtel aufwärts nackt. Die Puffmutter war ein kluges Mädchen mit schwarzem Schnurrbart. Sie sah, daß wir betrunken waren und Geld lockermachen würden, ohne ihre Angestellten zu größeren Anstrengungen zu nötigen, als uns von Zeit zu Zeit auf den

Schoß zu nehmen. Wir bestellten Wein für alle. Wir saßen herum und amüsierten uns wie Schneekönige. Allesamt, Männer und Frauen, lachten wir Tränen.

Endlich sagte die Madame, inzwischen auch ihrerseits schon ziemlich blau und vielleicht hingerissen von der Bereitwilligkeit, alles zu glauben, von dem wir schon Zeugnis abgelegt hatten, in ernstem Ton: »*Messieurs*, ich habe nicht immer so ausgesehen, wie Sie mich heute hier sehen. Ich war einst schön. Und ich war auch reich. Ich wurde überallhin eingeladen. Dichter aus ganz Europa besangen jeden Teil meines Körpers, sehr ins einzelne gehend.« Sie senkte ihre Stimme zu einem Flüstern. »Ich habe den Deutschen Kaiser in meinen Armen gehalten. Den Kronprinzen von Liechtenstein. Den jungen Sohn des Kronprinzen. Großfürsten...«

Wir brüllten vor Lachen.

So rührte ich mich heute morgen aus dem Bann, in dem mich Pawels Geige hielt, und schüttelte die Tagträume ab, in die mich namentlich die Erinnerung der schlanken, noch nicht verdorbenen Gestalt eines der Mädchen, die ich gestern abend gesehen hatte, einspann, und hörte mich plötzlich sagen: »Seht mal! Warum sollte der Teufel immer als Mann gezeigt werden? Ramuz, in irgendeiner Szene sollte er als Frau auftreten. Zum Beispiel als Bordellwirtin. Diese Frau gestern abend – mach den Teufel nach ihrem Muster. Ich hätte mich umbringen können dafür, daß ihr eingewilligt habt, zu zahlen, was sie verlangte. Und wofür denn? Nichts! Sie war ein Dämon. Ich konnte die Flammen in ihren Augäpfeln sehen.«

Ramuz

Ich habe mich für ein paar Tage von den anderen zurückgezogen, um die Erzählung zu beenden. Dabei bin ich teils der russischen Vorlage gefolgt, teils nicht. Die Geschichte, die unser Stück erzählen soll, wird so gehen:

Ein armer Soldat hat zwei Wochen Urlaub und ist auf dem Heimweg. Am Ufer eines Bachs trifft er einen alten Schmetterlingssammler, der mit einem Netze seiner Beute, ebenden Lepidopteren, nachjagt. Sie kommen ins Gespräch. Der alte Mann (wir ahnen, wer er ist) überredet den Soldaten, seine Fiedel gegen das Zauberbuch einzutauschen, das er ihm dafür bietet, und ihm drei Tage Gesellschaft zu leisten.

Als der Soldat endlich müde und matt in seinem Heimatdorf ankommt – das nicht viel mehr als eine Straßenkreuzung auf dem flachen Land ist, ein Grenzposten mit einem Kirchturm in der Ferne –, wird ihm klar, daß binnen der vermeintlichen drei Tage drei Jahre vergangen sind. Ein Viehhändler kommt vorbei (man ahnt, woher) und erklärt dem Soldaten, wie er mit dem Zauberbuch, das er besitzt, ein Vermögen erwerben kann.

Der Soldat, daheim, ist reich, langweilt sich aber. Die Wirtin eines Bordells (wie sie wohl richtig heißen mag?) besucht ihn. Aus einem Korb fischt sie einen Stapel Bilder ihrer Dirnen, um ihn zu versuchen. Dann nimmt sie eine alte Geige aus dem Korb. Er erkennt sein früheres Eigentum. Aber als er die Geige zu spielen versucht, kann er ihr keinen Ton entlocken. Er schleudert sie aus dem Fenster und reißt das Zauberbuch in Fetzen.

Er sitzt an einem Kartentisch in einem Gemach eines Schlosses und spielt Karten mit dem Hofviolinisten (einem wahrhaft dämonischen Virtuosen), der irgendwie in den Besitz der Geige des Soldaten gelangt ist. Die Königstochter ist krank. Der König hat demjenigen, der sie heilt, ihre Hand versprochen. Der Soldat verliert und verliert bei dem Kartenspiel, aber er füllt so lange das Glas des Hofmusikers nach, bis dieser umfällt. Der Soldat erlangt seine Geige wieder...

Er spielt seine Geige am Krankenbett der Prinzessin. Sie erhebt sich. Sie tanzt nach seiner Musik, einen Tango, Walzer, Ragtime, und dann wirft sie sich ihm in die Arme. Hinter ihrem Rücken schleicht nun der Teufel herbei, diesmal wie er selbst gestaltet – mit spitzen Ohren und einem langen Schwanz mit Quaste. Der Soldat spielt so schwindelnde Musik auf seiner Geige, daß der Teufel sich in sich selbst verknäult und verknotet in dem Bemühen, ihrem Rhythmus zu genügen, und die Liebenden schleppen ihn weg...

Der Soldat bringt die Prinzessin in sein Heimatdorf, aber kaum haben sie den Grenzposten an der Straßenkreuzung überquert, erscheint ein Potentat in scharlachrotem Mantel (ja, er ist es), der, von neuem in Besitz der Geige gekommen, mit derselben den Soldaten verzaubert und langsam wegführt...

Ich zeigte diese Erzählung meinen beiden Partnern. Zu meiner Überraschung fragte Strawinsky – der, wie mir schien, bei dieser Gelegenheit eine sentimentale Ader offenbarte, die er mir bisher erfolgreich verheimlicht hatte, denn normalerweise hatte er für solche Wünsche nichts als Hohn und Spott übrig –, ob es denn nicht möglich wäre, dem Stück ein glückliches Ende zu geben? Ob wir nicht den Vorhang fallen lassen sollten, während, nach den drei Tänzen, die Prinzessin den Soldaten umarmt? Federowski buhte, und ich sagte: »Das ist nicht die Art, wie der Teufel zu Werke geht, Strawinsky.«

Er sagte: »Aber ein glückliches Ende würde bestimmt mehr Kasse machen.«

Es war also keine Gefühlsduselei; Strawinsky war damit seinem Wesen nicht untreu geworden. Es gelang Federowski und mir, ihm diesen Schwachsinn auszureden.

Strawinsky

Die beiden Gesellen leben in den Wolken. Sie scheinen keine Vorstellung davon zu haben, daß Inszenierungen Geld kosten. Also muß ich mich um das Praktische kümmern. Wie können wir Darsteller engagieren? Einen Bühnenbildner bezahlen? Kostüme und Dekorationen kaufen? Einen Saal mieten? Als ich neulich hörte, daß der große Freund und Förderer der Künste, Werner Reinhart aus Winterthur, besuchsweise in Lausanne weilte, habe ich nicht lange gezögert, ihn zu mir einzuladen. Ich bat Ramuz, sich zur Verfügung zu halten, und nachdem ich Reinhart eine Stunde lang mit meinem Klavierspiel unterhalten hatte, erzählten ihm Ramuz und ich alles über unser wunderbares neues Unternehmen – ein Konzert mit Erzählung. Der verdammte Ramuz betonte wieder und wieder, daß unser Stück ein kleiner Edelstein, eine Gemme, eine Kamee sei, und konnte die Kleinheit und Niedlichkeit der ganzen Sache nicht genug hervorheben. Natürlich hatte diese idiotische Trivialisierung und Verniedlichung unseres Stücks genau die Wirkung, die ich befürchtete. Notgedrungen nahm Reinhart unser Projekt durch das falsche Ende seines Opernglases in Augenschein, wo es denn, seiner verdammten Kleinheit wegen, fast seinen Blicken entschwand. Elende dreitausend Franken sind alles, was wir auf diese Weise aus ihm rausholen konnten.

Ich wußte, daß wir viel mehr brauchen würden. Ich drängte Ramuz, einmal scharf nachzudenken, ob er nicht noch andere Engel kenne, an die wir uns wenden könnten und schließlich fiel ihm eine reiche Frau ein, die außerdem die Musik liebt, eine gewisse Madame Auguste Roussy in La Tour-de-Reilz, und ich unterzeichnete einen von Ramuz verfaßten Brief an sie, in dem ich sie um fünfzehntausend Franken bat. Wie sich zeigte, war es mit ihrer Musikliebe nicht weit her. Null Franken kriegten wir von ihr. Also kroch ich nun wie ein Bettler zu der Infantin Beatrice von Spanien, die hier in der Nähe wohnt und der ich gelegentlich schon von unserem musikalischen Märchen erzählt hatte. Nichts als schwere Demütigung kam für mich bei dieser Demarche heraus. Die Sorgen brachten mich um den Schlaf. Ich konnte nicht mehr komponieren. Verzweifelt schrieb ich an Reinhart.

Und ein Wunder geschah! Heute kam wie auf Taubenflügeln eine Anweisung auf mein Konto bei der hiesigen Bank. Fünfzehntausend! Jetzt höre ich innerlich wieder Musik.

Federowski

Heute setzten wir uns zusammen, um die Arbeit an der fünften Szene fortzusetzen.

Guima sagte: »Letzte Nacht hatte ich einen schönen Traum. Ich ging eine Landstraße entlang. Da kam ich zu einer Frau, die am Straßenrand saß. Ihre Beine waren gekreuzt unter einem weiten Rock, der mit Pailletten besetzt war. Sie war offensichtlich Zigeunerin. Billiger Schmuck hing von ihren Ohrläppchen. Sie hatte krauses Haar. Lokken ringelten sich über ihre Wangen. Sie hielt ein kleines Kind im Schoß. Sie saß mit geradem Rücken, den Oberkörper leicht nach links gedreht, so daß sie Violine spielen konnte, ohne durch den Kopf des Kindes behindert zu werden. Sie hatte für ihr Kindchen eine bezaubernde Weise erfunden. Wieder und wieder spielte sie diese mit langen Bogenstrichen. Das Kind war entzückt. Jedesmal, wenn die Weise endete, klatschte es in die kleinen Hände. Die Weise klang mir noch im Kopf, als ich erwachte. Ich höre sie immer noch.«

Und dann schrieb er das Thema auf, gab es zuerst der Trompete und dann dem Fagott – als Teil des *Kleinen Konzerts*, an dem wir gerade arbeiteten –, der Musik, die ankündigt, daß der Soldat nun den Zauber hat, die Prinzessin zu wecken, da der Teufelsgeiger zuviel getrunken hat und also nicht mehr im Wege ist.

Während einer Pause bei dieser Arbeit sagte er zu uns: »Es kommt nicht oft vor, daß ich direkt in die Partitur träume wie diesmal, aber ich mache oft nützliche Arbeit auf meinem Kopfkissen. Als ich in St. Petersburg an den letzten Szenen des *Feuervogels* arbeitete, träumte ich einmal von einer feierlichen Ratssitzung irgendeines heidnischen Stammes der grauen Vorzeit, wo die Wilden auf Steinblöcken im Kreis saßen und einer jungen Frau zusahen, die sich als Opfer für den Frühlingsgott in ihrer Mitte zu Tode tanzte. Ihr wißt natürlich, wie ich diesen Traum verwendet habe. Manchmal höre ich Melodien, aber nicht oft. Die Bilder meiner Träume sind immer farbig. Die Zigeunerin letzte Nacht hatte leuchtendblaue Augen.« Er sah mich an, als er das sagte, und ich wußte, daß die Frau in seinem Traum meine Anja war.

Später am Tage, als er den Tango schrieb, nach dem die Prinzessin tanzt, verwendete er das Thema abermals und gab es diesmal der Violine. Kaum hatte er es zu Papier gebracht, sollte ich es spielen.

Strawinsky lauschte mit geschlossenen Augen, den Kopf zurückgeneigt. Sein Gesicht war selig. Als ich fertig war, sagte er mir in ganz sachlichem Ton, offenbar sicher, daß ich ihn verstehen würde: »Ich träume ziemlich oft von ihr.«

Ich sagte: »Glückspilz.«

Er sagte: »Ja. Diesmal gab sie mir Musik.«

Aber ich beschloß, ihm nicht böse zu sein. Er ist so besessen von seiner Aufgabe. Die meisten Männer tauschen Zärtlichkeiten mit den Frauen ihrer Träume und erwachen naß. Für ihn singen sie oder spielen ein Instrument. Und außerdem hat er in seinem Traum vergessen, daß Anna kein musikalisches Gehör hat. Das arme Ding, sie würde ganz elend Geige spielen.

Ramuz

Wir hatten heute eine kleine Mißhelligkeit. Strawinsky, der den großen Klang liebt, hat noch kaum je zarte Solopassagen für Violine geschrieben und überhaupt bislang dieselbe nie verwendet in jener, wie Federowski sagt, »konzertanten Rolle, die unser kleines Stück ihr gibt«, insofern die Verhandlungen mit dem Teufel alle mit der Geige zu tun haben. Deshalb hat Strawinsky während unserer gegenwärtigen Arbeit wegen der Violinpartie immer wieder Federowski um Rat und Hilfe gebeten. Immer wieder bittet er Pawel, Solopassagen zu spielen und selbst kurze Phrasen, sobald er sie zu Papier gebracht hat. Dann fragt er Pawel, was er davon hält. Sind gewisse Doppel- und Tripelgriffe spielbar? Manchmal bittet er Pawel, ein Stück mit nach Hause zu nehmen und mehrmals zu probieren und ihm anderntags Verbesserungsvorschläge zu machen.

Federowski ist bei seiner Kritik bemerkenswert taktvoll. Immer wieder sagt er, daß er es ganz wunderbar findet, wie Strawinsky in dieser Partitur die gegensätzlichen Eigentümlichkeiten der Instrumente gegeneinander ausspielt, so daß sie nie auf konventionelle Weise miteinander verschmolzen werden, sondern sich gegenseitig hervorheben. Und weiter bewundert er immer, wie durch das Wechselspiel von Tempi und Stimmungen und Timbres der Klang einer bloßen Handvoll Instrumente sich so reich und orchestral gestaltet. Dann pflegt er schüchtern eine leichte Verstärkung der Violinstimme an einer bestimmten Stelle zu empfehlen, zur Steigerung des dramatischen Charakters, oder eine winzige Beschleunigung des Tempos, hier und da. Oder einen kühneren Sprung über Tonhöhen, von der Art, die ein Geiger leicht ausführen kann, an der und jener Stelle.

Strawinsky folgt niemals Federowskis Empfehlungen. Niemals. Noch nicht einmal hat er es getan. Er schreit, Pawel sehe nicht, worauf es ankomme! Das sei nicht, was er sich vorgestellt habe. Wie Pawel nur so taub sein könne? Manchmal ist er sehr scharf und unhöflich.

Bis heute vormittag hat Pawel diese Zurückweisungen immer mit rührender Bescheidenheit hingenommen – der bloß ausführende Künstler beugte sich dem Schöpfer, der weiß, was er tut.

Dafür, daß heute vormittag diese respektvolle Selbstbeherrschung vorübergehend aussetzte, gibt es natürlich eine Vorgeschichte. Zu fünft – wir drei und Katja und Anna – essen mitunter gemeinsam zu Mittag und trinken oft nachmittags Tee zusammen. Seit drei Jahren sehe ich mit an, was über Strawinsky kommt, wenn er in Gesellschaft einer Frau ist, und Anna ist allerdings schön. Die dynamische Persönlichkeit löst sich in Gelatine auf. Der große Igor wird zum schüchternen Gnom. Seine Augenlider hängen herab, als verwundeten Wunder seine Augen. Er errötet. Er redet die Schöne mit einer gepreßten Stimme an, die wie eine Klarinette klingt, während er normalerweise trompetet. Ich bin an all das so gewöhnt, daß ich annehme, Katja ist es auch. Unglücklicherweise ist der Kontrast zwischen der Erscheinung der armen, kranken Katja und derjenigen Annas im

Laufe der letzten Wochen immer frappierender geworden, denn Katjas Befinden hat sich entschieden verschlechtert, während Anna in der sanften Schweizer Luft aufgeblüht ist. Strawinsky hat sich angewöhnt, Anna blöde anzugrinsen. Es ist sonnenklar, daß er ihren Geist verachtet, aber seine Drüsen reagieren sichtlich auf den Schimmer ihrer Haut, ihren leicht boshaften Mund, ihre Augen, die tief und blau sind wie der See unter der Frühlingssonne. Sein Poussieren sieht also vollkommen zynisch aus, es sei denn, man weiß, wie ich, das es nichts bedeutet. Pawel weiß das möglicherweise auch schon, aber einem liebenden Ehegatten, wie er offensichtlich einer ist, mag solches Wissen nicht viel nutzen.

Heute vormittag ging es wieder um ein Stück, das Strawinsky Federowski mit nach Hause gegeben hatte, damit er es durchsähe, um eventuell Verbesserungen vorzuschlagen. Es handelte sich um ein Stück aus dem hochwichtigen *Kleinen Konzert*. Federowski schlug eine mir sehr einleuchtende geringfügige Veränderung vor und spielte ein paar Noten, um Strawinsky zu zeigen, was er meinte.

Strawinsky sagte: »Njet, Pawloschka, davon kriege ich keinen hoch.«

Ich hatte Strawinsky schon verschiedene Male so reden hören, wenn er sagen wollte, daß irgendwas ihm nicht gefiel. Aber anscheinend hörte Federowski die Redewendung bei dieser Gelegenheit zum erstenmal von ihm.

Seine Stimme klang wie eine Serie von Pistolenschüssen, als er fragte: »Und wovon kriegst du einen hoch, wenn ich fragen darf?«

»Als wenn du das nicht wüßtest! Als wenn du nicht wüßtest, bei wem!« schrie Strawinsky zurück, erbost über den plötzlichen Trotz des gewöhnlich so fügsamen Freundes und wie gewöhnlich mit seinen Spitzen genau ins Schwarze treffend.

Federowski wurde weiß. Er stand auf und schien mehr als zwei Meter groß zu sein.

Dann sah ich Strawinsky in seinen Sessel zurücksinken, die Arme über die Lehnen hängend, und er stöhnte. Dann sagte er: »Pawloschka! Pawloschka! Du bist mein allerältester Freund!«

Ich glaube, Federowski wußte sehr wohl, daß sein Freund log, denn Strawinsky hatte ja oft genug erklärt, daß seine liebe Katja seine allerälteste Freundin sei. Der hagere Mann setzte sich wieder und sagte still: »Du hast mich um Vorschläge gebeten, und ich habe einen gemacht.«

»Und er war lächerlich«, sagte Strawinsky.

Federowski schwieg.

Ich liebe diese russischen Gewitter: Blitz und Donner, aber nachher ist der Himmel wolkenlos und die Luft rein – wenigstens scheint es einem so.

Federowski

In meiner Verlegenheit – denn es war mir peinlich, daß Ramuz Zeuge dieses ungehobelten Betragens hatte sein müssen – fühlte ich plötzlich ein Kribbeln in der Nase und mußte niesen. Statt mir »Gesundheit« zu wünschen, warf mir Strawinsky einen feindseligen Blick zu, sprang auf, wobei er fast den Klavierschemel umgeworfen hätte, und eilte aus dem Zimmer.

»Was soll denn das nun wieder?« fragte ich Ramuz. »Wovor läuft er weg?«

»Vor den Bazillen«, sagte Ramuz.

Dann erzählte er mir von Guimas Furcht vor ansteckenden Krankheiten, seiner Furcht vor allem, das seine Kraft zum Arbeiten vorübergehend einschränken oder sie ihm sogar auf Dauer nehmen könnte. Er raucht zuviel, und als er im Frühjahr an *Petruschka* arbeitete, erkrankte er, wie Ramuz von ihm gehört hatte, an Nikotinvergiftung und hatte schreckliche Angst, er könne nicht imstande sein, das Ballett in den bis zur Eröffnung der Pariser Saison noch verbleibenden zehn Wochen zu vollenden. Nach dem Skandal bei der Premiere von *Sacre* erkrankte er an Typhus, was ihn auf Monate schwächte und musikalisch unfruchtbar machte. Im Winter vor zwei Jahren, als er und Ramuz an *Renard* arbeiteten, litt er an einer scheußlich schmerzhaften Neuralgie des Brustkorbs, und Ramuz mußte Äonen der schlechten Laune und scheußlichen Manieren des Maestros erdulden, ehe sie mit der Arbeit fertig wurden.

Die vielen kleinen, silbernen Pillenschachteln, die überall im Haus herumlagen, waren mir freilich schon aufgefallen. Offenbar wußte er genau, was jede von ihnen enthielt, und ich hatte beobachtet, wie er mal in diese, mal in jene griff, mit der Feierlichkeit eines Priesters, der böse Geister exorziert.

»Katja sagt«, meinte Ramuz, »daß seines Erachtens alles Wasser, selbst auf Flaschen gezogenes Mineralwasser wie Evians, Keime der Dysenterie enthält. Deshalb nimmt er Wein sogar zum Zähneputzen.«

»Wenn er sich damit doch auch mal den Geist putzen wollte«, sagte ich.

Ramuz

Ich wurde in die Wäscherei ans Telefon gerufen. Als ich den Hörer aufnahm und die kleine Kurbel an der hölzernen Schachtel des Telefons drehte, um dem Fräulein auf dem Amt zu bedeuten, daß ich lauschte, wurde es still. All diese nacktarmigen Najaden nahmen Stellungen ein, in denen sie hofften, etwas von meiner Unterhaltung aufzuschnappen –

Brocken, die alsbald den Klatsch nähren und schallendes Gelächter entfachen würden, wie ich es, wenn ich auf meinem Heimweg an der Wäscherei vorbeikam, oft hören konnte.

Unsere »Triade der Größe«, wie Federowski uns drei nannte, hatte die Komposition des Musikdramoletts vollendet, und nun hatten wir angefangen, an all das zu denken, dessen wir bedurften, um das Stück auf die Bühne zu bringen. Für die Uraufführung, die Mitte Oktober stattfinden sollte, hatten wir das bescheidene kleine *Théâtre Municipal* in Lausanne gemietet. Danach wollten wir in Genf, Winterthur, Zürich... und wer weiß wo sonst noch, auftreten. Strawinskys Gedanken waren jetzt bei der Besetzung, und so kam die Rede auf die Rolle der Prinzessin.

»Sie scheinen nicht ganz zu verstehen, Ramuz«, sagte Strawinsky. »Die drei Tänze der Prinzessin sind das Herz des Stücks. Wie können Sie also die Frage der Besetzung gerade dieser Rolle so auf die leichte Schulter nehmen? Sie setzen mich in Erstaunen.«

»Wer sagt denn, daß ich die Frage der Besetzung dieser Rolle auf die leichte Schulter nehme?« Ich hatte Lust, ihn ein bißchen aufzuziehen. »Wir könnten eins von den Mädchen in dem Hurenhaus, in das uns neulich die Maulwurfsfänger führten, engagieren. Erinnern Sie sich nicht, wie königlich die eine kleine Nutte die Hüften schwenkte?«

Eine geschwinde Welle wie von Seufzern flog durch die Wäscherei.

Strawinsky explodierte: »Ramuz! Bitte, keine faulen Witze!«

»Haben Sie eine bessere Idee?«

Strawinskys Stimme sank zu einem Murmeln herab. Ich mußte sehr die Ohren spitzen, um ihn zu hören. »Glauben Sie«, sagte er fast flüsternd, »glauben Sie, daß wir Anja das Tanzen beibringen könnten?«

»*Anna Federowskaja?*« schrie ich.

»Pssst!« sagte er, als hätte er Angst, es könnte mich auf seiner Seite jemand aus dem Telefonhörer schreien hören. War Katja im Nebenzimmer? Dann wieder ein Murmeln. »Ich habe mir bei der Gestalt der Prinzessin immer sie vorgestellt.«

»Sind Sie von Sinnen, Strawinsky? Unser Märchen ist ein musikalisches. Diese Frau ist nicht nur unmusikalisch, sondern geradezu antimusikalisch. Sie ist der Musik, was eine schwarze Wolke der Sonne ist.«

Jetzt war die Stimme verärgert. »Haben Sie eine bessere Idee?«

»Sie sollten sich schämen, Ihre eigene Frau, nicht Federowskis, ist krank, und ihr würde schöne Musik vielleicht helfen, ihre Lethargie abzuschütteln.«

»Ist das Ihre bessere Idee? Katja!« Der Hohn in Strawinskys Stimme war schrill und alarmierend.

»Im Namen der Freundschaft werde ich Ihnen diesen schockierenden Sarkasmus verzeihen. Schuld daran ist wohl Ihre Scham darüber, daß Sie von Anna träumen... Bitten Sie nicht *mich* um Verzeihung«, sagte ich, als hätte er dazu auch nur Miene gemacht. »Bitten Sie Katja um Verzeihung.« Ich machte wieder eine Pause, hörte aber nur eine Art Knurren. Vielleicht versuchte er sich die ekelhafte Grausamkeit, die er gerade in den Mund genommen hatte, aus der Kehle zu räuspern.

»Tatsächlich habe ich noch eine bessere Idee«, sagte ich. »Natascha Panajew. Sie ist in Genf, wissen Sie. *Ihr* brauchen Sie nicht erst beizubringen, wie eine Prinzessin zu tanzen.« Sie war in St. Petersburg Ballerina gewesen, mitunter Prima, jetzt war sie hier in der Schweiz im Exil, gemeinsam mit Pjotr, ihrem Mann, der Regieassistent des Kaiserlichen Balletts gewesen war. »Sie ist noch immer entzückend«, sagte ich. »Ihr braucht man auch nicht erst beizubringen, sich wie eine

Prinzessin zu betragen. Wenn ich mich recht erinnere, haben doch Sie selbst mir erzählt, daß, wann immer der schwarze Schwan irgendwo in ihrer Nähe die Flügel hob, sie jedesmal aussah, als wollte sie des Achselhöhlenschweißgeruchs wegen auf der Stelle in Ohnmacht fallen, sich dann aber mit erhobenen Knien zusammenzureißen und weiterzutanzen pflegte. Ist das nicht genau das Betragen, das man von einer Prinzessin erwartet? Und außerdem«, fuhr ich fort, »könnten wir Pjotr die Regie anvertrauen. Wenn ich's recht bedenke, wäre er auch als Teufel nicht übel.«

Es gab ein langes Schweigen in der Leitung. Dann: »Morgen fahren wir nach Genf.«

Federowski

Strawinsky riß am Klingelzug vor der Haustür. Eine häßliche kleine Frau, offenbar die Haushälterin der Panajews, öffnete. Sie starrte uns mit offenem Mund an und bekreuzigte sich unwillkürlich, als sähe sie drei schreckenerregende, unheilige Könige, wenn nicht sogar eine teuflische Parodie der Heiligen Dreifaltigkeit. Tatsächlich müssen wir einen ziemlich seltsamen Anblick geboten haben. Der kleine Strawinsky, der nur genau halb so groß wie ich aussah, weil ich schon auf den ersten Treppenstufen stand und er noch zu ebener Erde, dabei hoch elegant mit Monokel und grauen Gamaschen, doch am Gürtel wie einen bizarren Lendenschurz ein Sortiment von Schlaginstrumenten mitschleppend. Ramuz mit seinem Bergsteigerhut, von dem eine Fasanenfeder wehte, ein Bündel Noten- und Textmanuskripte unter dem Arm. Und endlich ich, mit meinem großen, nägelbeschlagenen rechteckigen Geigenkasten und zweifellos dem finsteren Gesichtsausdruck eines bösen Geists, denn auf der Reise nach Genf hatte der Maestro wiederholt beteuert, wie sehr er bedaure, daß meine Anne kein musikalisches Gehör habe, denn andernfalls wäre *sie* unsere Prinzessin gewesen. Seltsamerweise schien er damit übrigens weniger mich als vielmehr Ramuz ärgern zu wollen. Wirklich, er kann einem auf die Nerven gehen!

Man bat uns herein, und mit den gleitenden Schritten einer Tänzerin kam Madame Panajew ins Zimmer. Auf den ersten Blick war mir klar, daß Anna tatsächlich eine überzeugendere Prinzessin abgegeben hätte. Diese Frau, die jede ihrer Bewegungen vollkommen beherrscht, konnte nicht verhehlen, daß ihre durchtrainierten Muskeln nicht mehr jung waren. Der lange Hals schien aus einem Bündel von Stahltrossen zu bestehen, Wangen und Kinn ließen die sie bewegende Maschinerie erkennen, wenn sie sprach. Starke Arme hatten das streng zurückgekämmte schwarze Haar zu einem Knoten am Hinterkopf geschlungen. Sie war allerdings elegant, sogar königlich. Des stolzerhobenen Kinns hatte Strawinsky sich ganz richtig erinnert. Aber traute man ihr zu, blaß, matt und süß, bezaubernd auf einem Krankenlager zu schmachten, der belebenden Stimme Antoniettas harrend und bedürftig?

Ihr Mann betrat das Zimmer nach ihr. Er war gewandt, elegant, seidenglatt, mit schwarzen Augenbrauen, die sich von der Nasenwurzel nach außen wie Flügel erhoben. Ja, ein gar nicht übler Teufel.

Bald hallte das Zimmer von Strawinskys überschäumender Energie wider. Er ließ Ramuz die Handlung unserer *Geschichte* erzählen, konnte aber der Versuchung nicht widerstehen, ihn dauernd zu unterbrechen, um zu betonen, wie entzückend und bezaubernd doch dieses oder jenes und natürlich die ganze Sache sei. Dann stellte er die Möbel um, so daß er sein Schlagzeug in Reichweite des Klavierschemels deponieren konnte, und begann ein skizzenhaftes Resümee seiner Musik, wozu Ramuz den Gang der Handlung referieren mußte. Ich spielte die Violinstimme und, wo immer möglich, auch die Klarinette. Während Strawinsky in den Tasten wühlte und die kleinen Trommeln schlug, machte er tutend und brummend die Stimmen der Trompete, der Posaune und des Fagotts mit seiner eigenen nach, so gut er konnte. Ich sah, daß die Panajews all das mit zunehmend erst verwirrten, dann betrübten und schließlich ausgesprochen widerwilligen Mienen über sich ergehen ließen, bis... bis wir zu den drei Tänzen kamen und Antonietta den Tango zu singen begann. Da entschwebte Madame Panajew ihrem Sessel, fast als erhöbe sie sich bezaubert von einem Krankenlager, und begann, fast, doch nicht ganz, tanzend sich in den Wellen des Tons meiner – oder des Soldaten – Zaubergeige zu wiegen, subtil und weich. Wir sahen ihre Arme gewichtlos, ihren Oberkörper fließend und frei werden, und während der Tango in den Walzer hineinschmolz und der Walzer in Ragtime überging, sah ich sie sich verwandeln, gekleidet in diese übertriebenen Gebärden, diese Pulsschläge des Vergnügens, in eine sanfte, erwachende, ätherische und endlich wilderotische Prinzessin.

Auch Strawinsky sah es, und während wir weiterspielten, rief er: »Brava! Brava! Brava!«

Die Panajews sagten ihre Mitwirkung zu.

Ramuz

Bei all seiner offensichtlichen – vielleicht auch nur vorgetäuschten? – Hilflosigkeit angesichts der einfachsten praktischen Anforderungen des täglichen Lebens ist jedenfalls Strawinsky ein bemerkenswert tüchtiger Organisator unserer Inszenierung. Vielleicht treibt ihn das Profitmotiv zu seinen Leistungen, jedenfalls läuft er mit so viel Pferdestärken wie ein Hispano Suiza. Die Lust der Komposition liegt hinter ihm, und er ist reizbar und kurz angebunden. Sein mächtiger Motor gibt hin und wieder Geräusche von sich, die wohl nur Fehlzündungen sind, aber Handgranatenexplosionen unbehaglich ähnlich klingen. Ich habe gelernt, nur zu nicken, wenn er zu irgend etwas meine Meinung wissen will. Ich spare damit eine Menge Energie, die ich sonst bei Streitereien unnütz vergeuden würde.

Als Dirigent hat er schon seit einiger Zeit Ernest Ansermet vorgesehen, den Dirigenten des Genfer Symphonieorchesters. Dieser hochgewachsene Mann, dessen Kopf etwas seltsam zwischen der Spitze seines Knebelbarts und derjenigen seiner in die Höhe gebürsteten Tolle balanciert, war Schüler von Bloch, Nikisch und Weingartner. Mit Strawinsky – wie übrigens auch mit Debussy und Ravel – ist er schon seit einigen Jahren gut befreundet. Letztes Jahr hat er mit Diaghilews *Ballets Russes* eine Tournee durch Nord- und Südamerika gemacht. Aus den USA hat er Strawinsky Noten einer für diesen ganz neuen Musik, der sogenannten Jazzmusik der amerikanischen Neger, mitgebracht, die ihn entzückte. Es hat Strawinsky großen Spaß gemacht, den Stil dieser Musik, die er nie gehört hat und nur aus diesen Noten kennt, bei der Komposition des Ragtimetanzes für die Prinzessin unseres Märchens zu imitieren.

Nachdem die Panajews gewonnen waren, fand Strawinsky die des weiteren für unsere Aufführung benötigten Schauspieler unter den theaterbegeisterten Studenten der Universität Lausanne. Ein Paläontologe namens Elie Gagnebin soll die Rolle des Erzählers übernehmen, die des Soldaten ein Student der schönen Literatur, und für die schwierige, halb zu sprechende, halb zu mimende Rolle des Teufels wählte er schließlich doch nicht Panajew (der uns als Regisseur helfen wird), sondern einen ernsthaften angehenden Schauspieler namens Jean Villard-Gilles. Von Ansermet beraten, hat er einen Klarinettisten, einen Bassisten und einen Trompeter aus Zürich sowie einen Fagottisten und einen Schlagzeuger aus Genf engagiert. Die Geige wird natürlich Federowski spielen.

Wir können jetzt anfangen, zu proben.

Strawinsky

Unsere *Geschichte* muß meines Erachtens mit Augen und Ohren zugleich genossen werden. Das Orchester soll die linke Seite der Bühne fast ganz für sich haben, die Mitte und die rechte Seite bleiben so für Dekoration und Schauspieler, der Erzähler wird ganz nach rechts neben die Szene postiert. Ich halte nichts davon, Musik von Schallplatten zu hören. Ich finde, man sollte die Musiker musizieren sehen, während man ihnen lauscht. Der Schwung des Bogenarms der Streicher und ihre fliegenden Finger, der Anblick des hastigen Einatmens der Holz- und Blechbläser, das uns so großartige Töne bescheren wird, der Tigersprung der Schlagzeuger, nachdem sie so lange geduldig auf der Lauer gelegen, und die geschmeidigen metronomischen theatralischen Bewegungen des Dirigenten – all diese Wahrnehmungen unseres Auges verstärken das Entzücken unseres Ohrs.

Wenn ich das Orchester zu den Schauspielern auf die Bühne setze, wird deren Mimik mit der sichtbaren und hörbaren Musik und hin und wieder mit den Bewegungen und Lauten aus dem Mund des Erzählers sichtbar *im gleichen Takt* ablaufen. Wir brauchen aber eine Reihe lebhafter und überzeugender Dekorationen, die zugleich wirklich und unwirklich erscheinen lassen, was in ihnen geschieht, so wirklich und unwirklich, wie auch die Musik ist.

Wir müssen das Schlafgemach des Schlosses vor Augen haben, in dem die Prinzessin lustvoll die Hüften zu wiegen beginnt, während wir Federowskis Schlangengelenk den Bogen über die Saite führen sehen und Antonietta einen betörenden Liebeszauber singen hören. Wie gut, daß es mir gelungen ist, den Maler René Auberjonois zu überreden, uns die Dekorationen und Kostüme zu entwerfen. Ich bin schon seit langem ein Bewunderer seiner Kunst. Die Skizzen, die er bisher gemacht hat, sind großartig. Da kopulieren Realität und Phantasie vor unseren Augen.

Ramuz

Heute kam Anna Federowskaja zur Probe. Strawinsky ist während dieser Proben immer in bester Form, aber ihre Gegenwart schien ihn zu noch höherem als seinem gewöhnlichen Überschwang anzufeuern. Die Instrumentalisten waren noch nicht da, deshalb spielte er Klavier. Federowski spielte natürlich die Geigenstimme. In seiner Freude an der eigenen Musik war Igor glänzend. Er schlug auf das Klavier ein, als wäre es ein Räuber, der versuchte, sich mit seinen Gaben davonzumachen. Er rief den Mimen neue Ideen zu. Manchmal sprang er auf und demonstrierte die Gebärde oder Grimasse, die er haben wollte. Dabei nippte er oft genug am Kirschwasser, um für später rasende Kopfschmerzen zu sorgen. Und unterdessen streckte er, wie mir nicht entging, die unsichtbaren Fühler nach der schönen Frau aus, die in der vierten Reihe neben mir saß. Er sah sie niemals an, es war aber nichtsdestoweniger offensichtlich, daß er seine ganze Energie ihr in den Schoß warf. Eins fiel mir auf: In ihrer Anwesenheit korrigierte er nicht einmal Federowskis Spiel, was er sonst nicht selten und ohne Zögern tat.

Pjotr Panajew als nomineller Regisseur diente dem Maestro loyal und beruhigend. Selbst immer ruhig, taktvoll, bescheiden und aufmerksam, machte er mit leiser Stimme Vorschläge, die manchmal diskret einem soeben von Strawinsky gemachten närrischen Vorschlag widersprachen. Und Strawinsky nahm das nicht übel, er pflegte dann zu lachen und das Klavier seine Meisterschaft spüren zu lassen.

Ich merkte, daß sich Federowski der Anwesenheit seiner Frau sehr bewußt war. Er beschwor mit den Tönen, die er Antonietta entlockte, einen großen Teil des Geheimnisses ihrer Schönheit, ihrer Unüberlegtheit, ihrer zarten Freundlichkeit, ihres feinen Mitgefühls und, ja, ihrer hartnäckigen Verständnislosigkeit, jenes komplexen Geheimnisses, von dem ich Strawinsky mit so viel Hochachtung, Sehnsucht und Verachtung hatte sprechen hören.

Wir kamen zum wirbelnden Tanz des Teufels in der fünften Szene. Der junge Villard-Gilles kam nicht damit zurecht. Er konnte sich nicht gehenlassen. Panajew versuchte ihm mit Worten zu bedeuten, wie er's machen sollte.

Da rief Strawinsky: »Ich werde den Tanz selber tanzen! Der Teufel ist in dieser Szene als Teufel kostümiert, ich würde also eine Maske tragen, man würde nicht wissen, daß ich es bin – ich mache es!«

Mir gefiel die Idee, und ich sagte das auch. Schließlich hatte Strawinsky den Tanz vor seinem geistigen Auge gehabt, als er die schwindelnde Musik dazu schrieb.

Panajew sagte ruhig: »Wir wollen uns das noch ein Weilchen überlegen. Könnten wir inzwischen noch einmal die drei Tänze der Prinzessin wiederholen? Den Tango zuerst?«

Vielleicht wegen Annas Gegenwart ließ sich Strawinsky das gefallen, ohne zu widersprechen. Er sagte: »Pawloschka, den Tango.«

Und wie nun Antonietta – geheimnisvoll, geheimnisvoll –

den Tango sang, schicksalhaft immer Schritt, Sch-ritt, Schritt und *Halt* einander folgten... sahen wir von neuem, wie sich vor unseren Augen Natascha Panajew aus einer angespannten, drahtigen Frau mittleren Alters in eine anbetungswürdige, schmachtende junge Schönheit, sichtlich nicht nur königlichen, sondern auch begehrlichen heißen Bluts, verwandelte. Wie sie, aus der Lethargie, die sie an ihr Lager fesselte, erlöst, sich erhob, sich öffnete wie eine Blume im lichten Wind, um sich endlich, voll erblüht, im Ragtime von der erwachten Fleischeslust selig hinreißen zu lassen. Und wieder hörten wir Strawinsky rufen: »Brava! Brava!«

Damit endete die Probe. Strawinsky kam geradewegs zu unseren Plätzen und sagte zu Anna: »Glauben Sie, daß Sie lernen könnten, so zu tanzen?«

Und sie sagte: »Glauben Sie, daß Sie lernen könnten, zu tanzen wie ein Teufel?«

Strawinsky brach in Gelächter aus, klatschte in die Hände und rief auch ihr zu: »Brava!« Wozu er dann erklärend die Bemerkung fügte: »Ein paar Sachen verstehen Sie.«

Federowski

Die *Geschichte* wird heute abend in Lausanne erzählt werden, und Guima ist schon seit heute früh ausgesprochen eklig. Katja sagt, er ist jedesmal vor einer Aufführung so, genauso übellaunig, wie sein Vater vor jedem Auftritte war. Er ist noch immer erbost, weil bei einer der Proben vor ein paar Tagen einstimmig beschlossen wurde, daß nicht er selbst, sondern Pjotr Panajew den Teufelstanz tanzen soll. Heute nachmittag hat er schon sechsmal die Toilette aufgesucht. »Die Angst, mich lächerlich zu machen, verfehlt bei mir nie ihre abführende Wirkung«, bemerkte er bei einer dieser Gelegenheiten etwas erbittert. Gerade habe ich ihn hinter einer geschlossenen Tür Katja anschnauzen hören, weil ihm ein Manschettenknopf unter den Ankleidetisch gerollt ist. Wenn er schon vor der Aufführung so schlimm ist, wie wird er erst nachher sein? Wird er wütend auf mich sein, weil er meint, ich hätte die Tänze mit zuviel Vibrato gespielt? Wird er meiner lieben Antonietta fluchen, weil sie etwa nicht genauso geklungen hat wie die Zigeunergeige, die er im Traume hörte?

Ramuz

Das Theater ist schon voll. Erst um neun wird sich der Vorhang heben – spät für Lausanne, aber die Vorstellung dauert unter zwei Stunden, und wir hielten es für das beste, später als üblich anzufangen, um sie trotz ihrer verhältnismäßig kurzen Dauer abendfüllend zu machen. Strawinsky hat das Publikum, das er wollte. Er hat es sich angelegen sein lassen, insbesondere die vielen russischen Aristokraten, die jetzt als Emigranten den hiesigen Vorort Ouchy zu ihrer Kolonie gemacht haben, möglichst vollzählig zusammenzutrommeln. Dreimal hat er sich persönlich zu verschiedenen Personen bemüht, die der allerersten Gesellschaft entweder angehören oder angehören möchten, um sich ihr Kommen versprechen zu lassen. Die Großfürstin Helene ist hier, mit Diamanten gepanzert. Kritiker aus Zürich und Genf sind auch da. Ich bin so unruhig wie ein Hund voller Flöhe. Wenn es den leisesten Tadel an unserem Stück gibt, wird Strawinsky zweifellos mich dafür haftbar machen. Er wird sagen, die Erzählung habe eben alles verdorben, sogar die Musik.

Er und ich, mit gestärkten weißen Hemdbrüsten und

weißen Krawatten zum Frack, sitzen wie Krähen in der ersten Reihe. Er bestand für sich auf den Platz am Mittelgang, denn er will sofort fliehen können, falls es nötig wird. Anna Federowskaja, strahlend in schillernder Seide, sitzt, nur durch den Mittelgang von ihm getrennt, auf der anderen Seite. Die blasse Katja sitzt auf dem Platz neben ihr.

Die Klarinette gibt das A an, und die Instrumentalisten beginnen kakophonisch ihre Instrumente zu stimmen und zu probieren.

Strawinsky

Die Einnahmen sollen recht ordentlich sein. Reinhart erwartet jedenfalls keine Rückzahlung. Von der Summe, mit der er unsere Unternehmung unterstützte, bleibt uns noch reichlich, die Schauspieler und die Musiker zu bezahlen. Die Einnahmen an der Kasse werden also wir drei uns teilen. Als Komponist sollten mir davon mindestens sechzig Prozent zufallen. Dann sollte Ramuz, nun, sagen wir, fünfundzwanzig Prozent bekommen. Pawel spielt schließlich nur die Geige, fünfzehn Prozent sind also vielleicht sogar zuviel für ihn.

Ich wünschte, das Publikum wäre nicht so unruhig. Möglicherweise war es ein Fehler, den Vorstellungsbeginn so spät anzusetzen.

»Ramuz, gehen Sie doch mal nach hinten und sagen Sie Ansermet, daß er anfangen soll.«

»Seien Sie geduldig, Maestro, seien Sie geduldig.«

Federowski

Die Sache läßt sich gut an. Der junge Elie Gagnebin als Erzähler gibt sehr geschickt dem Soldaten den Ton eines jungen Mannes aus den Weinbergen des Waadtlands, was schon an sich eine hübsche Ironie ist: ein Soldat gerade dieser mit so viel Stolz unkriegerischen Nation. Und den Schmetterlingssammler läßt er reden wie einen reichen Professor von der Genfer Universität, für den sein Fach eine Liebhaberei ist, und hinter dessen harmlosem Äußeren man doch den Teufel spürt, den er im Leib hat. Von hier aus kann ich die Mimen nicht sehen, denn der Flügel der Dekoration steht zwischen den Mimen und uns Musikern, aber hinter dem dirigierenden Ansermet, zu dessen beiden Seiten, kann ich den Zuhörern in die Gesichter sehen, die mehr oder weniger das Geschehen auf der Bühne spiegeln, und da sehe ich, daß die Seltsamkeit der Geschichte die Leute fasziniert.

Und die Musik! Sie ist so komplex. Wie überschwenglich ist sie und doch zugleich finster und drohend, aber blasiert, weltmüde und zynisch, nichtsdestoweniger naiv und energisch und entschieden und fröhlich! Das ist wahrlich Igor Federowitschs Persönlichkeit, zu einem berauschenden Trank von Tönen destilliert. Die Musik ist höllisch schwer zu spielen. Der Teufel wohnt in ihren Akkorden. Ich muß die Pausen sehr sorgfältig zählen, denn der kleinste falsche Einsatz macht in dieser sprunghaften Partitur ein Kreischen, wo ein Geheul hinsoll, oder ein Stöhnen, wo ein Ächzen gefragt ist, oder es resultiert eine Blähung, statt des verzagten seelenvollen Seufzers. Und er hat mir schwierige Doppel- und Tripelgriffe aufgeladen, oft hintereinander in schrecklichem Tempo zu spielen. Ich habe geübt und geübt und kenne meine Stimme größtenteils auswendig.

Ramuz ist blaß. Er sieht aus, als ängstige er sich zu Tode. Er erwartet vermutlich, daß Strawinsky, der alle Aufführrungen haßt und eine scharfe Nase für Sündenböcke hat, sich auf ihn stürzt, wenn auch nur eine Kleinigkeit schiefgeht.

Aber da sieh mal einer den lieben Guima selbst an! Er ist entzückt. Ab und zu nickt er, als wollte er sagen: »Ja! So ist's recht! So sollte es werden.« Offensichtlich hört er gerne, was Ansermet aus seiner Musik macht. Ab und zu sieht er über den Gang zu den Plätzen, auf denen Anja und Katja sitzen. Manchmal lehnt er sich ein wenig vor, während er in ihre Richtung blickt, offenbar in dem Bemühen, ihren Gesichtsausdruck zu lesen: Gefällt auch ihnen, was sie hören, amüsieren sie sich? Oder gilt diese Neugier vielleicht nur einem der beiden Gesichter?

Federowski! Achte lieber auf die Partitur! Jetzt spielen wir die pastorale Musik der nächsten Szene. Ich sehe in den Gesichtern der Zuhörer das Bild des Teufels gespiegelt, der in dieser Szene als Viehhändler erscheint; auf seinen Stock gestützt, wartet er auf den Soldaten, um ihn zu betrügen… die *Lieder an einem Bach*… die Bordellwirtin, die Bilder ihrer Huren vorzeigt, und dann die stumme Geige… den *Königlichen Marsch* zum Schloß… das Kartenspiel mit dem Hofviolinisten.

Wie der von Strawinsky geht auch mein Blick immer wieder zu den Gesichtern dieser beiden Frauen. Meine Anja interessiert sich, wie ich leider feststellen muß, nur für das, was der Erzähler zu sagen hat. Freilich hat sie mir oft gesagt, daß Strawinskys Musik für sie nur wie das Geschrei im Affenhaus eines zoologischen Gartens ist, wie das Geräusch einer Handvoll Kiesel, die man auf eine Blechtrommel wirft, das Geschrei der Fischweiber auf dem Markt, das Krächzen von Dohlen in den Bäumen und Gott weiß was noch für Geschwätz und Geschnatter. Sie kennt die ganze Geschichte schon. Sie wirkt gelangweilt, sogar schläfrig. Und wie schön ist sie in diesem schläfrigen Zustand! Sie *ist* eine Prinzessin, die eines Zaubertranks bedarf, doch leider ist ihr mit Musik nicht zu helfen. Mir geht der böse Gedanke durch den Kopf, daß Strawinsky, wenn er sie ansieht wie eben jetzt, einen ganz anderen Zaubertrank im Sinn haben könnte... Doch ich weise ihn sogleich weit von mir.

Nun erscheint auf dem anderen Gesicht ein Ausdruck, den ich da noch nie gesehen habe, vielleicht freilich nur, weil ich nie darauf achtete. Als nämlich der Hofmusikant – der Teufel persönlich – dem Soldaten von der kranken Prinzessin erzählt, deren Hand demjenigen versprochen ist, der sie von ihrer Apathie heilen kann, sehe ich, daß Katjas Gesicht zu glühen beginnt, ihre Augen glänzen. Vielleicht ist das ja nur das hektische Erröten, das glänzende Starren der Schwindsüchtigen, mit denen sich hier in dem warmen Saal ihre Krankheit in Erinnerung bringt. Aber nein, da jetzt das *Kleine Konzert* beginnt, hört sie offensichtlich in der kühnen Grammatik der Musik die Stimme eines Freundes, die lange Zeit, bei Tag und Nacht, bei Nacht und Tag vernommene Stimme eines wahren Freundes, von dessen Musik ein heilkräftiger Zauber ausgeht.

Nun, bei den ersten Noten des Tangos hebt sich der Vorhang vor der Szene, in der die Prinzessin auf ihrem Ruhebett liegt. Das strahlende Gesicht Katjas überrascht und rührt mich. Ich bitte Antonietta, diesen Tango als die erquickendste und belebendste Musik hören zu lassen, die man je gehört hat. Und es fällt mir plötzlich ein, daß Guimoschka diese muntere, fröhliche, scheinbar ganz gedankenlose und doch zauberische Musik mit einem tieftraurigen, einem sehnenden Herzen geschrieben haben muß. Ich spiele sie nun meinerseits von ganzem Herzen für ihn und für seine älteste Freundin.

Ich spüre so etwas wie ein aus dem Publikum sich erhebendes Gemurmel. Ludmilla Panajew muß sich jetzt von ihrem Lager erheben. Ich kann mir die Anmut ihrer Bewegungen vorstellen, matt und schwach zuerst, da nun die Musik, die ich spiele, ihre heilende Kraft geltend macht. Katjas Augenbrauen sind erhoben. Sie bewegt sich in ihrem Sessel. Für einen Augenblick habe ich die närrische Hoffnung, daß sie aufstehen und selbst zu tanzen beginnen wird.

Wir sind zur Coda des Tangos gelangt. Sorgfältig und mit ganzem Bogen spiele ich die Weise, die Guima in seinem Traum hörte, die Weise, welche die Zigeunerin für ihr Kind spielte, diese Zigeunerin, die in dem Traum meine Anja war... oder war sie's nicht?

Dies ist der Augenblick, in dem, wie ich bei den Proben sah, Ludmilla Panajew ihre anmutigen Arme ausbreitet, um den Todfeind des Teufels im Himmel zu danken, sich *aux pointes* erhebt und auf den Spitzen schwerelos und frei wie die ungebundene Luft zu schweben scheint – der Augenblick, in dem sie den Frieden vollkommener Gesundheit findet. Und in diesem Augenblick sehe ich zum erstenmal, daß Guimas Katja von erhabenster und heiterster Schönheit ist.

Ramuz

Es ist fast vorbei. Der Teufel wird den Soldaten schließlich doch noch einsacken. Die Erleichterung hat mich in Wogen überflutet, als ich sah, wie sehr sich Strawinsky amüsierte. Er hüpfte in seinem Sessel wie ein Vierjähriger. Das Publikum war ganz offensichtlich hingerissen. Die Musik erklingt für ihn anscheinend so, wie er sie sich vorgestellt hatte. Die Mimen waren tadellos. Selbst meine Erzählung scheint ihm, so wie sie aus dem Munde des Studenten kam, gefallen zu haben.

Die Musik endet mit einer Reihe von unheimlichen Trommelschlägen.

Wilder Beifall bricht los. Das Publikum springt auf. Vor den Vorhang gerufen, bedanken sich die Mimen alle mit sprechenden Gebärden in Richtung des Komponisten. Ebenso macht es Ansermet. Die Musiker verneigen sich vor ihm. Ich höre Rufe nach dem *»Compositeur«, »Compositeur«*. Nun rufen sie sogar nach dem *»Auteur!«*. Sie wollen uns auf der Bühne sehen. Aber statt auf die Bühne zu gehen, um sich vor dem Publikum zu verbeugen, überquert Strawinsky den Mittelgang. Oh, Gott im Himmel, wird er sich lächerlich machen vor all diesen Leuten, die ihn anstarren und beklatschen, mit dieser Frau?

Ich sollte doch inzwischen an die Überraschungen gewöhnt sein, die dieser Mann einem dauernd bietet. Er geht glatt an Anja Federowskaja vorbei und zu seiner Katja. Er nimmt ihre Hand in seine und führt sie an die Lippen.

Intermezzo 4

Der Traum, die *Geschichte* auf einen Zigeunerwagen zu packen und damit auf Tournee durch Europa zu gehen und damit Geld zu verdienen, wenn auch vielleicht »nicht viel«, sollte bald wie eine Seifenblase platzen. Zwar waren schon in verschiedenen Städten Theater reserviert und klebten schon Plakate an den Anschlagwänden, doch blies wenige Tage nach der Uraufführung in Lausanne der giftige, heiße Atem der Spanischen Grippe, an dem damals ganz Europa dahinwelkte, in die Schweiz. Strawinsky, beide Panajews, zwei der Schauspieler von der Universität und alle Musiker ußer Federowski erkrankten. Katja erkrankte sehr schwer, und alle vier Kinder der Strawinskys fieberten. Irgendwie wurde die ganze Familie Federowskis jedoch verschont.

Die Krankheit konnte einen baumstarken Jüngling in drei Tagen töten. Bei der Mehrzahl der Erkrankten, die sie überlebten, überschritt sie ihren Höhepunkt binnen einer Woche. Aber acht Tage, nachdem Strawinsky krank geworden war, schrieb Ramuz nach Zürich und berichtete, daß der Komponist noch immer hohes Fieber habe. Die in Zürich geplante Aufführung müsse also abgesetzt werden. Und abgesetzt werden mußten später auch alle an anderen Orten angekündigten Aufführungen.

Als Strawinsky zwei Jahre später seine Beziehungen zu Diaghilew und den neubelebten *Ballets Russes* wiederanknüpfte, wollte Diaghilew von der *Geschichte* nichts wissen, weil es sich dabei um ein nicht von ihm selbst eingewickeltes Päckchen handelte. Das Werk wurde in den folgenden Jahren unter anderer Leitung wiederholt aufgeführt, mit besonderem Erfolg 1924 in Paris, aber keine dieser Aufführungen konnte sich, nach Strawinskys Meinung, mit der bescheidenen Uraufführung in Lausanne messen.

Strawinskys Hand, die nach jener Aufführung die Katjas hielt, um sie zu küssen, schien wie ein Angelpunkt, in dem für einen Augenblick die Hoffnung auf ihre Genesung ruhte, dank der heilenden Musik, die ihr noch in den Ohren klang. Doch von jenem Augenblick an kippte das Gewicht ihrer Krankheit alle Hoffnungen, die sie vielleicht noch hatte, auf eine unaufhörlich abschüssige Bahn. Es gab nach jenem Abend keine Musik mehr, keinerlei Zauber, der sie in einen Tango, Walzer, Ragtime der Erholung hätte hochreißen können. Statt dessen welkte sie dahin, aber sehr, sehr, sehr langsam, was ihren Verfall nur um so schmerzlicher machte. 1921, als er wegen der Aufführung einiger Werke in Paris weilte, begegnete Strawinsky einer Frau, die ein Geheimnis umgab, das nicht weniger anziehend war für ihn als Anna Federowskajas, doch anderer Art, denn diese Person, mit allen anderen Reizen Annas durchaus begabt, war dennoch keineswegs dumm. Ihr Name war Vera de Bosset Soudeikine. Sie war die Frau eines Bühnenbildners, der Diaghilew nahestand. Strawinsky und sie harmonierten vollkommen miteinander, und während der achtzehn Jahre, die Katja noch blieben, die unverändert Igors älteste und liebste Freundin blieb, traf er sich heimlich mit Vera, die ihm die teuerste und tiefste Liebe geworden war, die er je gekannt hatte. Und während dieser Jahre nahm die gegenseitige Leidenschaft und Hochachtung der beiden Liebenden nie ab.

Katja starb 1939, und im folgenden Jahr heiratete Strawinsky, der damals in den USA weilte, wo er in Harvard lehrte und verschiedene Konzerte gab, die inzwischen längst von Sondeikine geschiedene Vera. Während der drei Jahrzehnte seines ihm im Augenblick dieser Eheschließung noch verbleibenden Lebens wurde der inzwischen als größter Komponist seiner Zeit anerkannte Strawinsky stets belebt, amüsiert, beschützt und zu vollem Galopp angespornt von seiner zweiten Frau.

Sie war es auch, die bei seinem Tod 1971 entschied, daß die Trauerfeier in Venedig gehalten werde, seine Leiche in einer mit Trauerflor ausgeschlagenen Gondel über den Spiegel der Lagune auf die Insel San Michele gebracht und dort in der Nähe des Grabes seines ersten Förderers und zweitbesten Freundes Sergej Pawlowitsch Diaghilew beigesetzt werden solle.

Federowski kehrte 1920 während der Londoner Saison zu den *Ballets Russes* zurück. Fünf Jahre später in Monte Carlo, nach einer Aufführung von *Scheherezade*, bei der Federowski Violinsolopartien auf seiner Antonietta so ätherisch zu spielen gewußt hatte, daß die Danilowa bei ihren Sprüngen jedesmal gut fünfzehn Sekunden lang in der Luft zu schweben schien, trat der damals zur Erholung in Monaco weilende Leopold Stokowski an ihn heran und bot ihm eine Stellung in seinem Orchester in Philadelphia an. Das erste Pult der zweiten Geigen war eben frei geworden.

Federowski, der ohnedies Lust auf Veränderung seiner Umstände hatte, nahm das Angebot an, zog mit seiner Familie nach Amerika und geigte während der ihm noch verbleibenden Jahre seines Lebens für Stokowski. Antonietta reagierte nach Federowskis Ansicht ziemlich verdrießlich auf Stokowskis Orchesterklang, insbesondere bei den üppigen Arrangements, die wild bombastisch wie von heftigen Stürmen fortgetriebene Schwärme von Heißluftballons waren, von Bachs meisterhafter Orgelmusik. Doch nachdem Eugene Ormandy, der als Geiger angefangen hatte, Dirigent des Philadephia Orchestra geworden war, sang Antonietta aufs neue voller Freude in dieses Dirigenten sinnlichen Wiedergaben spätromantischer Musik. Federowski starb 1955.

Anna Federowskaja, die noch mit zweiundsechzig Jahren eine Schönheit war, heiratete bald darauf einen siebzehn Jahre jüngeren Schlagzeuger, einen Mann, der täglich so lange seine Kesselpauken peinigte, daß er von allem Zorn geläutert war und also allabendlich heimkam zu seiner Frau mit Händen so sanft wie Puderquasten, und sie liebte bis in ihr neunzigstes Jahr, bis dann in diesem das strahlende Licht, das er so sorgsam genährt hatte, endlich ausgeblasen ward.

Nach Federowskis Tod wurde Antonietta auf einer Auktion bei Christie's in New York für fünfundsechzigtausend Dollar von einem reichen, jungen Wissenschaftler und Amateurgeiger namens Felice Frank ersteigert, dem man als Sohn eines Konzertpianisten schon in der Kinderstube ein gewisses Maß von musikalischem Geschmack eingehämmert hatte. Er lebte herrlich und in Freuden in Westpoint, Connecticut, von den fetten Einnahmen aus einer Reihe von Patenten auf von ihm erfundene medizinische Gerätschaften und Maschinen, darunter eine computergesteuerte eiserne Lunge, in der Opfer von Kinderlähmung und Unfällen und im Koma liegende Patienten am Leben erhalten werden konnten, wie es schien, jahrhundertelang. Antonietta erhielt er am Leben, indem er, ziemlich tastend, bei einem Amateurkammerorchester, das sich jeden Mittwochabend in Fairfield traf, die zweite Geige spielte.

Während der sechziger Jahre hörte Frank von einem glänzend begabten, aber armen jungen Geiger an der Juilliard-Musikschule namens Gaspard Montvieux, der als erster Geiger in das renommierte Sugar Hill Quartet aufgenommen worden war. Die anderen drei Mitglieder des Ensembles, in das er eintrat, hatten herrliche Instrumente – die zweite Geige war eine Stradivari, die zweite Bratsche eine Andrea Guarneri und das Cello ein Grancino –, und so lieh Frank dem jungen ersten Geiger Antonietta und kaufte sich selbst eine Guarneri del Gesù, die sie ihm ersetzte. Mit der Zeit wurde der Mäzen des jungen Montvieux auch dessen Liebhaber, aber eines Tages, 1969, wurden beide Männer im gleichen Augenblick getötet, als ein junger Student, der vollgetankt mit LSD auf dem Weg nach Boston war und zu glauben schien, den Steuerknüppel eines Flugzeugs zu halten, über den Mittelstreifen des Merrit Parkway gesegelt kam und mit rund hundertfünfzig Stundenkilometer auf Franks BMW knallte. Die drei Schwerverletzten wurden von einem Krankenwagen in ein Krankenhaus gebracht, wo nur noch ihr Tod festgestellt werden konnte. Der BMW – der Wagen war zwei Meter hoch in die Luft geschleudert worden und hatte sich dreimal überschlagen: Totalschaden – wurde, während ein geschmierter Beamter der Staatspolizei beide Augen zudrückte, von einem Schrotthändler aus dem Naugatuck Valley widerrechtlich abgeschleppt. Antonietta befand sich im Kofferraum. Der Schrotthändler nahm auch mit, was von dem Toyota des Mörders übrig war.

Weder Frank noch Montvieux hatten Verwandte an der Ostküste, so daß mehrere Tage vergingen, ehe jemand merkte, daß die Stradivari verschwunden war. Der Impresario des Sugar Hill Quartet nahm die Jagd danach auf und stellte schließlich den Verkehrspolizisten, der das Trinkgeld von dem Schrotthändler genommen hatte, der sich die beiden Autowracks unter den Nagel riß. Wenig später traf er dessen Angaben folgend auf dem riesigen Autofriedhof an der Route 7 ein, wo der BMW an achter Stelle in der Reihe der Wracks stand, die wenig später von der gigantischen hydraulischen Presse zu einem Block von Schrott zusammengepreßt werden würden. Der Agent des Sugar Hill Quartet sah zu, wie dann gerade noch rechtzeitig der Kofferraum mit einem Schneidbrenner geöffnet wurde.

Der antike Geigenkasten war gespalten. Antoniettas Decke und Boden waren zerbrochen und der Hals grotesk zur Seite gedreht. Der Agent brach bei diesem Anblick in Tränen aus, und der Mechaniker, den noch brennenden Schneidbrenner in der Hand, sagte mit Gefühl »heilige Scheiße«. Es sah so aus, als würde das hölzerne Häufchen Elend nie wieder Musik von sich geben.

Alles wurde noch dadurch kompliziert, daß Felice Frank sich nie die Mühe gemacht hatte, ein Testament aufzusetzen. Der Agent, der seinen Anspruch darauf gründete, daß bei Schallplattenaufnahmen des Sugar Hill Quartet »Antonietta Strad.« immer als dessen erste Geige genannt worden war, erlangte eine einstweilige Verfügung, die verletzte Antonietta dem Musikinstrumentenhaus Wurlitzer zu überstellen, einerseits zur Aufbewahrung bis zur Feststellung der Eigentumsverhältnisse, andererseits zur Feststellung des durch den Unfall verursachten Schadens sowie, für den Fall, daß diese noch lohnend schiene, dessen Reparatur.

Mrs. Wurlitzer zeigte die verwundete Violine dem Geigenbauer des Hauses, Fernando Sacconi, und fragte ihn, ob er es für möglich halte, sie wiederherzustellen. Sacconi untersuchte die Patientin nicht lange. Nach ein oder zwei Minuten stellte er seine Diagnose. »Erinnern Sie sich der Red Diamond Stradivari?« sagte er in seiner ruhigen und leisen Art. »Wann war das doch, muß jedenfalls an die zwanzig Jahre hersein. Die Geige gehörte Sascha Jacobsen, dem Konzertmeister der Philharmonie von Los Angeles. Da wurde der also auf einer Küstenstraße von einem Hurrikan überrascht, sein Wagen soff ab, er stieg aus und stand bis zum Gürtel im Wasser, hielt die Geige über seinen Kopf. Er wurde aufs Meer hinausgetrieben. Ihn retteten irgendwelche Leute, die das beobachteten, aber seine Geige ging baden auf Nimmerwiedersehen – wie man jedenfalls annehmen mußte. Ein Rechtsanwalt, der am folgenden Tag den

Strand entlangspazierte, fand einen halb im Sand vergrabenen Geigenkasten. Seine Frau erzählte dem Direktor des Philharmonischen Orchesters davon. Und siehe da, es war die Red Diamond. Jacobsen brachte sie zu Hans Weisshaar, Sie wissen von ihm, Mrs. Wurlitzer. Die Sache war so: Decke und Boden waren verzogen, die beiden Hälften des Bodens hatten sich getrennt, die Flödel waren aus dem Leim und aus der Fassung gequollen, die Rippen waren verdreht, die Klötze und Futter innen alle lose, ein Teil des Halses fehlte; das Ganze vollgesogen mit Wasser, schleimig und sandig von oben bis unten. Ach ja, und das Etikett, das Stradivari im Jahre 1732 eigenhändig eingeklebt hatte, war in drei Stücke zerrissen. Also gut. Hans brauchte einen Monat, mit Hilfe eines Befeuchters alles langsam auszutrocknen. Er baute Formen, um den verzogenen Stücken ihre ursprüngliche wiederzugeben. Etcetera, etcetera, und so weiter. Jedenfalls war er neun Monate damit beschäftigt, und als er fertig war, klang die Geige besser als vorher. Wirklich. Sehen Sie, Mrs. Wurlitzer, wenn Weisshaar die Red Diamond reparieren konnte, kann ich auch Antonietta reparieren.«

Und das tat er. Sieben Monate brauchte er dazu. Montvieux' Kollegen vom Sugar Hill Quartet kamen, hörten sich die wiederhergestellte Antonietta an und bezeugten, daß ihr Ton wieder so voll und tief und süß war wie vor dem Unfall.

Auf dem Heimweg sagte der Geiger zu dem Cellisten: »Irgendwie klang sie vielleicht nicht ganz so... ich weiß nicht, wie ich's sagen soll...sexy? Ist es das, was ich meine?... Wie ich sie in Erinnerung habe?«

Der Cellist sagte: »Vielleicht nicht. Ich kam auch nicht auf das, was mir an diesem Ton irgendwie neu war, bis mir's eben plötzlich einfiel, als ich dachte, mein Gott, was diese Geige jetzt wert ist nach allem, was sie durchgemacht hat. Auf einmal hörte ich Geld klingeln, ich dachte, Mann, wenn das nicht genau die Musik der Registrierkasse ist. Ich sehe schon Partituren für – wie heißt doch die Geige? Antonietta? –, an deren Anfang kein Violinschlüssel mehr steht, sondern das Dollarzeichen. Wißt ihr, was ich meine?«

Der Geiger sagte: »Komische Idee. Sollte es das sein, was sie all die Jahre immer gemeint haben, wenn sie den ›reichen Ton‹ eines Instruments rühmten?«

Das Gericht sprach die Geige Franks einziger lebender Verwandter zu, einer Schwester in Monterey, die er zu Lebzeiten verabscheut hatte. Sie dachte nicht daran, die Reparaturkosten zu bezahlen, und als man ihr sagte, sicherlich lasse sich die Geige für eine sechsstellige Summe verkaufen, schnippte sie mit den Fingern und sagte: »Feuer frei. Verscherbeln Sie das verdammte Stück.«

Antonietta wurde zum Preis von einhundertfünfundsiebzigtausend Dollar von einem englischen Zeitungskönig erworben. Er erwies sich als Wohltäter der Künste, indem er das kostbare Instrument jungen Solisten zur Verfügung stellte, die mit dem Royal Philharmonic, dem BBC Symphony, der Academy of St. Martin-in-the-Fields, dem English Chamber Orchestra und dem Orchester der Covent Garden Ballet Company konzertierten.

Fünfter Akt

Letztes Jahr

1. Panoramaeinstellung aus dem Hubschrauber, von Westen, auf Makoniky Head an einem hellen Sommermittag. Die steilen sandigen Ufer geben dem Vorgebirge ein ockerfarbenes Aussehen. Vineyard Sound ist wellengekräuselt blau. Ein paar wattige Schönwetterwolken treiben in der Höhe.

> MUSIK: *Erster Satz von Arnold Schönbergs* Violinkonzert*. *Der Betrachter mag sich fragen, weshalb eine so abweisende Musik zur Untermalung eines so hinreißend heiteren Tages gewählt worden ist. Die Antwort, die denen, die die Sendung sehen, vielleicht schließlich einleuchten wird: Sie wurde als Leitmotiv für diese Episode gewählt, weil sie eine in Herz und Sinn mathematische Musik ist.*

Titel und Vorspann erscheinen über dem Bild des Vorgebirges, auf das die Kamera nun zufährt, bis es den gesamten Bildschirm füllt. Oben in der Mitte an der Steilküste steht leuchtend in der Sonne das allgemein als das sensationellste auf der Insel geltende Haus, die berühmte »Hat Hut« (oder Hut-Hütte), die, viel größer als der Name vermuten läßt, da oben steht, weil Eero Saarinen, jener verwegene Verfertiger von Sonderbarkeiten, der zum Beispiel der TWA einen Terminal in Gestalt eines Adlers baute, der Meinung war, daß dem Makoniky Head ein Hut stehen würde.

* Opus 36

Während auf dem Bildschirm das Haus größer und größer wird, schwillt die Musik crescendo an. Könnte eine Zahlenmusik andeuten, daß es sich bei diesem bizarren Bauwerk um ein Kontor, ein Haus, in dem Geld gezählt wird, handelt?

Der Name des Regisseurs, mit dem der Vorspann endet, verschwindet, während die Linse noch näher an das Haus herangeht. Nun sieht man eine winzige Gestalt – den König, der in dem Kinderreim aus seinem Kontor herabsteigt? – die Treppen hinabsteigen, die im Zickzack an der steilen Felswand vor dem Haus in die Tiefe führen. Die Kamera fährt weiter auf ihn zu, bis man ihn nah, in überschwenglicher Hast, die Treppe hinunterlaufen sieht.

Der Mann scheint etwa fünfzig Jahre alt zu sein, und der Zuschauer hat sofort den Eindruck, daß er als mutmaßlicher Eigentümer dieses herrlichen Hauses mit irgendeinem inneren Magnetismus, irgendeiner zupackenden Macht begabt sein muß, wovon ihm jedoch äußerlich nicht das mindeste anzusehen ist. Er sieht überhaupt nicht königlich aus und hat äußerlich nicht ein bißchen von einem Baulöwen oder Börsenhai. Er wirkt nicht einmal selbstbewußt. Er raucht keine Zigarre. Er hat eine kleine, nichtssagende Statur und ein Magermilchgesicht. Auf den ersten Blick ist schwer zu sagen, was für ein Mensch er sein mag, denn eine spiegelnde Sonnenbrille verbirgt seine Augen. Sein Mund könnte der eines empfindsamen Mannes sein. Er trägt einen breitkrempigen westindischen Palmstrohhut, den er vielleicht gekauft hat, weil er ungefähr die Form des Hauses oben auf den Klippen hat. Er hat eine orange-und-rosa karierte Badehose an, die seine Beine fast bis zu den Knien bedeckt, und schwarze Schuhe aus weichem Leder. Über die Schulter geworfen hat er sich ein Handtuch, dessen grüne und violette Streifen nicht mit den Farben seiner Badehose harmonieren.

Die Musik verklingt in dem schaumigen Geräusch der kleinen Wellen, die man am Strand von Lambert's Cove sich brechen sieht...

2. Während der Mann am Strand entlanggeht, mustert er (Kamera aus seinem Blickwinkel) die Gruppen von Badenden, von denen einige, öligglänzend, in der Augustbräunungsstudiosonne braten, indessen andere, blaß und vorsichtig, sich in der Hoffnung auf langes Leben unter leuchtendbunten Sonnenschirmen drängen. Der Mann hebt die Hand, lässig einige auserwählte Freunde grüßend, die eifrig zurückwinken und offensichtlich wünschen, daß er stehenbliebe und mit ihnen spräche.

Langsam kommt im Schatten eines Sonnenschirms ein Paar in Sicht. Die Frau, um die Fünfzig, trägt einen weißen Frottee-Bademantel und einen breitkrempigen Garden-Party-Hut, den sie mit einem purpurnen Halstuch von Givenchy unterm Kinn festgebunden hat. Durch diese feminine Verkleidung schimmert aber eine unverkennbar befehlsgewohnte Persönlichkeit, die sich in dem starkausgebildeten Kinn deutlich ausspricht. Doch blicken die Augen glücklich und verträumt. Vielleicht weil der Mann neben ihr genau der Tycoon ist, dem der Betrachter den Besitz des Hauses oben an der Steilküste auf den ersten Blick zutraut. Er ist massig, aber nicht fett, und entweder von Natur aus glatzköpfig, oder er läßt sich den Kopf rasieren. Er würde brutal anmuten, wären da nicht die leuchtenden, sanftblickenden Augen, die ihn paradoxerweise nur um so kraftvoller erscheinen lassen. Deuten sie doch an, daß der Kerl nicht nur Mark in den Knochen, sondern vielleicht auch was Nützliches unter der Hirnschale hat.

FLORA LOMBARD: Hallo, Spenser! Kommen Sie und reden Sie mit uns. Aber nehmen Sie diese elende Brille ab, Darling, damit wir sehen können, was Sie Böses denken.

3. Totale von Spenser. Er ist stehengeblieben. Ein Mädchen im Minibikini schlendert hinter ihm auf das Wasser zu. Bei der Aufforderung der Frau wird er rot, nimmt aber die Brille nicht ab. Er wendet sich zur Seite und geht den Strand hinauf zu dem Sonnenschirm.

SPENSER: Hallo, Flora! Welche Überraschung, Sie hier draußen unter den Eingeborenen zu finden.

Er zögert und sieht den Mann an.

FLORA: Darling, das ist Spink Farley. Er ist für eine Woche heraufgekommen.

SPENSER: Habe ich schon gehört, habe ich schon gehört. (Er wendet sich an Farley.) Ein wirklich erstaunlicher Zufall, wissen Sie. Erst heute früh habe ich noch von Ihnen gesprochen. Ich habe Andy Willsworth zum Wochenende eingeladen – Sie wissen ja, er ist der Präsident der Consolidated Broadcasting –, und er sagte, Gott, er habe gehört, daß Sie hier oben bei Flora zu Besuch seien, und er brenne darauf, Ihre Bekanntschaft zu machen. Wirklich, Sie beide sollten einander kennenlernen. Flora, Sie müssen Freitagabend zu mir kommen.

FLORA: Freitag, Freitag. Na, ich denke doch, daß sich das machen läßt. Ich rufe noch mal an deswegen, Darling. Wie nett!

Spenser geht weiter am Strand entlang.

4. Flora und Farley sehen ihm nach.

FARLEY: Wer zum Teufel ist *dieser* Kolibri?

FLORA: Entschuldigung, ich habe ihn gar nicht richtig vorgestellt, was? Laß dich nicht von dieser Aufmachung abschrecken, Darling. Ich nehme an, er ist farbenblind. Er ist wirklich eine Seele von Mensch. So lieb und freundlich. Vor zwei Jahren ist seine Frau gestorben, und er hält sich so tapfer, läßt sich wirklich nichts anmerken. Er gibt die absolut besten Partys auf der Insel. Du wirst am Freitag einfach *jeden* bei ihm treffen.

Farley: Aber wer ist er? Was macht er?

Flora: Ich nehme an, er kauft und verkauft Aktiengesellschaften. Du weißt schon. Die Sorte Geschäfte. Komisch, daß du noch nie von ihm gehört hast.

Farley: Von diesem Willsworth, der mich angeblich kennenlernen will, habe ich schon gehört. Einer von diesen neuen Kerlen, scharf darauf, die Japse zu übertrumpfen, weißt du, bei dieser neuen Hoch-Bildschärfe-Technologie, oder wie man da sagt, für die Glotze. Nach allem, was man von ihm hört, eine schreckliche Niete.

Flora: Trotzdem, Spinky. Trotzdem. Die Party wird wunderbar sein.

SCHNITT AUF

5. Spenser Ham auf der Terrasse (der Krempe) des Hauses an der Steilküste, wenig später. Er spricht in ein Funktelefon. Hinter ihm das schimmernde Panorama einer der teuersten Landschaften der Welt. Links die üppiggrünen, erstklassigen Grundstücke von West Tisbury, Chilmark, Menemsha und Gay Head, dann ein breites Stück vom blauen Tischtuch des Sunds, besetzt mit vielen aufrecht hingestellten, dreieckig gefalteten Jachtsegel-Servietten und endlich, zur rechten, die äußeren Elizabeth-Inseln – Pasque, Nashawena und Cuttyhunk –, die dampfen wie Trauminseln in *Victory*.

Spencer: Mr. Willsworth? Hallo. Ich bin Spenser Ham... Ja, genau, wegen der Conover-Übernahme... Ja, das stimmt, da habe ich auch mitgespielt... Ich weiß, Sie kennen mich nicht, und vielleicht komme ich Ihnen zudringlich vor, aber da hat sich was ergeben. Ich habe ein Haus hier oben auf Martha's Vineyard, vielleicht haben Sie das Bild in *Vanity Fair* gesehen vor ein paar Monaten... Genau, die Form ist komisch, keine Frage. Die Sache ist, ich war gerade unten am Strand, und da habe ich Spink Farley getroffen, Sie wissen doch bestimmt, wer *der* ist. Wir hatten eine lange Unterhaltung, und, ich weiß nicht mehr wie, jedenfalls wurde Ihr Name erwähnt, und da sagte Farley, er würde Sie furchtbar gern kennenlernen. Und ich weiß, Sie mögen das anmaßend finden, aber ich habe mich daraufhin erboten, Sie hierher einzuladen, während er hier ist. Sie beide sollten einander wirklich kennenlernen. Daß Sie voneinander profitieren könnten... also ich muß Ihnen ja wohl nicht das Offensichtliche ausmalen. Sehen Sie, ich weiß, daß das kurzfristig ist, aber am Freitag kommt noch ein Haufen anderer Leute, die Sie vielleicht kennen oder gern kennenlernen würden... also mindestens werden da zwei Fernsehnachrichtenredakteure sein, Millson und Kerry, und natürlich haben wir eine ganze Mafia von Schriftstellern und dann Flora Lombard, die Designerin, Sie müssen sie kennen... Sie haben Karten für die Oper? Könnten Sie die nicht umtauschen?... Natürlich... Island Air hat einen Direkt... eine Lear? Phantastisch... Okay, besprechen Sie's mit ihrer Gattin und sagen Sie mir Bescheid. Jenny, heißt sie, stimmt's? Ich habe ihr Bild gesehen in... Sie haben gehört, daß Farley ein Arschloch ist? Nicht daß ich wüßte, Mr. Willsworth... Ja, natürlich, auch das... das ist ein eindeutiger Pluspunkt, habe eigentlich erwartet, daß Ihnen das auffällt... Also schön, bis dann, ich hoffe inzwischen das Beste...

Sanfte Musik wird aufgeblendet: Wiederholung der Passage aus dem Schönberg-Konzert, die aber jetzt so leise gespielt wird, daß wir zugleich den Takt der Zylinder eines starken Motors hören während der ÜBERBLENDUNG zu:

6. Aus der Sicht des Fahrers eines schweren Wagens, dessen Scheinwerfer (vorn auf dem Kühler blitzt silbern der Mercedesstern) ein Tor mit einem Wächterhaus daneben anleuchtet. Es ist kein Posten aufgestellt, die Sicherheit wird hier

vermutlich elektronisch gewährleistet. Die Auffahrt wendet sich nach links, und *während plötzlich die Musik lauter wird*, kommt der massige, runde Turm der Hat Hut in Sicht. *Musik verklingt*, während der Wagen am Fuß der Treppe hält, die zur Hutkrempe hinaufführt. Die Kamera schwenkt aus dem Wagen und sieht nun Flora Lombard, in weiten, blaßblauen Hosen aus Chiffon, und Spink Farley, der einen roten Blazer und Hosen aus weißem Segeltuch trägt, aussteigen. Ein Bediensteter fährt den Wagen auf den Parkplatz. Das Paar geht durch die offene Tür.

7. Wir sehen nun, was die beiden bei ihrem Eintritt in einen atemberaubenden ovalen Saal erblicken, der lang genug ist, darin Tennis zu spielen, und zwei Etagen hoch. Die Decke ist mit Zebraholz getäfelt. Wohlgenährte Sofas sind verteilt wie ein Rudel schlummernder Löwen. Die Gemälde an den Wänden kennt man von Abbildungen. Auf mit Polyurethan versiegelten Tischplatten erhascht der Blick chinesische Jadefiguren und neue Bücher von Autoren, die Häuser auf der Insel haben. Seitlich ragt ein Steinway-Konzertflügel, der ein ideales Podest für drei weltberühmte Jadefiguren abgibt: *Acht Unsterbliche überqueren das Meer, Heng O fliegt zum Mond* und *Affengott mit magischem Fächer*. Vor dem Flügel steht kein Hocker, auf dem jemand, der spielen möchte, Platz nehmen könnte. Ein sanftes, diffuses Licht, das keine Quelle zu haben scheint, schmeichelt jedem Gesicht.

Etwa dreißig Leute mit Gläsern in den Händen stehen herum. Ihr Geplauder steigt über ihren Köpfen in die Höhe wie Mesquiterauch von einem Grill. Die Frauen tragen lange Kleider oder Hosen, die meisten Männer Jacketts, obwohl einige, vermutlich Schriftsteller, in ungebügelten Hemden mit offenem Kragen erschienen sind. Einer, ein Dokumentarfilmemacher aus L.A., trägt ein T-Shirt mit der aufgedruckten Botschaft: DIE WAHRHEIT IST EINE HURE.

Spenser begrüßt Flora und Farley. Er trägt ein haarsträubendes Leinenjackett im flammendroten und dunkelgrünen Tartan des schottischen Clans der Bruces – wenn man ihn nach dem auffälligen Muster fragt, behauptet er, es bestehe da ein entferntes Verwandtschaftsverhältnis – zu melonengelben Hosen aus Leinen. Er sieht aus, als könnten seine Beine in eine Richtung weggehen und sein Torso in eine andere davonschweben.

SPENSER: Hallo, ihr beiden. Laßt uns keine Zeit verschwenden. Kommt doch mal her und lernt Andy und Jenny kennen. (Zu Farley, augenzwinkernd:) Sie ist ein Kapitel für sich. Haben Sie je eine lebendige Barbie-Puppe gesehen?

Spenser bahnt sich einen Weg durch die plaudernden Gäste. Die Kamera (aus Spensers Sicht) streift Gesichter, und das Mikrofon schnappt Fetzen der Unterhaltung auf: Eine Frau hat ihren Mann um eines »ausgewiesenen Eunuchen« willen verlassen, ein Film ist »Guinness-Weltrekordlangweilig«, ein Schriftsteller (sagt triumphierend ein ihm befreundeter Schriftsteller) leidet an »totaler Schreibhemmung, hat kein beschissenes Wort geschrieben seit einem halben Jahr« und so weiter. Halbwegs durch die Menge, fährt die Kamera zurück und fängt Spensers rechte Hand ein, die im Vorübergehen die volle Kurve der in blaßblaue Seide gehüllte Gesäßbacke von Gert Millson, der Gattin des bekannten Fernsehnachrichtenmanns, tätschelt. Nein, es ist mehr als ein Tätscheln, schon ein süßes kleines Rubbeln. Wir sehen, wie Mrs. Millson verärgert den Kopf wendet, doch ihre Augen schmelzen, sobald sie Mr. Ham erkennen. Sie fühlt sich nun geehrt.

Bei den Willsworth' angelangt, stellt Spenser ihnen Flora Lombard und Spink Farley vor. Andrew Willsworth ist ein hochgewachsener, schlanker, gutaussehender Mann, der sich für Martha's Vineyard ein hinreißend kurzärmeliges, grünes Hemd und ein paar enganliegende schwarze Jeans angezogen hat. Seine hochgewachsene, dünne Frau Jenny hat gekräuseltes Haar, ein gummiertes Plastikgesicht, spitze Brüste und Arme, die sich anscheinend nicht leicht beugen lassen. Spenser läßt die Paare miteinander allein.

ÜBERBLENDUNG AUF:
8. Runde Tische, die wie das Punktmuster eines Sommerkleids auf einem beleuchteten Teil der Hutkrempe stehen. Das Dinner wird serviert. Die Kamera zoomt auf Flóra Lombard an einem der Tische zur Rechten Spensers. Die Kamera zielt unter das Tischtuch und ertappt dort Mr. Hams abenteuernde rechte Hand auf Mrs. Lombards linkem Schenkel. Sie scheint das nicht zu bemerken. Sie ist damit beschäftigt, ihren Tischgefährten zu einem vollkommeneren Menschen zu machen.

FLORA: Sie sind so ein lieber Kerl, Spenser, Darling, aber Ihnen fehlt irgendwie der letzte Schliff. Ich habe mich immer gefragt, wieso eigentlich, und dann, als ich mit Spinky von Ihnen sprach, habe ich's endlich rausgefunden. Wissen Sie, was es ist? In Ihrer Seele fehlt die Musik.

SPENSER: Was soll das heißen? Hätte ich für ein Dinner wie das hier ein Orchester mieten sollen?

FLORA: Ach, Darling, das ist genau, was ich meine!

9. Farley und Willsworth sind nach dem Essen draußen auf der Krempe geblieben. Sie stehen dort im Schatten. Hinter ihnen im Hellen sieht man das Personal die Tische abräumen. Für einen Augenblick holt die Kamera aus der Ferne das Gesicht eines der Traiteurgehilfen heran: ein junger Bursche mit leuchtendrotem Bart und einer Aura roten Haars, das am Hinterkopf zu einem Pferdeschwanz gebunden ist. Dann verschwimmt sein Gesicht, und die Züge der

beiden Männer vorn werden wieder deutlich. Farley raucht. Die Zigarette ragt starr aus seinem nacktem Kopf.

WILLSWORTH: Sehen Sie, das ist jetzt aber wirklich, ich meine echt unglaublich vertraulich, ich gebe mein Leben in Ihre Hand.

FARLEY (sichtlich angeekelt): Sie können mir auch vertrauen.

WILLSWORTH: Ich habe keine große Wahl. Diese Schweine, von denen ich Ihnen erzählt habe, haben ein ganzes Gebirge von Sicherheiten aufgehäuft – keine Drecksobligationen, Sie haben eine Milliarde Hektar Mammutbaum-Urwälder und etwas Unterstützung von den Banken, *solides* Zeug –, und Filcher murmelt, daß sie vierundfünfzig bieten wollen, um uns auszukaufen. Das ist acht Punkte über dem Marktpreis. Das schlimmste ist, daß diese Typen nicht den blassesten Schimmer haben, was beim Rundfunk los ist. Die wollen nur unsere Tochtergesellschaften verscherbeln, uns demontieren und mit dem Scheißgeld abhauen. Dieser Ham war wirklich sehr vernünftig, uns zusammenzubringen. Denn die Wahrheit ist, daß ich einen edlen Ritter, der uns aus den Klauen dieser Halsabschneider rettet, verdammt nötig brauche. Wir hätten Ihnen eine Menge zu bieten, und wenn Sie bei uns einstiegen, könnten wir unserem Laden eine gewisse Integrität bewahren. Ham muß das begriffen haben. Was ich Sie also frage, Spink, wären Sie und Ihre Leute an einer freundschaftlichen Übernahme interessiert? Wir sind kein schlechtes Geschäft.

FARLEY (spricht mit der Zigarette im Mundwinkel): Also, ich müßte natürlich die Zahlen sehen und mit meinem Vorstand und Aufsichtsrat sprechen. Wir sehen uns die Sache mal an. Sagen wir, daß es theoretisch nicht unmöglich ist.

WILLSWORTH: Jesus, ich hoffe, Sie lassen's auf den Versuch ankommen... Aber was mich immer noch wundert, woher wußte dieser Ham, daß wir einander kennenlernen sollten?

FARLEY: Flora sagt, er ist ein Genie.

Kurze *Wiederaufnahme der Schönberg-Musik*, während der ÜBERBLENDUNG zu:

10. Nächster Morgen. Jetzt steht nur noch ein einziger Tisch auf der Hutkrempe. Spenser, Willsworth und Willsworth' Frau frühstücken. Zwei Mädchen bedienen, Spenser betrachtet Mrs. Willsworth mit einem Blick, der bemüht scheint, ihre lachsfarbene Bluse und ihren Büstenhalter zu durchdringen, mutmaßlich, um sich zu vergewissern, ob die Puppenmacher diese imitierte Frau mit realistischen Brustwarzen ausgestattet haben.

SPENSER (zu Willsworth): Wie ging es? War Farley so schlimm, wie Sie dachten?

WILLSWORTH: Das muß sich noch zeigen. Er läßt sich nicht in die Karten schauen. Aber...

SPENSER: Aber Sie sind doch froh, daß Sie gekommen sind?

WILLSWORTH: Ich weiß Ihre Freundlichkeit zu schätzen. Wirklich, ich danke Ihnen für die Einladung.

BARBIE WILLSWORTH: Mmm! Diese Meeresluft! Ich habe geschlafen wie ein Fossil! O Spenser, ich bin so froh, daß wir gekommen sind.

SPENSER: Dann könnt Ihr beiden vielleicht was für mich tun. Ich brauche Ihren Rat. Ich möchte mein Image durch ein bißchen Musik bereichern. Da fehlt mir was. Ich habe absolut kein musikalisches Gehör. Ich weiß also nicht, wie ich's anstellen soll.

WILLSWORTH: Mein Gott, es gibt doch auch im Bereich der Musik ganz herrliche Sammlungsgegenstände, damit könnten Sie doch erst mal anfangen. Ihre Jadestücke sind mir aufgefallen, wissen Sie, und, natürlich, die Bilder. Der

Gauguin, der Renoir und der – ist er das? – ein Utrillo? Das Bild mit dem grauen, rivieraartigen Haus? Da haben Sie eine Menge Wertsteigerung laufen, diese Sachen bringen immer phantastische Profite. Aber auch auf dem Musiksektor gibt es ganz fabelhafte Anlageobjekte: Originale Partiturhandschriften und, noch besser, alte Instrumente! Ich kenne übrigens einen Mann, Ducket Jones, der für Musikhochschulen und Museen kauft. Ich gebe Ihnen mal seine Telefonnummer, der ist genau der richtige Mann für Sie, echt.

SCHNITT ZU:
11. Spenser Ham in einer Telefonzelle in Edgartown. Es ist ein bewölkter, drohender Nachmittag. Elegante Geschäfte jenseits der Straße. Touristen schlendern vorbei, unter diesen auch Segler in gelbem Regenzeug. Mädchen essen Eis aus Waffeltüten. Spenser wirft eine Münze ein und wählt das Amt.

SCHNITT AUF:
12. Ein von blendendem Licht erfülltes Büro. Durch die großen Fenster sind Palmen sichtbar, Autos, die in der Sonne funkeln. Ein Telefon klingelt. Ein Mann in kurzärmeligem weißem Hemd mit gefältelter Brust hinter einem Schreibtisch nimmt den Hörer ab:

MAILLON: *Allo! Maillon ici...* R-Gespräch...? Von Monsieur Bifthèque, sagen Sie. Ja, ja, nehme ich an.

ZURÜCK ZU:
13. SPENSER (in der Telefonzelle): Pierre! Hallo! Hier spricht Beefsteak... Okay, also hören Sie gut zu. Kaufen Sie mir zwölftausend Anteile von Consolidated Broadcasting. So schnell wie möglich, so langsam wie nötig, verstehen Sie, was ich meine? Verteilen Sie es über ein paar Wochen... Ja,

da bereitet sich eine Mammutübernahme vor, aber man muß sich Zeit dafür nehmen. Ich will keine Wellen machen. Im Namen der Bank, wie gewöhnlich, und dann auf das Nummernkonto. Und benutzen Sie ein halbes Dutzend verschiedene Makler. Und lassen Sie auch die nur ein paar hundert Aktien auf einmal kaufen... Verstehen Sie mich?... Nein, ich weiß nicht, wann ich rüberkommen kann... Seien Sie vorsichtig, ja? Das ist eine Bombe. Ich käme in Teufels Küche, wenn... Schweigen Sie also wie ein Schweizer Nummernkonto, ja, Maillon?... Ja, ich weiß, daß ich mich auf Sie verlassen kann.

SCHNITT ZU:
14. Ein Raum voller Menschen in den »Large Galleries« bei Sotheby's in London. Die Leute gehen zwischen Vitrinen hin und her, in denen Reihen von Violinen und einige Violoncelli liegen. Die Kamera entdeckt in der Mitte des Raums eine durch ihre Aufstellung hervorgehobene Vitrine, in der eine einzige an ihrer Schnecke aufgehängte Violine ist. Das Instrument schimmert, in helles, doch verschwimmendes Licht getaucht. Die Linse zoomt auf diese Geige und scheint durch das Glas der Vitrine in den thermostatisch temperierten Innenraum derselben vorzudringen, während nun der Betrachter den exquisiten Boden des Instruments aus nächster Nähe sieht, die Wellen der Ahornmaserung mit einem Fleckenmuster gesprungenen Lacks. Die Kamera schwenkt dann zur Seite, verweilt für einen langen Blick auf den wellengekräuselten Flächen der Ahornzargen und schwenkt dann weiter zur Betrachtung der Geigendecke. Nach ein paar Augenblicken verengt sich das Blickfeld und zeigt nun die Schnecke, welche die Schönheit eines sich soeben entrollenden neuen Farntriebs hat, dann gleitet der Blick am Griffbrett entlang zum Steg und heftet sich, dem Gegenstand näher kommend, auf den fetten, lüsternen

Amorknaben, der in Einlegearbeit den Saitenhalter schmückt. Das Bild steht zehn Sekunden. Jetzt bewegt sich das Blickfeld nach links über die dichte Fichtenmaserung, hält inne bei einem länglichen Flecken, wo der Lack durch Feuer beschädigt worden zu sein scheint, um schließlich am Rande des Corpus die anmutige dreifache Borte des Flödels sichtbar werden zu lassen, dem nun der Blick nach oben folgt, um die Einbuchtung des Mittelbügels herum bis zum Oberbügel, wo er an der einzigen häßlichen Stelle des ganzen Instruments hängenbleibt – einer kleinen Wunde im Holz.

*Während dieser eingehenden Betrachtung aus der Nähe und noch während des folgenden Rundblicks hören wir leise, nachdenkliche Musik aus einer Hindemith-Sonate für Violine solo**.

Die Linse zoomt nun zurück, und die Kamera schwenkt auf die Gesichter der Interessenten, die bei dieser Vorbesichtigung an der Vitrine vorübergehen, welche die zur Auktion stehende Geige enthält. Ein polyglottes Publikum. Die Interessenten kommen aus den verschiedensten Ländern, aber ihr Gesichtsausdruck läßt erkennen, daß ein einziger Gedanke sie alle erfüllt: Jeder begehrt diesen herrlichen Gegenstand. Man braucht kein Geiger zu sein, um die Antonietta Strad. besitzen zu wollen. Alle diese Leute kennen das Gesetz von Angebot und Nachfrage. Ihnen ist ganz offensichtlich bewußt, daß die Anzahl der auf Erden vorhandenen Stradivari-Geigen begrenzt ist (und ständig abnimmt). Dem Katalog zufolge, den die meisten von ihnen in der Hand halten, weiß man von insgesamt etwa sechshundertundfünfzig Exemplaren. Und jeder von ihnen weiß, daß sich jeder der fast fünf Milliarden gegenwärtig lebender Menschen glücklich schätzen könnte, eine dieser sechshundert-

* Opus 31, Nr. 2

fünfzig Geigen zu besitzen, insbesondere ein so schönes und berühmtes Exemplar wie die Antonietta. Ihren Gesichtern sieht man an, daß sie sich den Wert der Geige in den ihnen jeweils vertrauten Währungen vor Augen führen. Der Zuschauer sieht Traumsymbole für Pfund, Sterling, Dollar, französische und Schweizer Franken, D-Mark, Yen und Dinare der verschiedensten arabischen Staaten in ihren Augen glitzern. Man fühlt auch deutlich, daß allen diesen Leuten bewußt ist, wie lustvoll die Kamera Antoniettas nackten Corpus mit der kleinen Narbe an der Bauchdecke angestarrt hat. Als die Kamera eben auf ihre Gesichter schwenkte, war ihnen sofort klar, daß nun sie beobachtet würden, und so nahmen alle möglichst würdevolle Haltung an und verrieten, wie wohlbekannt ihnen war, daß heutzutage das Leben nicht mehr die Kunst nachahmt, sondern die Bilder von der Mattscheibe. Die Linse, die sie nun fixiert, sucht bei ihnen also das Wesen der Epoche, in der sie leben, vorbildliches Leben. Werden sie das vorführen können?

SCHNITT ZU:
15. Die Fähre *Islander* läuft in den Hafen von Vineyard Haven ein. Während die Passagiere von Bord gehen, fährt die Kamera auf einen Mann zu, der die Gangway herunterkommt und sich sehr überzeugend als Tagesausflügler verkleidet hat. Der Mann besteigt ein Taxi. Man sieht das Taxi die State Road hinauffahren... auf der geraden Strecke der Old County Road mit der stolzen Parade hoher Kiefern... unter dem lichtgefleckten Baldachin der Eichen, die ihre Äste über die Middle Road wölben. Das Taxi hält am Anfang einer ungepflasterten Einfahrt. Der falsche Tagesausflügler steigt aus, bittet den Fahrer, zu warten, und geht die Einfahrt hinauf. An einer Biegung derselben trifft er Spenser Ham, der mitten auf dem Weg steht und im Staub scharrt. Ham trägt seinen westindischen Palmstrohhut und die spiegelnde Sonnenbrille.

SPENSER: Hat irgend jemand auf der Fähre Sie erkannt?

BOLEN: Woher soll ich das wissen? Seien Sie doch nicht so paranoid. Angesprochen hat mich niemand.

SPENSER: Wir werden das Verfahren ändern müssen. Aber was sind diese heiße Sachen, die Sie aufgetan haben?

BOLEN: Ich habe zwei. Samson Pitts und seine United Lymphomilloid haben's auf Comary Limited abgesehen. Verflucht feindseliges Manöver.

SPENSER: Mein Gott, David und Goliath.

BOLEN: Ja, die setzen alle Hebel an. Wie ich höre, erwägt Comary ein paar mögliche Gegenmaßnahmen, um nicht geschluckt zu werden. Vielleicht ein *Pac Man*.

SPENSER: Wo der Esser von ebendem gegessen wird, den zu essen er vorhatte?

BOLEN: Genau. Sie erwägen eine fette Gegenofferte. Entweder das, oder sonst versuchen sie's vielleicht mit einer Giftpille. Sie reden davon, Vorzugsaktien als Dividenden für ihre Auktionäre auszugeben, jeder Anteil konvertibel in vierzig Anteile bei U Lympho, wenn Pitts die Übernahme gelingt. Das würde Pitts' Kontrolle erheblich verwässern. Aber meine Quelle sagt mir, daß Pitts ein paar dynamische Gegenmanöver in petto hat und daß absolut damit zu rechnen ist, daß er damit Erfolg hat, ganz gleich, was Comary anstellt. Sie können also jetzt einsteigen, und wenn Sie jetzt einsteigen, kommen Sie den Schlichtern zuvor. Und es wird noch so früh sein, daß die Börsenaufsicht* keinen Verdacht schöpfen kann. Comary-Aktien werden mit Sicherheit um zwanzig Punkte steigen, vielleicht sogar um dreißig. Hier ist ein Ausdruck mit allen Zahlen.

Er reicht Spenser einen Umschlag.

SPENSER: Gut, Bolen, gut. Und die andere heiße Sache?

* SEC – Securities and Exchange Commission, Staatl. Kommission zur Überwachung des Wertpapier- und Wechselhandels

BOLEN: Eine saftige Übernahme auf dem Telekommunikationssektor. Northwest Sempervirens reißt sich Consolidated Broadca...

SPENSER: Teufel, Bolen, wem erzählen Sie das?

BOLEN: Yes, Sir.

DANN:
Der »Tagesausflügler« steigt wieder in sein Taxi.

16. Start einer British Airways Concorde auf dem John-F.-Kennedy-Flughafen, New York. Die Nase der Maschine ist noch gesenkt wie der Schnabel eines Raubvogels. Die dreifachen Räder an dem langen Fahrwerk sehen wie Krallen aus, die der große Jäger langsam unter seine Flügel zieht, während er in die Luft steigt. Er fliegt hinaus über das ruhige Meer.

LAUTE MUSIK während des Starts. Eine Passage aus dem zweiten Teil von Alban Bergs Violinkonzert. Dem Andenken eines Engels. *Die Hörer werden aus dieser Musik eine Ahnung der Gefahr heraushören, welche die meisten Leute spüren, wenn plötzlich die große, metallene Maschine, in der sie sitzen, so unnatürlich in die Höhe fliegt, als hätte sie Federn.* *

17. Während das Flugzeug mit zweifacher Schallgeschwindigkeit in zwanzigtausend Meter Höhe über dem Ozean den Himmel durchschneidet, fährt die Kamera innen (aus der Sicht eines Stewards) die enge Röhre der Passagierkabine entlang. Wir sehen den Gesichtern der Passagiere an, daß

* Das Stück könnte für die Gelegenheit nicht besser geeignet sein. Berg schrieb es mit dem Tod im Sinn, als tiefgefühltes Requiem für die achtzehnjährige Manon, die Tochter Alma Mahlers aus der Verbindung mit dem Architekten Walter Gropius. Dieser zweite Teil des Konzerts spiegelt ihren Todeskampf. Berg hatte diese Musik gerade komponiert, als ihn ein Insekt stach. Der Stich entzündete sich, und der Komponist starb an Blutvergiftung. Wir wünschen Ihnen einen angenehmen Flug!

die Ahnung einer Gefahr, die sie beim Start empfunden haben mögen, jetzt (mit der Musik) weit hinter ihnen zurückgeblieben ist und an ihrer Stelle ein samtweiches Gefühl des Stolzes ihre Seelen erfüllt – wissen sie doch, daß sie den Ozean nicht nur auf dem schnellsten, sondern auch auf dem teuersten Weg überqueren. Spenser kommt in Sicht, in einem roten Ledersessel rechts vom Mittelgang, neben Ducket Jones, der in einem blauen Sessel am Fenster sitzt. Jones sieht aus, wie man sich einen Bücherwurm vorstellt: blaß, dünn, wächsern, mit randloser Brille und einem hoffnungslos schiefen Schnurrbart, der aussieht wie von einem chinesischen Kalligraphen mit einem flüchtigen Strich hingepinselt. Er blättert in einer Hochglanzpublikation. Die Kamera schwenkt über Jones' Schulter und sieht ihm in seine Lektüre: Es ist ein Auktionskatalog des Hauses Sotheby's. Auf einer der großformatigen Seiten ist die fettgedruckte Überschrift zu lesen:

EINE HOCHBEDEUTENDE VIOLINE VON
ANTONIO STRADIVARI, CREMONA 1699

Gegenüber der folgenden Seite Text ist eine farbige Abbildung des Bodens dieser Geige.

Jones liest ein paar Augenblicke still, dann sagt er:

JONES: Hören Sie sich das an, Mr. Ham! »Einer Legende zufolge, die wir nicht haben verifizieren können, ist Antonietta Stradivari bei einer oder vielleicht zwei Gelegenheiten von W.A. Mozart gespielt worden.« Ist das nicht phantastisch?

SPENSER: Na, ich fürchte, das wird den Preis in die Höhe treiben.

JONES: Sir, bei einer Auktion ist es zwecklos, zu versuchen, den Preis zu drücken. Die Bieter sind es, die den Preis in die Höhe treiben, und Sie sind einer von ihnen.

SPENSER: Die ganze Sache geht mir vollkommen gegen den Strich.

Jones liest still weiter. Dann:

JONES: Ein wundervoll dokumentiertes Instrument. Da gibt es unanfechtbare Beglaubigungen von Jean Baptiste Vuillaume – er war ein berühmter Geigenbauer und -händler in Paris – und sogar drei zu ganz unterschiedlichen Zeiten von W. E. Hill & Sons, den besten Londoner Händlern, abgegebene. Ein lückenloser Herkunftsnachweis. Und alle möglichen Anekdoten. Die Geige ist nach einer Geliebten Stradivaris benannt, und anscheinend ist da eine kleine Scharte am Rand der Decke, die entstanden sein soll, weil dem Geigenbauer, als er diese Stelle bearbeitete, hinterbracht wurde, daß seine Geliebte einer schwatzhaften Freundin erzählt und diese dann der ganzen Stadt weitererzählt hätte, er sei impotent, worauf ihm dann vor Wut die Hand ausrutschte. Es heißt auch, daß ein Geiger namens Baillot auf ebendiesem Instrument Berlioz das Geigenspiel lehrte. Wunderbares bestätigendes Material. Sotheby's erklärt zwar vorsichtig, daß es sich für die absolute Wahrhaftigkeit dieser Geschichten nicht verbürgen kann, aber soviel kann ich Ihnen sagen, die fraglichen Geschichten werden jedenfalls die Gebote in die Höhe treiben.

SPENSER: Ich wünschte, Sie würden mir das nicht erzählen. Was, schätzen Sie, werde ich blechen müssen, um das Ding zu kriegen?

JONES: Der Katalog nennt einen Schätzwert zwischen zweihundert- und zweihundertfünfzigtausend Pfund. Und eins ist sicher, Sotheby's kennt den Markt.

SPENSER: Pfund? Was ist das in Dollar?

JONES: Also das käme auf... der höhere Schätzwert entspräche ungefähr... also etwa einer Drittelmillion.

SPENSER: Jesus Christus! Ich könnte diese Flora umbringen.

Er lehnt seinen Sessel zurück und schließt die Augen, um zu schlafen.

SCHNITT AUF:

18. Sotheby's großer Auktionssaal. Der Auktionator, ein fleischiger Mann mit dicker, schwarzgerandeter Brille, steht hinter einem Podium, das einer Predigerkanzel ziemlich ähnlich sieht. Jeder Platz im Saal ist besetzt. Die Kamera richtet sich auf Spenser und Jones, die kurz nach der Saalmitte sitzen. Vor ihnen sitzen zwei dunkelhäutige Herren im Burnus. Weiter bemerkt man in ihrer Nähe sechs Japaner in identischen blauen Anzügen; auch die Krawatten der sechs zeigen das gleiche Paisleymuster. Jones flüstert Spencer zu:

JONES: Das ist Pfinsmann, der deutsche Händler – der Dicke da. Ach, und da sehe ich auch Biller – ich möchte wetten, der ist für Glover Pound hier. Pound ist der Sammler in Santa Barbara, das ist schlecht für uns.

SPENSER: Belämmern Sie mich nicht mit so was. Sie machen mich nervös. Sagen Sie mir lieber, wie ich bieten soll.

JONES: Überhaupt nicht. Das mache ich, Mr. Ham. Ich warne Sie. Heben Sie nicht mal die Augenbrauen.

SPENSER: Also hören Sie mal her! Wir haben einen verdammt weiten Weg gemacht wegen dieser gottverdammten Geige. Bauen Sie also keine Scheiße. Ich muß sie kriegen.

JONES: Sie werden sie kriegen, wenn Sie gewillt sind, bis zuletzt durchzuhalten.

SPENSER: Ich will sie!

19. AUKTIONATOR (im Ton eines BBC-Sprechers):

Nummer dreiundzwanzig. Eine hochbedeutende Violine von Antonio Stradivari, Cremona, 1699. Gebote ab einhunderttausend Pfund Sterling. Wenn ich bitten darf, *Ladies and Gentlemen.*

Er blickt ins Publikum. Die Gebote – von Spensers

Gesichtspunkt aus verfolgt – steigern sich rasch. Nach jedem Zeichen nennt der Auktionator eine Zahl (»Einhundertundzehntausend« usw.). Ein Burnus nickt, wobei die weiße Draperie flattert, der Preis steigt um zehntausend; einer der japanischen Herren steht auf und verbeugt sich, der Preis steigt. Jones hebt die linke Hand und wedelt mit einem Finger. Biller hebt das Kinn. Pfinsmann kratzt sich am Ohr. Jones' Finger bewegt sich. Alle sechs Japaner stehen auf und verbeugen sich, einer nach dem anderen, in schneller Folge den Preis um je zehntausend höher treibend. Eine elegante Dame – aus Paris? aus Rom? – wackelt mit dem Hut. Jones schwenkt die ganze Hand.

Während der Gebote, an denen sich noch zahlreiche andere Bieter beteiligen, EINBLENDUNG MUSIK, zuerst pianissimo, dann lauter und lauter, bis der Zuschauer den Auktionator nicht mehr hört, sondern nur noch seine Mundbewegungen wahrnimmt. Eine Wiederholung der Passagen aus Hindemiths Sonate für Violine solo, *die man schon während der Vorbesichtigung bei Sotheby's hörte. Endlich, während die MUSIK verklingt, hebt der Auktionator den Hammer, hält ihn in die Höhe, sieht kein Anzeichen für ein weiteres Gebot, sagt warnend zum ersten, zum zweiten und dann:*

AUKTIONATOR:

Zum dritten!

Verkauft für zweihundertfünfundvierzigtausend Pfund und knallt den Hammer auf das Podium. Unmittelbar danach ruft er die Katalognummer des nächsten zur Versteigerung kommenden Gegenstandes auf, aber der größte Teil des Publikums erhebt sich drängelnd zum Ausgang. Unterwegs nehmen verschiedene Experten Gelegenheit, Jones die Hand zu schütteln und ihm zu seinem Kauf zu gratulieren. Der Zuschauer sieht, daß der offensichtliche Stolz seines Agenten und der irregeleitete Neid derjenigen, die ihm gratulieren, Spenser zutiefst verdrießen.

SCHNITT AUF:
20. Eine alte Douglas DC-3 landet auf einer Piste bei Freeport auf Grand Bahamas Island. (BITTE AN DEN REGISSEUR: Um Himmels willen nicht wieder die langweilige Klischeelandung mit dem öden Blick unter den Bauch des Flugzeugs und dann, aus einiger Entfernung, auf das Fahrwerk, so daß man die Räder kreischen hört und rauchen sieht in dem Augenblick, da sie aufsetzen. Statt dessen könnten Sie zum Beispiel einen Lastwagen voll Polizisten mit den wunderbaren weißen Tropenhelmen und reich mit Goldlitzen besetzten weißen Uniformen der bahamanischen Ordnungskräfte neben der landenden Maschine herjagen lassen, in der offensichtlichen Absicht, Rauschgiftschmuggler zu verhaften. Das würde auf einen positiven gesellschaftlichen Hintergrundsinn der Geschichte verweisen. Oder lassen Sie sich selbst was einfallen!)

Die Maschine rollt aus. Die Propeller bleiben stehen. Unter den Passagieren, die die Treppe herabsteigen, ist Spenser, der einen Geigenkasten trägt. Sein westindischer Strohhut, der im Londoner Regen absurd ausgesehen haben muß, paßt hier genau hin.

SCHNITT AUF:
21. Ein Zimmer im Lucayan Beach Hotel. Spenser gibt einem Pikkolo ein Trinkgeld, und der Junge verläßt das Zimmer. Spenser legt dann den Geigenkasten auf das majestätisch dimensionierte King-size-Bett, öffnet ihn, entnimmt ihm die Geige und den Bogen, öffnet die Schublade einer Wäschekommode und legt Geige und Bogen hinein. Darauf kehrt er zu dem Geigenkasten zurück, schließt ihn, nimmt ihn auf und verläßt mit ihm das Zimmer. Sorgfältig vergewissert er sich, daß die Zimmertür verschlossen ist.

SCHNITT AUF:

22. Spenser, mit seinem leeren Geigenkasten, zögert in einem Korridor vor einer Tür, auf deren Rauhglas man liest BANQUE DE CHINE SUISSE. Er öffnet die Tür und tritt ein. Eine Vorzimmerdame, die ihn offenbar erwartet hat, steht auf und führt ihn in Maillons Büro. Maillon steht auf.

MAILLON (der seinen Geschäftspartner sogar unter vier Augen bei dem Decknamen anredet): *Monsieur Bifthèque! Enchanté!*

SPENSER: Haben Sie es?

Die beiden Männer bleiben unbehaglich stehen.

MAILLON: Es war nicht leicht, so viele Hundertdollarscheine – und noch dazu mit nicht aufeinanderfolgenden Nummern, *bien entendu!* – innerhalb von nur vierundzwanzig Stunden aufzutreiben. Noch am vergangenen Dienstag haben Sie mir ja gesagt, Sie wüßten nicht, wann Sie das nächstemal rüberkämen. Es ist so unerwartet. Sie haben noch niemals Geld abgehoben.

SPENSER: Ich bin bei einem Geschäft in London baden gegangen, und da habe ich gedacht, daß diese verdammte Kohle hier nur nutzlos herumliegt und daß ich unter Umständen eine Kleinigkeit davon ganz gut brauchen könnte.

MAILLON: Ist es nicht gefährlich? Die *douane?*

SPENSER: Wie ich höre, kümmern sich die Zöllner nie um das Gepäck, das hier rausgeht. Und wenn sie's schon täten, hätte ich doch eine prima Erklärung für sie parat. Ich würde einfach sagen, die paar Grünen hätte ich hier im Roulette gewonnen, dem Zöllner würde ich ein paar davon rüberschieben, Sie wissen doch, daß so was passiert, Pierre.

Spenser legt den Geigenkasten auf Maillons Schreibtisch und öffnet ihn. Die beiden Männer packen Bündel von Geldscheinen in den die Gestalt der Violine aussparenden Hohlraum des Kastens.

SPENSER: Wie weit sind Sie mit den Consolidated-Broadcasting-Aktien?

Maillon: *Parfaitement, monsieur!* Ich meine, da läuft alles prima. So allmählich...

Spenser: Nun hören Sie mal gut zu. Ich habe einen neuen Tip. Kaufen Sie für mich auf die gleiche Weise, in kleinen Mengen, nach und nach, vierzigtausend Aktien von Comary Limited.

Maillon: Comary? Ach, ja. Machen wir... Darf ich fragen... was Ihre Informationen über diese...?

Spenser: Sie meinen, Sie wollen ein bißchen trittbrettfahren und ein paar Aktien für sich selber kaufen? Können Sie unbesorgt machen, Pierre, sind beides todsichere Anlagen, aber tun Sie mir den Gefallen und übertreiben Sie's nicht, ja? Nur ein winziges Schlückchen.

Maillon: *Merci, monsieur, vous êtes bien aimable*, ich meine, das ist echt nett von Ihnen.

SCHNITT ZURÜCK AUF:
23. Das Hotelzimmer. Spenser legt den Geigenkasten aufs Bett und öffnet ihn. Die Kamera fährt heran, um sich für einen Augenblick an den Bündeln von Geldscheinen zu weiden. Spensers flinke Hände nehmen sie heraus und verpacken sie neu in seinem Koffer zwischen zwei Anzügen, mehreren Hemden und einem Schlafanzug. Er öffnet die Kommodenschublade, nimmt Antonietta heraus, klopft ihr auf den Rücken, wie um sie zu beglückwünschen, und legt sie sorgfältig wieder in ihren Kasten. Die Kamera hält eine Zeitlang das Bild der Geige in dem offenen Kasten. Schwenkt dann zu einem fast verlangenden Blick auf eine Ecke der zwischen den Kleidungsstücken im Koffer nur halb verborgenen Geldscheinbündel. Schwenkt dann zurück zu Antonietta. In diesem Augenblick mag der Zuschauer in Erinnerung des hohen Preises, den die Geige auf der Auktion erzielte, und angesichts des von den lauen Lüften der Bahamas gewärmten Bargeldes, das in ihrem

Kasten verpackt gewesen, Antonietta vor allem als Wertgegenstand sehen – vielleicht als die Hauptsache eines die Sendung an dieser Stelle unterbrechenden Werbespots. Doch dann fixiert die Linse den nackten Cupido auf dem Saitenhalter. Und nun liegt der Gedanke nahe, daß der kleine Liebesgott wohl lernen mag, zweideutige Pfeile auf die Herzen derjenigen, die Antoniettas Stimme hören, abzuschießen, Pfeile, welche die Hörer zu zweierlei Begehrlichkeit anstacheln mögen, zur Habgier ebenso wie zum Liebesverlangen.

ÜBERBLENDUNG ZU:
24. Der Salon der Hat Hut. Helles Tageslicht. Spenser beaufsichtigt den Bau einer Vitrine an der Wand, in der Antonietta ausgestellt werden soll. Zwei Handwerker sind damit beschäftigt. Spenser ist gereizt, unzufrieden, schlecht gelaunt.

SPENSER: Nicht doch. Sie Idiot! Den Luftfeuchtigkeitsregulierer müssen Sie natürlich irgendwo unsichtbar unterbringen. Im Sockel. Verstecken Sie ihn unter einem Gitter.

Die Handwerker, Eingeborene der Insel, wechseln vielsagende Blicke, in denen der Zuschauer mühelos etwa das Folgende liest: »Das wird uns ein ganz schönes Weilchen beschäftigen, so was wie, na, sagen wir, drei Wochen? Oder einen Monat? Vielleicht sogar ein Jahr? Ist doch keine Kleinigkeit, das geeignete Gitter aufzutreiben, oder?« Worauf der Blick des anderen erwidert: »Kannste deinen Arsch drauf wetten. Das könnte 'ne Lebensaufgabe werden.«

SCHNITT AUF:
25. Spenser in seinem Büro nahe der Spitze des Huts. Durch ein Fenster von nur nach außen durchsichtigem Glas (das Saarinen vorgeschrieben hat, um den Bau von außen fensterlos, ganz wie einen Hut erscheinen zu lassen) blickt

Spenser auf die grünen Hügel von Noushon und Woods Hole; die Boote von Sportfischern knabbern wie weiße Mäuse am Rande der Middle-Ground-Sandbank im Sund. Sein Arbeitstisch, der der Kurve des Huts unter dem Fenster eingepaßt ist, ist mit Maschinen beladen. In der Mitte hockt ein großer, altmodischer Lanier No-Problem Word Processor, so stattlich und dauerhaft wie eine Packard-Limousine des Baujahrs 1927 (so was Gutes bauen sie einfach heute nicht mehr), flankiert von einem Quotron-Monitor, über dessen Bildschirm in nicht endendem Fluß grüne Börsenkurse paradieren; einer AT & T-Telefonkonsole mit fünfzig Knöpfen und angeschlossenem Bandaufnahmegerät; einer Konica Faxmaschine; einem Vierfarb-Canon-Kopiergerät; einem Sharp Wizard Organizer; einem Zenith-Fernsehgerät mit 25 Zoll breitem Bildschirm; einem RCA VCR; einem Sony-CD-Player; einem Wetterfunkgerät und einer Braun-Uhr, die in ein Stück nachgeahmten Baumstamm montiert ist, gegen den ein mechanischer Specht, mit dem rückenden zweiten Zeiger der Uhr synchronisiert, wiederholt mit dem Schnabel klopft.

Spenser schreibt Schecks zur Unterstützung verschiedener Unterstützung verdienender Einrichtungen auf der Insel, an derem Rand sein Hut steht. Einen für das örtliche Krankenhaus, das sehr zu kämpfen hat, einen für die Land Bank, einen für das Mayhew Seminar, einen für den Jungen- und einen für den Mädchen-Club, weitere für die Hummerzüchterei, die drei Stadtbibliotheken, die öffentlichen Dienstleistungsbetriebe. ... Er breitet einen Bettelbrief auf der Tischplatte vor sich aus.

Die Kamera fährt heran, und der Zuschauer sieht, daß diese Bitte um Unterstützung namens der Martha's Vineyard Historical Society von Coverly Patterson unterzeichnet ist, dessen Fernsehserie *Das Erbe* höchste Einschaltquoten hat und der stets den Sommer auf der Insel verbringt. Spenser schreibt einen weiteren Scheck aus. Dann sucht er im Telefonbuch der Insel eine Nummer und wählt.

SPENSER: Spreche ich mit Coverly Patterson? Ach, hallo, hier ist Spenser Ham... Sie wissen von mir? Danke. Ich weiß jedenfalls von Ihnen, Sir. Ich sehe Ihre Sendung seit Jahren. Sehen Sie, ich habe gerade einen Scheck geschrieben auf Ihren noblen Brief mit der Bitte um Unterstützung der Historischen Vereinigung hin. Ich wollte Ihnen nur sagen, wie sehr viel mir an der Geschichte der Insel gelegen ist – überhaupt an der Geschichte. Ich würde Ihnen den Scheck gern persönlich überreichen... Nun, zehntausend... nein, nein, ich wünschte nur, es wäre mehr, wir alle sind doch verpfli... aber, warten Sie, ich gebe am nächsten Mittwoch ein kleines Essen anläßlich der Enthüllung einer kleinen Überraschung, die ich vorgestern in London aufgelesen habe. Das Ding ist sehr, ich meine, wenn ich an Ihre Sendung denke, geschichtsträchtig. Wirklich, wären Sie in ganz besonderem Maße – ich meine, würden Sie und Mrs. Patterson...

Das Schönberg-Thema klingt auf, dann ÜBERBLENDUNG AUF:

26. Der Salon. Cocktails vor dem Essen, fast wie bei der letzten Party. Die Kamera schwenkt auf eine Vitrine an der Innenwand des Raums. Spenser führt Flora Lombard und Coverly Patterson von der Fernsehsendung *Das Erbe* die in London aufgelesene Antonietta vor. Patterson kann sich natürlich vor der Kamera bewegen. Er dreht sich, um die bessere Seite seines Gesichts zu zeigen und den skulptural gestalteten Pfeffer-und-Salz-Bart und die großen schwarzen Augenbrauen ins beste Licht zu setzen. Die Kamera fährt auf die Vitrine. Antonietta, im indirekten Licht schimmernd, ist auf ein sich langsam drehendes Podest montiert.

Vor dem Podest liegt Sotheby's Auktionskatalog, aufgeschlagen ist die Seite mit der Beschreibung der Geige und dem Schätzpreis:

200000–250000

Kamera schwenkt ZURÜCK auf die drei Betrachter:

FLORA: Wirklich schön, Darling, aber wozu ist das eklige Loch in dem Podest?

SPENSER: Da drunter sind der Temperaturregler und der Luftfeuchtigkeitskontrollapparat. Keine Sorge, Flora. Die Handwerker sind schon auf der Suche nach einem anständig aussehenden Gitter aus rostfreiem Stahl, um das Loch abzudecken. Spätestens in zwei oder drei Tagen wollen sie es anbringen, haben sie mir versprochen.

COVERLY PATTERSON (zu Flora): Spenser hat mich schon mit ein paar Hintergrundinformationen über diese Schönheit versorgt. Was für ein Schatz!

SPENSER (zu Patterson): Ich bin überzeugt, daß wir von der Geschichte dieser Geige noch eine ganze Menge mehr herauskriegen können. Ich habe da einen Mann an der Hand, Ducket Jones, Spezialist für alte Geigen, ein richtiger Gelehrter. Der kann uns bestimmt dabei helfen. (Zu Flora:) Cov erwägt, eine seiner Sendungen über Antonietta zu machen.

FLORA: Wie schön für Sie, Darling.

SPENSER: Aber nein, um Himmels willen, *ich* will doch nichts damit zu tun haben.

FLORA: Ist unser Spenser nicht entzückend, Mr. Patterson? Empfindlich wie eine Mimose, alles, um nur ja in seiner Mauerblümchenexistenz nicht gestört zu werden. Und die Bescheidenheit ist nicht gespielt, wissen Sie. Aber Spenser, eine Stradivari können Sie nicht auf die Dauer in einer Vitrine gefangenhalten. Davon verstehe ich was, Darling. Eine Stradivari muß gespielt werden. Wie ein edler Araberhengst, der bewegt werden muß.

SCHNITT AUF:

27. Wie bei der letzten großen Party sind auf der Hutkrempe viele runde Tische gedeckt. (Unter der Bedienung sehen wir für einen kurzen Augenblick, zu kurz fast, um ihn bewußt wahrzunehmen, den jungen Mann mit dem roten Bart und der zu einem Pferdeschwanz gebundenen Mähne roten Haars.) *Während sehr laut Bartóks* Erste Rhapsodie für Geige und Klavier *zu hören ist,* steht Spenser auf und sagt ein paar Worte, die von der Musik übertönt werden, und dann erhebt sich Coverly Patterson, und Spenser überreicht ihm einen Scheck. Mehrere Lichtblitze. Die Kamera fährt zurück, und wir sehen Fotografen der Blätter *The Vineyard Gazette* und *The Martha's Vineyard Times* Blitzlichtaufnahmen machen. Coverly Patterson hat ihnen rechtzeitig die bessere Seite seines Profils zugewandt. Spenser macht Miene, die Fotografen zu verscheuchen, jedenfalls macht er abwehrende Handbewegungen, die zu verstehen geben, daß er über diese Störung der intimen Atmosphäre des Abends fuchsteufelswild ist.

SCHNITT AUF:

28. Spenser schreibt an seinem PC einen Brief. (Der Zuschauer mag überrascht sein, daß er seine Briefe nicht einer Sekretärin diktiert. Natürlich *hat* er eine Sekretärin. Man muß daraus schließen, daß er sich um einige seiner Angelegenheiten gern selber kümmert und wünscht, daß alle andern sich nur um ihre eigenen Angelegenheiten kümmern und nicht um seine.) Börsenkurse flitzen auf dem Quotron-Bildschirm vorbei. Während Spenser schreibt, hört man ihn sich selbst diktieren.

SPENSER: Lieber Ducket. Es wird Sie freuen, zu hören, daß die Geige auf die Leute von Geschmack hier großen Eindruck macht. Doch habe ich beschlossen, ein paar Konzerte damit geben zu lassen, denn schließlich wird's ja auf

Dauer langweilig, das Ding immer nur anzuglotzen. Nun weiß ich zwar, daß das ein bißchen außerhalb Ihres Gebiets liegt, aber Sie werden schon wissen, wohin Sie sich deswegen zu wenden haben. Ich möchte, daß Sie eine Geigerin und eine Klavierbegleiterin für mich unter Vertrag nehmen. Beide sollen absolute Spitzenklasse sein, auch hinsichtlich ihres Aussehens. (Meine Theorie ist, daß man sich Musik nicht nur auf eine einzige Weise zu Gemüte führen kann.) Ich zahle ihnen fünfhundert Dollar die Woche bei freier Unterkunft und Verpflegung. Sie werden nach dem Abendessen für meine Gäste spielen, einmal alle vierzehn Tage ungefähr. Sie können das Strandleben genießen, werden namhafte Persönlichkeiten kennenlernen, nützliche Kontakte anknüpfen können und so weiter. Ich brauche sie bald. Ihr Honorar wird sich auf zweitausend Dollar belaufen – oder auf viertausend, wenn die beiden Puppen wirklich starmäßig aussehen.

Mit den besten Grüßen

29. Heller Sonntagmorgen. Auf den Stufen der Walfängerkirche in Edgartown. Die eintretenden Gläubigen sehen winzig aus vor den riesigen, dicken weißen Säulen, die wie auf den Kopf gestellte Moby Dicks anmuten. Spenser ersteigt mit raschem Schritt die Stufen, und die Kamera folgt ihm den Mittelgang hinauf. In der zehnten Bank vom Altar nimmt er auf dem ersten Platz am Mittelgang Platz. In der Gemeinde steckt man flüsternd die Köpfe zusammen, als man ihn erkennt; man ist beeindruckt. Wir sehen sein Gesicht – diesmal ohne die spiegelnde Sonnenbrille –, es ist bescheiden, glänzend wie ein Apfel, allen Möglichkeiten so offen wie ein Scheck, auf dem noch kein Betrag eingetragen ist. Er nickt verschiedenen Leuten diskret zu. Die so Geehrten recken ein wenig das Kinn.

30. Später. Die Kollekte wird eingesammelt. Spenser wirft eine Hundertdollarnote (Kamera fährt auf seine Finger, als sie den Schein loslassen; der Zuschauer sollte die bahamianische Wärme dieses Geldscheins vom Bildschirm strahlen fühlen) auf den Teller. Dies wird bemerkt. Augen richten sich auf den Teller und den Spender. Der Kirchendiener, ein geborener Insulaner, senkt den Kopf und schließt zu einem kurzen Dankgebet die Augen. Ein Tauber wäre imstande, ihm von den Lippen abzulesen: »... aber die Liebe ist die größte unter ihnen... aber, Herr Gott, woher meinst Du, hat der kleine Hurensohn so viel Geld?«

SCHNITT AUF:
31. Bolen, der uns in einer früheren Szene als Tagesausflügler verkleidet begegnete, klettert aus einem kleinen Pendlerflugzeug auf dem Flughafen von Martha's Vineyard, diesmal ist er als Angehöriger des Edgartown Yachtclub gekleidet – ein marineblauer zweireihig geknöpfter Blazer von J. Press, hellgelbes Florhemd vom L. L. Beau mit offenem Kragen, leichte Khakihosen, weiße, diskret angeschmutzte Deckschuhe.

Er steigt in ein Taxi.

Dies sieht man auf der South Road in Richtung Edgartown fahren... dann an Bord der *On Time*, der kleinen Autofähre nach Chappaquiddick... dann am Anfang einer Auffahrt geparkt...

32. Außer Sicht des Fahrers des wartenden Taxis stehen ein Stück die Auffahrt hinauf Bolen und Spenser im Gespräch.

BOLEN: ...und weil Farleys Leute nicht rüberkommen, macht Willsworth' Truppe verbrannte Erde, ich meine, die denken jetzt, schlagen wir doch einfach den ganzen Laden kaputt und steigen dann im letzten Augenblick aus, mit einem goldenen Fallschirm natürlich, verstehen Sie. Alles, um dem Sempervirens-Syndikat die Tour zu vermasseln. Alles, um sich nicht auf den Rücken legen zu lassen. Denen ist es jetzt längst wichtiger, da zu gewinnen, als die lausige Firma zu retten. Ist doch schließlich nur die viertbeste Rundfunkanstalt im Lande, die sie da in die Pfanne hauen, also was soll's? Farley weiß das und versucht jetzt zu retten, was noch zu retten ist. Sir, der Augenblick ist gekommen, noch viel mehr zu kaufen. In ungefähr einer Woche werden die Schiedsleute am Ball sein, und dann können Sie mit denen spielen. Sie wissen schon, jeder bleibt unter der Fünfprozentgrenze, und so muß keiner die Karten auf den Tisch legen. Der Preis wird glatt durch die Decke steigen. Kaufen Sie, Mr. Ham!

SPENSER: Ich habe Ihnen schon beim letztenmal gesagt, daß ich über diese Sache bestens Bescheid weiß. Ich will also nicht annehmen, daß Sie für diese Information Prozente erwarten.

BOLEN: Was sagen Sie da? Das darf doch wohl nicht wahr sein! Ich weiß genau, daß Ihnen neu war, was ich Ihnen gerade erzählt habe. Und an Ihrer Stelle würde ich mir mal überlegen, wie die Börsenaufsicht den Gebrauch beurteilen würde, den Sie von den Insider-Informationen machen, die ich Ihnen liefere. Ich könnte Sie mit einem Wort versenken.

SPENSER: Vielleicht, wenn's Ihnen wirklich nichts ausmachen würde, selber abzusaufen. (Er denkt eine Weile nach, dann:) Aber meinetwegen. Von jetzt an zwei Prozent auch für Geschäfte, von denen ich schon weiß, wenn Sie mir neue Daten dazu liefern.

BOLEN (nach einer Pause): Hmm. Okay. Zwei sollen mir recht sein.

SCHNITT AUF:

33. Spenser am Steuer eines Jeeps in der Main Street von

Vineyard Haven. Er hat es eilig. Er parkt den Wagen in einer für Behinderte reservierten Parklücke, steigt aus, geht über die Straße zu einem öffentlichen Fernsprecher, wirft eine Münze ein und beginnt zu sprechen.

SPENSER: ... also hören Sie, Maillon, kaufen Sie mir noch dreißigtausend ...

LANGE ÜBERBLENDUNG – während die Stimme des weitere Bestellungen aufgebenden Spensers schwindet, wird die zunächst nur als Hintergrundgeräusch zu dieser hörbare Frauenstimme immer deutlicher und ist zuletzt allein hörbar.

ZU:

34. Mrs. Coverly Patterson daheim, im Negligé, auf einer Chaiselongue, ein Frühstückstablett auf den Knien, spricht in ein rosa Telefon.

FRAN PATTERSON: Und noch was, Flora. Ihr Freund, Spenser Ham. Er hat eine Liebesaffäre. Was meinen Sie, ob mit einem Mann oder einer Frau?

FLORA: Wie kommen Sie darauf, Liebesaffäre? Woher wissen Sie das?

FRAN PATTERSON: Ich weiß es, weil ich ihn ganz zufällig dabei beobachtet habe, wie er bei drei verschiedenen Gelegenheiten von drei verschiedenen Münzfernsprechern aus telefoniert hat. Von ganz verschiedenen Orten der Insel. Offenbar will er die Affäre sogar vor dem Personal geheimhalten ...

FLORA: Mein Gott, ich nehme an, Sie haben recht. Der kleine Heuchler!

SCHNITT AUF:

35. Vollkommene Stille. Vestibül der Hat Hüt mit Blick auf den Salon, der in gedämpftem Licht liegt. Man hört es in einiger Entfernung summen. Schritte. Teure braune Halb-

schuhe – Gucci? –, auf denen gefranste braune Laschen über den Spann wippen, gehen mit raschen Schritten auf die Tür zu.

Die Tür geht auf. Zwei Frauen.

Der erste Gedanke des Zuschauers muß sein: Spenser Ham schuldet Ducket Jones *mindestens* viertausend Dollar. Mannomann.

Eine der beiden Frauen trägt einen Geigenkasten. Beide haben ihren Koffer abgestellt. Beide tragen oben nichts Aufwendigeres als T-Shirts und unten zerknitterte dunkle Hosen. Dazu Turnschuhe. Aber in diesem glanzlosen Aufzug sehen sie so blendend aus, daß es einen umhaut. Weltspitze.

JUNE: Hallo, ich bin June Speckman.

DIE PIANISTIN: Vera Flamm.

SPENSER: Kommt doch rein, Mädels!

36. Spensers Hand knipst einen Lichtschalter. Hinter der Hand und dem Arm sieht man Antoniettas Vitrine sich mit Licht erfüllen. Die Kamera sieht das Licht über die feingebildeten Züge der beiden Frauen vordringen, als sie sich nun der Vitrine nähern. Großaufnahme von June. Ihre Wangen glühen. Die Lippen sind halb geöffnet. Ihre Augen saugen jedes Detail ein. Ehrfurcht spiegelt sich in ihren Zügen. Gewisse Abstraktionen werden fast für das nackte Auge sichtbar in der Erregung dieses schönen Gesichts angesichts der Schönheit Antoniettas und schon bei der Vorstellung einer Stradivari-Geige! Der Zuschauer kann an ihren Reaktionen erahnen, was es heißt, ein ganz seiner Kunst hingegebener junger Mensch zu sein. Da gibt es Zeichen, die auf Jahre harter Arbeit hinweisen. Auf Selbstdisziplin, Geduld, Ausdauer. Eine Sehnsucht nach unerreichbarer Vollkommenheit, so tief, daß sie weh tut. Ein freigebiges Mitgefühl mit jedem, der ihrem Spiel lauscht, und dementsprechend

der Drang, mit diesem Spiel zu erregen und zu beglücken. Die Bereitschaft, beim Spiel den eigenen Geschmack dem Willen des Komponisten unterzuordnen, aber doch auch ein hartnäckiges Beharren auf den geheimsten inneren eigenen Wahrheiten.

Die Kamera schwenkt auf Spensers Gesicht, als wollte sie entdecken, ob von alledem auch er etwas wahrnimmt. Diesbezüglich wird sich der Zuschauer sein eigenes Urteil bilden müssen.

Die Pianistin spricht zuerst.

VERA: Mr. Ham? Können wir nicht gleich jetzt etwas spielen?

JUNE: Bitte, Mr. Ham.

37. Spenser dreht ein Kombinationsschloß, schiebt eine Scheibe der Vitrine zurück, nimmt Antonietta heraus und reicht sie June. Er stellt einen Stuhl an das Klavier. Vera findet den Sitz zu niedrig. Er holt einen dicken Weltatlas (aus dem Hause Rand-McNally) und legt ihn auf den Stuhl. Vera nimmt darauf Platz und nickt – so ist's gut. *Dann beginnen die beiden zu spielen, auswendig. Sie spielen den langsamen zweiten Satz aus Hindemiths* Sonate in C für Geige und Klavier*. Der verständige Hörer wird sofort gewahr, daß diese beiden Frauen nicht nur umwerfend aussehen. Ihre physische Schönheit wird in dem Augenblick, da sie zu spielen beginnen, geradezu nebensächlich, wenn auch vielleicht nicht für Spenser Ham, jedenfalls nach den Schwenks zu urteilen, mit denen die Kamera mehrfach

* 1939 komponiert. Keine Werkverzeichnisnummer. Denn als Hindemith 1930 mit der Zählung seiner Werke bei Opus 50 angelangt war, schien es ihm unsinnig, Kompositionen in der Reihenfolge ihrer Aufführung weiterzuzählen, obwohl sie oft in ganz anderer Reihenfolge komponiert waren. Überdies gefiel ihm die runde Zahl, und so hörte er bei Opus 50 auf, seine Werke zu zählen.

seine Mimik einfängt. Sie sind erstklassige Musikerinnen. Die Kamera gleitet von der einen zur anderen. Bei den ersten Tönen Antoniettas sieht June für einen Augenblick aus, als stocke ihr der Atem, dann öffnet sich ihr Gesicht, wird weich und beginnt zu glühen, als steige ihr (wie wenigstens Spenser zu denken scheint) das erhitzte Blut sexueller Erregung zu Kopf. Der Zuschauer, der sie durch das Glas des Bildschirms isoliert und deshalb vielleicht aus größerem Abstand als Spenser (der auf seiner Couch dort ja selbst im Bild ist) beobachtet, wird unvermeidlich beeindruckt und bewegt sein, nicht nur von der hörbaren Musik, sondern auch von der offensichtlich reinen, unverhofften Freude der Spielerin, dem Instrument Töne zu entlocken, wie sie sie bisher in all den Jahren ihrer Arbeit noch nie hat hervorbringen können. Als nun plötzlich das schnelle, geistreiche Scherzo im Fünfachteltakt beginnt, schüttelt Vera den Kopf im Rhythmus der Musik, die ihr unter den geschwinden Fingern hervorhüpft. Auch Spensers kürzlich neu gestimmter Steinway ist ein herrliches Instrument, doch wenngleich Vera das sichtlich zu schätzen weiß, ist doch ihr Gesicht den Tönen zugewandt, die sie von der in den Armen ihrer Freundin liegenden Antonietta hört. Ihre offensichtliche Freude daran verrät, daß die beiden Frauen eine tiefe Freundschaft verbindet.

LAUTSTÄRKE NIMMT ZU, als nun June Antonietta Hindemiths Reprise der früheren langsamen Passagen des Satzes beschert, die jetzt in einer ständigen schnellen Folge von Sechzehntelnoten gleißen wie schwirrende Kolibriflügel im Sonnenschein. Wer Ohren hat zu hören, wird vor Entzükken beben.

38. Spenser zeigt den Frauen ihre Zimmer. Jede bekommt ein eigenes, in das zwischen beiden gelegene Badezimmer werden sie sich teilen. Während sie sich umsehen, sehr

zufrieden mit allem, was sie sehen, bringt ein Hausdiener im Hintergrund ihr Gepäck. Der Blick aus den Schlafzimmerfenstern geht nach Osten über den Tashmoo Pond auf die stattlichen Sommerhäuser auf West Chop.

SPENSER: Ich muß eben mal telefonieren. Wie wär's, wenn wir danach schwimmen gingen?

Laute, begeisterte Zustimmung der Musikerinnen.

SCHNITT AUF:

39. Spenser, in seinem Büro, am Telefon.

SPENSER: Andy! Wie geht's denn so? Hören Sie mal. Ich muß mit Ihnen reden. Mir hat nämlich ein kleines Vögelein erzählt, daß ihr Jungens bei Consolidated anfangt, euch echte Sorgen zu machen wegen der Manöver der Sempervirens... Vor zehn Minuten habe ich also beschlossen, Sie aufzukaufen... in aller Freundschaft, total. Na klar, edler Ritter, was denn sonst?... Sie glauben, das hört sich an, als führte ich was im Schilde, das Sie nicht sehen sollen? Aber, bitte... Nun ja, die Tatsache ist, daß ich gerade... also sagen wir, sehr gute Neuigkeiten gehört habe... Zum Teufel, ja, mir ist klar, daß es eine Menge Geld kosten wird, aber, Andy, ich erkenne ein gutes Geschäft, wenn ich's sehe... Ich bin übrigens überhaupt nicht daran interessiert, Ihnen die Leitung Ihres Ladens aus der Hand zu nehmen... Halten Sie nur aus und geben mir ein paar Tage Zeit, meinen Coup vorzubereiten... Wollen Sie übrigens von einem wirklich seltsamen Zufall hören? Erinnern Sie sich noch an die steile Klippe vor meinem Haus? Also die Stufen der Treppe, die da zum Strand hinabführt, sind alle aus dem Stamm eines einzigen Mammutbaums, *Sequoia Sempervirens*, geschnitten. Ein Baumstamm, dreihundert Fuß Treppenlauf. Ich mache mich nicht über Sie lustig, Andy. Habe die Treppe vor zwei Jahren bauen lassen. Das verdammte Holz dafür habe ich von diesen Piraten gekauft...

SCHNITT AUF:

40. Aus der Ferne sieht man drei Gestalten die Treppe hinabsteigen, von der Spenser gesprochen hat. Die Kamera zoomt auf die drei Gestalten. Spenser trägt sein scheußliches Badekostüm, June einen einteiligen blauen Badeanzug, Vera einen rosa Bikini. Spenser sieht aus, als gedenke er, Ducket Jones mit einer zusätzlichen Prämie zu belohnen.

SPENSER: Wißt ihr was, Mädels? Ich bin wirklich verdammt froh, diese Fiedel gekauft zu haben.

JUNE: Ach, Mr. Ham, und wir erst!

SPENSER: Bitte. Ich heiße Spenser. Sie können mich einfach Spenser nennen.

MUSIK während der ÜBERBLENDUNG zur nächsten Einstellung: Das *Tempo di ciaccona* aus Bartóks Soloviolin-Sonate. *Diese leidenschaftliche, ruhelose Musik mit ihren wilden Ton- und Tonstärkesprüngen und ihren beharrlichen Dissonanzen übertönt* das gesprochene Wort während der nächsten beiden Einstellungen, die deshalb eine Art Pantomime darstellen.

41. Eine Kurve in einer Auffahrt irgendwo auf der Insel. Spenser, mit Hut und verspiegelter Sonnenbrille, verhört Bolen, der eine Art Handwerker zu sein scheint, denn er trägt schmutzige grüne Latzhosen mit einem Firmensymbol auf dem Latz. Die Unterredung scheint dringend zu sein. Es geht offenbar um eine neue geheime Information. *Die MUSIK verrät eine heftige Ungeduld unter Spensers gewöhnlich gelassener Haltung und eine entsprechende reizbare Nervosität, die Bolens servilen Diensteifer vergiftet.*

42. Spenser in einer Telefonzelle bei Poole's Fischmarkt am Menemsha-Hafenbecken. Er gibt seine Bestellung bei Maillon auf – *und, vielleicht wegen der Erregung der Musik scheint seine Gemütsruhe gestört.* Er nickt und schüttelt

später ungeduldig verneinend den Kopf, als könne sein Gesprächspartner ihn sehen. Er hängt auf.

MUSIK verklingt, SCHNITT AUF:
43. Nachts, ein unordentliches Wohnzimmer, schwach beleuchtet, in einem verkommenen Sommerhäuschen, das aus Pappmaché gebaut zu sein scheint. *Unheimlicherweise klingt nun die gleiche Musik, die die vorangehenden Einstellungen beherrschte, wieder auf – doch jetzt schlecht, auf einer elenden Geige gespielt. Verglichen mit der von einem Virtuosen auf Antonietta gespielten Musik, die das Publikum aus den vorhergehenden Einstellungen noch im Ohr hat, klingt, was jetzt zu hören ist, dünn, blechern, geizig – wie eine neidische, weinerliche Klage.* Die Kamera späht umher: Schlafcouch mit einer zerknüllten Decke darauf, ein an die Wand geschobener Tisch, mit schmutzigem Geschirr und Zeitschriften beladen, ein großer Sessel, aus dessen zerrissenem Bezug das Polster quillt. In diesem Polstersessel liegt eine junge Frau, Madonna auf dem T-Shirt, Jeans, barfuß. Ihre Augen sind verdreht. Sie ist auf dem Mond. Zwei Männer liegen flach auf dem schäbigen grünen Teppich, Bierdosen in den Händen, reden miteinander und lachen. Von ihnen schwenkt die Kamera über zerrissene Jeans-Hosenbeine und eine nackte Brust auf Kopf und Bogenarm des Geigers und sein gelbliches Instrument. Es ist der Typ mit dem roten Bart und dem zu einem Pferdeschwanz gebundenen roten Haar. Er ist total auf irgendeinem Trip.

EINER DER MÄNNER AM BODEN: Kannst du echt nichts anderes spielen als diesen Scheiß?

ROTKOPF (ohne aufzuhören): Hey, Jocko, hör doch zu. Diese Musik ist *wirklich*.

Jocko grunzt.

ROTKOPF: Magst du Monsterfilme?

Jocko: Ja, finde ich okay.

Rotkopf: Dann muß dir das hier gefallen. Mann, das *ist* Horror, echt. Total wirklich. Echt real. Hörst du's nicht? Ich glaube, daß der Typ das nur für dich und mich geschrieben hat.

SCHNITT AUF:
44. Spenser geht an dem International Bazaar in Freeport, Grand Bahama, vorbei und zeigt June und Vera, die ihn beiderseits begleiten, die maurische goldene Kuppel eines der Spielkasinos der Insel, das denn auch El Casino heißt. Alle drei sind in Freizeitkleidung. Sie scheinen weder Pflichten noch Sorgen zu haben. Ab und zu bleiben sie stehen und blicken in die Schaufenster. Vor einem derselben – dem Fenster einer schicken Boutique – fixiert die Kamera ihre Spiegelbilder, jenseits derer schattenhaft Schaufensterpuppen gestikulieren... dann starrt die Linse aus dem Inneren des Ladens den dreien vor dem Schaufenster gerade ins Gesicht.

Spenser: Sagt mal, ihr beiden: Was bedeutet das genau, wenn man sagt, daß ein Typ »Musik hat«?

Die beiden Frauen sehen an Spenser vorbei einander an und lachen.

Spenser: Nein, bitte. Ich meine das ernst.

Vera: Es heißt, er ist sexy.

June: Nein, Vera, komm, sei nett, er will's doch wirklich wissen. Es ist viel mehr als das. (Sie hält einen Augenblick nachdenklich inne.) Es heißt, er hat bei allem, was er tut, ein Gefühl für das richtige Gleichgewicht zwischen Instinkt und Ordnung. Stellen Sie sich vor, die Seele ist ein Häutchen. Es sind Linien auf diesem Häutchen und Noten auf diesen Linien. Wenn einer *wirklich* Musik hat, sind seine Handlungen – die Noten – auf befriedigende Weise miteinander verbunden, die Verbindungen zwischen ihnen resultieren in Akkorden, Sequenzen und melodischen Mustern. Ich will nicht sagen, daß sie süß sein müssen oder nett oder so was. Die Verbindung von Noten mag rauh und kompliziert sein. Sie werden ja schon bemerkt haben, daß die Musik, die ich liebe, nicht gerade süß ist. Aber sie müssen irgendeine sinnvolle Ordnung haben, müssen *interessant* sein.

SPENSER: Heiliger Strohsack. Sie meinen, ich hätte Antonietta gar nicht zu kaufen brauchen?

DIE GEIGERIN: Ach Spense! Ich kenne Sie noch nicht gut genug, um mir ein abschließendes Urteil erlauben zu können, aber ich würde sagen, daß der Erwerb dieser Geige in der Partitur Ihrer Seele als eine der wenigen ganzen Noten, die da vorkommen, verzeichnet steht.

SPENSER: Na, vielen Dank, was immer das heißen soll. Ist für mich nämlich zu hoch. Ich weiß, es macht mir Spaß, Sie auf der verdammten Kiste spielen zu hören... oder doch jedenfalls zu *sehen*... aber jetzt müssen wir erst mal zurück ins Hotel. Und Sie werden mir die Geige für eine halbe Stunde borgen müssen. Ich habe nämlich einem Freund hier versprochen, sie ihm zu zeigen.

SCHNITT AUF:
45. Hotelzimmer. Spenser packt gebündelte Geldscheine aus dem Geigenkasten in seinen Koffer. Als er damit fertig ist, holt er Antonietta und den Bogen aus einer Kommodenschublade. Diesmal küßt er der Geige euphorisch den Rükken. Sanft legt er sie in ihren Kasten, und die Kamera läßt für ein paar Augenblicke den Blick an ihr hängen. Antonietta schimmert in dem glänzenden tropischen Licht. Der Lack an ihrem schönen Boden und an den Zargen muß die erquickende Wärme all dieser tropischen Banknoten spüren. Die Geige sieht aus, als hätte sie sich inzwischen in die ihr in diesen letzten Jahren des verdämmernden zwanzig-

sten Jahrhunderts gebotenen Existenzbedingungen ausgezeichnet eingewöhnt.

SCHNITT AUF:
46. Ein Roulettetisch im Monte Carlo Casino des Hotels, am gleichen Abend. Spieler in tropischer Kleidung umringen den Tisch. Wir hören

CROUPIER: Machen Sie Ihre Einsätze, *Ladies and Gentlemen!*

Die Kamera fährt auf Spenser zu. Er reicht jeder der beiden Musikerinnen an seiner Seite eine Hundertdollarnote.

SPENSER: Viel Glück! Wenn Sie die Bank sprengen, können Sie mir eine neue Seele kaufen.

Wir sehen dann die Frauen das Geld verspielen. Wir sehen, daß sie etwas so Lächerliches noch nie in ihrem Leben gemacht haben, daß es ihnen aber nichtsdestoweniger jedesmal das Herz zerreißt, wenn die Harke des Croupiers welche von ihren Chips wegnimmt. Ihre naive Gier ist bezaubernd.

SCHNITT AUF:
47. Spensers Büro in der Hat Hut. Es mag den Zuschauer wundern, Bolen dort sitzen zu sehen, nicht verkleidet diesmal – diesmal trägt er die anthrazitgraue Nadelstreifenuniform des Ranges, den er wirklich innehat, eines Direktors nämlich – und sogar des Leitenden Direktors – der Investitionsbank von Farraday, Simmer. Bolen selbst ist offensichtlich überrascht, daß er ohne jede Tarnung geradewegs in Mr. Hams Haus gerufen worden ist.

SPENSER: Die Sache ist, Bolen, daß wir diesmal, Sie und ich, nichts zu verbergen haben. Die Sache könnte nicht sauberer sein. Wir können also in aller Öffentlichkeit handeln. Und diesmal bin ich's, der Ihnen einen Tip gibt, statt wie gewöhnlich umgekehrt. Aber schreiben Sie sich das Folgende hinter die Ohren: Augenblicklich – bisher – gibt es auf der ganzen weiten Welt nur zwei Leute, die von diesem Manöver wissen, und Sie werden nun der dritte sein. Sollte es aber irgendwie vorzeitig einen vierten geben, oder sollten Sie selbst so gierig werden, daß die Schiedsleute Lunte riechen, komme ich persönlich nach Manhattan, Sie verdammter kleiner Gauner, und zerquetsche Ihnen die Eier, verstanden?

BOLEN: Sie drücken sich sehr verständlich aus, Mr. Ham.

SPENSER: Okay. Also hören Sie: Ich werde Consolidated Broadcasting kaufen.

BOLEN (sichtlich bestürzt): Wirklich? Aber womit denn, wenn ich fragen darf? Sie müssen doch wissen, daß da allerhand fällig sein wird…

SPENSER: Gerade dazu brauche ich Sie. Wir fangen an mit garantierter Finanzierung. Sie kennen die Liste meiner Firmen. Spähen Sie mal aus, was ich an vernünftigen Nebensicherheiten da rausziehen kann. Bitte die vollständigen Zahlen. Sollte eigentlich schon sehr anständig sein, was da anfällt. Vielleicht schon genug, daß wir's ohne große äußere Hebel schaffen. Aber ein paar Junk Bonds werden wir natürlich auf jeden Fall brauchen, und da suchen Sie mir bitte die besten Risiken aus, die auf dem Markt sind. Von diesem aufgepumpten Drexel-Burnham-Lambert-Scheiß will ich nichts. Suchen Sie…

Während Spenser Bolen weitere Anweisungen gibt, hören wir zunächst leise, doch bald so laut, daß sie die Unterhaltung übertönt *MUSIK – Schönbergs* Phantasie für Violine mit Klavierbegleitung*. *Die in diesem Stück von der Geige sehr entschieden vorgetragenen Melodien, denen ziemlich unterwürfig und gelehrig das Klavier folgt, schei-*

* Opus 47, Schönbergs letztes Instrumentalwerk

nen die erneuerte Zuversicht des immer weitere Zahlen von Bolen fordernden Spenser auszusprechen.

ÜBERBLENDUNG ZU:
48. June und Vera, die im Salon der Hat Hut ebendiese Komposition üben. Wir sehen, daß inzwischen ein richtiger Klavierschemel beschafft worden ist, mit schwarzem Leder gepolstert und in der Höhe verstellbar, wie es sich gehört. Die Freude auf den Gesichtern der beiden musizierenden Frauen spricht den Zuschauer und Hörer zugleich mit der Musik an.

Spenser betritt den Raum, hält inne, lauscht ein paar Augenblicke, tritt näher und gebietet mit erhobener Hand Stille.

SPENSER: Ich wollte euch nur sagen, Mädels, daß ich gerade achtzig Einladungen zu unserem ersten Konzert verschickt habe. Am nächsten Mittwoch. Wir werden es draußen im Freien geben. Vorher ein Picknick mit gebackenen Muscheln auf neuenglische Art, und dann tretet ihr auf. Ich lasse eine kleine Bühne aufbauen, groß genug für den Flügel und euch beide, und wegen der Beleuchtung braucht ihr euch keine Sorgen zu machen, die wird super sein. Ich frage mich, ob ich Programme drucken lassen sollte.

JUNE: Ist das nicht vielleicht eine Spur zu großartig? Weshalb kündigen nicht Sie selbst die Stücke an, Spense?

SPENSER: Nein, nein, das könnte ich gar nicht!

Doch der Ton, in dem er das sagt, gibt dem Publikum zu verstehen, daß er's wahrscheinlich tun wird und daß die Geigerin nicht lange gebraucht hat, die Gedanken ihres Arbeitgebers lesen zu lernen.

SCHNITT AUF:

49. Ein luxuriös eingerichtetes Büro hoch oben in einem Wolkenkratzer an der Spitze von Manhattan, die man – mit dem Battery Park und der Freiheitsstatue draußen auf dem hellen Wasser des Hafens – aus den Fenstern sehen kann. Die Einrichtung des Büros ist luxuriös im neo-minimalistischen Stil. Eine große Fläche gebleichter Eichenholzdielen, ein blasses Sofa auf eisernen Füßen, vier italienische Sessel, deren Sitzflächen den menschlichen bequem gehöhlt sind, und an den sonst nackten weißen Wänden drei Jackson Pollocks. All das scheint das Auge auf den Schreibtisch am hinteren Ende des Raums hin zu drängen – eine riesige schwarzlackierte Platte, auf der außer einem einzigen Telefon nichts steht. Und hinter diesem Schreibtisch sitzt der Mann, den wir schon als bescheidenen Tagesausflügler in einer staubigen Auffahrt auf der Insel, wo reiche Leute den Sommer verbringen, haben stehen sehen und bei anderer Gelegenheit sogar in der schmutzigen grauen (oder grünen?) Latzhose eines Reparaturmechanikers: Mr. James Bolen. Hier sitzt er in der Höhle des Leitenden Direktors des Investitionsbankhauses von Farraday, Simmer. Er ist in Hemdsärmeln. Er trägt Hosenträger mit Bildern von Nixen. Die Steine der Manschettenknöpfe seines gestreiften Hemds sehen sehr nach Saphiren aus. Das Telefon auf der Tischplatte vor ihm schnurrt. Bolen nimmt den Hörer ab.

Bolen: Wer?... Was wollen die denn von *mir?*... Na gut, schicken Sie sie rein.

Zwei Männer treten ein.

Erster Mann: Mr. Bolen? Ich bin Wilson Curn, Stellvertretender Leiter der Untersuchungskommission der Börsenaufsicht. Und das ist Bruno Morano, Unterstaatsanwalt hier für Manhattan.

Bolen (winkt ihnen, Platz zu nehmen): Womit kann ich Ihnen behilflich sein?

CURN: Genau, Mr. Bolen. Wir möchten Sie um Ihre Hilfe bitten. Und wir glauben, daß Sie uns dieselbe nicht verweigern werden...

BOLEN: Aber natürlich nicht! Natürlich nicht!

CURN: ...weil Mr. Morano hier eine Vorladung hat, die wir Ihnen ohne weiteres zustellen könnten, gewisser Beschwerden wegen, die, falls sie vor Gericht erhärtet werden sollten, Sie leicht für den Rest Ihrer Tage hinter Gitter bringen könnten.

BOLEN (kühl): Wie, bitte? Beschwerden?

CURN: Wir haben gegen drei Ihrer Informanten Anklage erhoben, Mr. Bolen. Ihre Namen – für den Fall, daß Sie's wissen wollen – sind Timberley, Kurtz und Frankfort. (Bolen ist blaß geworden.) Soll ich sagen, daß diese Herren Ihr Lob gesungen haben? Ihre Lieder haben des weiteren anklingen lassen, daß es im Meer sogar noch größere Fische geben könnte als Sie, wenn Sie die Redewendung mal gestatten wollen...

Wiederum übertönt MUSIK die Unterhaltung: Der Anfang von Bartóks Rhapsodie Nr. 1 für Violine und Klavier...

SCHNITT AUF:

50. Der Salon der Hat Hut. Spenser redet mit drei Insulanern. Alle stehen. Der Mann, den Spenser anredet, scheint deren Chef zu sein. Er trägt Arbeitskleidung und Gummistiefel.

SPENSER: Also, wann wollen Sie die Grube ausheben?

CHEF DER MUSCHELBÄCKER: Früh. Wir müssen das Feuer schon gegen zehn entfachen, damit die Steine richtig heiß werden.

SPENSER: Vielleicht sollten wir uns mal auf dem Grundstück umsehen, da können Sie sich dann den geeignetsten Platz dafür aussuchen.

Die drei gehen zur Tür. Als sie an der Vitrine vorübergehen, bleibt einer von ihnen – es ist der rothaarige und rotbärtige junge Mann – für einen Augenblick stehen und wirft einen begehrlichen Blick auf Antonietta, der dann zu dem Kombinationsschloß weiterwandert und dort ein wenig verweilt.

SCHNITT AUF:
51. Bolen am Telefon hinter der schwarzlackierten Platte seines Schreibtischs in seinem Büro.

BOLEN: Mr. Ham? Jim Bolen.

SPENSER (die Stimme klingt dünn aus dem Telefon): Ich heiße Spenser, Jim. Haben Sie einige Zahlen für mich?

BOLEN: *Yes, Sir.* Ich meine – Spen-Sir. Ich frage mich. Ich habe hier eine Einladung zu Ihrem Picknick. Ich würde gern kommen, und nachher könnten wir über die Zahlen reden, aber ich frage mich: Wo soll ich übernachten? Gibt es ein Gasthaus in der Nähe...?

SPENSER: Aber Jim, Sie sind natürlich mein Gast. Wir sind doch schließlich Geschäftsfreunde, oder? Übrigens habe ich auch die Willsworth' eingeladen. Wir können also das Geschäft vielleicht schon bei der Gelegenheit unter Dach und Fach bringen.

BOLEN: Danke, Spenser. Ich werde dasein.

SCHNITT AUF:
52. *June und Vera üben wieder, diesmal spielen sie Hindemiths* Sonate in E für Violine und Klavier. Spenser sitzt auf einem der löwenartigen Sofas und hört zu. *Sie beenden den kurzen zweiten Satz.*

SPENSER: Ihr seid wirklich tolle Kumpels. Aber das Zeug, das ihr spielt, ist so... ich weiß nicht, auf dem musikalischen Sektor habe ich ja von Tuten und Blasen keine Ahnung – also mir ist dieses Zeug zu hoch. Ich finde das klasse, wie ihr spielt, aber ich bin ein Augenmensch. Wißt ihr, was mir Spaß macht, ist, euch dabei zuzusehen, wie... also, teilweise, wie ihr euch bewegt, wißt ihr... ihr also, offen gesagt... aber, nein, *sorry, forget it.* Darf ich das sagen? Was mir vor allem auffällt, ist, wie sehr ihr liebt, was ihr da macht. Ihr strahlt förmlich. Also, das macht mich echt an.

JUNE: Ah, Spense. Wenn ich Ihnen nur erklären könnte, wie aufregend es ist mit ihr hier! (Sie hält Antonietta hoch.) Ich habe mit dieser wunderbaren Geige ein bißchen zu kämpfen. Oder vielmehr, ich habe das Gefühl, daß sie mir Widerstand leistet, daß sie wie Sie selbst sich gegen die Musik sträubt, die ich ihr zumute. Aber ich stehe nun mal zu meinen Überzeugungen und fürchte, mir bleibt nichts anderes übrig, als sie Antonietta und Ihnen und jedem anderen aufzuzwingen. Ich klebe nun mal sozusagen an ganz wenigen Komponisten. Schönberg, Hindemith, Bartók. Es gibt noch ein paar andere, die ich gern spiele – Webern, Berg und noch einige –, aber diese drei sind mir die liebsten. Sie haben kein gemeinsames System, jeder von ihnen ging seinen eigenen Weg, aber ich nehme an, was ihnen allen gemeinsam ist, ist, daß sie, auf ihre bescheidene Weise, waren wie Bach. Sie begnügten sich nicht mit dem, was die Vergangenheit ihnen gab. Sie mußten *erfinden*, sie mußten neue Formen schaffen, die ihrem Jahrhundert, ihrer Welt angemessen waren. Schönberg und Berg und Webern entdeckten die Musik für *unsere* Welt. Die Musik, die wir verdienen in unserer Zahlenwelt. Sie waren uns einen Sprung voraus in dieser Welt, wo überall, Spense, die Zahlen angefangen haben, die Wörter platt zu machen, auszuradieren. Was ich da sage, ist häßlich? Es ist wahr, Spense, es ist wahr. Überlegen Sie sich's mal. Alles ist programmiert. Der Präsident der Vereinigten Staaten denkt nicht, er fragt nur nach den Umfrageergebnissen. Sehen Sie sich doch alle unsere Schreckgespenster an. Die Staatsverschuldung, der Zinssatz. Gott, Spense, Sie sind doch selbst ein Zahlenmensch. Sie haben uns doch dieses Gerät in Ihrem Büro gezeigt, wo dauernd die Aktienkurse vorbeihuschen. Diese Musiker sahen all das kommen. Sie konnten rechnen. Das ist echt die Realität für mich. Die unglaublich präzise vorhersagende Mathematik ihrer Musik. Haben Sie schon mal von Babbitt gehört?

SPENSER: Klar. Sinclair Lewis.

JUNE: Nein, ich meine den Komponisten, im geistigen Sinn ein Sohn Schönbergs. Er hat Schönbergs musikalische Numerologie noch ein paar Schritte – oder vielleicht sollte ich sagen, Potenzen – weitergetrieben. Passen Sie auf. Babbitts wirklicher Vater war Versicherungsmathematiker. So wuchs der Junge schon mit Zahlen auf. Er war Mathematikprofessor, ehe er sich ernsthaft dem Komponieren zuwandte. Er war derjenige, der zur Erklärung des Zwölftonsystems, das Schönberg erfinden half, die mathematischen Begriffe einführte. Und überdies ist er dazu übergegangen, wie die Popmusiker auf dem Synthesizer zu komponieren. Endsieg des binären Systems auch in der Musik. Ich meine, die Welt ist doch wirklich ganz schön seltsam geworden. Die Zahl Eins und die Zahl Null haben alle Macht an sich gerissen, sie bestimmen alle Programme in allen Geräten. Was würde von der Macht der Wörter übrigbleiben, wenn man *ihre* Zahl auf zwei beschränken würde? »Ja«? »Nein«? Wo wären wir dann, Spense?

SPENSER: Das klingt, als haßten Sie diese Musik.

JUNE: Nein, nein! Überhaupt nicht! Ich achte sie. Ich ehre sie. Ich fühle, daß sie die absolute Wahrheit unserer Welt sagt. Musik, wissen Sie, erzählt uns die Geschichte ihrer Zeit.

SPENSER: Aber Sie lieben das Zeug nicht gerade, habe ich recht?

JUNE: Die Wahrheit ist wunderbar, aber liebenswert ist sie nicht immer, nicht wahr? Oder finden Sie unsere Welt in jeder Hinsicht liebenswert?

VERA (ihr ins Wort fallend): Machen Sie sich nichts daraus, Spenser. Lassen Sie June einfach reden. Sie haben es mit einem Paar Fanatikerinnen zu tun... denn ich bin absolut ihrer Meinung. Wir wissen, was wir mögen. Sie werden uns einfach nehmen müssen, wie wir sind.

SPENSER: Na gut, schön, ich kann nur sagen, ich wünsche euch viel Glück für morgen abend.

SCHNITT AUF:
53. Spenser und Bolen betreten die Hat Hut durch den Haupteingang. Ein Diener folgt ihnen mit Bolens Reisetasche.

SPENSER: An einem so großartigen Tag wie heute sollten wir am besten sofort zum Strand hinuntergehen.

BOLEN: Dagegen ist nichts zu sagen.

DANN:
54. Ein Gästezimmer, in dem Bolen sich soeben umgezogen hat. Die Kamera sieht zu, wie er in geblümten Badehosen den Raum verläßt. Dabei geht ihr Blick über den Polstersessel, auf den Bolen beim Umkleiden hastig sein Jackett geworfen hat. Das Blickfeld der Kamera verengt sich auf diesen Sessel. Etwas – das Zuschlagen der Tür vielleicht – hat die über die Lehne des Sessels geworfene Jacke gelockert, sie fällt zu Boden. Die Kamera zoomt auf die innere Brusttasche, die dabei sichtbar geworden ist. Wir sehen die schwarze Spitze irgendeines elektronischen Geräts und einen dünnen Draht, der von diesem aus ins Futter des Jacketts geführt ist, knapp unter einem der Revers.

Die MUSIK, die Spenser seine beiden Musikerinnen üben hörte, klingt nun auf, und wir sehen:
55. Die Konzertszene. Der Abend ist neblig. *June und Vera spielen auf einer mit Scheinwerfern angestrahlten, rohgezimmerten Bühne, links, die Hindemithsche* E-Dur-Sonate. Die Kamera schwenkt nach rechts über eine breite Wiese, die von einem Gebüsch mit Eichenschößlingen begrenzt wird. Viele runde Tische voller Pappteller und Plastikbecher stehen auf der Wiese, und an diesen sitzen die Gäste, die Bühnenbeleuchtung hebt sie verschwommen aus dem Nebel. Rechts außen sind die Muschelbäcker, darunter der Rotkopf, dabei, ihr Gerät zusammenzupacken. Mitunter hören wir schwach ihre Pfannen klappern. Wir hören auch viele Gäste, die sich, wie es scheint, einen dritten, ja vielleicht sogar vierten Cocktail genehmigt haben, laut reden. *MUSIK wird lauter, wie in dem Bemühen, diese störenden Geräusche zu übertönen. Das Stück endet.* Es wird wenig und nicht sehr nachdrücklich applaudiert. Nun spielen June und Vera Anton Weberns *Vier Stücke**, deren jedes, sehr launisch und mit Stillschweigen gepfeffert, nur ein paar Sekunden dauert. Als sie damit fertig sind, ist die Unterhaltung im Publikum schon fast allgemein. Es hört niemand mehr zu. *Die Musikerinnen beenden das Programm mit der Schönberg-Phantasie, die wir sie zuvor üben hörten.* An deren Ende wird überhaupt nicht mehr applaudiert, und June und Vera stolpern eilig von der Bühne, um, fast rennend, im Haus zu verschwinden.

KAMERA FÄHRT AUF:
56. einen der Tische. Dies ist offensichtlich der Tisch der Ehrengäste. Spenser sitzt dort mit Flora Lombard, den Willsworth', den Coverly Pattersons und Jim Bolen.

* Opus 7

Flora: Ich meine, Sie dürfen sie einfach nicht so *feindselige* Musik spielen lassen, Darling.

Spenser: Das ist ihre Kiste, Flora, da kann ich nichts machen.

Patterson: Warum keine amerikanischen Komponisten? Ich meine, jemand wie Virgil Thomson? Oder, mein Gott, Copland? Oder, wenn's denn unbedingt so ein atonaler oder Zwölfton – oder wie auch immer Angriff auf unsere Ohren sein muß, gibt's doch auch in dieser Branche eine gediegene amerikanische Tradition. Warum nicht Babbitt? Oder Cage? Ich meine, wenigstens so viel Entgegenkommen...

Bolen: Ach, ich mag Hillbilly-Musik. Wissen Sie, Nashville grüßt Martha's Vineyard? Warum versuchen Sie nicht lieber mal das?

SCHNITT AUF:

57. Junes Zimmer. Vera liegt auf einem der beiden Betten, die darin stehen, und weint. June sitzt am Rand des anderen Betts und hat Antonietta auf dem Schoß. In der Hand hält sie eine Schnur, an der elektrische Weihnachtskerzen aufgereiht sind. Diese hat sie offenbar von Spenser erbeten, um damit die Nebelfeuchtigkeit aus der Geige zu trocknen. Vorsichtig steckt sie einige der winzigen Glühbirnchen tief in jedes der beiden Schallöcher. Dann schaltet sie den Strom an. Die kleinen Lichter blinken.

June: Ich weiß, Vera, es war scheußlich. Aber warten wir ab, was kommt. Ich glaube an diese Geige und glaube, daß ich gut gespielt habe – und daß du auch gut gespielt hast. Ich möchte wetten, daß trotz allem diese Spießer mehr mitgekriegt haben, als du denkst. Warten wir ab, wie es morgen weitergeht.

Es wird an die Tür geklopft. Spenser kommt herein, ohne eine Einladung dazu abzuwarten. Vera setzt sich auf und trocknet sich mit den Handrücken die Augen. June steht auf.

SPENSER: Hört mal, Mädels. Es war verdammt gut... ich meine, wie das gelaufen ist, war eigentlich ganz meine Schuld. Ich habe echt Quatsch gemacht. Vorher ein Picknick zu geben war nun wirklich eine total blöde Idee. Die Hälfte der Leute war schon blau. Aber macht euch nichts draus. Das nächstemal geben wir ein richtiges Konzert. Drinnen und als erstes vor den Drinks.

JUNE: Danke, Spense. Sie sind ein netter Mensch. Aber wird jemand kommen?

SPENSER: Macht euch deswegen keine Sorgen. Wir kriegen sie schon. Ich habe eine Idee, wie. Erzähle ich euch später... Sie werden doch nicht vergessen, Antonietta in ihren Kasten einzuschließen?

JUNE: Wenn ich mich davon überzeugt habe, daß sie trocken ist.

VERA (schniefend): Danke, Spense.

ÜBERBLENDUNG ZU:
58. Nächster Tag. MONTAGE hart hintereinandergeschnittener Bilder.

· Spenser und Bolen, die im Salon der Hat Hut drängend auf Willsworth einreden.

· Flora Lombard, die am Telefon sagt, daß sie eine Viertelmillion in Con Broad investieren will: »Ihnen zuliebe, Spenser, Darling.«

· Coverly Patterson, der auf der Werft von Martha's Vineyard einen knapp zwanzig Meter langen Jollenkreuzer kauft, ohne zu versuchen, von dem verlangten Preis etwas abzuhandeln.

· Der Fernsehkommentator Rod Millson (dessen Gesicht wir unter denen der Gäste des Stradivari-Picknicks bemerkten) diskutiert am Telefon in seinem Haus in Edgartown mit seinem Agenten, was er für seinen nächsten Jahresvertrag fordern soll. Er will zwei Millionen sechs, sein Agent glaubt aber, daß mehr als zweieinhalb nicht rauszuholen sein werden.

· Randolph Sorr, der Schriftsteller (er war auch da), schreibt einen Scheck für ein soeben erworbenes Grundstück von sechs Hektar am Edgartown Great Pond.

(Die Bilder folgen einander nun schneller und schneller:)

· ... Frau unterzeichnet eine Hypothek bei der Martha's Vineyard National Bank; Mann spricht bedeutsame Zahlen ins Telefon; Hände zählen Fünfzigdollarnoten; Spensers Quotron, über dessen Bildschirm mit großer Geschwindigkeit die Börsennotierungen abrollen... und so weiter und so fort.

ÜBERBLENDUNG ZU:
59. Spenser, der wieder an dem International Bazaar in Freeport vorbeigeht, seinen Geigenkasten in der Hand, die Kamera folgt ihm bis zum Eingang der Banque de Chine Suisse...

60. Nachts. Spensers Zimmer, diesmal im *Oceanus*. Gedämpftes Licht. Spenser in einem riesigen Bett, ihm zu beiden Seiten unter dem Laken June und Vera. Nichts weist darauf hin, daß sie Schlafanzüge oder Nachthemden trügen. Doch haben sich die Musikerinnen die Bettlaken diskret über die Brust gezogen. Ein Joint wird hin und her gereicht. Alle drei nehmen tiefe Züge. Sie lachen sich halb tot. Das beschäftigt sie eine ganze Weile vollauf.

DANN:
Spenser: Hey! Hey! Wollt ihr wissen, warum zu eurem nächsten Konzert alle kommen werden? Warum sie mir die Bude stürmen werden, um bloß dabeizusein? (Er wirft den Kopf zurück und lacht laut und lange.)

JUNE (kichernd): Warum denn, Spensie? Sag's uns sofort!

SPENSER: Weil ich euch Mädchen das größte Publikum kaufen werde, das ihr je hattet.

JUNE (entsetzt): Was willst du machen?

SPENSER (unter schallendem Gelächter): Na schön, wenn dir das nicht paßt, meine erste Idee für ein volles Haus zu sorgen, war, euch Mädels oben ohne spielen zu lassen.

JUNE (wütend): Die kannste dir abschminken, großer Häuptling. Das läuft ohne uns.

VERA: Spenser, das ist so geschmacklos!

SPENSER: Wieso denn? Seht euch doch mal jetzt an!

JUNE: Ach Spense, komm, das ist doch wohl was anderes. Wir amüsieren uns. Wir mögen dich. Aber vor diesen langweiligen Spießern auf Martha's Vineyard...! Ich meine, spinnst du?

SPENSER: Ich finde die Idee gar nicht übel, wenn du mich fragst. Aber hört mal zu. Gestern abend im Casino hatte ich noch eine andere Idee. Ich habe Blackjack gespielt, erinnert ihr euch? Und der goldene Arm des Hauses gab mir ein verdecktes As und einen offenen König, und ich habe euch beide über die Schulter mein As sehen lassen, ja? Und da – Bingo! – hatte ich die Idee. Unser Konzert wird ein As unter den Konzerten sein, verlaßt euch drauf.

June und Vera sehen einander über Spenser hinweg verständnislos an und lassen sich in die Kissen zurückfallen, fühlen sich wieder gewichtlos, und perlend steigt Gekicher in ihnen auf wie die Kohlensäurebläschen im Sodawasser.

SPENSER: Paßt auf, was ich machen werde. Ich werde alle zu einem Konzert einladen und sagen, daß dabei die Stradivari und der Steinway Zahlenmusik – wie ihr sie nennt – spielen werden, aber nicht nur das, sondern auch, daß – und das ist der Witz – jeder Besucher des Konzerts am Eingang eine Zahl erhalten wird. Und daß am Ende – nachdem ihr sie mit euren Nummern angetörnt habt – mit diesen anderen Nummern Gewinne ausgelost werden sollen, fünfundzwanzigtausend Dollar als erster Preis, fünfzehntausend als zweiter. Wie gefällt euch das? Glaubt ihr, daß da einer absagt?

June sieht genauso wütend aus wie vorher, als sie Spensers ursprüngliche Idee hörte.

JUNE: Das darf doch wohl nicht wahr sein, Spenser. Sie wollen, daß wir in einer beschissenen, billigen Spielshow auftreten? Komm, Vera, wir hauen ab.

SPENSER: Aber doch nicht so eilig. Das Beste habt ihr ja noch gar nicht gehört. Ich zahle diesmal jeder von euch beiden zehntausend Dollar.

JUNE: Mein Gott, Spenser! Verstehen Sie denn nicht, daß es damit nur noch schlimmer wird? Nee, wir lassen uns für Ihre beschissene Angeberei nicht einspannen, nein danke. So viel Geld. Einfach ekelhaft.

SPENSER: Es zeigt doch nur, wie hoch ich euch schätze.

JUNE: Also haben Sie einen Preis für uns festgesetzt, wie für alles andere, was? Sie sind wirklich nicht sehr helle. So was Vulgäres! Komm, Vera, verduften wir.

Vera entläßt noch ein letztes Kichern, über das sie offensichtlich keine Kontrolle hat, beugt sich aber vor und schickt sich an, Junes Aufforderung folgend aus dem Bett zu steigen. Bei dem Wort »vulgär« hat sich Spensers Miene plötzlich eingetrübt – seine Lippen haben die Fassung verloren. Doch sehr bald finden sie zu einem Grinsen zurück. Wir spüren, daß eine neue, schnelle kleine Note in die seelische Partitur seiner Handlungen eingetragen werden wird.

SPENSER: Wartet mal!

Er krabbelt über Veras Körper aus dem Bett. Er trägt Boxer-Shorts. Er geht zum Schreibtisch und öffnet eine Schublade. Mit beiden Händen packt er mehrere Bündel Hunderter und hält sie den beiden hin. Und:

Spenser: Seht mal, Kinder. Grüner Salat! Alles für euch…

MUSIK bei der Überblendung zu:
61. *Die beiden Frauen üben wieder im Salon der Hat Hut. Sie spielen Milton Babbitts lebhafte, verrätselte* Sextets *mit ihren neckenden Tonhöhen und bedeutungsschwangeren Pausen und explosiven Ausbrüchen vom Pianissimo zum Fortissimo und zurück.* Vera weint. June merkt das.

June: Hör schon auf, Vera. Und wenn's schon nichts mehr wird mit dem Konzert. Nimm's doch nicht so tragisch. Ist schließlich nur ein Job. Und bisher wenigstens hat er uns noch nicht gefeuert.

Vera: Das ist es gar nicht. Das ist es überhaupt nicht. Scheiße, ich weiß nicht, wie ich's dir sagen soll, June, es ist wegen meiner Mutter. Sie ist vor einem Monat zu einer Vorsorgeuntersuchung gegangen und – Bingo! – positiv. Gebärmutterhalskrebs. Und schlimm. Sie hat keine Kohle. Keine Versicherung. Sie hat nicht gearbeitet, weißt du, und hätte sich die Policen nie leisten können. Für die staatliche Gesundheitsfürsorge ist sie noch nicht alt genug. Was ich meine… Ach, Scheiße, ich kann's nicht sagen.

June: Du brauchst das Geld, das er uns angeboten hat.

Vera: Ich brauche es. Ich brauche es wirklich, June. Du mußt mir helfen.

June (nach einer langen Pause): Natürlich, Vera. Ich werde ihm sagen, daß wir bei seiner lausigen Show mitmachen.

MUSIK klingt von neuem auf: Reprise der Babbitt-Sextette.
62. Die Kamera fixiert von draußen in einiger Höhe über dem Boden für einen Augenblick den Teil der Hat Hut, aus dem anscheinend die Musik kommt. Dann fährt sie zurück und weiter zurück und (Aufnahme aus dem Helikopter) in

die Höhe, höher und höher, bis die ganze Insel Martha's Vineyard unter ihrem Blick ausgebreitet liegt, ein großes, grünes Dreieck mit vielen zackigen Einschnitten in den verschiedenen Blautönen ihrer Teiche. Die MUSIK *verklingt*, Stimmen in einer schnellen AUDIO-MONTAGE:

· Ich habe Ihre Einladung zu »Kammermusik und Hauptgewinn« bekommen, Darling. Ich werde dasein und hoffentlich Schwein mitbringen!

· Kennen Sie Ben und Judy Munson, Spense? Wir hatten sie für den Abend zum Essen eingeladen. Können wir sie mitbringen?

· Haben Sie daran gedacht, die Doolittles einzuladen? Die sind ganz verrückt nach moderner Musik.

· Ja, wir haben davon gehört! Würden Sie so freundlich sein, Spense zu bitten, uns...?

· Wo kriege ich denn Tickets dafür?... Ach, nur auf Einladung?

· Coverly hat versprochen zu sehen, was sich machen...

· Whit Kerry hat gesagt, er würde fragen...

· Sie gehen hin? Wie haben Sie...?

Und noch vieles andere in dieser Art, die Laute steigen wie Hitzestrahlung von – wie es scheint – der ganzen Insel aus auf. Endlich verklingen die Stimmen.

ÜBERBLENDUNG ZU:
63. Morgengrauen, ein paar Tage später. Kamera draußen auf der Hutkrempe: Ihr Blick sieht June in ihrem einteiligen Badeanzug und Vera in ihrem Bikini aus dem Hause eilen und über die Treppe zum Strand hinab verschwinden... Wir sehen die beiden sich bei ihrem morgendlichen Bad wie Delphine tummeln. Der Strand ist sonst noch menschenleer... Sie steigen wieder nach oben... Die Kamera folgt ihnen durch den Haupteingang, den Flur entlang. Als sie den Salon durchqueren wollen, bleibt June plötzlich stehen.

JUNE: Sieh mal! Mein Gott!

Sie weist auf die Vitrine. Die den Zugriff gestattende Scheibe hängt offen. Die Geige ist nicht mehr da.

JUNE (schreit): Spenser! Spenser! Spenser!

Beide Frauen stürmen treppauf. Sie stürzen in Spensers Schlafzimmer und wecken ihn.

JUNE: Spenser! Wach auf! Hast du Antonietta?

SPENSER (benommen): Natürlich nicht! Macht, daß ihr rauskommt!

JUNE: Sie ist weg, Spense! Ich habe sie gestern abend eingeschlossen. Sie ist weg!

SCHNITT AUF:

64. Spenser, einige Stunden später draußen auf der Hutkrempe am schnurlosen Telefon.

SPENSER: Flora? Hören Sie, ich muß dieses Konzert absagen.

FLORA: Hat sich's zu weit herumgesprochen? Ist Ihnen die Staatliche Lotteriekommission aufs Dach gestiegen?

SPENSER: Nein, nein, da gibt's keine Probleme. Die Geige ist gestohlen worden.

FLORA: Oh, Darling! Wie scheußlich! Das tut mir aber leid. Wann ist es passiert?

SPENSER: Irgendwann nach Mitternacht letzte Nacht. June – Sie wissen doch, das Geigenmädchen – sagt, daß sie sie ungefähr um Mitternacht eingeschlossen hat.

FLORA: Und was sagt die Polizei?

SPENSER: Es muß ein Profi gewesen sein. Keine Fingerabdrücke. Jemand, der wußte, wie man ein wirklich gutes Kombinationsschloß aufkriegt. Eine haarige Kiste. Gott, Flora, ich habe zu Mittwoch abend an die zweihundert Leute eingeladen. Beide Mädels sind am Telefon. Sie haben meine Liste, aber ich weiß nicht, ob da alle draufstehen, die ich eingeladen habe. Tag und Nacht haben hier Leute angerufen, die noch irgendwelche Freunde mitbringen wollten. Würden Sie jedem Bescheid sagen, den Sie treffen?

HARTER SCHNITT AUF:
65. Bolens Büro. Jim Bolen steht am Fenster und starrt hinaus. Nebel verbirgt die Aussicht nach Süden. Curn von der SEC und Morano von der US-Staatsanwaltschaft sitzen an der lackierten Schreibtischplatte.

BOLEN: Was für mildernde Umstände bieten Sie mir an?

CURN: Kommt ganz drauf an. Wir müssen erst mal sehen, was Sie uns noch besorgen können. Ihre ersten Bänder waren erstklassig. Aber wir brauchen mehr. Wir brauchen ein felsenfestes Fundament für die Anklageerhebung. Wann sehen Sie Ham wieder?

BOLEN: Ich war zu übermorgen eingeladen, aber er hat die geplante Gesellschaft abgesagt.

CURN: Glauben Sie, daß er Verdacht geschöpft hat? Gegen Sie?

BOLEN: Nein, er mußte aus anderen Gründen absagen.

CURN: Wenn Sie ihn besuchen, besteht die Gefahr, daß er merkt, daß Sie verkabelt sind? Sie sagen, er hat einen Haufen Personal. Und diese Mädchen, diese Musikerinnen. Könnte von denen jemand...

BOLEN: Ich bin doch nicht von gestern, Mr. Curn... Aber zurück zu Ihrem Angebot...

SCHNELLER SCHNITT ZU:
66. Manhattan. Untergrundbahnstation an der Ecke Achtundsechzigste Straße und Lexington Avenue. Abendliche Stoßzeit. Donnernd fährt ein Zug ein. Die Türen öffnen sich automatisch. Leute drängen heraus und *durch das Klappern und Schlurfen ihrer Schritte und das Surren der Generatoren unter den Waggons hören wir, dünn zunächst, dann allmählich immer stärker Passagen aus der Bartók-Violin-*

sonate, die wir schon früher gehört haben. Handkamera (Gesichtswinkel eines der aussteigenden Fahrgäste) geht den Bahnsteig entlang. *Obwohl unvollkommen gespielt, entfaltet die MUSIK in stetigem Crescendo eine magische Kraft.* Die Linse fixiert nun aus der Ferne, vor der schmutzigen Kachelwand der Station, die ab und an von vorübereilenden Gestalten verdeckte Gestalt eines Mannes, der Geige spielt. Als der Fahrgast, dessen Blickwinkel die Kamera folgt, näher kommt, zeigt sich, daß der Geiger ein Rotschopf in einfachem weißem T-Shirt und Jeans ist. Auf dem Boden vor ihm steht ein offener Geigenkasten. Das Kameraauge sieht eine Frau, die eben vor ihm geht, ehe sie den Mann erreicht, in ihr Portemonnaie greifen. Sie wirft einen Vierteldollar in den Geigenkasten. Das Kameraauge hält inne, und wir spüren, das es dem Musikanten ebenfalls eine Münze zukommen läßt. Die Kamera bleibt auf dem Geiger, während die übrigen Fahrgäste vorübergehen, und es fällt auf, daß nicht wenige der New Yorker, die zu dieser Zeit gewöhnlich ohne nach rechts oder links zu blicken von ihrem Arbeitstag betäubt nach Hause eilen, die hypnotisierende Stimme der Geige vernehmen und Münzen in den Kasten werfen wie in einen Wunschbrunnen einer fernen Traumstadt... allmählich hat sich der Bahnsteig geleert. Der Geiger hört auf zu spielen und wirft achtlos die Geige in den Kasten, wobei sie mit dem Boden auf die dort gehäuften Münzen fällt. Er klemmt den Bogen unter den Deckel des Kastens, schließt ihn, ohne die Münzen herauszunehmen, nimmt den Kasten und geht weg.

SCHNITT AUF:

67. Maillons Büro, Grand Bahama.

Spenser: Wieviel haben Sie jetzt auf meinem Konto?

Maillon: Etwas über hundertzwanzig Millionen.

Spenser: Nun passen Sie mal auf, Pierre. Ich will dieses

Geld arbeiten lassen. Ich übernehme Consolidated Broadcasting, und ich will dazu nicht mehr Dreck benutzen als unbedingt nötig. Sie müssen dieses Geld für mich waschen. Überweisen Sie's an Ihr Hauptquartier in Genf, und legen Sie es da auf ein halbes Dutzend verschiedene Nummernkonten. Dann bewegen Sie es in kleinen Mengen auf Konten bei zwanzig verschiedenen Banken in den Staaten, alle im Nordosten und in meinem Namen. Schicken Sie mir keine Statements über diese Transaktionen mit der Post. Ich komme gelegentlich mal rüber und gehe die Papiere persönlich durch. Ist das soweit klar?

MAILLON: Machen Sie sich keine Sorgen, Monsieur. Das Geld wird Ihnen *nettoyé à sec*, haha, wie sagen Sie doch da? Richtig, *dry cleaned*, trocken, chemisch gereinigt! Genau das!

SCHNITT AUF:
68. Lincoln Center, Manhattan. Sonniger Nachmittag. Der Rotkopf hat auf einem Bürgersteig in der Nähe des Avery-Fisher-Konzertsaals Aufstellung genommen. *Wieder spielt er die Bartók-Sonate.* Es mag den Zuschauer draußen im Lande überraschen, wie viele dieser desillusionierten New Yorker Fußgänger Münzen in den Geigenkasten werfen – *die MUSIK scheint, obwohl sie schlecht gespielt wird, den Leuten unwiderstehlich das Geld aus den Taschen zu ziehen.* Die Kamera faßt einen näher kommenden dünnen, drahtigen Mann ins Auge. Es ist eine dieser Nahaufnahmen mit dem Teleobjektiv, bei denen die sich bewegende Person niemals näher zu kommen scheint. Schließlich erkennt der Zuschauer, daß da ausgerechnet Ducket Jones kommt. (Erst nach der Sendung wird dem Zuschauer bewußt werden, was für ein unwahrscheinlicher Zufall ihm da zugemutet worden ist; dann wird er oder sie die Achseln zucken und denken, na ja, was soll's, typisch Fernsehen.) *Die MUSIK ist*

beharrlich. Sie scheint Jones' Schritte zu lenken. Jetzt nähert er sich. Er geht an dem Geiger vorbei, ohne den Kopf zu wenden. Fünf oder sechs Schritte weiter bleibt er plötzlich stehen. Er dreht sich um. Lauschend legt er den Kopf auf die Seite, dann tritt er näher und sieht sich die Geige aus der Nähe an. Die Kamera stellt sich auf seinen Standpunkt und zoomt auf die Decke des Instruments, die sich bei den Bogenstrichen des Rotkopfs auf und nieder bewegt. Das Blickfeld verengt sich auf eine Scharte am Rande des Flödels auf der Decke. Die Kamera fährt zurück, schwenkt auf den Geigenkasten zu Füßen des Spielers, dann, aus einiger Entfernung, auf Jones. Wir sehen ihn gemächlich seine Brieftasche zücken, ihr einen Dollarschein entnehmen und in den Geigenkasten werfen. Er schlendert um die Ecke, die Kamera folgt ihm. Kaum ist er dem Rotkopf aus den Augen, beginnt er zu rennen. Er läuft ins Vestibül eines Apartmenthauses und überredet den Pförtner, ihn sein Telefon benutzen zu lassen...

SCHNITT ZURÜCK AUF:
69. Der Rotkopf ist auf die Stufen der Avery Fisher Hall gewechselt. Eine Sirene übertönt den *Bartók.* Ein Streifenwagen erscheint, das kreisende Licht auf seinem Dach blitzt. Der Rotkopf wirft die Geige in den Kasten, läßt diesen stehen und läuft weg. Zwei Polizisten springen aus dem Wagen und verfolgen ihn. Noch vor der nächsten Straßenecke holt einer von beiden ihn ein, stößt ihn gegen einen geparkten Wagen, klärt ihn über seine Rechte auf, legt ihm Handschellen an und führt ihn zum Streifenwagen zurück.

DANN:
70. Das Hauptquartier des 20th Police Precinct in der West Eighty-second Street. Der Rotkopf wird in Haft genommen. Ducket Jones, der die Geige trägt, erläutert dem wachhabenden Beamten die Anschuldigung.

ÜBERBLENDUNG ZU:

71. Ducket Jones am Telefon in einer Wohnung, die wir für die seinige halten. Auf einem niedrigen Tisch liegt in ihrem offenen Kasten Antonietta vor ihm.

JONES: Wissen Sie, es war rein instinktmäßig. Der Junge spielte sehr schlampig, aber der Ton – es muß einfach ein gutes Instrument sein. Und dann sah ich die kleine Scharte.

SPENSER (die Stimme ist durch das Telefon verzerrt): Saubere Arbeit, alter Freund. Ist die Geige in Ordnung?

JONES: Der Boden ist übel zerkratzt, und das ganze Instrument ist entsetzlich verdreckt – Kolophonium-Staub und, was weiß ich, Schweiß und Schmutz. Mit Ihrer Erlaubnis würde ich es gern von Wurlitzer restaurieren lassen. Für die Verhandlung wird es natürlich zur Verfügung stehen müssen. Aber das hat ja noch ein, zwei Monate Zeit. Wie weit wollen Sie die Klage überhaupt verfolgen?

SPENSER: Bis ans Ende. So weit es geht. Der Schweinehund soll hinter Gitter. Je länger, desto besser.

SCHNITT AUF:

72. Maillons Büro in Freeport. Er telefoniert.

MAILLON: Wie können Sie es wagen, Monsieur?... Wie sagten Sie doch, war Ihr Name? Bolen?... Wissen Sie denn nicht, daß wir auf den Bahamas das Bankgeheimnis haben? Es ist mir streng verboten, Ihnen diese Information zu geben... Ich müßte Sie nach Genf verweisen... Ah... Ah... Ich verstehe... *Alors*, ja, ja, in dem Fall... Ja, ich kooperiere... Er war letzte Woche hier... Deckname für unsere Zwecke, *Bifthèque*... Ja, ich gebe Ihnen Zahlen...

SCHNITT AUF:

73. Der Salon der Hat Hut. Wir sehen Ducket Jones eintreten. Er hat Antonietta aus New York mitgebracht. Spenser begrüßt ihn. June und Vera stehen neben dem Steinway.

Jones geht zum Flügel und stellt den Geigenkasten darauf. Er tritt zurück, um June den Kasten öffnen und die Geige herausnehmen zu lassen. Spenser und Vera kommen näher, als sie die Geige umdreht und den Boden betrachtet. Von Kratzern ist da keine Spur mehr zu sehen. Und auch die Decke glänzt gut gepflegt. June nickt Vera zu, die am Flügel Platz genommen hat. *Sie beginnen die* Meditation *aus Hindemiths* Nobilissima Visione *zu spielen, und wir hören – und sehen es auch dem Eifer der Geigerin an –, daß Antoniettas Stimme herrlich ist wie eh und je.*

SPENSER (hochgestimmt, die MUSIK übertönend): Wir sind wieder am Ball, Kinder. Ich schicke gleich die Einladungen für nächsten Mittwochabend ab.

JUNE: O Gott!

MUSIK endet. DANN:

74. June legt Antonietta in die Vitrine und verschließt diese. (Wir sehen, daß ein neues, größeres und komplizierteres Kombinationsschloß eingebaut worden ist). Spenser knipst die Beleuchtung der Vitrine an, in der sich gleichzeitig die Geige langsam um sich selbst zu drehen beginnt. Die vier bewundern sie still. Während sie Antonietta anstarren, starrt die Kamera sie an. Sehen Sie sich diese vier Leute gut an! Sie sind mit ihren Rollen zufrieden. Sie müssen wissen, daß das Programm (oder was es sonst ist), in dem sie da erscheinen, einfach lächerlich unglaubwürdig ist, doch scheinen sie sich darin ganz behaglich zu fühlen. Vielleicht genügt es ihnen zu ihrem Glück, einfach vor der Kamera zu stehen, müssen sie doch wissen, daß heutzutage das Fernsehen das Leben programmiert. Die Kamera fixiert jetzt die Frau, die spielt, daß sie Antonietta spielt. Man sieht in diesem ansprechenden Gesicht neben der Anbetung, zu der Antonietta diejenige nötigt, die sie spielt, Züge angelegt, die vielleicht die Grausamkeit der Zeit entstellend tief darin

einzeichnen wird: die Starrköpfigkeit, mit der sie darauf besteht, so ungefällige Musik zu spielen; rasenden Ehrgeiz; und Zweifel an der Begabung zu den großen Leistungen, die sie von sich verlangt. Der Zuschauer wird sich fragen: Ist die Frau eine gute Schauspielerin, oder ist, was man da sieht, ihre eigene Wahrheit?

SCHNITT AUF:
75. Der Haupteingang der Hat Hut. Sonniger Nachmittag. Gäste treffen ein. Wir sehen, daß sich auf der Hutkrempe eine große Schar von auf Einlaß wartenden Gästen drängt. Den Engpaß an der Tür verursacht Spenser, der den geladenen Gästen einem nach dem anderen Papierstücke, die mit Zahlen bedruckt sind, aushändigt. Die Kamera FÄHRT auf seine Hand, und wir sehen, daß er sich die Mühe gemacht hat, die Zahlen auf den Zetteln, die sie ausgibt, durcheinanderzuwürfeln, den Spielertypen unter den Gästen zuliebe, die dem Glauben anhängen, Vermengung biete eine faire Chance. Die Kamera fährt zurück und sieht, wie Flora Lombard von Spenser eine Nummer in Empfang nimmt und einen Kuß auf die Wange akzeptiert.

SPENSER: Ihr Name steht auf einer Karte auf einem Platz in der ersten Reihe.

FLORA: Wie lieb. Ziehen Sie nachher meine Nummer, Darling.

76. Die Kamera geht (der Gesichtspunkt ist der Floras) in den Salon. Dieser ist bereits voller Menschen. Abgesehen von dem Flügel und dem Klavierhocker sowie einem links davon stehenden Tisch, hat man alle Möbel und die darauf abgestellten, zum Diebstahl reizenden Jaden und Bücher weggeschafft, selbst die Bilder von den Wänden entfernt. Wir sind in einem von Spenser Ham annähernd diebstahlsicher gemachten Konzertsaal. Die Gäste nehmen Platz auf

Reihen von Klappstühlen. Bald sind alle Stühle besetzt, und nicht wenige Leute müssen sich Stehplätze an den Wänden und zuletzt sogar im Flur vor dem Salon suchen. Alle tragen ihre beste Sommerkleidung, von zwei Männern abgesehen, die in einer der letzten Reihen sitzen. Diese tragen dunkle Anzüge, einer von ihnen hält auch eine Aktentasche auf den Knien. Der ovale Raum summt von erwartungsvollem Geplauder.

77. June und Vera warten nervös in der eleganten Erdgeschoßtoilette der Hütte, auf deren Tapete Magritte-Figuren, schwarze Melonen auf den Köpfen, als stumme, rätselhafte Zeugen jeder hier denkbaren Verrücktheit verstreut sind. June macht Fingerübungen, spielt Läufe und Arpeggios auf Antonietta. Spenser kommt herein, so zufrieden mit sich selbst, daß seine Füße den Boden nicht mehr zu berühren scheinen, wie ein fliegender Bote guter Nachrichten, Merkur mit geflügelten Füßen. Bei der Kommode aufsetzend, beugt er sich vor und entnimmt einer Schublade zwei dicke Bündel Banknoten, das eine doppelt so dick wie das andere. June wendet sich von diesem Anblick ab; sie kann ihren Widerwillen nicht verbergen. Vera andererseits bedenkt Spenser mit einem gezwungenen Lächeln.

SPENSER: Fertig, meine Engel? Ich werde euch ansagen, und dann tretet ihr auf.

Spenser verläßt die Toilette, und wir hören draußen einen plötzlichen Entzückensschrei, einen Chor von Leuten, die alle zugleich in etwas Köstliches gebissen haben. Das Publikum hat offenbar gesehen, was Spenser in der Hand hält.

ZURÜCK ZU:
78. Der Salon. Spenser geht hinter dem Flügel zu dem links davon stehenden Tisch. Auf diesen legt er die Banknoten-

bündel. Eine große Lostrommel voller Papierstücke steht schon dort. In seinem Überschwang dreht Spenser grinsend einmal die Kurbel der Lostrommel, und drinnen flattern die Papierstückchen auf. Das Publikum lacht und klatscht. Aber Spenser, plötzlich ganz ernst, erhebt eine Hand, wie um einen Eid abzulegen, die Wahrheit und nichts und so weiter zu sagen.

SPENSER: Einen schönen guten Nachmittag, Freunde. Ich möchte Sie alle herzlich willkommen heißen. Wir sind heute hier zusammengekommen, um ein ganz ungewöhnliches Konzert zu hören – und ich glaube, wir dürfen einen Hochgenuß erwarten. Unsere Musikerinnen sind June Speckman auf der Stradivari und Vera Flamm am Steinway. Sie werden nur ein einziges Stück spielen: Hindemiths zweite Violinsonate in D-Dur. Die Musik ist schwierig, nicht leicht zu spielen, und für den Hörer nicht leicht zu verstehen. Doch höre ich von Ms. Speckman, daß diese Musik wesentlich gnädiger sein soll (wie sie sich ausdrückt), als was sie und Ms. Flamm neulich für Sie spielten. Das Stück, das wir heute hören werden, schrieb der Komponist schon mit dreiundzwanzig Jahren, ehe er sich noch entschiedener von der Überlieferung abwandte und schriller und schockierender zu komponieren anfing. Ich sollte nicht versuchen, Ihnen das noch näher zu erläutern, denn all das geht weit über meinen Horizont, ich habe eben auch nur wiederholt, was Ms. Speckman mir erklärt hat. Aber wie dem auch sei, soviel weiß ich jedenfalls, daß diese Musik diesen beiden Musikerinnen, die sie heute für uns spielen werden, sehr wichtig ist, und das ist schließlich alles, worauf es letztlich ankommt. Ich glaube, Sie werden finden, daß unter ihren Händen diese Musik schön ist. Und ich weiß genau, daß Sie die beiden Musikerinnen selbst in hervorragendem Maße so beschaffen finden werden.

APPLAUS, der weiter hörbar bleibt, während der ÜBERBLENDUNG ZU:

79. In der Toilette haben June und Vera Spensers Ankündigung gehört. Wir sehen, daß June ihm für den Takt dankbar ist, nicht zugleich mit der Hindemith-Sonate schon auch die Lotterie anzukündigen, die der bitteren Pille sozusagen als nachträglicher Zuckerguß folgen soll. Sie nimmt Antonietta unter den Arm, sie und Vera verlassen das improvisierte Künstlerzimmer.

Weiterer gutgelaunter willkommender APPLAUS

80. Neben dem Klavier. June – deren Gesicht hochrot ist – nickt Vera zu. Sie ist bereit, zu beginnen.

Veras Gesicht wird sichtbar. Im Gegensatz zu dem ihrer Gefährtin ist Veras Gesicht so weiß wie das Notenblatt vor ihr, als sie Junes Nicken nickend beantwortet. Sie senkt den Blick auf die Tasten.

Die MUSIK beginnt: In den ersten Takten

– hört der verständige Hörer ein zartes Beben in Antoniettas Stimme, das nicht identisch ist mit Junes Vibrato, sondern dieses gewissermaßen überlagert. Es folgt, wie man vermuten kann, vielleicht unwillkürlich aus einer inneren Erregung der Geigerin. Vielleicht ist June zornig wegen der Lage, in die Spenser sie und Vera versetzt hat. Bald aber fühlen wir, daß nun ihr Musikverstand wieder ganz Herr ihres Spiels ist; der Ton glättet sich.

Während das Duo musiziert, schwenkt die Kamera von Zeit zu Zeit auf das Publikum. Spenser ist bezaubert. Sein rein visueller Genuß der Darbietung ist rührend in seiner Unverstelltheit und nicht ohne eine gewisse unschuldige Würde. Die Musik fliegt hoch über seinen Kopf dahin wie ein Sturm in der Stratosphäre, der sein inneres Wetter nur sehr von ferne beeinflußt. Man sieht seinem Blick aber an, daß er gelernt hat, die beiden so zu schätzen, wie sie wirklich sind. Auf Flora Lombards Gesicht lesen wir den Ausdruck zynischen Vergnügens. Sie weiß, zu welchem Zweck dies Publikum versammelt ist. Coverly Patterson verabscheut sichtlich diese ausländische Musik, und man kann vermuten, daß er eine Lostrommel bei einem neuenglischen Kammermusikkonzert durch keinerlei alten Brauch gerechtfertigt zu finden imstande ist. Bolens Wangen sind wie aus Holz. Auf vielen Gesichtern ist schwer auszumachen, ob sie das spiegeln, was zu sehen und zu hören ist, oder vielmehr das, was folgen soll, antizipieren. Dennoch ist offenbar, daß für den Augenblick einige der Hörer von der Musik auf Gedanken gebracht worden sind, die nicht in Richtung der auf dem Tisch neben dem Flügel gestapelten Geldscheine gehen. Vielleicht bewegt sie – außer der bizarren Kraft der Musik selbst und der unleugbaren Schönheit der Musikerinnen – auch die Entdeckung, daß diese während ihres Spiels schließlich alles, was sie umgibt, außer acht zu lassen scheinen, um nur einzig noch wahrzunehmen, was Hindemith ihnen sagt.

VERSCHWOMMENER SCHNITT AUF:
81. Der letzte Satz der Sonate, ein schnell bewegtes Scherzo, das fast eine Art Tanz ist. Wir sehen, daß sich inzwischen die Stimmung des Publikums geändert hat. Was Hindemith den Spielerinnen zu sagen hat, interessiert jetzt nicht mehr sehr, denn nun hören alle, was die Geige selbst zu sagen hat. *Während das Scherzo sich weiter dreht*, sehen wir im Publikum mehr und mehr Gesichter sich nach links wenden.

Spenser, den Antonietta in die geheimen Winkel seines eigenen Wesens gelockt hat, scheint sich zu neuen Höhen der Freude über die eigene Freigebigkeit aufgeschwungen zu haben. Flora öffnet und schließt die große Handtasche auf ihrem Schoß, wie um sich davon zu überzeugen, daß darin reichlich Platz für alles mögliche ist. Coverly Patterson, der ab und zu einen Blick nach links wirft, scheint nun widerstrebend bereit, eine geringfügige Abweichung von dem in neuenglischen Musiksalons Zulässigen in Kauf zu nehmen. Bolen klopft, vermutlich ohne es selbst zu merken, wiederholt auf die linke Brusttasche seines Jacketts, in der er das Tonbandgerät versteckt hat, dann auf die rechte, in der seine Brieftasche steckt. Antonietta drängt zu begehrlichen Träumen. Viele im Publikum machen jetzt schon ganz schamlos der Dame Fortuna schöne Augen. Einigen ist anzusehen, daß sie schon mit Überlegungen hinsichtlich der besten Verwendung des begehrten Gewinns beschäftigt sind – ob ein Jaguar sich auf der Insel besser machen würde als ein Daimler, zum Beispiel –, während andere, die eher auf Mehrung ihres Besitzes bedacht sind, mögliche Termingeschäfte auf dem Weizen-, Silber- und Uraniummarkt vor dem geistigen Auge Revue passieren lassen. Bald fixiert jedes Auge im Saal den Tisch links vom Flügel.

Die MUSIK taumelt zu ihrem Schluß. Wilder APPLAUS bricht aus. Antonietta Strad. hat die ihr zugedachte Arbeit getan. Jeder klatscht zu Ehren des wunderschönen Geldes.

82. Spenser erhebt sich und geht zu dem Tisch. *Er* klatscht für *seine* Musikerinnen. Als er sich dem Publikum zuwendet, FÄHRT die Kamera auf sein Gesicht, auf dem die Stimme der Geige einen hingerissenen Ausdruck von Wohlstand und Selbstzufriedenheit hervorgerufen hat. Wir sehen – endlich – aus seinen Augen die Überzeugung leuchten, daß die in die imaginäre Partitur seiner Seele geschriebene

Musik mindestens so zusammenhängend, weise und von dieser Welt ist wie alles, was ein armer Junge wie Hindemith sich etwa hätte einfallen lassen können.

SPENSER: Könnten wir bitte zwei Freiwillige haben, die hier darauf achten, daß die Ziehung absolut fair vonstatten geht?

Sofort und eilig, ehe sich sonst jemand rühren kann, erheben sich die beiden Männer in dunklen Büroanzügen und gehen schnell durch den Mittelgang nach vorn. Die Kamera folgt ihnen, so daß der Zuschauer ihre Gesichter nicht sehen kann. Deutlich sichtbar ist aber der Ausdruck des Erstaunens auf Spensers Gesicht. Die kürzlich gehörte Melodie scheint ihm aus der Seele zu laufen. Als die Männer bei dem Tisch angelangt sind, hinter dem Spenser steht, setzt der mit der Aktentasche einen Fuß auf den Rand des Stuhls, balanciert die Aktentasche auf dem hochgestellten Oberschenkel, öffnet sie und entnimmt ihr einige Papiere, die er dem anderen Mann reicht. Die Kamera schwenkt herum und faßt die beiden Männer ins Auge.

MORANO (die Papiere überreichend): Ich bin angewiesen, Ihnen diesen Haftbefehl zuzustellen, Sir. Sie haben das Recht, zu schweigen. Jede Aussage, die Sie machen, kann und wird vor Gericht gegen Sie verwendet werden. Sie haben das Recht, sich von einem Anwalt vertreten zu lassen. (Der Zuschauer bemerkt, wie Morano sich bemüht, ein Grinsen zu unterdrücken, während er die abschließende Formel dieser obligatorischen Aufklärung des Verhafteten über seine Rechte spricht:) Wenn Sie mittellos sind und sich keinen Anwalt leisten können, wird Ihnen einer gestellt werden.

Das Publikum, das offensichtlich glaubt, dieser Auftritt sei ein Teil der von Spenser zu seiner Unterhaltung inszenierten Darbietung, lacht und klatscht. Während Morano diesen murmelnd auf seine Rechte hinwies, ist jedoch schon

Curn hinter Spenser getreten. Er senkt den Blick auf ein Paar die Kiefer aufsperrender Handschellen.

Morano nimmt das Geld vom Tisch, und die beiden Männer führen Spenser, jeder einen seiner Arme nehmend, durch den Mittelgang ab.

83. Die Kamera schwenkt auf das Publikum. Es gibt eine Art Explosion der Volksseele, als den Leuten klar wird, daß es keine Verlosung geben wird. Das Geld ist verschwunden. Aufgeblähte Hoffnungen sind geplatzt. Die von Antonietta erhitzte Begehrlichkeit schlägt plötzlich in flammende Entrüstung um. Die enttäuschte Habgier schreitet sozusagen zum Himmel. Die Leute sind aufgesprungen. Man hört ein allgemeines, grollendes und drohendes Knurren. Viele Wertsachen in diesem Haus werden sicherlich kurz und klein geschlagen werden.

Aber plötzlich sehen wir, daß June Antonietta wieder unters Kinn genommen hat. Die Kamera zoomt auf die Geige und fixiert aus nächster Nähe – aber was soll das? – den Cupido auf dem Saitenhalter. Und wir hören klar und entschieden über dem Lärm:

Dies ist die erste freimütige und furchtlose Erklärung des Schönberg-Themas, das die Sendung einleitete, seitens der Violine. June läßt Antonietta anfänglich in scharfem Ton sprechen. Vera begleitet sie, forte, sie spielt einen Klavierauszug der Orchesterpartitur des Konzerts. Das betrogene Publikum steht noch, und anfänglich unterbrechen zornige Rufe die Musik. Nun sehen wir June mit Begeisterung spielen. Antonietta zählt die mit systematischer Strenge angeordneten und in Töne verschlüsselten Zahlen der Komposition vor, und die Töne, die nun aus der Violine klingen, verschaffen sich so disziplinierend Gehör, daß nach wenigen Takten das lärmende Publikum verstummt. Flora Lombard in der ersten Reihe setzt sich, verwirrt den Kopf schüttelnd, wieder hin. Andere folgen ihrem Beispiel. Bald sitzt das gesamte Publikum wieder auf seinen Plätzen.

Nun ereignet sich eine weitere subtile Veränderung des Tons der Musik aus der Geige. Allmählich wird die Luft des Nachmittags weicher. Wir werden der Helligkeit des durch die Fenster strömenden Lichts gewahr. Die Wut schleicht sich aus dem Salon. An jedermanns Sinnen zerrt plötzlich so etwas wie Sehnsucht. Die Kamera wendet sich dem Publikum zu. Die Gesichter – wie schnell hat sich ihr Ausdruck gewandelt! – zeigen nun, daß die Hörer sich in sommerlichen Tagträumen wiegen, die Freuden verheißen, wie sie für alles Geld der Welt nicht zu kaufen sind. Wer hätte geglaubt, daß irgendwas von Arnold Schönberg so *erotisch* wirken könnte? Aber sehen Sie! Die Leute werfen plötzlich einander ganz schmelzende Blicke zu. Einige Paare nehmen sich bei der Hand...

Und wieder einmal erweist sich eines der vielen Konzerte, die Antonietta in ihrem langen Leben schon gegeben hat, als überwältigender Erfolg, diesmal freilich erst bei der Zugabe...

84. Kamera aus dem Hubschrauber. Die Hat Hut füllt den Bildschirm. Wir sehen drei Männer Arm in Arm aus dem Haupteingang kommen und über die Hutkrempe eilen. Sie gehen ein paar Meter die Einfahrt hinunter, wo sie eine dort geparkte schwarze Limousine besteigen, die langsam wegfährt.

Während das Schönberg-Thema, nun von vollem Orche-

ster gespielt, aufbrandet, fährt die Kamera weiter und weiter in die Höhe, in genau umgekehrter Entsprechung zur ersten Einstellung des Films, bis wir schließlich genau das wiedersehen, was wir zu Anfang sahen: einen azurblauen Himmel mit wattigen Wolken, das heitere Vorgebirge und ein Stück des silberblauen, von unzähligen kleinen Wellen gekräuselten Meers.

AUSBLENDUNG TON
VERDUNKELUNG BILD

Finale

Spenser Ham dachte zuerst, daß man ihn unter der Anklage, illegales Glücksspiel veranstaltet zu haben, oder einer vergleichbaren Beschuldigung wegen, verhaftet hätte. Doch ein kurzer Blick auf die ihm zugestellten Papiere belehrte ihn eines Besseren. Er wurde in das Dukes County Jail in Edgartown eingeliefert.

Wie es sich traf, hatte man den berüchtigten Rotkopf, dessen Name Bill Stroop war, der Gerichtsbarkeit von Dukes County zur Aburteilung überstellt, da er den Diebstahl der Geige auf Martha's Vineyard begangen hatte. Und so wurden denn für eine Nacht er und Spenser Ham sozusagen Leidensgenossen. Doch waren sie in verschiedenen Zellen untergebracht und kamen so um die Gelegenheit zu einer Unterhaltung, bei der gewiß beide sich aus ganz verschiedenen Gründen eines ausdruckskräftigen Vokabulars bedient hätten.

Am Morgen nach seiner Verhaftung wurde Ham gegen Kaution von Richter Philip Bronson bis zur Anklageerhebung vor dem Bundesgericht in Boston auf freien Fuß gesetzt. June Speckman und Vera Flamm hatten die Insel schon verlassen. Kaum wieder daheim angelangt, schrieb aber Spenser zwei Schecks über je zehntausend Dollar aus. Indessen hatte zu diesem Zeitpunkt bereits die Staatsanwaltschaft alle seine Konten beschlagnahmt.

Zu der Verhandlung in Boston erschien er mit seinem Anwalt Blaine Sopher von der New Yorker Kanzlei Will, Burnham & Sopher. Ham wurden sieben schwere Vergehen zur Last gelegt, von denen die schwersten sich aus verschiedenen seiner Machenschaften an der Börse ergaben, sowie aus umfangreicher Steuerhinterziehung. Sopher war später imstande, einen Handel mit der Staatsanwaltschaft für ihn zu arrangieren, durch den er vor einem weiterführenden Prozeß bewahrt blieb, nachdem er sich in drei weniger schweren Anklagepunkten schuldig bekannt hatte. Schließlich wurde er zu zwei Jahren Gefängnis und einer Geldstrafe in Höhe von fünfzig Millionen Dollar verurteilt, was man an der Wallstreet als eine nicht über den Rahmen des Alltäglichen hinausgehende Bestrafung eines durch und durch alltäglichen Verstoßes gegen die Gesetze ansah.

Spenser Hams Informationsquelle, Bolen, dessen Zusammenarbeit mit der Staatsanwaltschaft es dieser ermöglicht hatte, gegen vier weitere Männer außer Ham Anklage zu erheben, wurde nur zu drei Monaten Gefängnis und einer Geldstrafe von lächerlichen zweihunderttausend Dollar verurteilt.

Dank der Tatsache, daß Beverly Robbins, ein Angehöriger des Beirats des Boston Symphony Orchestra, bei Spenser Hams letztem Konzertnachmittag im Publikum saß, wurde die Geigerin June Speckman nach Boston zum Vorspielen zwecks eventueller Anstellung bei dem Orchester eingeladen. Spenser Ham hatte Blaine Sopher gedrängt, wenn irgend möglich genügend Geld flüssigzumachen, um den beiden Musikerinnen die versprochenen Honorare zu zahlen, und auf Hams Bitte wurde June gestattet, den Bostoner Symphonikern auf Antonietta vorzuspielen. Die Entscheidung über ihre Anstellung soll demnächst fallen. Wird sie, wie man hoffen darf, in das Orchester aufgenommen, hofft Vera Flamm, sie nach Boston zu begleiten und als Klavier- und Musiklehrerin an einem der vielen Colleges in der Gegend unterzukommen. Das Geld hat Sopher tatsächlich loseisen können. June, die sich hartnäckig weigerte, Geld für eine ganz dem Geld geweihte Veranstaltung zu nehmen, überschrieb den ihr zugedachten Scheck an Vera. Mit den zwanzigtausend Dollar bezahlt Vera nun die Strahlenbehandlung ihrer Mutter.

Spenser Hams Rechtsanwälte gaben Antonietta auf eine Versteigerung bei Parke Bernet in New York. Ich bin glücklich, sagen zu dürfen, daß jetzt ich, der Verfasser dieses Buches, der stolze Besitzer des Instruments bin, dessen Geschichte ich mit so großer Sorgfalt geschrieben habe. In die Lage versetzt, es zu erwerben (den Zuschlag erhielt ich bei zweihundertvierzigtausend Dollar), wurde ich durch einen Vorschuß meines Verlegers für dieses Buch.

Und ich verspreche, lieber Leser, daß dieser dicke Hund der letzte Bär ist, den ich dir jemals aufbinden werde (wenigstens in diesem Buch).

Nachbemerkung

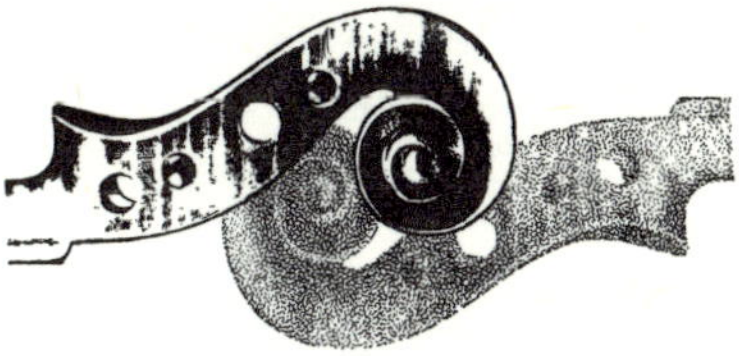

Zu danken habe ich Linda Ciacchi, gegenwärtig Doktorandin an der Yale Music School, Prize Teaching Fellow am Yale College und erste Geigerin beim New Haven Symphony Orchestra, die mir sehr behilflich war, in den verschiedenen Bibliotheken der Universität Yale die zahlreichen Werke aufzuspüren, in denen ich Angaben zu der hier erzählten Geschichte gesucht habe. Einige von diesen möchte ich nennen, nicht ohne die Erklärung vorauszuschicken, daß keiner der vielen von mir zu Rate gezogenen Monographien und Zeitschriften die Freiheiten angelastet werden dürfen, die ich mir beim Erzählen herausgenommen habe.

An Werken über die Geschichte des Geigenbaus und der Geige waren mir besonders nützlich: George Harts *The Violin, its Famous Makers and their Imitators* (1875); Edward Heron-Allens *Violin-Making, as it was and is* (1884); und Joseph Wechsbergs schönes Buch *Zauber der Geige* (1974). Das zuverlässigste von mehreren Werken über Stradivaris Geigenbaukunst (von seinem Leben weiß man sehr wenig) ist die von W. Henry, Arthur F. und Alfred E. Hill, Angehörigen der Londoner Geigenbauer- und -händlerfamilie Hill, herausgegebene Monographie *Antonio Stradivari, His Life and his work* (1902, 1909). Über die Akustik der Violine habe ich Belehrung in den Schriften von Carleen M. Hutchins und Isaac Vigdorchik gesucht. Mozarts Briefe habe ich in den von M. Bozman (1928) und (weit vollständiger) von Emily Anderson (1938) übersetzten und herausgegebenen Sammlungen lesen können, überdies auch aus den mir sehr lieben Büchern über Mozart und seine Musik von W. J. Turner (1938), Alfred Einstein (deutsch 1953) und Erich Schenk (1955) geschöpft. Die *Memoiren* von Hector Berlioz waren mir in der Übersetzung von Rachel und Eleanor Holmes (1932) zugänglich (deutsch 1979), Anregungen zu meiner Darstellung verdanke ich auch den Biographien des Komponisten von W.L. Turner (1934), Jacques Barzun (1949) und D. Kern Holoman (1989). Neben Strawinskys *Erinnerungen* (1973) und ausgewählten Briefen (1982–1985) habe ich C.F. Ramuz' *Erinnerungen an Igor Strawinsky* (1953) erhellend gefunden; sowie eine Studie über Strawinsky und seine Kompositionen von Erich Walter White (1966); verschiedene unter tätiger Mithilfe des Komponisten von Robert Craft verfaßte Arbeiten (1959–1966, deutsch 1968 und 1972); und endlich die von Craft gemeinsam mit Vera Strawinsky zusammengestellte, reich illustrierte Monographie *Stravinsky in Pictures and Documents* (1978). Endlich muß ich wohl bekennen, das in der öffentlichen Bibliothek von Key West befindliche Exemplar des massiven *New Grove Dictionary of Music and Musicians* einigermaßen aus dem Leim geblättert und in Fetzen gelesen zu haben.